# 《民法总则》
# 建议稿

主　编　张素华
副主编　吴亦伟　李雅男

WUHAN UNIVERSITY PRESS
武汉大学出版社

**图书在版编目(CIP)数据**

《民法总则》建议稿/张素华主编 . —武汉 :武汉大学出版社,2017.2
ISBN 978-7-307-12845-3

Ⅰ.民… Ⅱ.张… Ⅲ.民法—总则—中国 Ⅳ.D923.1

中国版本图书馆 CIP 数据核字(2017)第 033058 号

责任编辑:钱 静 责任校对:李孟潇 版式设计:马 佳

出版发行:**武汉大学出版社** (430072 武昌 珞珈山)
(电子邮件:cbs22@ whu. edu. cn 网址:www. wdp. com. cn)
印刷:湖北民政印刷厂
开本:787×1092 1/16 印张:19. 25 字数:453 千字 插页:1
版次:2017 年 2 月第 1 版 2017 年 2 月第 1 次印刷
ISBN 978-7-307-12845-3 定价:55. 00 元

# 前　言

目前我国民法典正在如火如荼的编纂中，截至 2016 年 12 月 19 日，全国人大法工委已经出台了民法总则的第三次审议意见稿。在此之前，学理上也出现了多个民法总则的学者建议稿，包括：中国法学会学者建议稿、中国社会科学院学者建议稿等。另外，由梁慧星教授主编的《中国民法典草案建议稿》、王利明教授主编的《中国民法典学者建议稿及立法理由》以及徐国栋教授主编的《绿色民法典草案》都已经出版多年，这为我国民法典的制定提供了理论基础，但是同时多个民法典草案中对同一问题的规定往往有自己的理由和依据，对于民法典中需要规定的问题意见大多不统一，争议较大。另外，法工委出台的审议意见稿也是多有争议的，特别是法人的分类、监护、民事权利和法律行为等内容。因此，在此基础上，本书通过整理和分析多个学者建议稿，希望在理论比较和碰撞中能够明辨各种学说的优势和劣势，并探索出最适宜中国国情的立法模式。

本书在比较和分析了其他学者建议稿的基础上，提出了自己的建议稿，并附有相关理由。尤其对几个存在重大差异的问题专门撰文予以阐释。

本书的特色主要体现在以下几个方面：第一，本书坚持二元民事主体的分类方式，即民事主体包括自然人和法人。从域外的立法来看，大多数立法的法人范围都远远大于我国。因此，本书认为应当重构我国的法人结构，法人的成员承担有限责任只是法人的一种高级形态，但绝不是全部形态。法人应当包括成员承担有限责任的组织或实体，也包括成员承担无限责任或混合责任的组织或实体。因此，其他建议稿中所称的"非法人组织""非法人团体"和"其他组织"等，除了成员承担无限责任以外，其他的内容和结构完全与法人一致。因此，在法人范围扩大的前提下，这些组织和实体应当被纳入到法人的范围之内。第二，本书坚持社团法人和财团法人的分类方式。法工委审议稿的法人分类方式为营利法人、非营利法人和特别法人，这样的分类方式是不合适的且已经被日本等国家所抛弃。本书关于法人分类在坚持社团法人和财团法人的基础上，在社团法人中又以营利和非营利为标准，将社团法人分为营利法人、非营利法人和中间法人。另外，在营利法人中又分为成员承担有限责任的法人和成员承担无限责任的法人，这样，两合公司、无限公司等就可以在我国的民法典中找到归属和依据。从而有利于鼓励投资，促进创新和创业的发展。第三，本书建议增加成年选任监护和监护监督制度。我国当前的立法对自然人的行为能力划分较为僵化，这导致成年监护制度适用的范围过窄，且目前的监护制度往往对监护人的意思自由保护不够。另外，由于监护监督制度的缺失导致在实践中监护人侵犯被监护人的权利的事件时有发生。而这样的监护制度是必然不能够满足我国日益严重的老龄化的社会现状的，因此，本书认为成年监护制度应当坚持以意定监护为主、法定监护为辅的模式，并增设监护监督制度，以防范被监护人的权益受到侵犯。第四，在民事权利一章增加"环境权"和"域名"的相关内容。首先，环境权应当是一种民事权利，与普通的民事权利相比，其仅仅存在着主体不特定的特征，但是民事权利的主体特定并不是逻辑必然，而只是一个历史现象。另外，一旦主体提起环境权的诉讼，那么在具体的案件中权利主体是可以确定的。其次，环境权可能涉及自然人的人身权益，也可能涉及自然人或法人的财产利益，如果民事主体的利益受到因破坏环境而造成的损害，那么，根据民事责任的要义，受害人应当得到相应的赔偿。环境权不能为传统权利所容纳，环境权是公民、企业因自然环境状态而发生的权利义务关系，其客体的独特性决定了环境权是独立的民事权利。此外，在知识产权的客体中应当增加"域名"。域名是一种创造性劳动成果且其具有独占性和专有性。另外，域名是一种独立的知识产权客体，与现有的知识产权客体存在区别，需要将其单独列明。现有的知识产权客体不能将域名完全涵盖，其应当作为一种独立的知识产权客体在民法典中得到承认。第五，本书在代理一章认为代理权授予行为应当是无因行为。代理权授权行为独立于基础关系而存在，基础关系的效力并不影响授权行为的效力。代理权授予行为无因性理论有利于保护交易安全和第三人的利益，在交易活动日益频繁的今天，保护交易安全和第三人的利益高于保护本人的利益。另外，为了兼顾保护被代理人的利益，应当吸收表见代理的合理之处，代理行为无因性应当是相对的，其只保护善意第三人。

　　本书建议稿及理由部分的分工为：马源：基本规定、自然人、社团法人（营利法人和非营利法人）；范慧敏：监护、两户、成员承担无限责任的社团法人；陈嘉：法人的一般规定、中间法人；杜兆江：宣告失踪和宣告死亡，财团法人；张乃琪：民事权利；章志恒：法律行为；吴亦伟：民事责任；杨明迪：诉讼时效。

# 目　录

# 第一部分

## 民法总则建议稿（条文版）

# 第一章 基本规定

**第一条【立法目的】**

为了保护民事主体的合法权益，妥当调整民事关系，维护社会和经济秩序，维护自然人的人格尊严，适应中国特色社会主义发展要求，根据宪法和我国的实际情况，制定本法。

**第二条【调整对象】**

本法调整作为平等民事主体的自然人、法人之间的人身关系和财产关系。

**第三条【平等原则】**

民事主体在民事活动中的法律地位一律平等。

**第四条【自愿原则】**

民事主体从事民事活动，应当遵循自愿原则，按照自己的意思设立、变更和终止民事法律关系，不受任何组织和个人的非法干预。

**第五条【公平原则】**

民事主体从事民事活动，应当遵循公平原则，合理确定各方的权利和义务。

**第六条【诚实信用原则】**

民事主体从事民事活动，应当遵循诚实信用原则。不得滥用权利损害他人合法权益。

**第七条【人与自然和谐发展原则】**

民事主体从事民事活动，应当保护生态环境、节约资源，促进人与自然和谐发展。

**第八条【公共秩序和善良风俗原则】**

民事主体从事民事活动，不得违反法律，不得违背公序良俗，不得损害他人的合法权益和社会公共利益。

**第九条【民商合一原则】**

我国实行民商合一，商事单行法没有特别规定时，适用本法规定。

**第十条【合法权益受保护原则】**

非基于社会公益目的并通过合法程序，不得对民事权利予以限制。

**第十一条【法源】**

处理民事纠纷，应当依照法律规定；法律没有规定的，可以适用习惯，但是不得违背公共秩序和善良风俗；无习惯的适用法理。

**第十二条【法院不得拒绝处理民事纠纷】**

人民法院不得以本法及其他民事法律规范没有规定为由，拒绝民事案件的受理或裁判。

**第十三条【民法典与单行法】**

单行法对民事法律关系另有特别规定的，依照其规定。

**第十四条【本法的效力】**

在中华人民共和国领域内的民事活动，适用本法，涉外民事法律关系适用《涉外民事法律关系适用法》。

本法的效力不溯及既往，中华人民共和国法律另有规定的除外。

# 第二章　自　然　人

## 第一节　民事权利能力和民事行为能力

**第十五条【民事权利能力的开始和终止】**

自然人从出生时起到死亡时止，具有民事权利能力，依法享有民事权利，承担民事义务。

**第十六条【民事权利能力平等】**

自然人的民事权利能力一律平等。

**第十七条【出生和死亡时间】**

自然人的出生时间和死亡时间，以出生证明、死亡证明记载的时间为准；没有出生证明、死亡证明的，以户籍登记的时间为准。有相反证据证明真实出生时间的，以相关证据证明的时间为准。

**第十八条【胎儿利益保护】**

涉及遗产继承、接受赠与、损害赔偿等胎儿利益的保护，胎儿视为具有民事权利能力。但是，胎儿出生时为死体的，其民事权利能力自始不存在。

**第十九条【体外受精胚胎】**

对体外受精胚胎的保管和处置，应当遵循事前协议原则并充分尊重当事人的意愿，不得违背社会公德，不得损害公共利益。法律有特别规定的除外。

**第二十条【死者人格利益保护】**

死者的姓名、肖像、名誉、隐私、人身遗存等人格利益等受到不法侵害或未经其近亲属的允许而被商业化利用时，该死者的近亲属可以要求停止侵害、排除妨碍、赔偿损失等；若死者没有近亲属或者其近亲属怠于行使权利保护死者的人格利益时，检察院可以对涉及公共利益的部分提起公益诉讼。

**第二十一条【成年人与未成年人】**

年满十八周岁的自然人为成年人。不满十八周岁的自然人为未成年人。

**第二十二条【完全民事行为能力人】**

成年人为完全民事行为能力人，可以独立实施民事法律行为。

**第二十三条【限制民事行为能力人】**

七周岁以上不满十八周岁的未成年人，为限制民事行为能力人，可以独立实施纯获利益的民事法律行为或者与其年龄、智力相适应的民事法律行为；实施其他民事法律行为由其法定代理人代理，或者征得其法定代理人的同意、追认。

**第二十四条【无民事行为能力人】**

不满七周岁的未成年人，为无民事行为能力人，由其法定代理人代理实施民事法律行为，除纯获利益的民事法律行为以外。

**第二十五条【精神障碍者】**

不能辨认自己行为的成年人，为无民事行为能力人，由其法定代理人代理实施民事法律行为，除了纯获得法律利益的行为以外。

七周岁以上的未成年人不能辨认自己行为的，适用前款规定。

**第二十六条【成年精神障碍者的民事行为】**

不能完全辨认自己行为的成年人，为限制民事行为能力人，可以独立实施纯获利益的民事法律行为或者与其智力、精神健康状况相适应的民事法律行为；实施其他民事法律行为由其法定代理人代理，或者经其法定代理人的同意、追认。

**第二十七条【法定代理人】**

无民事行为能力人、限制民事行为能力人的监护人是其法定代理人。

**第二十八条【无民事行为能力或者限制民事行为能力的宣告】**

不能辨认或者不能完全辨认自己行为的成年人的利害关系人、其他组织，可以向人民法院申请认定该成年人为无民事行为能力人或者限制民事行为能力人。

被人民法院认定为无民事行为能力人或者限制民事行为能力人的，根据其智力、精神健康恢复的状况，经本人、利害关系人或者有关组织申请，人民法院可以认定其恢复为限制民事行为能力人或者完全民事行为能力人。

前款规定的有关组织包括：本人住所地的居民委员会、村民委员会，学校、医疗卫生机构、妇女联合会、残疾人联合会、依法设立的老年人组织、民政部门等。

**第二十九条【住所】**

自然人以户籍登记的居所为住所；经常居住地与住所不一致的，或者未办理户籍登记、户籍所在地不明以及不能确定其户籍所在地的，经常居住地视为住所。

自然人由其户籍所在地迁出后至迁入另一地之前，无经常居住地的，仍以原户籍所在地位住所。

自然人离开住所地最后连续居住一年以上的地方，为经常居住地，法律另有规定的除外。

## 第二节 监 护

**第三十条【监护人选任的基本原则】**

监护人的选任应当按照最有利于被监护人原则和尊重被监护人真实意愿原则。当被监护人受到不正当因素的干扰时，则优先适用最有利于被监护人原则。

**第三十一条【未成年人的监护】**

未成年人的父母是未成年人的监护人。

未成年人的父母已经死亡或者没有监护能力的，由下列有监护能力的人按顺序担任监护人：

(一)祖父母、外祖父母；

(二)兄、姐；

(三)关系密切的愿意担任监护人的个人或者有关组织，经未成年人住所地的居民委员会、村民委员会或者民政部门同意的。

**第三十二条【协议监护】**

监护人可以由协议确定。

**第三十三条【遗嘱监护】**

被监护人的监护人可以通过遗嘱指定监护人，数个监护人指定的监护人不一致的，由被监护人住所地的居民委员会、村民委员会或者民政部门根据最有利于被监护人的原则确定。被指定的人有权拒绝成为监护人；被指定的人拒绝后，被监护人住所地的居民委员会、村民委员会或者民政部门应当为该被监护人指定监护人。

**第三十四条【指定监护】**

对担任监护人有争议的，由被监护人住所地的居民委员会、村民委员会或者民政部门在具有监护资格的人中指定，有关当事人对指定不服的，可以向人民法院提起诉讼。

居民委员会、村民委员会、民政部门或者人民法院指定监护人要按照第三十一条确定的顺序进行。

依照本条第一款规定指定监护人前，被监护人的人身、财产及其他合法权益处于无人保护状态的，由被监护人住所地的居民委员会、村民委员会、法律规定的有关组织或者民政部门担任临时监护人。

监护人被指定后，不得擅自变更；擅自变更的，不免除被指定的监护人的监护责任。

**第三十五条【公职人员担任监护人】**

无本法第三十一、三十二、三十三条规定的具有监护资格的人的，监护人由被监护人住所地的居民委员会、村民委员会或者民政部门担任监护人。

**第三十六条【成年精神障碍者的监护】**

无民事行为能力或者限制民事行为能力的成年人，由下列人员中有监护能力的人依次担任监护人：

(一)配偶；

(二)父母、子女；

(三)其他近亲属；

(四)关系密切的其他个人或者有关组织愿意承担监护责任，经被监护人住所地的居民委员会、村民委员会或者民政部门同意的。

**第三十七条【成年意定监护】**

具有完全民事行为能力的成年人，可以与近亲属、其他愿意担任监护人的个人或者有关组织事先协商，以书面形式确定自己的监护人。协商确定的监护人在该成年人丧失或者部分丧失民事行为能力时，承担监护责任。

在本人发生了丧失民事行为能力的情况时，其近亲属、利害关系人或有关组织可以向人民法院请求宣告其为无民事行为能力人或限制民事行为能力人。法院作出宣告后，该协议开始产生效力。经公证后的协议应当优先适用。

前款规定的有关组织参照本法第二十八条规定。

**第三十八条【老年人和身体障碍者的监护】**

成年人虽未丧失民事行为能力，但因智力、年龄、身体原因，不能处理自己的部分或者全部事务，可以根据委托监护合同确定监护人。无委托合同的，可以参照本法第三十一、三十二、三十三条规定，但选任不得违背该成年人的意愿。

被选任的监护人仅在必要范围内处理被监护人事务，代理其实施法律行为和尽可能地治疗、改善被监护人的疾患、障碍。监护人处理被监护人的事务应当尊重被监护人的意愿。

**第三十九条【监护职责】**

监护人依法履行监护职责而产生的权利，受法律保护。

监护人不履行监护职责或者滥用监护权，或者侵害被监护人合法权益的，应当承担法律责任。

监护人由于管理不善给被监护人造成财产损失的，应当承担赔偿责任，但能够证明已尽善良管理人的注意义务的除外。

**第四十条【监护具体职责】**

监护人应当按照最有利于被监护人的原则履行监护职责，保护被监护人的人身、财产权益；对被监护人进行管理和教育；代理被监护人实施法律行为；除为被监护人利益外，不得处分被监护人的财产；监护开始时和终止或者撤销时，与监护监督人共同进行财产清算；定期向监护监督人报告监护人的财产使用状况和身体状况。

未成年人的监护人履行监护职责，应当根据被监护人的年龄和智力状况，在作出与被监护人权益有关的决定时，尊重被监护人的意愿。

成年人的监护人履行监护职责，应当最大限度地尊重被监护人的意愿，保障并协助被监护人独立实施与其智力、精神健康状况相适应的民事法律行为，对被监护人有能力独立处理的事务，监护人不得干涉。

**第四十一条【共同监护】**

监护人为数人时，各监护人可以依照约定共同履行监护职责，也可以依照约定分别履行监护职责。没有约定或者约定不明确的，视为共同履行监护职责。

**第四十二条【监护监督】**

除父母担任法定监护人之外，由监护监督人对监护人的行为进行监督。下列人员或者机构为监护监督人：

(一)被监护人在委托监护合同或者遗嘱中指定的监护监督人；

(二)由法院指定有监护资格的人担任监护监督人，但与监护人有直接利害关系的人除外；

(三)无前款规定的监护监督人,由被监护人住所地的居委会、村委会或民政部门担任。

由居委会、村委会或民政部门担任监护人的,其上一级主管部门为监护监督人。

监护监督人应履行如下职责:

(一)监督监护人实施的监护行为,必要时要求监护人定期汇报被监护人的身心状况和财产状况;

(二)当缺少监护人时,应立即向人民法院提出申请;

(三)代表被监护人对抗监护人所为的与被监护人利益相反的行为。

**第四十三条【监护资格的撤销】**

监护人有下列情形之一的,人民法院根据监护监督人或者其他有关人员或者组织的申请,撤销其监护人资格,安排必要的临时监护措施,并根据最有利于被监护人的原则依法为其指定新监护人:

(一)实施严重损害被监护人身心健康行为的;

(二)怠于履行监护职责,或者无法履行监护职责并且拒绝将监护职责部分或者全部委托他人,导致被监护人处于危困状态的;

(三)拒不履行监护职责导致监护人流离失所或者生活无着的;

(四)有严重侵害被监护人合法权益的其他行为的。

前款规定的有关人员和组织包括:其他有监护资格的人员,被监护人住所地的居民委员会、村民委员会,学校、医疗卫生机构、妇女联合会、残疾人联合会、依法设立的老年人组织、民政部门等。

有关人员和组织未及时向人民法院提出撤销监护人资格申请的,民政部门应当向人民法院提出申请。

**第四十四条【监护资格的恢复】**

被监护人的父母或者子女被人民法院撤销监护人资格后,除对被监护人实施故意犯罪的外,确有悔改情形的,经其申请,人民法院可以在尊重被监护人真实意愿的前提下,视情况恢复其监护人资格,人民法院指定的新监护人与被监护人的监护关系同时终止。

**第四十五条【监护资格的变更】**

自然人担任监护人而有下列情形之一的,可以请求人民法院予以变更:

(一)年满六十五周岁;

(二)因疾病或残疾不能履行监护职责的;

(三)有其他重大事由。

监护人变更的,人民法院应当重新指定监护人。

**第四十六条【监护终止】**

有下列情形之一的,监护关系终止:

(一)被监护人取得或者恢复完全民事行为能力的;

(二)被监护人或者监护人死亡的;

(三)监护人丧失监护能力的;

(四)监护人变更的;

（五）监护人与被监护人之间特定的身份关系消灭的；

（六）其他应当终止监护的情形；

监护关系终止后，被监护人仍然需要监护的，应当依法另行确定监护人。

**第四十七条【财产清算】**

监护权开始、中止、丧失以及监护关系终止时，应当和监护监督人共同对被监护人的财产进行清算，并且制作财产清单。

# 第三节　宣告失踪和宣告死亡

**第四十八条【宣告失踪的条件】**

自然人下落不明满二年的，利害关系人可以向人民法院申请宣告其为失踪人。但下落不明的自然人有法定代理人或者财产管理人的除外。

**第四十九条【宣告失踪期间的计算】**

自然人下落不明的时间，从失去该自然人音讯之日起开始起算；战争期间下落不明的，从战争结束之日起开始计算；意外事故中下落不明的，从意外事故发生的次日开始起算。

**第五十条【失踪人的利害关系人】【增加】**

失踪人的利害关系人，是指失踪人的具有完全民事行为能力的配偶、父母、子女、兄弟姐妹、祖父母、外祖父母、孙子女、外孙子女，以及其他与失踪人有民事权利义务关系的人。

申请宣告失踪不受前款所列人员的顺序的限制。

**第五十一条【宣告失踪的法律效果】【增加】**

人民法院判决宣告失踪，失踪人担任监护人的，人民法院应当宣告中止其监护资格，并在中止期间为被监护人确定监护人，失踪人重新出现的，应当恢复其监护资格。

人民法院在宣告自然人失踪的同时，应当根据有利于保护失踪人财产的原则，确定失踪人的财产代管人。

失踪人的财产代管人为其配偶、父母、成年子女或者关系密切的其他亲属，朋友代管。

代管有争议，没有以上规定的人或者以上规定的人无能力代管的，由人民法院指定的人代管。

**第五十二条【财产代管人的职责】**

财产代管人应当妥善保管失踪人的财产，维护失踪人的财产利益，了结失踪人的债权债务，建立必要的账目，并在有关失踪人的诉讼中担任法定代理人。

财产代管人因故意或重大过失造成失踪人财产损害的，应当承担赔偿责任。

**第五十三条【财产代管人的变更】**

财产代管人不履行代管职责，侵害失踪人财产权益或者丧失代管能力的，失踪人的近亲属以及其他利害关系人可以向人民法院申请变更财产代管人。

财产代管人有正当理由的，可以向人民法院申请另行确定财产代管人。

人民法院变更财产代管人的，变更后的财产代管人有权要求原财产代管人及时移交有关财产并报告财产代管情况。

**第五十四条【恶意使他人被宣告失踪的法律效果】【增加】**

利害关系人明知本人并未失踪，基于恶意致使本人被宣告失踪的，应当对本人因此遭受的损失承担赔偿责任。

**第五十五条【被宣告失踪的人重新出现】**

被宣告失踪的人重新出现或者确知其下落的，经本人或者利害关系人申请，人民法院应当撤销失踪宣告。

宣告失踪撤销后，失踪人的财产代管人应当停止代管行为，及时向本人移交相关财产及财产账目，报告代管情况，但代管行为仍有必要的，该行为应当由本人承受。

**第五十六条【宣告死亡的条件】**

自然人有下列情形之一的，其近亲属以及其他利害关系人可以向人民法院申请宣告其死亡：

（一）下落不明满四年的；

（二）因意外事故下落不明，自事故发生之日起满二年的；经有关机关证明该自然人不可能生存的，不受两年期限限制。

战争期间下落不明的，适用前款第（一）项规定。

**第五十七条【死亡宣告申请】【增加】**

宣告死亡应由利害关系人向法院提出申请，申请宣告死亡的利害关系人，包括被申请宣告死亡人的具有完全民事行为能力的配偶、父母、子女、兄弟姐妹、祖父母、外祖父母、孙子女、外孙子女以及其他与宣告死亡有密切关系的人。

申请宣告死亡不受前款所列人员顺序的限制。

**第五十八条【宣告失踪与宣告死亡的关系】**

自然人下落不明符合申请宣告死亡的条件的，利害关系人可以不申请宣告失踪而直接申请宣告死亡。利害关系人中有人申请宣告失踪，有人申请宣告死亡的，人民法院应当宣告死亡。

**第五十九条【死亡时间的确定】**

被宣告死亡的人，人民法院应当将生效判决作出之日视为其死亡的日期。

**第六十条【被宣告死亡人实施的法律行为】**

自然人被宣告死亡的，不影响其在被宣告死亡后实施的民事法律行为的效力。

**第六十一条【死亡宣告的撤销】**

被宣告死亡的人重新出现或者确知其尚生存的，经本人或者利害关系人申请，人民法院应当撤销对他的死亡宣告。

**第六十二条【恶意利害关系人的责任】【增加】**

利害关系人隐瞒真实情况使他人被宣告死亡而取得财产的，应返还原物及孳息；造成损害的，应承担损害赔偿责任。

**第六十三条【死亡宣告撤销前善意行为的保护】【增加】**

被宣告死亡的人的利害关系人在死亡宣告被撤销之前实施的善意行为，其效力不受死亡宣告撤销的影响。

**第六十四条【死亡宣告及其撤销对婚姻关系的效果】**

被宣告死亡的人的婚姻关系，自死亡宣告之日起消灭。死亡宣告被人民法院撤销的，夫妻关系自撤销死亡宣告之日起自行恢复，但其配偶再婚或者向人民法院声明不愿意恢复的除外。

**第六十五条【死亡宣告撤销对收养关系的效果】**

被宣告死亡人在被宣告死亡期间，其子女被他人依法收养，被宣告死亡的人在死亡宣告被撤销后，不得仅以未经本人同意而主张解除收养关系，但收养人和被收养人同意的除外。

收养人为恶意的，其收养关系自始无效。

**第六十六条【死亡宣告撤销的财产效果】**

被撤销死亡宣告的人有权请求返还财产。依照本法继承编取得其财产的民事主体，应当返还原物；原物不存在的，应当返还尚存利益。

前款规定的返还财产请求权的诉讼时效期间为一年，自被撤销死亡宣告的人知道死亡宣告时起计算。

# 第三章　　法　　　人

## 第一节　　一般规定

**第六十七条【法人的民事权利能力和民事行为能力】**

法人是具有民事权利能力和民事行为能力，依法独立享有民事权利和承担民事义务的组织。

法人的民事权利能力和民事行为能力，从法人成立时产生，到法人终止时消灭。

法人的民事权利能力一律平等。

**第六十八条【公法人与私法人】【增加】**

法人包括国库、国家机关、事业单位、人民团体等国家依法设立的以管理公共事务为目的的公法人和公司、企业、财团法人、寺庙等依法设立的以从事民事活动为目的的私法人。

公法人不得从事经营活动，在其目的范围内依法从事有关民事活动的，适用本法规定。

有独立经费的机关和承担行政职能的法定机构从成立之日起，具有公法人资格，可以从事为履行职能所需要的民事活动。

公法人被撤销的，法人终止，其民事责任由继续履行其职能的公法人承担；没有继续履行其职能的公法人的，由撤销该公法人的公法人承担。

**第六十九条【社团法人与财团法人】**

以社员为基础成立的社团法人依法或依其章程的规定，可由社员大会变更组织机构设置和章程。

以财产为基础成立财团法人的，应当制定捐助章程，通过遗嘱捐助设立财团法人的除外。捐助章程或遗嘱关于财团法人组织机构设置、管理方法有缺陷的，主管机关、检察机关或利害关系人可以申请人民法院予以变更。

**第七十条【法人的设立】**

法人应当依法成立。

申请设立法人的，应当具备下列条件：

(一)依照法定程序设立；

(二)有自己的名称、组织机构和场所；

(三)有独立的财产或者经费；

(四)有自己的章程或者组织规章，但公法人除外；

(五)法律规定的其他条件。

**第七十一条【设立中的法人】**

法人成立后，设立中法人从事民事活动产生的法律后果由法人承受。

法人未成立的，设立人应当对法人设立过程中的债务承担责任；设立人为两人以上的，承担连带责任。

设立人为设立法人以自己的名义从事民事活动而产生的民事责任，第三人有权选择请求法人或者设立人承担。

**第七十二条【法人的民事责任承担】**

法人以其全部财产独立承担民事责任。

**第七十三条【法定代表人】**

依照法律、法人规章或组织规章规定，代表法人从事民事活动的主要负责人，为法人的法定代表人。

法定代表人以法人名义实施的民事活动或其他执行职务的行为，其后果由法人承担。

法人的章程或者权力机构对法定代表人代表权范围的限制，不得对抗善意第三人。

**第七十四条【执行职务行为的致害责任】**

法定代表人因执行职务造成他人损害的，由法人承担民事责任。

法人承担民事责任后，依照法律、法人章程或者组织规章规定，可以向有过错的法定代表人追偿。

**第七十五条【法人的分支机构】**

法人可以依法设立分支机构。法律规定分支机构应当办理登记的，依照其规定。

**第七十六条【法人的住所】**

法人以其登记的住所为住所。依法不需要登记的，以其主要办事机构所在地为住所。

**第七十七条【法人的变更登记】**

依法需要登记的法人登记后，在存续期间登记事项发生变化的，应当依法向登记机关申请变更登记。

**第七十八条【法人登记的效力】**

法人的实际情况与登记的事项不一致的，不得对抗善意第三人。

登记机关应当依法及时公示法人登记的有关信息。

法人合并的，其权利和义务由合并后的法人享有和承担。法人分立的，其权利和义务由分立后的法人享有连带债权，承担连带债务，债权人和债务人另有约定的除外。

**第七十九条【法人的终止】**

法人由于下列原因之一终止：

（一）法人解散；

（二）法人被宣告破产；

（三）法律规定的其他原因。

法人终止，法律、行政规章规定须经有关机关批准的，依照其规定。

**第八十条【法人的解散】**

有下列情形之一的，法人解散：

（一）法人章程规定的存续期间届满或者法人章程规定的其他解散事由出现的；

（二）法人的权力机构决议解散的；

（三）因法人合并或者分立需要解散的；

（四）法人依法被吊销营业执照、登记证书，责令关闭或者被撤销的；

（五）法律规定的其他情形。

**第八十一条【法人的清算】**

法人解散的，应当依法进行清算。在清算期间，法人应当停止清算目的范围以外的一切活动。

清算义务人应当及时组成清算组进行清算，未依法及时进行清算即终止法人或怠于履行清算义务的，应当根据法律规定承担相应责任。

法人的清算程序和清算组职权，依照有关单行法的特别规定。

**第八十二条【法人宣告破产】**

法人被宣告破产的，依法进行破产清算并完成法人注销登记时，法人终止。

# 第二节　社团法人

## 第一目　一般规定

**第八十三条【社团法人的定义及分类】**

社团法人是以自然人、法人或者其他组织作为社员，依照法律规定成立的法人。

社团法人可以分为营利社团法人、非营利社团法人与中间法人。

营利社团法人可以分为社员承担有限责任的法人和社员承担无限责任的法人。

非营利社团法人主要包括：社团团体法人和事业单位法人。

中间法人主要包括：居民委员会、村民委员会、业主委员会和校友会等法人。

## 第二目　营利社团法人

**第八十四条【社员承担有限责任的营利社团法人】**

以取得利润并分配给其股东等出资人为目的成立的法人，为营利社团法人。

社员承担有限责任的营利社团法人包括：有限责任公司、股份有限公司和其他企业法人。

**第八十五条【社员承担有限责任的营利社团法人的成立】**

社员承担有限责任的营利社团法人，经依法登记成立，取得法人资格。

依法设立的社员承担有限责任的营利社团法人，由法人登记机关发给营利法人营业执照。营业执照签发日期为社员承担有限责任的营利社团法人的成立日期。

**第八十六条【社员承担有限责任的营利社团法人的章程】**

设立社员承担有限责任的营利社团法人应当依法制定章程，章程应记载以下事项：

(一)社员承担有限责任的营利社团法人的名称；

(二)社员承担有限责任的营利社团法人的目的；

(三)董事或理事的人数、任期及任免规则。设有监事的，需载明监事的人数、任期及任免规则；

(四)社员大会的召集、议事及决议规则；

(五)社员的出资或会费缴纳义务；

(六)社员资格的取得与丧失；

(七)解散社团法人的事由；

(八)不违反法律规定的其他事项。

**第八十七条【社团法人的机关】**

社员承担有限责任的营利社团法人的股东会等出资人会为其权力机构。权力机构修改章程，选举或者更换执行机构、监督机构社员，并行使章程规定的其他职权。

社员承担有限责任的营利社团法人应当设执行机构。执行机构召集权力机构会议，决定法人的经营计划和投资方案，决定法人内部管理机构的设置，并行使章程规定的其他职权。执行机构为董事会或者执行董事的，董事长、执行董事或者经理依照法人章程的规定担任法定代表人；未设董事会或者执行董事的，法人章程规定的主要负责人为其执行机构和法定代表人。

社员承担有限责任的营利社团法人设监事会或者监事等监督机构的，监督机构依法检查法人财务，对执行机构社员及高级管理人员执行法人职务的行为进行监督，并行使章程规定的其他职权。

法律对社员承担有限责任的营利社团法人的组织机构、法定代表人另有规定的，依照其规定。

**第八十八条【社员承担有限责任的营利社团法人出资人义务】**

社员承担有限责任的营利社团法人的出资人不得滥用出资人权利损害法人或者其他出资人利益。法人的出资人滥用出资人权利给法人或者其他出资人造成损失的,应当依法承担民事责任。

社员承担有限责任的营利社团法人的出资人不得滥用法人独立地位和出资人有限责任损害法人债权人的利益。法人的出资人滥用法人独立地位和出资人有限责任,逃避债务,严重损害法人债权人利益的,应当对法人债务承担连带责任。

**第八十九条【社员承担有限责任的营利社团法人出资人的撤销权】**

社员承担有限责任的营利社团法人的权力机构、执行机构的会议召集程序、表决方式违反法律、行政法规、法人章程,或者决议内容违反法人章程的,营利法人的出资人可以请求人民法院予以撤销,但营利法人依据该决议与善意相对人形成的民事法律关系不受影响。

**第九十条【社员承担无限责任的营利社团法人的定义】**

社员承担无限责任的营利社团法人是依法能够以自己的名义从事民事活动,并且至少有一个成员承担无限责任的社团法人。

社员承担无限责任的营利社团法人包括个人独资企业、合伙企业、两合企业等,有单行法的依照单行法规定。

**第九十一条【社员承担无限责任的营利社团法人的设立】**

社员承担无限责任的营利社团法人依法定程序设立,参照本法有关成员承担有限责任的营利社团法人的设立的规定。

**第九十二条【社员承担无限责任的营利社团法人的成立】**

社员承担无限责任的营利社团法人应当依照法律的规定登记,参照本法有关社员承担有限责任的营利社团法人的登记的规定。

**第九十三条【社员承担无限责任的营利社团法人的法定代表人】**

社员承担无限责任的营利社团法人可以确定一人或者数人代表该团体从事民事活动,其行为参照有关社员承担有限责任的营利社团法人的法定代表人的规定。法律另有规定的,依其规定。

**第九十四条【社员承担无限责任的营利社团法人的财产】**

社员承担无限责任的营利社团法人的成员享有与出资相应的财产权利,并可在退出或团体解散时请求分割团体的财产,但章程或组织规则另有规定的除外。

**第九十五条【社员承担无限责任的营利社团法人的责任】**

社员承担无限责任的营利社团法人的出资人或者设立人对该组织的债务承担无限责任。法律另有规定的,依照其规定。

**第九十六条【社员承担无限责任的营利社团法人的解散】**

有下列情形之一的,其他组织解散:

(一)章程规定的存续期间届满或者章程规定的其他解散事由出现的;

(二)出资人或者设立人决定解散的;

(三)被依法吊销营业执照,责令关闭或者被撤销的;

(四)出现法律规定的其他情形的。

**第九十七条【社员承担无限责任的营利社团法人的终止】**

社员承担无限责任的营利社团法人解散的,应当依法进行清算。清算终结,按照法律规定需要办理注销登记时,法人终止。

**第九十八条【参照适用】**

社员承担无限责任的营利社团法人可以参照适用本法关于社员承担有限责任的营利社团法人的规定。

# 第三目 非营利社团法人

**第九十九条【非营利社团法人的含义】**

为公益目的或者其他非营利目的成立,不向其出资人或者设立人分配所取得利润的法人,为非营利社团法人。

非营利社团法人包括:事业单位、社团团体、社会服务机构等。

**第一百条【非营利社团法人的终止】**

为公益目的成立的非营利社团法人终止时,不得向其出资人或设立人分配剩余财产;其剩余财产应当按照章程的规定或者权力机构的决议用于公益目的;不能按照法人章程规定或者权力机构的决议处理的,由主管机关主持转给宗旨相同或者相近的以公益为目的的法人,并向社会公告。

**第一百零一条【事业单位法人】**

具备法人条件,为实现公益目的设立的事业单位,经依法登记成立,取得事业单位法人资格;依法不需要办理法人登记的,从成立之日起,具有事业单位法人资格。

**第一百零二条【事业单位法人的机构】**

事业单位法人设理事会的,理事会为其决策机构。事业单位法定代表人按照其章程的规定产生。

法律对事业单位法人的组织机构、法定代表人另有规定的,依照其规定。

**第一百零三条【社会团体法人】**

具备法人条件,基于会员共同意愿,为实现公益目的或者会员共同利益等非营利目的设立的社会团体,经依法登记成立,取得社会团体法人资格;依法不需要办理法人登记的,从成立之日起,具有社会团体法人资格。

**第一百零四条【社会团体法人的机构】**

设立社会团体法人应当依法制定章程。

社会团体法人应当设会员大会或者会员代表大会等权力机构。

社会团体法人应当设理事会等执行机构。理事长或者会长等负责人依照法人章程的规定担任法定代表人。

## 第四目　中间法人

**第一百零五条【中间法人的定义】**

中间法人处于营利性法人和非营利性法人的中间状态，主要包括农村集体经济组织法人、合作经济组织法人、基层群众性自治组织法人等。

**第一百零六条【农村集体经济组织】**

农村集体经济组织依法取得法人资格。

法律、行政法规对农村集体经济组织有规定的，依照其规定。

**第一百零七条【合作经济组织】**

城镇、农村的合作经济组织依法取得法人资格。法律、行政法规对城镇、农村的合作经济组织有规定的，依照其规定。

**第一百零八条【居委会、村委会】**

居民委员会、村民委员会具有基层群众性自治组织法人资格，可以从事为履行职能所需要的民事活动。

未设立村集体经济组织的，村民委员会可以依法代行村集体经济组织的职能。

# 第三节　财团法人

**第一百零九条【财团法人的定义】**

财团法人，是指利用民事主体捐助的财产，以从事慈善、社会福利、宗教等社会公益事业为目的的法人组织。

本法所称财团法人，包括社会福利院，基金会社会团体法人、宗教团体法人等。

**第一百一十条【财团法人的设立】**

财团法人的设立，应当依照法律、法规进行登记。法律另有规定的，从其规定。

**第一百一十一条【财团法人的捐助章程】**

财团法人的设立人应当制定捐助章程，遗嘱捐助的除外。

财团法人应根据捐赠章程组织和管理。

遗嘱捐助的，应当在遗嘱中写明捐助目的，并指定遗嘱执行人。未指定遗嘱执行人的，由主管机关或其授权的组织指定。

**第一百一十二条【财团法人的机关】**

财团法人应当依照章程设立执行机关和监督机关。执行机关和监督机关依法行使捐助章程规定的职权。

**第一百一十三条【捐助人的权利】**

捐助人有权向财团法人查询捐助财产的使用、管理情况，并提出意见和建议。对于捐助人的查询，财团法人应当及时、如实答复。在章程规定的期限内，向捐助人报告捐助财产使用情况。

**第一百一十四条【捐助财产的使用】**

财团法人应当根据章程规定的宗旨和公益活动的业务范围使用其财产；捐助协议明确了具体使用方式的捐助，根据捐助协议的约定使用。

发生违反捐助章程行为的，捐助人、主管机关或者设立人等利害关系人可以请求人民法院予以撤销，但财团法人依据该决定与善意相对人形成的民事法律关系不受影响。

**第一百一十五条【主管机关的监督、管理】**

主管机关可以对财团法人依法进行监督和管理。

发生不能实现财团法人目的情形时，主管机关可以根据捐助人的意思，变更其目的及其必要的组织，或者解散财团法人。

**第一百一十六条【财团法人注销后剩余财产的处理】**

财团法人注销后的剩余财产应当依照捐助章程的规定用于公益目的；无法依照捐助章程规定处理的，由主管机关划归与该财团法人性质、宗旨相同的财团法人，并向社会公告。

# 第四章　民事权利

**第一百一十七条【人身利益】**

自然人的人身自由、人格尊严受法律保护。

**第一百一十八条【主体权利】**

自然人享有生命权、健康权、身体权、姓名权、肖像权、名誉权、荣誉权、隐私权、婚姻自主权等权利。

法人享有名称权、名誉权、荣誉权等权利。

**第一百一十九条【个人信息权】**

自然人的个人信息受法律保护。任何组织和个人不得非法收集、使用、加工、传输个人信息，不得非法买卖、提供或者公开个人信息。

自然人有权请求告知、更正、删除、封锁个人信息。

**第一百二十条【身份权】**

自然人因婚姻、家庭、收养关系等产生的人身权利受法律保护。

**第一百二十一条【财产权】**

自然人的私有财产权利受法律保护。

**第一百二十二条【物权】**

民事主体依法享有物权。

物权是权利人依法对特定的物享有直接支配和排他的权利，包括所有权、用益物权和担保物权。

**第一百二十三条【物权客体】**

物包括不动产和动产。法律规定权利作为物权客体的，依照其规定。

**第一百二十四条【公平合理补偿】**

国家基于公共利益的需要，依照法律规定的权限和程序征收、征用不动产或者动产的，应当给予及时、充分的补偿。

**第一百二十五条【环境权】**

民事主体的环境权依法受到保护。

**第一百二十六条【债权】**

民事主体依法享有债权。

债权是因合同、单方允诺、侵权行为、无因管理、不当得利以及法律的其他规定，权利人请求特定义务人为或者不为一定行为的权利。

**第一百二十七条【无因管理】**

没有法定的或者约定的义务，为避免他人利益受损失进行管理或者服务的，有权请求受益人偿还由此而支付的必要费用。

**第一百二十八条【不当得利】**

没有合法根据，取得不当利益，造成他人损失的，受损失的人有权请求不当得利的人返还不当利益。

**第一百二十九条【知识产权】**

民事主体依法享有知识产权。

知识产权是指权利人依法就下列客体所享有的权利：

（一）作品；

（二）发明、实用新型、外观设计；

（三）商标；

（四）地理标志；

（五）商业秘密；

（六）集成电路布图设计；

（七）植物新品种；

（八）域名；

（九）法律规定的其他客体。

**第一百三十条【继承权】**

自然人依法享有继承权。

**第一百三十一条【股权和其他投资型权利】**

民事主体依法享有股权和其他投资性权利。

**第一百三十二条【其他民事权利和利益】**

民事主体享有法律规定的其他民事权利和利益。

**第一百三十三条【数据、网络虚拟财产】**

法律对数据、网络虚拟财产的保护有规定的，依照其规定。

**第一百三十四条【特别保护】**

法律对未成年人、老年人、残疾人、妇女、消费者等的民事权利有特别保护规定的，依照其规定。

# 第五章 民事法律行为

## 第一节 一般规则

**第一百三十五条【民事法律行为的概念】**

民事法律行为是指民事主体通过意思表示设立、变更、终止民事权利义务关系的行为。

**第一百三十六条【民事法律行为的成立】**

民事法律行为可以基于单方的意思表示成立，也可以基于双方或者多方的意思表示一致成立。

法人依照法律或者章程规定的议事方式和表决程序作出决议的，该决议行为成立。

**第一百三十七条【民事法律行为的形式】**

民事法律行为可以采用书面形式、口头形式或者其他形式；法律规定或者当事人约定采用特定形式的，应当采用特定形式。

书面形式是指合同书、协议书、书面遗嘱、公证书、信件和数据电文等可以有形地表现所载内容的非对话形式。

口头形式是指面谈、电话等对话形式。

**第一百三十八条【民事法律行为的约束力】**

民事法律行为自成立时有效。法律另有规定或者当事人另有约定的除外。

行为人非依法律规定，不得擅自变更或者解除民事法律行为。

## 第二节 意思表示

**第一百三十九条【意思表示的定义】**

民事主体以一定的方式将其目的在于发生一定民事法律关系变动并使得自己受到拘束的效果意思表达于外部的行为，为意思表示。

**第一百四十条【意思表示的生效】**

以对话方式作出的意思表示，相对人了解其内容时生效。

以非对话方式作出的意思表示，到达相对人时生效。以非对话方式作出的采用数据电文形式的意思表示，相对人指定特定系统接收数据电文的，该数据电文进入该特定系统时生效；未指定特定系统的，相对人知道或者应当知道该数据电文进入其系统时生效。当事人对采用数据电文形式的意思表示的生效时间另有约定的，按照其约定。

**第一百四十一条【无相对人的意思表示】**

无相对人的意思表示，表示完成时生效。法律另有规定的，依照其规定。

**第一百四十二条【以公告方式作出的意思表示】**

以公告方式作出的意思表示，公告发布时生效。

**第一百四十三条【沉默】**

行为人可以明示或者默示作出意思表示。沉默只有在有法律规定、当事人约定或者习惯时，方可以视为意思表示。

**第一百四十四条【意思表示的撤回】**

行为人可以撤回意思表示。撤回意思表示的通知应当在意思表示到达相对人前或者与意思表示同时到达相对人。

**第一百四十五条【意思表示的解释】**

有相对人的意思表示的解释，应当按照所使用的词句，结合相关条款、行为的性质和目的、习惯以及诚实信用原则，确定意思表示的含义。

无相对人的意思表示的解释，不能拘泥于所使用的词句，而应当结合相关条款、行为的性质和目的、习惯以及诚实信用原则，确定行为人的真实意思。

# 第三节　民事法律行为的效力

**第一百四十六条【民事法律行为有效条件】**

具备下列条件的民事法律行为有效：

（一）行为人具有相应的民事行为能力；

（二）意思表示真实；

（三）不违反法律、行政法规的效力性强制性规定，不违背公共秩序与善良风俗。

**第一百四十七条【无民事行为能力人民事法律行为效力】**

无民事行为能力人实施的民事法律行为无效。但是无民事行为能力人实施的纯获利益的法律行为有效。

**第一百四十八条【限制民事行为能力人民事法律行为效力】**

限制民事行为能力人实施的民事法律行为，经法定代理人同意或者追认后有效，但是纯获利益的民事法律行为或者与其年龄、智力、精神健康状况相适应的民事法律行为，不需经法定代理人同意或者追认。

相对人可以催告法定代理人自收到通知之日起一个月内予以追认。法定代理人未作表示的，视为拒绝追认。民事法律行为被追认前，善意相对人有撤销的权利。撤销应当以通知的方式作出。

**第一百四十九条【相对人的合理信赖】**

因限制民事行为能力人的欺诈使相对人合理信赖其有相应的民事行为能力或者其法律行为已经获得法定代理人同意的，该法律行为的效力不因民事行为能力的欠缺而受影响。

无法识别交易者身份的网络交易民事法律行为，其效力不因民事法律行为能力的欠缺而受影响，但交易明显异常的除外。

**第一百五十条【虚伪意思表示】**

行为人与相对人串通,以虚假的意思表示实施的民事法律行为无效,但是双方均不得以此对抗善意第三人。

行为人以虚假的意思表示隐藏的民事法律行为的效力,依照有关法律规定处理。

**第一百五十一条【真意保留、戏谑表示】**

行为人故意隐瞒其真实意思进行意思表示的,不得主张法律行为无效。行为人能够证明相对人明知的,法律行为无效,该无效不得对抗善意第三人。

**第一百五十二条【可撤销的民事法律行为——重大误解】**

基于错误实施的民事法律行为,行为人有权请求人民法院或者仲裁机构予以撤销。

**第一百五十三条【可撤销民事法律行为——欺诈】**

一方以欺诈手段,使对方在违背真实意思的情况下实施的民事法律行为,受欺诈方有权请求人民法院或者仲裁机构予以撤销。

**第一百五十四条**

第三人实施欺诈行为,使一方在违背真实意思的情况下实施的民事法律行为,对方知道或者应当知道该欺诈行为的,受欺诈方有权请求人民法院或者仲裁机构予以撤销。

**第一百五十五条【可撤销民事法律行为——胁迫】**

一方或者第三人以胁迫手段,使对方在违背真实意思的情况下实施的民事法律行为,受胁迫方有权请求人民法院或者仲裁机构予以撤销。

**第一百五十六条【显失公平】**

一方利用对方处于困境、缺乏判断能力或者利用自己的优势等情形,致使民事法律行为成立时显失公平的,受损害方有权请求人民法院或者仲裁机构予以撤销。

**第一百五十七条【可撤销的民事法律行为——决议行为中的】**

决议行为的撤销,单行法有特别规定的,依照其规定。

**第一百五十八条【撤销权不得对抗善意第三人】**

民事法律行为因错误、欺诈、显失公平被撤销的,不得对抗善意第三人。

决议行为被撤销的,不得对抗善意第三人。

**第一百五十九条【撤销权的消灭】**

有下列情形之一的,撤销权消灭:

(一)当事人自知道或者应当知道撤销事由之日起一年内没有行使撤销权的;

(二)当事人受胁迫,自胁迫行为终止之日起一年内没有行使撤销权的;

(三)当事人知道撤销事由后明确表示或者以自己的行为表明放弃撤销权的;

(四)当事人自民事法律行为发生之日起五年内没有行使撤销权的。

决议行为的撤销权消灭事由,单行法有特别规定的,依照其规定。

**第一百六十条【民事法律行为的无效——违反法律】**

违反法律、行政法规的效力性强制性规定或者违背公共秩序和善良风俗的民事法律行为无效。

**第一百六十一条【超越经营范围】**

超越依法登记的经营范围从事经营活动的,除违反法律、行政法规有关限制经营、特许经营或者禁止经营的规定外，不影响民事法律行为的效力。

**第一百六十二条【民事法律行为的无效——恶意串通】**

行为人与相对人恶意串通，损害他人合法权益的民事法律行为无效。

**第一百六十三条【无效、被撤销的民事法律行为约束力】**

无效的或者被撤销的民事法律行为，从民事法律行为开始时起就没有法律约束力。

**第一百六十四条【民事法律行为无效、被撤销的法律后果】**

民事法律行为无效、被撤销或者确定不发生效力后，行为人因该行为取得的财产，应当予以返还；不能返还或者没有必要返还的，应当折价补偿。有过错的一方应当赔偿对方由此所受到的损失；各方都有过错的，应当各自承担相应的责任。法律另有规定的，依照其规定。

**第一百六十五条**

民事法律行为部分无效，不影响其他部分效力的，其他部分仍然有效。

## 第四节　民事法律行为的附条件和附期限

**第一百六十六条【条件的效力】**

民事法律行为可以附条件，但是依照其性质或者法律规定不得附条件的除外。附生效条件的民事法律行为，自条件成就时生效。附解除条件的民事法律行为，自条件成就时失效。

**第一百六十七条【期待权保护——条件拟制】**

附条件的民事法律行为，当事人不正当地阻止条件成就的，视为条件已成就；不正当地促成条件成就的，视为条件不成就。

**第一百六十八条【期限的效力】**

民事法律行为可以附期限，但是依照其性质或者法律规定不得附期限的除外。附生效期限的民事法律行为，自期限届至时生效。附终止期限的民事法律行为，自期限届满时失效。

# 第六章　代　理

## 第一节　一般规定

**第一百六十九条【代理的主体】**

民事主体可以通过代理人实施民事法律行为。

依照法律规定、当事人约定或者民事法律行为的性质，应当由本人亲自实施的民事法律行为，不得代理。

**第一百七十条【代理的定义】**

代理人在代理权限内，以被代理人名义实施的民事法律行为，对被代理人发生效力。

**第一百七十一条【隐名代理】**

代理人在代理权限内以自己的名义与第三人实施民事法律行为，第三人知道代理人与被代理人之间的代理关系的，该民事法律行为直接约束被代理人和第三人。但是有确切证据证明该民事法律行为只约束代理人和第三人的除外。

代理人在代理权限内以自己的名义与第三人实施民事法律行为，第三人不知道代理人与被代理人之间的代理关系的，代理人因为第三人的原因对被代理人不履行义务，被代理人可以行使代理人对第三人的权利；代理人因被代理人的原因对第三人不履行义务，第三人可以选择向代理人或者被代理人行使权利。

不能认定代理人是以被代理人的名义还是以自己的名义进行民事法律行为的，视为以自己的名义进行民事法律行为，该民事法律行为的效力只约束代理人和第三人。但根据行为时的具体情境可以确定是为被代理人进行民事法律行为的除外。

**第一百七十二条【代理权的产生】**

代理的权限可以由被代理人授予，也可以由法律直接规定。

由被代理人授予代理权的是意定代理。由法律直接规定代理权的是法定代理。

意定代理包括因委托关系、合伙关系以及职务关系等产生的代理。

法定代理，本章没有规定的，适用本法和其他法律有关规定。

# 第二节 意定代理

**第一百七十三条【代理权的授予】**

被代理人的授权可以向代理人表示，也可以向代理人与之交易的第三人表示。

被代理人的授权可以采用书面的方式，也可以采用口头的方式。法律规定采用书面形式的，应当采用书面形式。

**第一百七十四条【授权委托书】**

授权委托书应当载明代理人的姓名或者名称、代理事项、权限和期间，并由被代理人签名或者盖章。

被代理人授权不明的，由被代理人和代理人承担连带责任。代理人没有过错的，在承担连带责任后可以向被代理人追偿。

被代理人和代理人之间的基础法律关系不成立，不影响代理权授予行为的效力。但第三人明知的除外。

**第一百七十五条【共同代理】**

代理人为数人的，应当共同行使代理权，法律另有规定或者当事人另有约定的除外。

数个代理人共同实施代理行为，造成被代理人损害的，由全体代理人负连带责任。

单个代理人未经其他代理人同意实施代理行为，造成被代理人损害的，由该代理人承担责任。

**第一百七十六条【违法事项的代理】**

代理人知道或者应当知道代理的事项违法仍然实施代理行为，或者被代理人知道或者应当知道代理人的代理行为违法未作反对表示的，被代理人和代理人应当承担连带责任。

**第一百七十七条【代理人的责任承担】**

代理人不履行或者不完全履行职责，造成被代理人损害的，应当承担民事责任。

代理人和第三人恶意串通，损害被代理人合法权益的，由代理人和第三人承担连带责任。

**第一百七十八条【自己代理与双方代理】**

代理人不得以被代理人的名义与自己实施民事法律行为，法律另有规定或者被代理人同意、追认的除外。

代理人不得以被代理人的名义与自己同时代理的其他人实施民事法律行为，法律另有规定或者被代理的双方同意、追认的除外。

**第一百七十九条【复代理的构成和效力】【转托不明的责任】【法定代理人的复任权】**

代理人需要转委托第三人代理的，应当取得被代理人的同意或者追认。

转委托代理经被代理人同意或者追认的，被代理人可以就代理事务直接指示转委托的第三人，代理人仅就第三人的选任及对第三人的指示承担责任。

转委托代理未经被代理人同意或者追认的，代理人应当对转委托的第三人的行为承担责任，但是在紧急情况下代理人为了维护被代理人的利益需要转委托第三人代理的除外。

由于疾病、通信联络中断等特殊原因，代理人自己不能实施代理行为，又不能与被代理人及时取得联系，如不及时转托他人代理，会给被代理人利益造成损失或者扩大损失的，可以认定为前款所指紧急情况。

**第一百八十条【转代理】**

代理人转托他人代理的，应当办理转托手续。因代理人转托不明给相对人造成损失的，相对人可以直接要求被代理人赔偿损失。被代理人承担民事责任后，可以要求代理人赔偿损失，转托代理人有过错的，应当负连带责任。

**第一百八十一条**

法定代理人可以选任转托代理人，并就其行为向被代理人承担责任。

**第一百八十二条【职务代理】**

执行法人职务的人，就其职权范围内的事项，以法人名义实施民事法律行为，对法人发生效力。

法人对其工作人员职权范围的限制，不得对抗善意相对人。

**第一百八十三条【无权代理】**

行为人没有代理权、超越代理权或者代理权终止后，仍然实施代理行为，未经被代理人追认的，对被代理人不发生效力。

相对人可以催告被代理人自收到通知之日起一个月内予以追认。被代理人未作表示的，视为拒绝追认。无权代理人实施的行为被追认前，善意相对人有撤销的权利。撤销应当以通知的方式作出。

无权代理人实施的行为未被追认的，善意相对人有权要求无权代理人履行债务或者就其受到的损害要求无权代理人赔偿，但是赔偿的范围不得超过代理行为有效时所能获得的利益。

相对人知道或者应当知道代理人无权代理的，相对人和代理人按照各自的过错承担责任。

**第一百八十四条【表见代理】**

行为人没有代理权、超越代理权或者代理权终止后，仍然实施代理行为，若代理权外观的形成可归因于被代理人，且相对人有理由相信行为人有代理权的，代理行为有效。但是有下列情形之一的除外：

(一)行为人伪造他人的公章、合同书或者授权委托书等，假冒他人的名义实施民事法律行为的；

(二)被代理人的公章、合同书或者代理授权书等遗失、被盗，或者与行为人特定的职务关系已经终止，并且已经以合理方式公告或者通知，相对人应当知悉的；

(三)法律规定的其他情形。

被代理人知道他人以代理人身份实施法律行为而不作否认表示，且相对人有理由相信代理行为人有代理权的，该代理行为有效。

代理行为中，相对人对代理人的代理权限有必要的审核义务。未尽此审核义务的，不能认定其合理信赖行为人有代理权。

# 第三节  代理的终止

**第一百八十五条【意定代理的终止】**

有下列情形之一的，意定代理终止：

(一)代理期间届满或者代理事务完成的；

(二)被代理人撤销授权的；

(三)被代理人取消授权或者代理人辞去授权的；

(四)代理人丧失民事行为能力的；

(五)代理人或者被代理人死亡的；

(六)作为代理人或者被代理人的法人终止的。

如果授权行为是以意思表示通知第三人的，在被代理人向第三人通知代理权消灭前，授权行为对第三人仍然有效。

意定代理权终止的，代理人应当交回授权委托书，不得留置。

**第一百八十六条【意定代理终止的例外】**

被代理人死亡后，有下列情形之一的，委托代理人实施的代理行为有效：

(一)代理人不知道并且不应当知道被代理人死亡的；

(二)被代理人的继承人均予以承认的；

(三)授权中明确代理权在代理事项完成时终止的；

（四）在被代理人死亡前已经实施，在被代理人死亡后为了被代理人继承人的利益继续完成的。

作为被代理人的法人终止的，参照适用前款规定。

**第一百八十七条【法定代理的终止】**

有下列情形之一的，法定代理终止：

（一）被代理人取得或者恢复完全民事行为能力的；

（二）代理人丧失民事行为能力的；

（三）被代理人或者代理人死亡的；

（四）法律规定的其他情形。

# 第七章　民事责任

**第一百八十八条【民事义务的履行与民事责任的承担】**

民事主体应当依照法律规定或者当事人约定履行民事义务。

民事主体不履行或者不完全履行民事义务的，应当依法承担民事责任。

**第一百八十九条【按份责任】**

二人以上依法承担按份责任，能够确定责任大小的，各自承担相应的责任；难以确定责任大小的，平均承担责任。有约定的，从其约定。

**第一百九十条【连带责任】**

二人以上依法或者按照约定承担连带责任的，权利人有权请求部分或者全部连带责任人承担责任。

连带责任人之间根据各自责任大小确定最终责任份额；难以确定责任大小的，平均承担责任。有约定的，从其约定。实际承担责任超过自己责任份额的连带责任人，有权向其他连带责任人追偿。

**第一百九十一条【承担民事责任的方式】**

承担民事责任的方式主要有：

（一）停止侵害；

（二）排除妨碍；

（三）消除危险；

（四）返还财产；

（五）恢复原状；

（六）修理、重作、更换；

（七）继续履行；

（八）赔偿损失；

（九）支付违约金；

（十）消除影响、恢复名誉；

(十一)赔礼道歉。

法律规定惩罚性赔偿的,依照其规定。

本条规定的承担民事责任的方式,可以单独适用,也可以合并适用。依其性质或法律规定不应合并适用的除外。

**第一百九十二条【不可抗力免责】**

因不可抗力不能履行民事义务的,不承担民事责任。法律另有规定的,依照其规定。

不可抗力是指不能预见、不能避免并不能克服的客观情况。

**第一百九十三条【自助行为免责】**

权利人为实现其请求权,在情势紧迫且不能及时获得国家机关保护时,有权以自助的方式保护自己的权利。自助行为不承担民事责任,但应以必要范围和必要方式为界。

自助行为包括但不限于为自助目的而扣押义务人之物,或者为自助目的而限制有逃逸嫌疑的义务人的人身自由,或者制止义务人违反容忍义务的行为。

权利人在实施上述行为后,必须立即向有关国家机关申请援助,请求处理。上述行为未获得有关国家机关事后认可的,权利人必须立即停止侵害并对受害人承担赔偿责任。

**第一百九十四条【民事责任的竞合】**

因当事人一方的债务不履行行为,损害对方人身、财产权益的,受损害方有权选择请求其承担债务不履行责任或者侵权责任。

**第一百九十五条【民事责任优先】**

民事主体因同一行为应当承担民事责任、行政责任和刑事责任的,承担行政责任或者刑事责任不影响承担民事责任;民事主体的财产不足以支付的,先承担民事责任。

# 第八章　诉讼时效

**第一百九十六条【普通诉讼时效的期间和起算】**

向人民法院请求保护民事权利的诉讼时效期间为三年。法律另有规定的,依照其规定。

诉讼时效期间自权利人知道或者应当知道权利受到损害以及义务人之日起计算。法律另有规定的,依照其规定。但是,自权利受到损害之日起超过二十年的,人民法院不予保护;有特殊情况的,人民法院可以延长。

**第一百九十七条【分期履行债权诉讼时效起算】**

当事人约定同一债务分期履行的,诉讼时效从最后一期债务履行期限届满之日起计算。

**第一百九十八条【未定清偿期之债权的诉讼时效期间的起算】**

当事人未约定履行期限的债权,其诉讼时效自权利人通知履行后催告期间届满之日开始计算。

债务人死亡或者作为债务人的法人终止的,诉讼时效期间自权利人知道或者应当知道债务人的继承人或作为债务人的法人的清算人之日起开始计算，没有继承人或清算人的，自权利人知道或者应当知道上述事由之日起开始计算。

**第一百九十九条【特殊诉讼时效期间及其起算】**

无民事行为能力人或者限制民事行为能力人对其法定代理人的请求权的诉讼时效期间，自该法定代理终止之日起计算。

未成年人遭受性侵害的损害赔偿请求权的诉讼时效期间，自受害人年满十八周岁之日起计算。如果受害人年满十八周岁后与加害人处于家庭共同生活中，诉讼时效期间自家庭共同生活结束时起计算。

**第二百条【诉讼时效届满的法律后果】**

诉讼时效期间届满的，义务人可以提出不履行义务的抗辩。

义务人如于诉讼时效期间届满后，为履行义务而为给付或提供担保的，不得以不知诉讼时效期间届满为由提出抗辩。但能够证明前述行为违反自愿、合法原则的除外。

**第二百零一条【主权利诉讼时效期间届满后从权利的诉讼时效】**

主权利诉讼时效期间届满，从权利诉讼时效期间随之届满。

本条所称从权利，是指请求支付利息、违约金、定金等。法律对抵押权、质权和留置权等担保物权另有规定的，依其规定。

**第二百零二条【诉讼时效期间届满后的抵销规则】**

在诉讼时效期间届满前已具备抵销条件的债权，在诉讼时效期间届满后仍可适用于抵销。

**第二百零三条【诉讼时效的被动性】**

人民法院不得主动适用诉讼时效的规定。

**第二百零四条【诉讼时效期间的中止】**

在诉讼时效期间的最后六个月内，因下列事由而不能行使请求权的，诉讼时效中止：

（一）不可抗力；

（二）无民事行为能力人或限制民事行为能力人没有法定代理人，或者法定代理人死亡、丧失代理权或者丧失民事行为能力；

（三）继承开始后未确定继承人或遗产管理人；

（四）权利人或义务人被其他人控制；

（五）其他导致权利人无法行使请求权的事由；

自中止时效的事由消除之日起满六个月，诉讼时效期间届满。

**第二百零五条【诉讼时效期间的中断】**

有下列情形之一的，诉讼时效中断，从中断事由或有关程序终结之日起，诉讼时效期间重新计算：

（一）权利人向义务人提出履行请求的；

（二）义务人同意履行义务的；

（三）权利人提起诉讼或者申请仲裁的；

（四）权利人向人民调解委员会以及其他有权解决相关民事纠纷的国家机关、事业单位、社会团体等社会组织提出保护民事权利的请求；

（五）有与诉讼和仲裁具有同等效力的事项的。

**第二百零六条【诉讼时效中断的效力】**

对连带权利人或者连带义务人中的一人发生诉讼时效中断的，中断的效力及于全部连带权利人或者连带义务人。

**第二百零七条【诉讼时效的排除适用】**

下列请求权不适用诉讼时效：

（一）请求停止侵害、排除妨碍、消除危险；

（二）登记的物权人请求返还财产；

（三）请求支付赡养费、抚养费和抚养费；

（四）请求支付银行存款本金及其利息；

（五）请求兑付国债、金融债券以及向不特定对象发行的企业债券本息请求权；

（六）基于投资关系产生的缴付出资请求权；

（七）依法不适用诉讼时效的其他请求权。

**第二百零八条【诉讼时效的强制性】**

诉讼时效的期间、计算方法以及中止、中断的事由由法律规定，当事人约定无效。

当事人对诉讼时效利益的预先放弃无效。

**第二百零九条【仲裁时效】**

法律对仲裁时效有规定的，适用其规定。法律对仲裁时效没有规定的，适用诉讼时效的规定。

**第二百一十条【除斥期间】**

法律规定或者当事人约定的撤销权、解除权等权利的存续期间，除法律另有规定外，自权利人知道或者应当知道权利产生之日起计算，不适用有关诉讼时效中止、中断和延长的规定。存续期间届满，撤销权、解除权等权利消灭。

# 第九章　期间的计算

**第二百一十一条【期间】**

民事法律所称的期间按照公历年、月、日、小时计算。

**第二百一十二条【期间的计算】**

按照小时计算期间的，自法律规定或者当事人约定的时间开始计算。

按照日、月、年计算期间的，开始的当日不计入，自下一日开始计算。

**第二百一十三条【按照月、年计算】**

按照月、年计算期间的，到期月的对应日为期间的最后一日；到期月没有对应日的，月末日为期间的最后一日。

**第二百一十四条【期间最后一日】**

期间的最后一日是法定休假日的，以法定休假日结束的次日为期间的最后一日。

期间的最后一日的结束时间为二十四点；有业务时间的，以停止相应业务活动的时间为结束时间。

**第二百一十五条【除外规定】**

期间的计算方法依照本法的规定，法律另有规定或者当事人另有约定的除外。

# 第十章 附 则

**第二百一十六条【相关用语的含义】**

民法所称的"以上"、"以下"、"以内"、"届满"，包括本数；所称的"不满"、"超过"、"以外"，不包括本数。

**第二百一十七条【施行日期】**

本法自＿＿＿年＿＿＿月＿＿＿日起施行。

# 第二部分

## 民法总则（草案）比较及理由

# 第一章　基本规定

【法工委三审稿】① 基本原则

【法工委二审稿】② 基本原则

【法工委一审稿】③ 基本原则

【法学会稿】一般规定

【社科院稿】一般规定

【建议稿】基本规定

【建议理由】法工委三审稿第一章章名都采用基本原则，并且章下不另分小节。法学会与社科院版本的章名是一般规定，并在章下又分小节。不论哪个版本，第一章都包含了立法目的、调整对象、基本原则、法律适用，将章名规定为基本原则，不足以将上述内容都涵盖，因此建议将第一章基本原则改为基本规定。

## 第一条【立法目的】

【三审稿】为了保护民事主体的合法权益，调整民事关系，维护社会和经济秩序，适应中国特色社会主义发展要求，根据宪法，制定本法。

【二审稿】同三审稿。

【一审稿】为了保护自然人、法人和非法人组织的合法权益，调整民事关系，维护社会和经济秩序，适应中国特色社会主义发展要求，根据宪法，制定本法。

【法学会稿】为了保障民事主体的合法权益，维护社会经济秩序，维护自然人的人格尊严，促进经济社会和人的全面发展，根据宪法，制定本法。

【社科院稿】为了保障民事主体的合法权益，妥当调整民事法律关系，促进社会、经济与人的全面发展，根据宪法及我国的实际情况，制定本法。

【建议稿】为了保护民事主体的合法权益，妥当调整民事关系，维护社会和经济秩序，维护自然人的人格尊严，适应中国特色社会主义发展要求，根据宪法和我国的实际情况，制定本法。

【建议理由】这一条的参考立法例为民法通则第 1 条：为了保障公民、法人的合法的

---

① 法工委三审稿，以下简称为三审稿。

② 法工委二审稿，以下简称为二审稿。

③ 法工委一审稿，以下简称为一审稿。

民事权益,正确调整民事关系,适应社会主义现代化建设事业发展的需要,根据宪法和我国实际情况,总结民事活动的实践经验,制定本法。法工委、社科院与法学会版本对立法目的的表述大致相同,但是具体用词不同。社科院提出"妥当调整民事关系"比"调整民事关系"表述得更为精确。"妥当"一词有稳妥适当、稳重的意思,"适当"有合适妥当的意思,"妥善"有稳妥完善的意思。笔者建议采用妥当一词,兼具稳妥、适当之含义。增加妥当一词有以下几个原因:一是民法的目的不仅只是调整民事关系,民法在调整民事关系时要合理地协调各方面利益。当民事关系中双方出现纠纷时,兼顾法理与情理,寻找出最优解决方案;二是我国以权利为本位,各方权利难免碰撞时,法官在适用法律时应该权衡各方权利,根据各方的权利义务对等原则判案。本条不仅揭示了民法典的立法目的,同时也规定了立法依据。21世纪的民法应当具有时代性,保障私权,维护人格尊严应当成为我国民法典的重要内容和支撑。除此之外,在经济交易方面的法律制度应当与国际接轨,但是例如婚姻和继承等方面的内容应当尊重我国的传统和习惯,在解决具体问题时不能脱离国情和社会主义市场经济的基本制度,这样才能使我们的民法典与现实相契合,与我国民众朴素的法律情感相贴近,这也有利于我国民法典适用性的提高。

另外,民事主体应当坚持"二元说",即自然人和法人,其他组织应当包含在法人的范畴之内。应当采纳广义的法人概念,即法人并不以独立责任为成立的前提。理由主要有:第一,从历史上看,法人人格的存在是由于一个组织或实体得到国王、议会或政府的许可,且该组织可以以自己的名义为法律行为,该组织与其成员互相独立。该组织或实体是否为法人的标准并不是以其成员承担有限责任来确定的。第二,从域外立法例来看,多数国家的立法并未将法人与独立责任联系起来。因此,有学者将世界范围内法人的责任形态归纳为:责任独立型;责任半独立型;责任非独立型和责任补充型。① 第三,成员对某一组织或实体是否承担有限责任,仅与其在该组织或实体内部的权利义务状况相关,与法人资格无关。第四,我国民法通则规定法人承担有限责任的背景是20世纪80年代我国正在进行改革开放,实现政企分开,使国有企业能够成为自负盈亏、自主经营的独立的经济实体。第五,我国现行法以承担独立责任为法人的构成要件,但是事实上无法严格贯彻该原则,例如,机关法人、公立学校、医院等事业单位法人。第六,"能够独立承担民事责任"不具有可操作性。申请人无法提供"能够独立承担民事责任"的文件供登记机关审核,登记机关也无法以是否符合"能够独立承担民事责任"这一条件作出予以登记或不予登记的决定,更不可能对已经设立的法人团体因其不具备"能够独立承担民事责任"这一条件作出撤销登记或其他处罚的决定。第七,将合伙企业等"其他组织"定位于第三类民事主体是不合理的。第三类民事主体实际上包含着各种性质的组织,其内涵和外延往往是不确定的,将各种性质迥异的"非法人团体"统称为第三类民事主体,并不具有规范法上的意义,其仅仅是立法上的权宜之计,并不合乎逻辑。第八,民事责任以财产责任为主,只要权利主体有足够的财产对外承担责任,以自己的名义和自己的财产对外承担责任,就是独

---

① 参见虞政平:《法人独立责任质疑》,载《中国法学》2001年第1期。

立责任，这一点对任何类型的权利主体都是一样的。① 权利主体的独立责任与其成员的有限责任没有必然的联系。独立责任仅意味着权利主体以自己的名义和自己的财产对外承担责任，并不意味着所有的责任都由自己承担，其他人在任何时候都不对此承担责任。

因此，我国在制定民法典时，应当打破法人的封闭性，尽可能包含多种形式的民事主体，这也是迎合我国目前"大众创新，万众创业"的趋势。打破民事主体制度的封闭应从法人制度入手，将成员承担有限责任从法人的构成要件中剥离，以恢复法人制度的开放性。对各种不同类型的法人，可以通过特别法规定特殊的成立条件，以适应不同法律关系的需求。如此，即可使民事主体制度对社会经济生活保持适应。

## 第二条【调整对象】

【三审稿】民事法律调整作为平等民事主体的自然人、法人和非法人组织之间的人身关系和财产关系。

【二审稿】同三审稿。

【一审稿】同三审稿。

【法学会稿】本法调整平等主体的自然人、法人和其他组织之间的人身关系和财产关系。

【社科院稿】本法调整平等的自然人、法人和非法人团体之间的人身关系和财产关系。

【建议稿】本法调整作为平等民事主体的自然人、法人之间的人身关系和财产关系。

【建议理由】因为我国正在制定的是民法典，因此，为了保证法典的简洁性，应当以"本法"代替"民事法律"。

本条的参考立法例为民法通则第2条：中华人民共和国民法调整平等主体的公民之间、法人之间、公民和法人之间的财产关系和人身关系。法学会采用"平等主体"沿用了民法通则的表述，是不符合语句结构的，"平等主体"是名词性词组，不可以直接修饰后面的主体，并且自然人、法人并不是在一切情况下都是平等的，因此建议采用法工委版本，只有当自然人、法人作为平等主体时才受民法的调整。第一条并没有指明民事主体的种类，因此应该在本条将民事主体具体解释。

财产关系主要是指人们在物质资料的生产、分配、交换和消费过程中形成的社会关系。财产关系的范围很广，但并非所有的财产关系都属于民法调整的对象，民法只调整平等主体之间发生的财产关系，主要分为财产归属关系以及财产流转关系。那些不是平等主体之间的财产关系，如税收的征缴、工商行政机关对违法经营者的罚款、司法机关没收违

---

① 民法通则第133条第2款规定："有财产的无民事行为能力人、限制民事行为能力人造成他人损害的，从本人财产中支付赔偿费用。不足部分，由监护人适当赔偿，但单位担任监护人的除外。"1997年合伙企业法第39条规定："合伙企业对其债务，应先以其全部财产进行清偿。"个人独资企业法第31条也规定："个人独资企业财产不足以清偿债务的，投资人应当以其个人的其他财产予以清偿。"这些规定都说明当欠缺行为能力的自然人和不具备法人资格的"其他组织"的财产足以承担赔偿责任时，其均可以自己的名义与自己的财产对外承担责任。

法犯罪分子的财物，则不属于民法调整的范围，而属于行政法、刑法调整的范围。人身关系指与民事主体不可分离又无直接财产内容的社会关系，主要包括基于人格权产生的人身关系与基于身份权产生的人身关系。不属于平等主体之间的人身关系，如司法机关依法限制自然人的人身自由甚至剥夺其生命等，则不属于民法的调整范围。人身关系并不是像财产关系一样以物质交换为前提，但是不可否认人身关系中可能会与财产关系发生联系。

## 第三条【平等原则】

【三审稿】民事主体在民事活动中的法律地位一律平等。

【二审稿】同三审稿。

【一审稿】民事主体的法律地位一律平等。

【法学会稿】民事主体的法律地位一律平等。

国家以及国家机关作为民事主体从事民事活动，与其他民事主体法律地位平等。

法律对未成年人、老年人、残疾人、妇女、消费者、劳动者等自然人有特别保护的，依照其规定。

【社科院稿】民事主体在民事活动中的法律地位平等。

【建议稿】民事主体在民事活动中的法律地位一律平等。

【建议理由】三审稿中增加了"在民事活动中"，比一审稿更加严谨。民事主体并不仅仅参加民事法律关系，在参加其他法律关系中法律地位并不是一律平等，如刑事法律关系中，自然人和法人与国家的地位并不是平等，因此平等原则应限定在民事活动中。平等原则应当是民法的基本原则，这是由民法调整的社会关系的性质所决定的，这也是其他原则的基础。突出平等原则，可以划清民法与行政法和经济法的界限，这在立法和司法上具有极大的意义。平等原则主要体现在：民事主体的权利能力平等；民事主体的合法权益受到平等的保护，任何组织和个人都不得侵犯；具体的民事法律关系中当事人的地位平等。另外，民事主体法律地位平等，不等于在实际的民事法律关系中，每个当事人所享有的具体的民事权利和承担的民事义务都是一样的。另外，平等原则应当在民事活动中坚持，如果民事主体在刑事活动或者行政活动中，法律地位并不一定一律平等。最后，关于法律对未成年人、老年人、残疾人等的特别保护，不能认定是对平等原则的突破，其是符合实质上的平等的，因为这些特殊群体由于身体上的原因，本身与普通人相比处于弱势，法律对其倾斜，实际上是坚持了实质上的平等。因为在民法典中已经规定了"单行法和民法典的适用规则"，因此在此处没有必要特别说明未成年人、老年人、残疾人、妇女等的特别保护法优先适用。

## 第四条【自愿原则】

【三审稿】民事主体从事民事活动，应当遵循自愿原则，按照自己的意思设立、变更和终止民事法律关系。

【二审稿】同三审稿。

【一审稿】民事主体从事民事活动，应当遵循自愿原则，按照自己的意思设立、变更和终止民事关系。

【法学会稿】民事主体根据自己的意愿从事民事活动，不受任何组织和个人的非法干预。

【社科院稿】民事主体依自己的意思设立、变更、终止民事权利义务关系，任何组织和个人不得非法干预。

【建议稿】民事主体从事民事活动，应当遵循自愿原则，按照自己的意思设立、变更和终止民事法律关系。

【建议理由】自愿原则是指当事人有权根据自己的意志和利益，决定是否实施某种民事法律行为，参加或不参加某种民事法律行为。自愿原则实际上是意思自治原则在我国民法中的立法表述，意思自治原则是民法的一项基本原则，其贯穿于整个民法之中，体现了民法的基本精神。三审稿中的"民事法律关系"与一审稿中的"民事关系"是相互联系又有区别的概念。民事法律关系是民法调整民事关系的法律后果，存在民事法律关系的前提就是存在民事关系。民事关系是一种客观存在的社会关系，并非所有的民事关系都会受到民法的调整。因此民事法律关系表述更准确。另外，对于法学会稿中的"不受任何组织和个人的非法干预"，应予以删除。原因如下：一是自愿原则就是要维护当事人的意思自由，体现对民事主体意志的一种尊重，既然民事主体根据自己的意思从事民事活动，其自然不受其他组织和个人的干预。二是"不受任何组织和个人的非法干预"为公权力介入民事主体的意志提供了合法化的理由。一些公权力机关可以以非民法领域的法律为基础干预民事主体意志，当民事主体的民事权利受损时，其可能并不能以此条为依据主张权利救济，因为公权力机关可能会声称自己的行为是合法干预。三是虽然在建议稿中删除，但是并不代表着民事主体的意志绝对自由，其也要受法律强制性规定、公共秩序和善良风俗的约束。

## 第五条【公平原则】

【三审稿】民事主体从事民事活动，应当遵循公平原则，合理确定各方的权利和义务。

【二审稿】同三审稿。

【一审稿】同三审稿。

【法学会稿】民事主体从事民事活动应当遵循公平原则。

【社科院稿】无公平原则相关条款。

【建议稿】民事主体从事民事活动，应当遵循公平原则，合理确定各方的权利和义务。

【建议理由】公平的概念随着社会实践的发展也会不断地变化，人们对公平的认识也会随着时代的变迁而变化。民事主体在从事民事活动的过程中，应当按照公平正义的观念实施民事行为，司法机关在适用法律过程中应当遵循公平的理念。公平原则主要体现在：当事人的权利与义务平衡、承担民事责任平衡和风险负担的平衡。

另外，公平原则与平等原则和诚实信用原则都是不同的，不可替代的，因此，在制定民法典时应当对此原则进行确认。平等原则注重的是法律地位的平等、人格的平等，而公平原则更加注重结果上的均衡，公平原则更多的是充当了形式平等所带来的利益不均衡状态的矫正器的作用。① 另外，诚实信用原则主要是从道德观念上要求当事人应当怎样做，不应当怎样做，在人身关系方面贯彻诚实信用原则，更注重道德标准。公平原则主要是从客观上判断当事人之间的利益是否失衡。

## 第六条【诚实信用原则】

【三审稿】民事主体从事民事活动，应当遵循诚实信用原则。

【二审稿】同三审稿。

【一审稿】民事主体从事民事活动，应当遵循诚实信用原则。民事主体从事民事活动，应当自觉维护交易安全。

【法学会稿】民事主体行使民事权利、履行民事义务以及从事其他民事活动应当遵循诚实信用原则。

【社科院稿】民事主体应依诚实信用的方式行使权利及履行义务。

【建议稿】民事主体从事民事活动，应当遵循诚实信用原则，不得滥用权利损害他人合法权益。

【建议理由】一审稿中"民事主体从事民事活动，应当自觉维护交易安全"的条款应该删除。民法的基本原则应适用于人身关系和财产关系。但人身关系中的行为并不是交易行为，而财产关系中也并不是都涉及交易安全问题，例如合同解除是可能由于不可抗力致使不能实现合同目的。另外，交易安全的概念是非常不确定的，其可能随着时间、地点的变化而变化，如果强调主体负有维护交易安全的义务，显然是不公平的。

民事主体从事民事活动的行为包含了其行使权利和履行义务的行为，因此，没有必要再单独规定"行使权利和履行义务的内容"。诚实信用原则是法律对道德和伦理的确认。诚实信用原则具有较强的"伸缩性"，其可以对法律规定不足进行补救，并赋予司法机关一定的自由裁量权。另外，诚实信用原则也不可以与公平原则相替代，理由在上一条文中已经阐述，在此不再赘述。因此，诚实信用原则应当作为一项重要的原则在民法典中加以确认。此外，诚实信用原则主要体现在：设立或者变更民事法律关系时，不仅要求当事人诚实，不隐瞒真相，不作假，不欺诈，还应当给对方提供必要的信息；民事关系建立后，当事人应当恪守诺言，履行义务，维护对方的利益，满足对方的正当期待；民事法律关系终止后，当事人应当为维护对方的利益，实施一定行为或者不实施一定行为。因此，诚实信用原则完全可以涵盖民事主体自觉维护交易安全的义务。

笔者建议增加禁止滥用权利原则的相关条款。禁止滥用权利原则与诚实信用原则主要有以下几种观点：一是禁止滥用权利原则是由诚实信用原则延伸出来，因而在层次上低于诚实信用原则。② 二是禁止滥用权利原则是诚实信用原则的反面规定，违反诚实信用原则

---

① 参见王利明：《中国民法典学者建议稿及立法理由》，法律出版社2005年版，第16页。

② 陈元雄：《民法总则新论》，三民书局1983年版，第920页。

之权利行使，即为权利滥用。① 三是两者均为道德准则，只是适用对象有所差异，前者适用未具有特定权利义务关系之当事人之间，后者则适用于具有特定权利义务关系当事人之间。② 禁止滥用权利原则始于罗马法，尤以在相邻关系上权利人行使权利不得损害他人的利益，后在德国民法典第226条中规定："权利人不能仅仅以损害他人为目的行使权利"。瑞士民法典第2条第2款规定："显系滥用权利时，不受法律保护。"日本民法典第1条第3款规定："权利不许滥用。"韩国民法典第2条第2款规定："权利不得滥用。"笔者不认为禁止滥用权利原则已经成为独立的法律原则，但是，应该将其列于诚实信用原则条款下。原因如下：首先，禁止滥用权利原则由诚实信用原则发展而来，仍然附属于诚实信用原则。诚实信用原则在权利行使过程中具体体现为禁止滥用权利原则，可见两者存在重叠之处。诚实信用原则具有更大的模糊性，禁止滥用权利则具有极强的针对性，且将禁止滥用权利作为民法之一般条款予以宣示更为符合现代法的精神。③ 其次，我国宪法第51条也对权利不得滥用作出规定，但其仅仅规定了公民权利不得滥用，宪法作为我国的根本大法，其规定在民法领域中体现不够全面，因此应该在民法典中予以规定。

## 第七条【人与自然和谐发展原则】

【三审稿】删除。

【二审稿】民事主体从事民事活动，应当保护生态环境、节约资源，促进人与自然和谐发展。

【一审稿】民事主体从事民事活动，应当保护环境、节约资源，促进人与自然和谐发展。

【法学会稿】民事主体从事民事活动应当节约资源、保护环境，促进人与自然的和谐发展。

【社科院稿】无人与自然和谐发展原则相关条款。

【建议稿】民事主体从事民事活动，应当保护生态环境、节约资源，促进人与自然和谐发展。

【建议理由】徐国栋先生的《绿色民法典》在其"序编"的第二章"基本原则"中规定了"绿色原则"即"当事人进行民事活动，应遵循节约资源、保护环境、尊重其他动物之权利的原则"，绿色原则与此条相近，都是从生态环境价值的角度出发，基于我国现实环境污染严重、资源逐渐枯竭的现状和实际情况，有必要将"保护环境、节约资源，促进人与自然和谐发展"作为一项基本原则落实在民法典中，以促进可持续发展与和谐发展。"环境"的外延很广，但只有具有一定生态关系构成的系统整体才能成为生态环境，限定为生态环境可以明确此条的应用范围。

---

① 史尚宽：《民法总论》，中国政法大学出版社2001年版，第646页。郑玉波：《民法总则》，中国政法大学出版社2003年版，第393页。

② 参见陈元雄：《民法总则新论》，三民书局1983年版，第920页。

③ 尹田：《民法典之总则之理论与立法研究》，法律出版社2010年版，第134页。

### 第八条【公共秩序和善良风俗原则】

**【三审稿】**民事主体从事民事活动，不得违反法律，不得违背公序良俗。

**【二审稿】**民事主体从事民事活动，不得违反法律，不得违背公序良俗，不得滥用权利损害他人合法权益。

**【一审稿】**民事主体从事民事活动，应当遵守法律，不得违背公序良俗，不得损害他人合法权益。

**【法学会稿】**民事主体从事法律行为以及其他民事活动不得扰乱公共秩序，不得违背社会公德，不得损害他人的合法权益。

**【社科院稿】**民事主体在民事活动中不得违反公共秩序和善良风俗。

**【建议稿】**民事主体从事民事活动，不得违反法律，不得违背公共秩序和善良风俗，不得损害他人的合法权益。

**【建议理由】**在我国，公共秩序和善良风俗长期以来都被简称为公序良俗，笔者建议在编纂民法典时，将其规范为公共秩序和善良风俗，不再使用简称。具体来说，公共秩序是指社会的存在及其发展所必要的一般秩序。通常，违反禁止性规定的，即为违反公共秩序。法律难以将禁止性规定列举周全，公共秩序比禁止性规定的外延宽，除包括涉及公共秩序的现行法律规范外，还包括现行法律没有规定的某些情况。善良风俗是指社会的存在及其发展所必要的一般道德。作为民法基本原则的善良风俗，是将人们应当遵守的最低限度的道德法律化，故意违背应当遵守的最低限度的道德，就是违反善良风俗原则。在法国法中，公共秩序与善良风俗并列，公共秩序指公共利益，善良风俗指社会道德。善良风俗与公共秩序并无本质的不同，善良风俗是公共秩序的特殊组成部分。① 关于此原则，民法通则第7条规定：民事活动应当尊重社会公德，不得损害社会公共利益，破坏国家经济计划，扰乱社会经济秩序。法国民法典第6条规定：个人不得以特别约定违反有关公共秩序和善良风俗的法律。德国民法典第138条规定：违反善良风俗的法律行为无效。日本民法典第91条规定：以违反公共秩序或善良风俗的事项为标的的法律行为，为无效。在日本，公共秩序与善良风俗是被并列规定的。笔者认为，当民事活动违背公共秩序时，其并不一定违背善良风俗，反之，当民事活动违背善良风俗时，其也并不一定违背公共秩序。诚如有学者的观点：善良风俗与公共秩序并非完全一致，公共秩序是指外部的社会秩序而言，兼括整个法秩序的规范原则及价值体系，而善良风俗指道德观念。② 公共秩序与善良风俗有交叉重叠之处，但也还是有存异之处。因此，应当在民法典中确定"公共秩序与善良风俗原则"。

法工委将一审稿中的积极义务性规范"应当遵守法律"改为二审稿中的禁止性规范"不得违反法律"，三审稿也沿用了二审稿。一审稿中对法律采用的是积极义务性规范，对公

---

① 尹田：《法国现代合同法》，法律出版社2009年版，第165～167页。

② 参见郑玉波：《民法总则》，中国政法大学出版社2003年版，第467页。王泽鉴：《民法总则》，中国政法大学出版社2001年版，第291页。

共秩序和善良风俗采用的是禁止性规范，禁止性规范更具有强制性，这样的表述易给人造成法律没有公共秩序与善良风俗的效力高的印象，因此应采用二审稿中的表述。另外，梁慧星教授认为"公共秩序和善良风俗原则"实际上是将某种道德标准上升为法律规则，其要求显然要高于基本的法律规定，其目的和功能是补充法律规定的不足，因此，只要在现实生活中法律没有规定的情况下，法律的基本原则才有适用的余地。笔者赞同梁慧星教授的观点，但是笔者认为"不得违反法律"仍然应当予以保留，因为"不得违反法律"与"不得违背公序良俗"二者实际上是递进的关系，并不存在逻辑上的相悖和重复立法的问题。

## 第九条【民商合一原则】

【三审稿】无。

【二审稿】无。

【一审稿】无。

【法学会稿】无。

【社科院稿】无。

【建议稿】我国采用民商合一的立法模式，商事活动没有特别立法时，应遵循民法相关规定。

【建议理由】法工委稿、社科院稿与法学会稿都没有列出民商合一原则，笔者建议民法典应该涵盖民商合一原则。民法典采用民商合一或是民商分立的模式一直是学界讨论的热点。民商合一并不是简单地将民法与商法统一，而是在立法体制上不需要再制定商法典，以民法典这一部基础性法律和商事特别法来调整商事关系。我国民法典应采取民商合一形式：民法典总则是私法的基本法，应当平等适用于所有平等主体之间的关系，当然包括商事关系；民法总则可以有效地指导商事特别立法，商法缺乏独特的原则、价值、方法和规则体系，难以真正实现与民法的分立，如自愿原则、公平原则等原则在商法中也适用；商事活动特殊性不能否认民法总则对商事特别法的指导意义，虽然商法有其特有的原则，但是大部分商法原则都是民法原则的延续；传统商法所可能具有的独立价值，因其影响而逐渐被民法所借鉴和吸收，如保障交易迅捷原则已经被民法借鉴。[1] 将民商合一原则写入民法典有以下两点原因：一是民法典应该包罗万象，使民商事活动有法可循，但在现实中商事立法并不完善，并且没有统一的商法总则，需要民法典作为基础法律填补商事立法的漏洞，因此有必要将民商合一原则写入民法典；二是民法商法化或商法民法化使得民法与商法区分界线模糊。如果强硬地把民法与商法区分开来，立法、司法都会陷入选择困境，值此修订民法典契机，将民商合一原则写入民法典，无论是立法者在制定法律，法官在适用法律，还是公民在查询法律时都可以一目了然，为商事纠纷处理的指导性原则。

---

[1] 参见王利明：《民商合一体例下我国民法典总则的制定》，载《法商研究》2015年第4期。

## 第十条【合法权益受保护原则】

【三审稿】民事主体的人身、财产权利和其他合法权益受法律保护，任何组织或者个人不得侵犯。

民事主体行使权利的同时，应当履行法律规定的或者当事人约定的义务，承担相应责任。

【二审稿】同三审稿。

【一审稿】民事主体合法的人身、财产权益受法律保护，任何组织或者个人不得侵犯。

民事主体行使权利的同时，应当履行法律规定的或者当事人约定的义务，承担相应责任。

【法学会稿】无相关条款。

【社科院稿】民事主体的合法权益受法律保护，任何组织和个人不得侵犯。

非基于社会公益目的并通过合法程序，不得对民事权利予以限制。

【建议稿】非基于社会公益目的并通过合法程序，不得对民事权利予以限制。

【建议理由】笔者认为应该保留此原则。民法强调权利本位，其目的就在于合理有效地保护民事权利。民事权利只有与社会公益相冲突时，才舍弃特别人之利益而维护社会一般利益，并且因社会一般利益就对民事权利进行限制是不合适的，限制权利必须通过合法程序才可以。此条也易造成公权力机关无合法依据限制民事权利的行为。

## 第十一条【法源】

【三审稿】处理民事纠纷，应当依照法律规定；法律没有规定的，可以适用习惯，但是不得违背公序良俗。

【二审稿】同三审稿。

【一审稿】同三审稿。

【法学会稿】处理民事纠纷，应当依照法律以及法律解释、行政法规、地方性法规、自治条例和单行条例、司法解释。

法律以及法律解释、行政法规、地方性法规、自治条例和单行条例、司法解释没有规定的，依照习惯。习惯不得违背社会公德，不得损害公共利益。

【社科院稿】民事，适用本法和其他法律的具体规定；法律无具体规定的，适用习惯法；无习惯法的，适用法官依民法基本原则确立的规则。

前款情形，法官应当参照公认的学说和先例。

【建议稿】处理民事纠纷，应当依照法律规定；法律没有规定的，可以适用习惯，但是不得违背公共秩序和善良风俗；无习惯的适用法理。

【建议理由】本条规定的是民法的法律渊源。首先，法律的概念涵盖了法典、单行法、法律解释、法规和条例等，因此没有必要像法学会稿一样进行具体列举。其次，现代社会科技发展迅速，社会现实复杂多样，尤其我国正在处于转型时期，各种新的法益、新的社会关系不断出现，其中不少内容需要法律尤其是民法的调整。而对于民事纠纷，法院不得以法律没有明文规定为由拒绝裁判。由于人类认识能力的局限性，制定一部能够包罗万象且能够完全适应未来发展变化的民法典是不可能也是不科学的，这就要求民法必须是一个开放的体系，必须能够将现实生活中的各种不违背法律原则和精神且被人们所广泛认可并遵守的法理及时纳入民法中，从而使民法规范能够与时俱进，实现对社会生活的有效调整。最后，由于适用法律以外的其他渊源势必赋予法官较大的自由裁量权，针对我国司法实践的具体情况，在适用习惯时不得违背公序良俗，以对法官的自由裁量权进行约束。

【参考立法例】瑞士民法典第 1 条第 2 项规定：法律无规定之事项，法院应依习惯法裁判之；无习惯法者，依自居于立法者地位时，所应行制定之法规，裁判之。前述情形，裁判官应准据确定之学说及先例。

## 第十二条【法院不得拒绝裁判民事纠纷】

【三审稿】无。

【二审稿】无。

【一审稿】无。

【法学会稿】人民法院不得以法律以及法律解释、行政法规、地方性法规、自治条例和单行条例、司法解释没有规定为由拒绝民事纠纷的受理或者裁判。

【社科院稿】人民法院不得以本法及其他民事法律规范没有规定为由，拒绝民事案件的受理或裁判。

【建议稿】人民法院不得以本法及其他民事法律规范没有规定为由，拒绝民事案件的受理或裁判。

【建议理由】此条为新增条款。社科院和法工委建议稿中都添加了此条款。本条应当与第十一条一起适用。本条约束了法院的权力，督促法官依法行使职权，不得以法律没有规定为由拒绝立案、裁判。规定此条原因如下：一是诉讼作为解决民事纠纷的最终程序，法院作为公平正义的最后底线，是民事纠纷当事人的最后希望，当事人将民事纠纷诉至法院，就是相信法院作为独立的司法机关的公正性，并且绝大部分当事人是走投无路才将纠纷诉至法院，若是法院以法律没有规定为由拒绝受理或裁判民事案件，当事人的民事纠纷也可能就不了了之，也许永远都无法解决，这与民法典的立法目的不符。况且纠纷得不到解决不利于维护社会秩序。二是与判例法不同，成文法自身是具有滞后性的。目前我国仍然处于转型时期，新的社会关系层出不穷，基于人类认识能力的局限性，制定出一部"超前"的民法典是不现实的也是不科学的。若是每出现新的社会关系，法律没有规定，法院就拒绝裁判，此类纠纷就无法解决。虽然我们不要求现今的法律具有超前性，但是当新的社会关系需要解决时，法律应该具有时代性，法官可以依据第十一条规定的法源来处理纠纷，这实际上是吸收了判例法灵活的优势。三是此条款与国际接轨，我国已经加入了WTO，WTO 规则强调对于民事纠纷应当由法院作最终裁决，这也是现代法治的基本要求。作为民事活动的基本法，民法典理应重申此规则。① 从域外立法来看，法国民法典第 4 条

---

① 王利明：《中国民法典学者建议稿及立法理由》，法律出版社 2005 年版，第 21 页。

规定：审判员借口没有法律或者法律不明确不完备而拒绝受理者，得依拒绝审判罪追溯之。

## 第十三条【民法典与单行法】

**【三审稿】**其他法律对民事关系另有特别规定的，依照其规定。

**【二审稿】**同三审稿。

**【法学会稿】**其他相关法律另有特别规定的，依照其规定。

**【社科院稿】**同一法律关系，本法与其他特别民事法律规范均有规定的，适用特别规定。

**【建议稿】**单行法对民事法律关系另有特别规定的，依照其规定。

**【建议理由】**此条款是关于民法典与单行法的适用规则，应当保留。笔者在建议稿第9条中建议采用民商合一原则，民法典作为民事活动的基本法，其适用于全部民事活动。但是，民法典的规定不足以完全容纳商事活动，这必定会造成对同一民事法律关系有多个法律的多项条文可以适用，因此，本条款必须保留。同时民法典与其他民事法律关系并不能概括为一般法与普通法的关系，在民法典制定之前，我国民法中一般法主要指的是民法通则，特别法主要是合同法、侵权责任法、物权法等单行法，此时，如果民法通则中的规定与具体单行法中的规定不一致时，应当适用特别法优先于普通法的规定；但是，如果我国的民法典制定后，那么，合同法、侵权责任法、物权法等单行法都将作为民法典的一个分则而存在，与民法总则一起共同组成一部民法典，此时，就不能再适用特别法优先于普通法了，而应当适用新法优于旧法的原则。现行法中如物权法与担保法才是一般法与普通法的关系，因此，建议采用民法典与单行法的称谓。

## 第十四条【本法的效力】

**【三审稿】**在中华人民共和国领域内的民事活动，适用中华人民共和国法律。法律另有规定的，依照其规定。

**【二审稿】**同三审稿。

**【一审稿】**在中华人民共和国领域内的民事活动，适用中华人民共和国法律，中华人民共和国法律另有规定的除外。

**【法学会稿】**在中华人民共和国领域内发生的民事活动，适用本法，法律另有规定的除外。

**【社科院稿】**本法的效力不溯及既往。本法在中华人民共和国领域内的民事活动，适用本法，但法律另有规定的除外。

实施之前的民事活动，当时的法律对其没有规定的，适用本法。

在中华人民共和国领域内的中国人、外国人、无国籍人，适用本法关于自然人的规定，但法律另有规定的除外。

**【建议稿】**在中华人民共和国领域内的民事活动，适用本法，涉外民事法律关系适用

《涉外民事法律关系适用法》。

　　本法的效力不溯及既往，中华人民共和国法律另有规定的除外。

　　【建议理由】法工委三审稿只规定了民法典的地域效力，时间效力并没有提及。一审稿中"中华人民共和国法律"不简洁，在本法典中涉及的"法律"都是中华人民共和国法律，因此用"法律"即可。时间效力即不溯及既往原则已经达成共识，一方面是为了维护社会关系的相对稳定，保证法律的稳定性和统一性，另一方面可以更好地保护民事主体的合法权益，保证民事主体实施行为时对法律的可预见性。但是也不能排除国家根据客观需要作出某些溯及既往的法律规定，所以应该增加民法典总则的时间效力。

　　在我国领域内的民事活动，有可能会具有涉外因素，如标的涉外、主体涉外等，此时涉外民事活动不适用于民法典，应先适用《涉外民事法律关系适用法》确定准据法。

# 第二章　自然人

## 第一节　民事权利能力和民事行为能力

### 第十五条【民事权利能力的开始和终止】

　　【三审稿】自然人从出生时起到死亡时止，具有民事权利能力，依法享有民事权利，承担民事义务。

　　【二审稿】同三审稿。

　　【一审稿】同三审稿。

　　【法学会稿】自然人从出生时起到死亡时止，具有民事权利能力。

　　利用人类辅助生殖技术出生的，不影响自然人的民事权利能力。

　　【社科院稿】自然人从出生时起到死亡时止，具有民事权利能力，依法享有民事权利，承担民事义务。

　　自然人的民事权利能力是自然人享受民事权利、承担民事义务的资格。

　　【建议稿】自然人从出生时起到死亡时止，具有民事权利能力，依法享有民事权利，承担民事义务。

　　【建议理由】无论是法工委的民法总则草案，还是社科院稿和法学会稿，都明确地将自然人、法人、其他组织(非法人团体)规定为平等的民事主体，也就是其他组织和自然人、法人一样是民法上的人，具有同样的法律人格。但是，法工委的民法总则草案规定了自然人的民事权利能力、法人的权利能力，并没有规定法人的民事权利能力。法学会稿只规定了自然人的权利能力和法人的权利能力，没有规定其他组织的权利能力。而社科院稿除了明确规定了自然人和法人的权利能力以外，对于其他组织规定了部分权利能力。由此可见：自然人与法人享有民事权利能力，已达成共识，且自然人和法人的民事权利能力一律平等，而其他组织(团体)是否具有权利能力则存在着极大的分歧。

问题在于权利能力是否等同于主体资格。可以肯定的是，具有权利能力的肯定是民事主体，但是是否能够反过来推，民事主体都具有权利能力？这显然与我国的现行立法和建议稿都是相悖的。民法总则的建议稿都承认其他组织是民事主体，但是除了社科院稿承认部分权利能力以外，均否定了其他组织具有权利能力。而关于"部分权利能力"的说法又有非常明显的缺陷，权利能力作为享有权利和承担义务的资格，那么权利能力只能"有"或者"无"，因为无论哪一类民事主体都不可能享有法律提供的"全套"权利。另外，关于范围的问题，应当由行为能力制度解决。权利能力是民事能力的下位概念，民事权利能力和人格是从不同的角度来界定民事法律主体的两个不同概念。人格概念的意义在于揭示民事主体的内在统一性和其实质，界定主体与客体的关系；民事能力概念的意义在于揭示法律主体的差异性，具体刻画法律主体存在与活动的状态与特性。人格是现实主体参与法律关系的前提；民事能力是法律主体从事民事活动的可能性和范围。人格是民事能力的理论抽象；民事能力是人格的相对具体化和法律存在。人格表现民事主体之独立、自由平等的形式价值；民事能力表现为现代民法所谓的"具体人格"。人格与民事能力具有共生性，二者统一于民事法律主体之中。①

另外，权利能力制度应当保留。从域外立法来看，德国民法典第1条规定：人的权利能力自出生完成之时开始。瑞士民法典第31条规定：权利能力自出生开始，死亡结束。权利能力的理论、制度已经成为我国的法律传统，法律人都已经熟悉了这些理论和规则。另外，通过对权利能力进行减负，是可以理顺人格与权利能力的关系的，因此没有必要非要删除权利能力的规定。建议用人格表彰自然人和法人享有权利的资格；人格一律平等，权利能力则可能存在差异。人格表彰主体资格，权利能力表彰享有权利的范围；人格是抽象的，权利能力是具体的。②

民事权利能力是民事主体享受民事权利，承担民事义务的资格。出生与死亡是确立权利能力的重要时间点。出生指与母体分离并为活体。通常认为出生应当具备以下条件：第一必须与母体相分离。自然人的权利能力从出生开始，出生就是脱离母体成为独立的有生命的人，至于采用何种分离的形式，如分娩还是手术则不予考虑。第二，必须活着出生。即使只有短暂的生命也认为已具有了权利能力，如果出生时为死体的，自然不能认为是出生。第三，必须为人所生。③在法律上死亡包括生理死亡与宣告死亡。生理死亡是指生命的自然终止，宣告死亡则是死亡推定制度。自然人终生享有权利能力，权利能力只能在自然人死亡时终止。

## 第十六条【民事权利能力平等】

【三审稿】自然人的民事权利能力一律平等。

① 冯兆蕙、冯文生：《民事责任能力研究》，载《河北法学》2001年第6期。
② 张善斌：《权利能力论》，中国社会科学出版社2016年版，第219页。
③ 黄立：《民法总则》，中国政法大学出版社2002年版，第71页。王利明：《中国民法典学者建议稿及立法理由》，法律出版社2005年版，第51页。

【二审稿】同三审稿。

【一审稿】同三审稿。

【法学会稿】自然人的民事权利能力一律平等。

【社科院稿】自然人的民事权利能力一律平等。

【建议稿】自然人的民事权利能力一律平等。

【建议理由】自然人的权利能力一律平等，指自然人不分性别、年龄、职业、文化水平、宗教信仰等因素而一律平等。这同时也是宪法上平等原则在民法中的表现。权利能力是一个人能取得权利和承担义务的前提与基础，但不是具体的权利与义务。① 权利能力不能被限制，如结婚权利，任何自然人只要符合法定结婚要件都可以结婚，不符合法律规定的要件如不能有法律规定的不能结婚的疾病，只是结婚这种法律行为发生效力的要件，并不是对行为人的权利能力进行限制。若是自然人在出生时并无此种疾病，在以后患有此种疾病，即一出生有权利能力，而后却无权利能力，与权利能力自出生享有到死亡时终止的说法不符。另外，权利能力是自然人享有所有权利的资格，而非享有单一的权利的资格，结婚权利只是自然人享有的一种权利而已。任何对权利能力的剥夺只能是对权利能力的现实可实现性剥夺，而不是对权利能力本身的剥夺。因此，自然人的权利能力必然是平等的。

## 第十七条【出生和死亡时间】

【三审稿】自然人的出生时间和死亡时间，以出生证明、死亡证明记载的时间为准；没有出生证明、死亡证明的，以登记的时间为准。有其他证据足以推翻以上记载时间的，以相关证据证明的时间为准。

【二审稿】自然人的出生时间和死亡时间，以出生证明、死亡证明记载的时间为准；没有出生证明、死亡证明的，以户籍登记的时间为准。有其他证据足以推翻以上记载时间的，以相关证据证明的时间为准。

【一审稿】自然人的出生时间和死亡时间，以出生证明、死亡证明记载的时间为准；没有出生证明、死亡证明的，以户籍登记的时间为准。有其他证据足以推翻以上时间的，以相关证据证明的时间为准。

【法学会稿】自然人的出生、死亡时间以户籍记载为准，有相反证据证明的除外。

【社科院稿】自然人出生和死亡的时间，以户籍登记的时间为准。有其他证据足以推翻户籍登记时间的，以相关证据表明的时间为准。

【建议稿】自然人的出生时间和死亡时间，以出生证明、死亡证明记载的时间为准；没有出生证明、死亡证明的，以户籍登记的时间为准。有其他证据足以推翻以上记载时间的，以相关证据证明的时间为准。

【建议理由】此条款目前主要规定在最高人民法院关于贯彻执行《中华人民共和国民法通则》若干问题的意见（试行）第1条：公民的民事权利能力自出生时开始。出生的时间

① 李永军：《论权利能力的本质》，载《比较法研究》2005年第2期。

以户籍证明为准；没有户籍证明的，以医院出具的出生证明为准。没有医院证明的，参照其他有关证明认定。从域外立法来看，阿尔及利亚民法典第 26 条规定：出生和死亡以登记为准。如无登记或登记所载时间不准确时，得依有关民事身份的法律规定的形式，以其他任何方法予以证明。

出生证明和死亡证明直接来自于医院，作为第一手证据其权威性应当大于后续手续繁杂的户籍登记，而且户籍登记的出生日期和死亡日期的重要依据就是出生证明和死亡证明。特别是考虑到有些自然人出生后还没有登记入户籍的情况，其出生和死亡的时间肯定要以医院开具的出生证明和死亡证明来确定。因此，应当首先根据出生证明和死亡证明记载的时间来确定自然人的出生或死亡时间。另外，考虑到并不是所有的自然人都在医院出生或者死亡，因此，没有出生证明或者死亡证明，应当以户籍登记的时间为准。

然而，法工委三审稿中将户籍登记改为登记，这样做目前还不现实的。依照目前的户籍管理制度，民法典为了配合户籍制度改革而修改条文，其颁布后条文不具有可应用性，因此建议目前条文中还是保留户籍登记的规定。

### 第十八条【胎儿利益保护】

【三审稿】涉及遗产继承、接受赠与等胎儿利益的保护，胎儿视为具有民事权利能力。但是，胎儿出生时为死体的，其民事权利能力自始不存在。

【二审稿】同三审稿。

【一审稿】涉及遗产继承、接受赠与等胎儿利益的保护，胎儿视为具有民事权利能力。但是，胎儿出生时未存活的，其民事权利能力自始不存在。

【法学会稿】涉及胎儿利益保护的，视为已出生。

【社科院稿】涉及胎儿利益保护，胎儿出生时为活体的，其出生前即视为具有民事权利能力。

【建议稿】涉及遗产继承、接受赠与、损害赔偿等胎儿利益的保护，胎儿视为具有民事权利能力。但是，胎儿出生时为死体的，其民事权利能力自始不存在。

【建议理由】日本民法典第 721 条规定：胎儿就损害赔偿请求权，视为已出生。二审稿"死体"比一审稿"未存活的"更加简洁。但关键在于如何理解"出生时"。学说上主要有三种态度：第一种是阵痛说，孕妇开始阵痛就标志着胎儿出生，但是孕妇在经历过阵痛后，胎儿并不一定随后就出生，即使出生，胎儿也可能并未存活。第二种是露出说，胎儿的一部分脱离母体即为出生或者是胎儿全部脱离母体视为出生，但是此观点对胎儿出生后是活体还是死体无法确定。第三种是独立呼吸说，认为胎儿完全脱离母体，并且在分离时有呼吸即出生，无论胎儿是否存续。[①] 笔者建议采用独立呼吸说作为出生时间的标准，只要胎儿完全与母体分离并且为活体，不论其受孕时间及存活时间。

首先，国内学者对于胎儿保护的理论主要有三种观点：一是认为在法律上不应当赋予胎儿民事权利能力。此种观点认为胎儿本身不具有权利能力，法律不能为了保护胎儿的某

---

① 参见王利明：《中国民法典学者建议稿及立法理由》，法律出版社 2005 年版，第 137 页。

种特殊的利益而改变权利能力制度。权利能力制度本质上是为了规范和解释各项法律规则而作出的，是以人的主体资格的存在为前提，是整个民事法律理论体系的一部分，并且与其他相关制度存在着千丝万缕的联系，如果突破这一制度将引起民法与其他制度的连锁反应。而且，胎儿没有出生不可能成为区别于母体的一个独立的生物体存在；享有权利能力必须是一个活着的主体，胎儿是否能存活还是一个问题；如果胎儿拥有权利能力，那么其权利能力的起始期限也不好确定。但是此种观点并不是主张不保护胎儿的利益，在生命受到侵害时，笔者认为可以视为对母亲健康权和身体权的侵害，由母亲提出损害赔偿，不必赋予胎儿请求权。在健康受到侵害时，如果出生时尚生存的可以作为主体独立地提出请求，反之，则可以母亲的健康受到侵害为由提出赔偿请求。也有学者认为胎儿与出生后自然人具有生物同体性，如依权利能力之不具备而将胎儿排除在法律保护之外，势必带来诸多弊端，尤其是伦理上的问题。但是就胎儿期间设定保护，在技术上仍然要严格维护法律逻辑，否定胎儿的主体性，不承认其具有权利能力，而仅通过对出生后的自然人的某些利益进行预先保护，来达成对胎儿的保护。二是认为胎儿的人格是人身权的延伸，所以有必要对作为人身权延伸的胎儿进行法律保护。此种观点认为，民事主体人格权延伸保护，是指法律在依法保护民事主体人格权的同时，对于其在诞生前或消灭后所依法享有的人格利益，所给予的延伸至其诞生前和消灭后的民法保护。胎儿享有先期身体利益，当其成活时，成为身体权的客体，如在母体中因致伤而堕胎，是对胎儿身体利益的侵害。胎儿健康也应予以延伸保护，另外，对于亲属法上的身份利益也应包括在内。对于先期利益的法律保护，法律主要采取时间延长，待享有先期人格利益的胎儿出生，由其直接取得权利后，作为权利主体提出请求的办法实现其权利。对于出生时为死体的，应当认为是对母亲身体的侵害，由母亲享有损害赔偿请求权。对胎儿人格利益的保护实际上是对胎儿可能获得的预期利益的保护，这种预期利益包括了自然人可以享有的一切财产权利和人身权利。三是认为应当承认胎儿的权利能力。对此，又可分为采取个别保护主义与采取总括保护主义两种理论。其中有学者认为应采用法定解除条件说，胎儿虽未出生，但已取得限制的权利能力，由将来出生之后的亲权人作为胎儿的法定代理人。也有学者认为，无论是民事利益还是民事权利只能为民事主体所享有，所以我国的继承法采取了个别保护主义，对于胎儿在母体内受到侵害的情形，与上文两种学说处理方法相同。有学者认为，正确的选择是采取个别保护（列举）主义。这一主义在坚持人的权利能力始于出生、终于死亡这一基本原则下，只规定于继承、受遗赠及损害赔偿请求等场合胎儿具有民事权利能力。也有学者认为，从切实保护胎儿出发，我国民事立法宜采总括保护主义。采此主义，承认胎儿有权利能力，是以胎儿活着出生为前提。至于胎儿受到侵害，是直接侵害还是间接侵害，由已具有权利能力的受害人主张损害赔偿请求权，依我国现行立法并无任何障碍。因为损害行为与损害发生之间存在时间上的距离，是无关紧要的；受害人在损害行为发生之时是否已经出生或受孕，从侵权法方面说也是毫无意义的。重要的不是加害行为发生的时间，而是婴儿是活着出生的。胎儿的生命是天然存在的并且正常的情况下将于不久出生，我们应该像对待自然人的存在一样正视胎儿的存在。从胎儿到婴儿再到幼儿，是一个不可割裂的自然生长状态，既然我们为了使胎儿在出生后不因其处于胎儿期间与其他已出生儿相比承受不公平的不利益，而需要对胎儿加以保护，在不打破我们现有以权利能力为基础的民法体系下，适当赋予胎儿以权利能力是可行的。但是，由于保护胎儿的立足点是为了保护未来的人，并且死产的胎儿由于没有机会参与到现实的民事关系中，所以没有必要作为民事主体加以保护，那么在保护胎儿时要求"以非死产为限"也是必要的，这也是大多数国家的做法，比如美国的"活体出生原则"(born alive)。

再次，对于一般保护主义与个别保护主义，随着法律的发展、时代的进步，需要保护的胎儿利益也必将增加，一般主义可能是我们最后的选择。但是，无论怎样，胎儿毕竟是没有出生的，即使作为民事主体能参加的民事活动也是有限的，即使为其设定代理人也应该仅限于为其保存利益的行为，一切权利义务关系都要等到胎儿活体出生才能最终确定。在这种情况下，尽量全面地个别设定胎儿的权利能力反而会起到更好的效果，在法院判决时都有具体的条文可以采用，当事人也可以清晰地了解关于胎儿的相关法律规定。所以，采用个别主义并不是不重视对胎儿的保护，相反，恰好是用法律的形式明确宣誓了在哪些情况下胎儿可以得到保护，显示了法律对胎儿利益保护的决心。至于有人说会有挂一漏万之嫌，既然选择任何一种制度都是有利有弊的，那我们可以选择最有效的。与其从不保护到一下子全面保护让人迷茫，不如直接一条一条列清楚。所以，现阶段笔者希望能在参照各国立法的基础上对于涉及胎儿利益的事项作出明确的条文规定。

## 第十九条【体外受精胚胎】

【三审稿】无。

【二审稿】无。

【一审稿】无。

【法学会稿】对体外受精胚胎的保管和处置，不得违背社会公德，不得损害公共利益。

【社科院稿】无相关条款。

【建议稿】对体外受精胚胎的保管和处置，应当遵循事前协议原则并充分尊重当事人的意愿，不得违背社会公德，不得损害公共利益。法律有特别规定的除外。

【建议理由】对于体外胚胎的法律地位问题，目前学界仍然存有争议，即体外胚胎究竟是"人"、"物"，还是"中间体"。笔者赞成"中间体说"，此说可以兼顾体外胚胎的伦理性和非伦理性，与现行的制度冲突不至于太大。但是，"中间体说"最终还是要落实到具体规则的适用上，"中间体说"在我国的当前法律制度下并没有适用的余地。而体外胚胎毕竟作为一种潜在的"人"，其与胎儿的联系更为紧密，因此，在立法上建议将体外受精胚胎置于自然人这一节，并放在胎儿之后。另外，由于体外受精胚胎"中间体"非人非物的特征，因此，对其保管和处置不能与物一样，应当充分尊重当事人的意愿且不得违背公序良俗；此外，毕竟体外胚胎成为"人"的可能性要远远小于胎儿，因此对胎儿的保护规则不能直接适用于体外受精胚胎，即体外受精胚胎无继承权和损害赔偿请求权。但是，体外受精胚胎被移植入子宫内，成为胎儿时，则无障碍地适用胎儿的保护规则。①

---

① 张素华：《体外受精胚胎问题的私法问题研究》，载《河北法学》2017年第1期。

## 第二十条【死者人格利益保护】

【三审稿】无。

【二审稿】无。

【一审稿】无。

【法学会稿】死者的人格利益依法受法律保护。

【社科院稿】死者的姓名、肖像、名誉、隐私、遗体、遗骨等人格利益受侵害时，死者的近亲属有权提出保护请求。

【建议稿】死者的姓名、肖像、名誉、隐私、人身遗存等人格利益等受到不法侵害或未经其近亲属的允许而被商业化利用时，该死者的近亲属可以要求停止侵害、排除妨碍、赔偿损失等；若死者没有近亲属或者其近亲属怠于行使权利保护死者的人格利益时，检察院可以对涉及公共利益的部分提起公益诉讼。

【建议理由】法工委一、二、三审稿都没有对死者人格利益进行保护，法学会版本草案在民事权利客体一章其他民事权利客体一节对其进行规定，但只是宣示性条款，究竟什么是人格利益并没有说明。社科院版本草案，在自然人一章人格权一节对其进行了规定，并对人格利益进行了说明但对救济措施并没有列举。

关于死者人格利益的保护，我国理论界主要有以下几种学说：

(1)死者权利保护说。此学说认为，死者可以成为人格权的主体，自然人死亡之后，其仍然可以继续享有某些人格权。① 还有一些学者认为，自然人的民事权利能力并不以死亡为终止的标志，自然人死亡后其民事权利能力仍然能够继续存在。② 民事权利和民事权利能力二者可以分离，民事权利可以独立于民事权利能力。③ 另外，龙卫球教授认为，权利能力消灭和权利消灭二者不可混同，两者的法律根据是不同的。权利并不因自然人的死亡而终止，自然人的权利能力的消灭是以死亡为基础的，自然人死亡，权利主体就不复存在了，权利能力也消灭了，但是这只是意味着权利失去了主体，却并不代表着权利也同时消失了，否则的话，财产继承的问题就无法解释了。龙卫球教授还认为，有些人格权随着主体的消失而自然消灭，但是有些不完全依附于人的生命的权利却并非如此，例如名誉权、隐私权等。这些权利涉及人类整体的尊严，其具有存续和保护的价值，因此不能认为

① 参见黄立：《民法总则》，中国政法大学出版社2002年版，第102页。该学者认为，死者人格权主体虽消失，但其家属以信托人身份，有权就死者的事务当成自己的权利处理。笔者认为，该说法本身就存在问题，主体是权利存在的主体和依托，主体不存在，权利自然也就消失。

② 民兵：《民事主体制度若干问题的探讨》，载《中南政法学院学报》1992年第1期；郭林、张谷：《试论我国民法对死者名誉权的保护》，载《上海法学研究》1991年第6期。

③ 佟柔主编：《中国民法学·民法总则》，中国人民公安大学出版社1990年版，第98页；于德香：《析民事权利和民事权利能力可以适当分离》，载《政治与法律》1992年第2期。

这些权利也随着自然人生命的终止而消灭。① 关于"无主体权利说"的内容基本与此一致，即该学说认为，在欠缺权利主体的时候，主观权利仍然可以给予。死者虽然不能再作为法律关系主体，但是他的价值仍然继续存在。② 另外，有学者认为死者具有"准人格"，具有范围受到限制的人格存在，认为死者具有部分权利能力。该学说认为人在死亡后仍然具有一定的人格存在，这些人格存在是人活着时通过生命的展现和行为自由实现的。这些得到实现的人格存在状态并不随着人的死亡而消亡，在人死亡后仍然能够在一定范围继续存在。它们构成了死者具有权利能力的正当性和必要条件。③

死者不具有权利能力，因而其并不能成为民事主体，也不能够享有民事权利。因此，侵害死者的人格利益的行为并不是侵权行为。但是如果在侵害死者名誉的同时，导致死者近亲属的名誉受损的话，这种行为属于侵害死者遗属名誉权的行为，死者的近亲属有权请求停止侵害并依法进行损害赔偿。④ 另外，有学者提出了"利益关联说"，即主张死者生前的人格利益是客观的，当死者死亡后，主体消失，但利益客体并未消失。死者生前的人格利益与其亲属的人格利益存在关联性，例如，一方的名誉必然是另一方名誉的构成要素。⑤

由于权利的存在是以权利能力为基础和前提的，当主体死亡时，权利自然消灭，因此，死后人格权应该消灭。该学说基本上否定了我国已经采用并被民法学界的主流观点⑥所接受的权利能力理论，因而该学说并不被采用。⑦ 有学者认为，自然人死亡之后的人格利益的保护问题是个伪命题，是并不存在的，自身也不存在保护的问题。因为法律解决的只是现世的人的问题，调整的仅仅是当世的权利义务关系，而人出生之前从何处来，死亡之后往哪里去的问题并不在法律所调整的范围之内。⑧ 无论是从权利能力大的规则设计的角度上看，还是从权利能力的概念内涵上看，法律上的人的标准始终都是以"现世性"为基础的。如果认为自然人死亡之后仍然能够继续享有民事权利能力，这在理论和实践上都

---

① 龙卫球：《民法总论》，中国法制出版社 2001 年版，第 339~340 页。这种观点又被称为"民事权利与民事权利能力分离说"，即认为自然人死亡后虽然不具有民事权利能力，但仍享有民事权利，即虽然自然人死亡，其民事权利能力随之终止，但由于民事权利能力与民事权利是可以分离的，在这种情况下，死者仍然享有某些民事权利。参见柳经纬：《权利能力的若干基本理论问题》，载《比较法研究》2008 年第 1 期；于德香：《析民事权利和民事权利能力可以适当分离》，载《政治与法律》1992 年第 2 期。

② 参见刘召成：《准〈人格研究〉》，法律出版社 2012 年版，第 214 页。

③ 参见刘召成：《准〈人格研究〉》，法律出版社 2012 年版，第 231 页。

④ 参见梁慧星：《民法总论》，法律出版社 2011 年版，第 132 页。

⑤ 此学说认为，正是这种关联性构成了"近亲属权利保护说"的内在理论基础。参见刘国涛：《死者生前人格利益民法保护的法理基础》，载《比较法研究》2004 年第 4 期。

⑥ 民法通则第 9 条规定：公民从出生时起到死亡时止，具有民事权利能力，依法享有民事权利，承担民事义务。这是我国民法的基础，也是通说。民法通则中明确规定了自然人的民事权利能力终于死亡，则死者不可能继续享有民事权利能力。认为自然人死亡后，部分权利能力仍然继续存在的说法是明显违背我国法律规定的，显然不具备合理性，当然也不能成立。

⑦ 参见刘国涛：《死者生前人格利益的民法保护的法理基础》，载《比较法研究》2004 年第 4 期。

⑧ [德]汉斯·哈腾鲍尔：《民法上的人》，孙宪忠译，载《环球法律评论》2001 年冬季卷，第 395 页。

会与现行的制度框架相违背，而且会与现行的法律规范发生严重的冲突。葛云松先生认为，如果自然人死亡之后其还能够享有民事权利能力的话，那么，整个民事主体制度都会为之发生根本性的变化。① 如果死者能够享有民事权利，那么为什么还会发生继承？继承这种制度的存在是否还有必要，如果无必要，死者根本没有能力行使权利，其财产该如何归属和处置？此外，如果自然人死亡之后仍然能够享有民事权利，那么，民事行为能力又该如何设计？综合考虑，最合理的方式就是将死者归入无民事能力的行列中，或者单独为死者设计一个行为能力的类别。但是，不能够回避的是，如果死者为无民事行为能力，那么其是否应当像其他无民事行为能力人一样，为其指定监护人或者法定代理人，那么，这种监护或者法定代理人的依据又为何？这在理论上都是说不通的。此外，从实践的角度来看，如果他人侵害了死者所谓的"权利"，而死者在现实上不可能对此有任何的感受，也不可能会产生任何的精神痛苦，因此，对其不能使用精神损害赔偿，死者该如何维护自己的权利？其该如何提出自己的诉求？法院如果判决该侵害人赔礼道歉，那么，该侵害人究竟该如何道歉，向谁道歉？这都是在实践中不可回避的问题。② 另外，从另一个角度来考虑，为了保护死者的人格利益而对传统民法理论如此大动干戈，究竟是不是最恰当的一种救济方式？如果在现行民法理论中能够找到一种比较合理的制度从而能够对死者的人格利益进行救济，是否真的需要修改民法中的主体和权利能力制度？现行民法中难道真的不能找到一种比较合理的制度对此予以保护么？

另外，对于"准人格说"，其实质是坚持直接保护的模式，认定死者具有主体地位，具有部分权利能力，这既不符合民法的传统理论，也有世界立法趋势不一致，并不可采。此外，该学说还认为，在死者受到不法侵害时，由于死者已经死亡，对死者精神性人格权的损害赔偿对于死者没有意义，因此对死者的人格权保护人并不能就死者精神性人格权的损害主张损害赔偿。但是，死者的人格的财产利益一般认为是可以继承的，因此，对死者人格财产利益的侵害，死者的继承人可以主张损害赔偿。③ 笔者认为，这实际上还是没有区分死者人格利益中的非财产利益与财产利益的结果。另外，"准人格权"的说法是否准确也存有疑问，以准人格来确定胎儿、死者的地位确实具有新颖性，但是这个学说的理论基础与我国现行的民法体系、民法基础是相悖的。如果仅仅是为了临时实用的方便而创造术语，不管传统的理论能否解决，那么更多的新生术语将会喷涌而出。④

（2）死者法益保护说。该学说主张，自然人的民事权利能力在其死亡时终止，自然人在其死亡后就不再享有人身权了。但是法律仍然应当对死者继续存在的人格法益予以保

---

① 葛云松先生认为，死者如果具有民事权利能力，由于其并不是自然人，那么，民事主体理论就要修改为：民事主体包括自然人、死人、法人。参见葛云松：《死者生前人格利益保护》，载《比较法研究》2002年第4期。

② 参见葛云松：《死者生前人格利益保护》，载《比较法研究》2002年第4期。

③ 参见刘召成：《准人格研究》，法律出版社2012年版，第236页。

④ 参见周清林：《主体性的缺失与重构——权利能力研究》，法律出版社2012年版，第161页。

护，死者的人身法益并不随着自然人死亡而消失。① 这不仅是死者自身利益的需要，也是社会利益的需要。由于人格权中包含了社会利益的因素，因此在公民死亡后，法律仍然应当对这种利益进行保护。但是，这并不意味着法律保护的是死者的某些具体的人格权利，法律保护的只是与该死者有关的某些社会利益。② 公民在死亡后，不再享有任何权利，也不具有主体地位，其人格权也随之消灭，但是其所享有的人格利益并不随之消灭。这种利益既包括个人利益，在特定情况下也包括社会公共利益。根据我国民法通则的规定，③ 我国法律不仅保护权利也保护利益。死者的人格利益就是未被法律确认为权利的利益，其从本质上讲是一种法益。④ 他人侵害死者的人格利益，死者的近亲属可以基于自己所遭受的精神痛苦请求精神损害赔偿，与此同时，侵害死者人格利益的行为也同时侵犯了社会的公共利益，违背了公序良俗，人民检察院也可以提起公益诉讼。此外，依据"对于死者人格形象尊重的一般法律义务说"，自然人死亡之后，主体丧失了权利能力，但是死者的人格法益仍然是受到保护的，这种保护并不一定必须由特定的权利主体来实现，通过生存着的人行使排除妨害请求权仍然可以对此予以救济。对死者的名誉等人格要素的尊重应当是所有生存着的人的一般义务，这种义务主要源于宪法及刑法等公法上对死者人格利益及死者人格价值的保护。因而在德国法上，有学者认为对于死者人格形象的尊重的一般性义务是德国民法典第823条第2款意义上的保护性规范，通过第823条第2款的损害赔偿请求权以及该条与第1004条结合产生的排除妨害请求权以及停止请求权都不需要以权利的存在为前提。⑤ 笔者认为，从本质上讲，这仍然是死者法益保护的内容。

我们认为，死者的人格法益保护说承认了死者的人格具有非财产利益，但是其并没有进一步回答该利益该如何被享有及当该利益受到侵犯时如何维护这一利益。根据这一理论，死者的人格法益包含着社会公共利益，那么当死者的人格法益受到侵害时，是不是意味着所有人都可以成为诉讼主体？如果认为人人都享有这种利益，那么也就意味着人人都不能够对此利益提起救济，且人格利益应当具有专属性，该学说使得人格利益的范围如此之广，这显然是不合理的。死者人格法益说忽视了民事主体的基本理论与当前司法实践的操作现状。由于权利和利益的边界非常模糊，因此我国侵权责任法将调整对象界定为权益。利益可以"权利化"，某些利益随着社会的发展可能会变成权利。但是对于死者的人格法益是否可以上升为权利，这在理论界还未达成一致。退一步说，即使死者的人格法益上升为了权利，那么该问题就变成了死者的权利保护说，与上一个学说观点相一致。死者的权利保护说是不合理的，在理论上不能自圆其说，这在上文中已经有所论述，笔者在此不再赘述。其实从其死者人格法益说最本质的观点来，其对死者人格法益的保护与其说是

① 杨立新：《人身权法论》，中国检察出版社1996年版，第273页；王利明主编：《人格权法新论》，吉林人民出版社1994年版，第444、445页；王利明、杨立新主编：《人格权与新闻侵权》，中国方正出版社1995年版，第344、349页。
② 参见王利明：《侵权行为概念之研究》，载《法学家》2003年第3期。
③ 民法通则第5条规定："公民、法人的合法的民事权益受法律保护，任何组织和个人不得侵犯。"
④ 王利明：《人格权法研究》，中国人民大学出版社2004年版，第196~197页。
⑤ 参见刘召成：《准人格研究》，法律出版社2012年版，第216页。

对私人利益的保护，不如说是对社会公共利益的保护。① 另外，通过宪法或者刑法保护死者的人格及人格利益也是非常不妥的，因为宪法规范是公民向国家主张权利的依据，其并不具有直接的第三人效力，并不能被解释为是对死者的利益保护。民法保护的利益一定是可以归属于特定私主体的利益，民法并不以直接实现公共利益的保护为目的。② 将一般的尊重义务作为对于社会的公共价值的体现，事实上是将民法作为直接保护特定公共利益的工具。其结果并不符合民法的体系和功能，在权利主体、诉讼主体、赔偿归属等方面存在严重障碍。

（3）人格利益继承说。该说认为，人身权与人身利益不能够混为一谈，人身利益是可以继承的，而人身权是具有专属性的，不可以继承。自然人死亡后，其人格利益（包括财产利益和非财产利益）及部分身份利益等都可以被继承人所继承。以名誉为例，名誉权作为一种专属权是不可以被继承的，继承人所能够继承的是名誉利益，名誉利益也可以以遗嘱的方式遗赠给他人。③ 此外，还有学者主张名誉是一种无形的财产权，提出了所谓的名誉所有权，认为这种名誉所有权可以成为遗产，被继承。④ 另一种与此类似的学说为"人身遗存说"。该学说认为死者的人身遗存应当是一种遗产，对死者人身遗存的保护应当像遗产的继承一样进行保护。⑤ 该学说在理论上虽然似乎合理地解释了死者人格利益保护中主体缺位的问题，但是该理论从根本上违背了人格的专属性这一传统理论，死者的人格利益是不能够被当做财产而予以继承的。例如，某已故的人的好名誉实质是其个人自身的优秀品质。其继承人自不能仅仅因为与其有着血缘关系就能够当然地享有这种名誉。不可否认的是，亲属之间的名誉的确会受到影响，社会对某个人进行评价时，不可避免地会受其家庭出身的名誉的影响，但是不能仅仅因为这一原因，就想当然地认为死者的名誉是可以继承的。如果好名誉可以继承，那么坏名誉呢？如果死者的名誉不好，那么其子女是否一辈子要背着这种坏名声？这显然是不合理的。人格利益继承说的观点的逻辑推理是将人格利益当做一种物，而物的所有权是不随着人的死亡而消失的，是可以被继承的，因此，人格利益也是可以被继承的。但是，这种观点的一个最致命的错误是，人始终是权利的目的而不是权利的客体，在法律上是不能够将人身和物进行等同的，人身与财产是并列的关系，二者共同构成民法所调整的基本对象。名誉权从其本质上来看是一种人身权，该学说不但违反了民法中所有权的基本概念，同时过于注重人格利益中的商业价值，而忽视其最根本的人文和社会伦理价值。另外，从物和继承的基本概念上看，继承只能发生在财产继承上。人身遗存不能被看做一种财产，因此，也并不能够发生继承。

（4）家庭利益保护说。该说认为，死者的人格利益与遗属的人格利益的连接点就是"家庭人格利益"。以名誉为例，自然人去世后，其名誉受到侵害的时候，其遗属的名誉

---

① 王利明：《人格权法》，中国人民大学出版社 2009 年版，第 444~445 页。

② 尽管有学者提出所谓"民法的社会本位说"，但笔者认为这是不妥的。

③ 参见郭明瑞、房绍坤、唐广良：《民商法原理（一）：民商法总论·人身权法》，中国人民大学出版社 1999 年版，第 468 页。

④ 参见麻昌华：《死者名誉的法律保护——兼与杨立新诸先生商榷》，载《法商研究》1996 年第 6 期。

⑤ 参见李锡鹤：《论保护死者人身遗存的法理根据》，载《华东政法学院学报》1992 年第 2 期。

往往也一起受到侵害。所谓家庭名誉就是对所有家庭成员的名誉的抽象，家庭成员的个人名誉是家庭名誉的组成部分，家庭成员中的个人死亡并不影响家庭名誉的整体存在。因此，当自然人去世之后，他人侵害死者的名誉也必然侵害了家庭名誉。[①] 另外还有一种说法认为，所谓死者的名誉从其本质上讲，就是一种家族权，就是其遗属的权利。这种说法解释了当死者的名誉受到侵害时，适格的原告只能为其近亲属的原因。[②] 该学说与"近亲属权利保护说"的区别主要在其抽象出一个家庭整体利益，即所有家庭成员的抽象的人格利益。该学说相当于变相创造了一类民事主体，即家庭。

我们认为，死者的名誉和死者的家庭名誉是不同的概念。无论从民法传统理论上来看，还是从我国现行的法律体系来看，家庭都不是法律的主体，因此也不能够享有名誉权。当第三人侵害了死者的人格利益时，家庭并不能够作为主体请求救济。

(5) 人身权利延伸保护说。该学说认为，对死者人格利益保护的实质就是死者在其生前所享有的人身权利的延伸，对死者人格利益的保护就是人身权向后的一种延伸，对胎儿的保护是人身权向前的一种延伸。[③] 该学说承认在自然人出生之前和死亡之后，即还未得到权利能力或者失去权利能力之后，就已经存在着某些人格利益且这些先期利益和延续利益与自然人在世存续期间的人身利益联系非常紧密，为了维护民事主体的人格利益，这些先期人格利益和延续人格利益应当受到法律的保护。正是由于人身权利、先期人格利益和延续人格利益具有共同的基础，即客体都是人身利益，所以他们才能够紧密地衔接在一起。这一学说与"死者法益保护说"最关键的区分点在于其揭示了死者生前人格权与死者人格法益的关联性。[④] 另外，有学者提出"死者生命痕迹保护说"，该学说认为死者由于死亡即丧失了其主体地位，但是其毕竟作为主体存在过，因此会留下其生命痕迹，这不仅包括物质性痕迹也包括精神性痕迹。法律通过保护死者的生命痕迹从而保护死者的人格利益。[⑤]

笔者认为，尽管各种学说的名称各异，但是其核心内容与人身权利延伸保护说是一致的，因此笔者将其归入人身权利延伸保护说一类。该学说指出了延伸保护包括先期利益和延续利益两个方面，但是没有说清楚为什么会存在此两种利益。对死者人格利益的保护与对胎儿的人格利益的保护是否相同，应当审慎地进行考量。从本质上讲，法律对胎儿的保护，保护的并不是人的所谓的先期利益，归根结底保护的还是胎儿出生后获得民事权利能力的民事主体的权利。但是，法律对于死者的保护究竟保护的是已经去世的该自然人还是其他的民事主体？人去世之后即永远地丧失主体资格，权利能力永久地丧失，死者与胎儿不一样。因此，与其说保护的是已经去世的自然人的权利，不如说是对与死者有着密切关系的近亲属及社会公共利益的保护。此外，人身权利延伸说虽然能够解释侵害行为发生时，请求救济的主体是谁的问题。但是无法避免的问题是，当这些权利被行使时，这些

---

① 参见陈爽：《浅论死者名誉与家庭名誉》，载《法学研究生》1991 年第 9 期。

② 参见冯象、汪庆华：《临盆的是大山，产下的却是耗子——汪庆华采访冯象》，载《中国法律人》2004 年第 10 期。

③ 参见杨立新：《公民身体权及其民法保护》，载《法律科学》1994 年第 6 期；杨立新：《人身权法论》，人民法院出版社 2002 年版，第 273 页。

④ 杨立新主编：《中国人格权法立法报告》，知识产权出版社 2005 年版，第 203~205 页。

⑤ 参见陈信勇：《死者民事主体地位研究》，载《浙江社会科学》2002 年第 1 期。

"权利人"的意思表示该如何表示？而该观点过于笼统，也并没有说明为什么只延伸财产利益而不延伸人身利益。①

（6）近亲属权利保护说。该学说认为，自然人的权利能力终止于其死亡，因此在其死亡之后其权利自然消失，其人格权也消失，但是不可否认的是，其自身的人格利益，例如名誉、隐私等，往往也影响着其近亲属的人格利益，② 例如，死者的名誉往往影响着对其近亲属的评价的好坏。因此如果侵害死者的人格利益，同时也侵犯了其近亲属的人格利益，该近亲属可以以自己的人格利益请求侵害人承担侵权责任。③ 有学者认为：对死者名誉的侵害，实际上侵害的是其遗属的名誉权。④ 另有学者提出"近亲属及社会利益关联说"，该说认为，亲属之间的人格利益具有关联性。死者的近亲属维护死者的人格利益的实质是在维护自己的人格利益不受侵犯。另外，死者的人格利益也往往包含着社会公共利益，特别是在历史文化名人这种情况下，此时，如果由于时间过于长远，通过其直系卑亲属来进行保护并不理想，如果从公法的角度，由检察院提起公益诉讼的方式能达到更加理想的效果。⑤ "近亲属、社会利益关联说"基本可以容纳"近亲属权利保护说"。关于这一学说，学者认为其漏洞主要存在于以下几个方面：第一，侵犯死者的人格权并不一定对死者亲属的人格权造成侵害（甚至侵害者为死者的近亲属，这也是在实践中存在的），那么，当死者的人格利益与亲属的人格利益不一致时如何解决？而且在某些情况下可能造成对公民的不平等保护。第二，从域外法律可以看出，对死者人格利益保护能够提起诉讼的除了近亲属以外，还有遗产管理人，其有时并不是近亲属，而是律师或朋友。关于"近亲属、社会利益关联"主张可以通过公法手段来保护死者的人格利益也是存有疑问的，公法手段主要是行政管理和刑事制裁，但是如果侵害后果并不严重，侵害行为也并不恶劣，对侵害人提起刑事诉讼是否过于严苛？第三，有学者认为该理论违背了权利主体与客体相统一的原则。死者近亲属的人格利益与死者的人格利益二者是不能够混同的，如果近亲属认为其人格利益遭受到了损害，其只能根据自己的人格利益受到损害而提起诉讼，并不能直接主张死者的人格利益。⑥

笔者坚持"近亲属权利保护兼采社会利益说"⑦，保护死者的人格利益，归根结底保

---

① 王利明：《人格权法论》，中国人民大学出版社 2005 年版，第 197 页。

② 参见梁慧星：《民法总论》，法律出版社 2001 年版，第 132 页。

③ 魏振瀛：《侵害名誉权的认定》，载《中外法学》1990 年第 1 期；张新宝：《名誉权的法律保护》，中国政法大学出版社 1997 年版，第 36、37 页。

④ 史浩明：《关于名誉权法律保护的几个理论与实践问题》，载《学术论坛》1990 年第 3 期。

⑤ 刘国涛：《死者人格利益民法保护的法理基础》，载《比较法研究》2004 年第 4 期；刘国涛：《人的民法地位》，中国法制出版社 2005 年版，第 126~138 页。

⑥ 参见王利明主编：《中国民法案例与学理研究（总则篇）》，法律出版社 2003 年版，第 100 页。

⑦ 但是笔者仍然承认死者具有死者人格利益。笔者认为享有利益者并不一定享有权利，并不一定享有诉权，且利益所有者中自然人并不是唯一。法律权利并不一定直接给主体带来某种利益，比如动物有受人道主义待遇的权利，但并不意味着动物就一定会因此而获得利益。有权利未必有利益、有义务未必有利益。权利的保护内容并不仅限于主体的利益。例如，在保险关系中，被保险人、承保人和受益人之间的关系即此。参见征汉年、章群：《利益：权利的价值维度——权利本原解析之一》，载《国家教育行政学院学报》2006 年 7 月。

护的还是生者的人格利益，更准确地说是与死者有着最密切关系的生者的人格利益。① 但是，笔者并不否认死者对其人身遗存等享有人格利益，但是并不是所有的利益都能够得到法律的保护和救济。死者的人格利益并不能够直接为法律所保护，但是却又不能任其遭受损害，因此，比较合理的方式是通过保护其近亲属的利益从而达到间接保护死者人格利益的目的。

此外，需要进一步考虑的问题是，死者的人格利益可能会影响生者的什么利益。另外，在现实情况下，可能有很多不特定的主体与死者相联系，但是在诉讼主体上不能每个人都拥有诉权，以防止加害人承担过重的责任。因此，基于法律政策进行选择，死者的近亲属应当是保护死者人格利益的最佳人选。因为，为了防止主体缺位的问题，在现行民事法律制度下，法律不可能直接保护死者的人格利益。而死者的近亲属与死者的关系最为密切，因此，当死者的人格利益受到损害时，其近亲属可能遭受的损害最大，且其情感利益也可能受到伤害，因此也最有动力来维护死者的人格利益。② 关于这一方面，有学者认为，如果通过保护死者近亲属的利益而间接地保护死者的利益，实际上违背了权利主体和权利客体相统一的原则。③ 以名誉为例，有观点认为通过将死者的名誉转变成其近亲属的名誉而对此予以保护是不合理的。④ 笔者并不赞同此种观点，认为这种观点完全混同了对死者的人格利益的直接保护与对死者人格利益的间接保护两种观点。保护死者生前人格利益是保护现存主体利益的手段，而非目的。⑤ 但是，对于死者人格利益的保护，不能毫无限度，否则会严重制约生存者的自由等，因此应当坚持利益平衡的原则。⑥ 权利，是利益与法律之力的结合；利益，是主体与客体之间特定的价值评价关系。民事权利与法律关系，无论是主体与客体之间的关系，或是主体与主体之间的关系，都必须肯定其是以主体的存在为依归的，没有权利主体就没有权利。但是如果采取死者利益保护说的理论，尽管承认了死者对其人格遗存等享有利益，但无法避免的问题是主体缺位的问题，从客观上导致一种在法律上无法救济的情况出现。因此，从法律实践的角度上看，赋予死者近亲属以权利从而间接地保护死者的人格利益，是最可行的，不与现存的逻辑体系相矛盾。社会现实中的所有领域并不能为法律完全覆盖，而只反映具有规范意义的特征。概念的设计者往往基于某种目的的考虑，来设计规范和规则，因为其并不可能掌握该对象的一切重要的特征。⑦ 对死者人格利益的保护，无外乎两个出发点：一是近亲属人格权保护；二是公共利益保护。近亲属保护说的局限在于，在死者没有近亲属或者其近亲属怠于行使权利的情况

---

① 对此，笔者并不否认死者对隐私等享有利益，但是此种利益并不能够受到法律的保护，法律所保护的利益只能够是权利主体的合法利益。

② 参见李永军：《民事权利体系研究》，中国政法大学出版社 2008 年版，第 98~99 页。

③ 王利明：《人格权法新论》，吉林人民出版社 1994 年版，第 433 页。

④ 杨立新：《人身权法论》(第 3 版)，人民法院出版社 2006 年版，第 245 页。

⑤ 李锡鹤：《民法基本理论若干问题》，人民出版社 2007 年版，第 309~310 页。

⑥ 对历史人物的人格利益的保护，并不需要特别保护，也没有必要进行特别的明确规定，现有的规定可以解决。如果对死去的历史人物的保护过重，会对文学创作造成不必要的限制。参见赵晓秋：《谁来保护历史人物的人格权益?》，载《法律与生活》2006 年第 16 期。

⑦ 黄茂荣：《法学方法与现代民法》，中国政法大学出版社 2001 年版，第 68 页。

下，任由死者人格利益遭人损害，未免有失公允。所以应当以近亲属人格权保护说为原则，兼采公共利益保护说。加害人侵害死者的人格利益，其实质侵害的是其近亲属追思怀念的感情利益，本质上是对生者的权利进行保护。此外，自然人死亡后，法律仍然需要对其人格利益中的社会公共利益的因素进行保护，此时，保护的并不是某个具体的民事权利。因此，为了维护社会公序良俗，此时，可以由检察机关行使诉权予以救济。

另外，关于死者的人格利益中的财产利益，笔者认为是可以由其近亲属继承的，此时，对于死者人格利益中财产利益与其近亲属所继承的其他财产享有相同的保护模式。①

## 第二十一条【成年人与未成年人】

【三审稿】年满十八周岁的自然人为成年人。不满十八周岁的自然人为未成年人。

【二审稿】同三审稿。

【一审稿】十八周岁以上的自然人是成年人，为完全民事行为能力人，可以独立实施民事法律行为。

【法学会稿】无。

【社科院稿】无。

【建议稿】年满十八周岁的自然人为成年人。不满十八周岁的自然人为未成年人。

【建议理由】此条划分成年人与未成年人的年龄界限，有宣示作用。

【参考立法例】瑞士民法典第 14 条：年满十八周岁者为成年人。越南民法典第 20 条：满十八周岁以上的自然人是成年人，不满十八周岁的自然人是未成年人。

## 第二十二条【完全民事行为能力人】

【三审稿】成年人为完全民事行为能力人，可以独立实施民事法律行为。

【二审稿】同三审稿。

【一审稿】十八周岁以上的自然人是成年人，为完全民事行为能力人，可以独立实施民事法律行为。

【法学会稿】十八周岁以上的自然人具有完全民事行为能力。

【社科院稿】十八周岁以上的自然人是完全民事行为能力人，具有完全民事行为能力，可以独立实施民事法律行为。

十六周岁以上不满十八周岁的自然人，以自己的劳动收入为主要生活来源的，视为完全民事行为能力人。

【建议稿】成年人为完全民事行为能力人，可以独立实施民事法律行为。

【建议理由】民事行为能力指能独立为有效法律行为的能力。行为能力须以意思能力（识别能力、判断能力）为前提，欠缺意思能力的人的行为不发生法律上的效力，其目的

---

① 参见张善斌：《人格要素商业化利用的规制模式选择及制度构建》，载《江汉论坛》2015 年第 2 期。

在于保护欠缺意思能力的人。主张欠缺意思能力而不发生法律效力者，须证明行为时不具有完全的意思能力，此项举证责任实际上并不容易。为了避免举证上的困难，应当以年龄为一般的抽象标准，将行为能力标准化，一方面保护无行为能力人的利益，另一方面减少行为能力制度在社会交易上产生的不便。

【参考立法例】民法通则第 11 条：十八周岁以上的公民是成年人，具有完全民事行为能力，可以独立进行民事活动，是完全民事行为能力人。德国民法典第 2 条：年满十八周岁为成年。法国民法典第 488 条：年满十八周岁为成年。满十八周岁的人，有能力实施民事生活之所有行为。

## 第二十三条【限制民事行为能力人】

【三审稿】六周岁以上的未成年人，为限制民事行为能力人，可以独立实施纯获利益的民事法律行为或者与其年龄、智力相适应的民事法律行为；实施其他民事法律行为由其法定代理人代理，或者经其法定代理人同意、追认。

十六周岁以上的未成年人，以自己的劳动收入为主要生活来源的，视为完全民事行为能力人。

【二审稿】同三审稿。

【一审稿】同三审稿。

【法学会稿】六周岁以上的未成年人具有限制民事行为能力，可以独立进行与其年龄、智力、辨认能力相适应的法律行为。其他的法律行为由其法定代理人代理或者征得其法定代理人同意后实施，法律另有规定的除外。

【社科院稿】六周岁以上的未成年人是限制民事行为能力人，可以独立实施纯获利益的民事法律行为或者与其年龄、智力相适应的民事法律行为；其他民事法律行为由其法定代理人代理或征得其法定代理人同意后实施，法律另有规定的除外。

【建议稿】七周岁以上不满十八周岁的未成年人，为限制民事行为能力人，可以独立实施纯获利益的民事法律行为或者与其年龄、智力相适应的民事法律行为；实施其他民事法律行为由其法定代理人代理，或者征得其法定代理人的同意。

十六周岁以上不满十八周岁的未成年人，以自己的劳动收入为主要生活来源的，视为完全民事行为能力人。

【建议理由】限制民事行为能力人介于完全民事行为能力人和无民事行为能力人之间，具有相对的民事行为能力。限制民事行为能力人一般有两种类型：一是七周岁以上十八周岁以下的未成年人；二是不能完全辨认自己行为的精神障碍者。一定年龄的未成年人已经具有一定的智力水平，对事物具有相当的识别能力和判断能力。另外，限制民事行为能力人往往平时会有父母给的零花钱或者过年的压岁钱，处于这个年龄段的孩子一般都在上学，所以其花钱购买书本、文具和早餐等，是非常常见的，也是日常生活所必需的，如果对这些年龄的未成年人不赋予一定的行为能力，那么这些日常的交易全都无效或者全部由其法定代理人代理，这显然是不现实的，也不利于维护交易的稳定性和青少年的生长智力发育，因此法律应当确认其具有一定的民事行为能力。

但是，处于这个阶段的未成年人，智力尚未发育健全，并不能独立而全面地判断自己的行为及其后果，所以，应当对其行为能力予以一定的限制，使其只能为纯获利的法律行为或者符合其年龄、智力状况的法律行为。对于非纯获利或者超出其年龄和智力状况的法律行为，应当由其法定代理人代理实施或者征得其法定代理人同意后实施。其本质目的也是为了维护限制民事行为能力人的利益。

关于拟制成年制度，法工委稿和社科院稿都主张保留，法学会稿则对此删除。这一制度存在的主要理由是认为人类智力的成长是渐进的，并且每个人的具体情况各不相同，因此完全以是否年满十八岁来区分是否完全民事行为能力人并不合理。并且此条与劳动法第15条相呼应。所以，为了缓和制度的缺失，使接近成年者在一定条件下具有行为能力，以适应实际需要。

【参考立法例】民法通则第12条第1款规定：十周岁以上的未成年人是限制民事行为能力人，可以进行与他的年龄、智力相适应的民事活动；其他民事活动由他的法定代理人代理，或者征得他的法定代理人的同意。最高人民法院关于贯彻执行《中华人民共和国民法通则》若干问题的意见(试行)第3条：十周岁以上的未成年人进行的民事活动是否与其年龄、智力状况相适应，可以从行为与本人生活相关联的程度、本人的智力能否理解其行为，并预见相应的行为后果，以及行为标的数额等方面认定。德国民法典第106条：根据第107条至第133条的规定，已满七周岁的未成年人，其行为能力为限制行为能力。日本民法典第4条：未成年人实施法律行为，应经其法定代理人同意。但是，可以单纯取得权利或免除义务的行为，不在此限。违反前款规定的行为，可以撤销。

## 第二十四条【无民事行为能力人】

【三审稿】不满六周岁的未成年人，为无民事行为能力人，由其法定代理人代理实施民事法律行为。

【二审稿】同三审稿。

【一审稿】同三审稿。

【法学会稿】不满六周岁的未成年人无民事行为能力，由其法定代理人代理实施法律行为，法律另有规定的除外。

【社科院稿】不满六周岁的未成年人是无民事行为能力人，其法定代理人代理实施民事法律行为。

【建议稿】不满七周岁的未成年人，为无民事行为能力人，由其法定代理人代理实施民事法律行为，除纯获利益的民事法律行为以外。

【建议理由】法工委、社科院与法学会稿将限制行为能力人的起始年龄规定为六周岁，笔者建议将限制民事行为能力人的年龄提高到七周岁。首先，义务教育法第11条规定：凡年满六周岁的儿童，其父母或者其他法定监护人应当送其入学接受并完成义务教育；条件不具备的地区的儿童，可以推迟到七周岁。在我国，六周岁是法定入学年龄，特殊情形下是七周岁。将六周岁提高到七周岁不是只从表面改变数字，六周岁的孩子刚从幼儿园毕业跨入小学，对社会、自身的认识没有实质上的提高，几乎还停留在原先的水平上，而七周岁是在入学一年后，通过在学校的学习，其与在幼儿园时期的智力水平有了明显进步，对社会、自身的认识更加充分，因此可以将无民事行为能力人与限制民事行为能力人的年龄划分在七周岁。智力的增长是渐进的，单纯从年龄上看，七周岁与六周岁的智力差异并不是很大，决定限制民事行为能力人与无民事行为能力人的差别在于小学和幼儿园的差别。在现实中有一些孩子在9月1日之前未满六周岁无法入小学(9月1日之后年满了六周岁)，但幼儿园又已经毕业，那么，在第二年入读小学时，其中间必然会出现一段不在学校的空白阶段，而这阶段与其在幼儿园时没有太大的差别。其次，德国民法以满七岁以上的未成年人为限制民事行为能力人，对我国有极大的借鉴意义。

另外，对于无行为能力是否可以实施纯获法律上利益的行为，德国法和我国台湾地区的"民法"对此持否定态度，而日本法则持肯定的态度。由于不满七周岁的自然人大多处于刚刚上小学或者未上小学的阶段，还处于生长发育的最初阶段，虽然这些未成年人有一定的智力，但不能理性地从事民事活动，否则既容易使自己蒙受损失，也不利于交易安全。由法定代理人代理实施其民事活动，实际是为了保护该类民事主体的特殊利益。基于无民事行为能力人制度由法定代理人实施的目的是为了保护该无民事行为能力人，因此，当无民事行为能力人实施了纯获利益的法律行为时，基于保护交易安全的需要，应当认为此种民事法律行为有效。纯获利益的民事法律行为主要包括获得赠与、遗赠和奖励等，他人不得以无民事法律行为能力为由主张该民事法律行为无效。

【参考立法例】民法通则第12条：不满十周岁的未成年人是无民事行为能力人，由他的法定代理人代理民事活动。德国民法典第104条：无行为能力人为：不满七周岁者。

## 第二十五条【精神障碍者】

【三审稿】不能辨认自己行为的成年人，为无民事行为能力人，由其法定代理人代理实施民事法律行为。

六周岁以上的未成年人不能辨认自己行为的，适用前款规定。

【二审稿】同三审稿。

【一审稿】同三审稿。

【法学会稿】不能辨认自己行为的精神障碍患者无民事行为能力，由其法定代理人代理实施法律行为。

【社科院稿】不能辨认自己行为的成年人是无民事行为能力人，由其法定代理人代理实施民事法律行为，法律另有规定的除外。

【建议稿】不能辨认自己行为的成年人，为无民事行为能力人，由其法定代理人代理实施民事法律行为，除了纯获得法律利益的行为以外。

七周岁以上的未成年人不能辨认自己行为的，适用前款规定。

【建议理由】无民事行为能力是指自然人无独立从事民事活动的资格，也就是说，不具有以自己的行为取得民事权利和承担民事义务的资格。无民事行为能力人包括两类：一类是不满一定年龄的未成年人；另一类是完全不能辨认自己行为的精神病人。本条规定的是第二种情况。通常情况下，一个人的认识能力与年龄相关，然而除此之外也受到智力程度的影响，如法定年龄已满，但实际智力存在缺陷从而不能辨认或者不能完全辨认自己的行为后果，最典型的是精神病人。精神上的障碍，可能使自然人的感知、记忆、思维和情绪等精神活动失去正常状态，从而不能像一般成年人那样去判断事物、表达意思。自罗马法以来，立法者始终将自然人的精神状态作为确定其行为能力的另外一个重要参考，对精神存在障碍的成年人的行为能力作了不同程度的限制。立法中所确认的精神障碍者，主要有两种不同的表现形态：一是由于疾病的原因而致精神丧失之人，如精神病人；二是虽然未陷入到疾病的状态，但同常人相比意思能力存在明显不足的人。精神障碍程度不同的自然人，他们意思表示能力的强弱也不相同，因此，各国通常以此为据赋予其不同的行为能力。

不能辨认自己的行为则是指对普通的事物与行为也欠缺基本的判断能力与自我保护能力，不能正常而理性地判断自己的行为及后果。保护无民事行为能力的精神障碍者的理由与保护不满七周岁的未成年人的理由是一致的，具体理由可以参见上一条，其基本目的都是保护无民事行为能力人的利益。

【参考立法例】民法通则第 13 条：不能辨认自己行为的精神病人是无民事行为能力人，由他的法定代理人代理民事活动。

## 第二十六条【成年精神障碍者的民事行为】

【三审稿】不能完全辨认自己行为的成年人，为限制民事行为能力人，可以独立实施纯获利益的民事法律行为或者与其智力、精神健康状况相适应的民事法律行为；实施其他民事法律行为由其法定代理人代理，或者经其法定代理人同意、追认。

【二审稿】同三审稿。

【一审稿】不能完全辨认自己行为的成年人，为限制民事行为能力人，可以独立实施纯获利益的民事法律行为或者与其智力、精神健康状况相适应的民事法律行为；实施其他民事法律行为由其法定代理人代理，或者征得其法定代理人的同意。

【法学会稿】不能完全辨认自己行为的精神障碍患者具有限制民事行为能力，可以独立进行与其辨认能力相适应的法律行为。其他的法律行为由其法定代理人代理或者征得其法定代理人同意后实施，法律另有规定的除外。

【社科院稿】不能完全辨认自己行为的成年人是限制民事行为能力人，可以独立实施纯获利益的民事法律行为或者与其智力、精神健康状况相适应的民事法律行为；其他民事法律行为由其法定代理人代理，或者征得其法定代理人同意后实施，法律另有规定的除外。

【建议稿】不能完全辨认自己行为的成年人，为限制民事行为能力人，可以独立实施纯获利益的民事法律行为或者与其智力、精神健康状况相适应的民事法律行为；实施其他民事法律行为由其法定代理人代理，或者经其法定代理人的同意、追认。

【建议理由】不能完全辨认自己的行为，是指对比较复杂的事物和比较重大的行为，缺乏独立的判断能力，不能完全意识到自己的行为后果，或者精神障碍间歇性地出现，导致其意思能力随着自己的病情而变化。因此，为了维护精神障碍者的利益及交易安全，纯获利益的行为或者符合其智力或者在其精神正常期间所为的法律行为应当是有效的，除此之外的法律行为应当由其法定代理人实施或者征得法定代理人的同意，或事后经法定代理人追认确认其行为效力。

【参考立法例】民法通则第 13 条：不能完全辨认自己行为的精神病人是限制民事行为能力人，可以进行与他的精神健康状况相适应的民事活动；其他民事活动由他的法定代理人代理，或者征得他的法定代理人的同意。

## 第二十七条【法定代理人】

【三审稿】无民事行为能力人、限制民事行为能力人的监护人是其法定代理人。

【二审稿】同三审稿。

【一审稿】同三审稿。

【法学会稿】无。

【社科院稿】无。

【建议稿】无民事行为能力人、限制民事行为能力人的监护人是其法定代理人。

【建议理由】设置监护的目的就是为了保护无民事行为能力人和限制民事行为能力人的合法利益，进而有利于社会秩序的稳定。监护制度实际上弥补了无民事行为能力人和限制民事行为能力人的行为能力的不足，因此，无民事行为能力人和限制民事行为能力人的监护人就是其法定代理人，代理其实施民事法律行为。

## 第二十八条【无民事行为能力或者限制民事行为能力的宣告】

【三审稿】不能辨认或者不能完全辨认自己行为的成年人的利害关系人，可以向人民法院申请认定该成年人为无民事行为能力人或者限制民事行为能力人。

被人民法院认定为无民事行为能力人或者限制民事行为能力人的，根据其智力、精神健康恢复的状况，经本人、利害关系人或者有关组织申请，人民法院可以认定该成年人恢复为限制民事行为能力人或者完全民事行为能力人。

前款规定的有关组织包括：本人住所地的居民委员会、村民委员会，学校、医疗卫生机构、妇女联合会、残疾人联合会、依法设立的老年人组织、民政部门等。

【二审稿】同三审稿。

【一审稿】不能辨认或者不能完全辨认自己行为的成年人的利害关系人，可以向人民法院申请认定其为无民事行为能力人或者限制民事行为能力人。

被人民法院认定为无民事行为能力人或者限制民事行为能力人的，根据其智力、精神健康恢复的状况，经本人、利害关系人或者有关组织申请，人民法院可以认定其恢复为限制民事行为能力人或者完全民事行为能力人。

前款规定的有关组织包括：本人住所地的居民委员会、村民委员会，学校、医疗卫生机构、妇女联合会、残疾人联合会、依法设立的老年人组织、民政部门等。

【法学会稿】宣告精神障碍患者为无民事行为能力人或者限制民事行为能力人，以及撤销该宣告的，适用民事诉讼法的有关规定。

【社科院稿】无。

【建议稿】不能辨认或者不能完全辨认自己行为的成年人的利害关系人、其他组织，可以向人民法院申请认定该成年人为无民事行为能力人或者限制民事行为能力人。

被人民法院认定为无民事行为能力人或者限制民事行为能力人的，根据其智力、精神健康恢复的状况，经本人、利害关系人或者有关组织申请，人民法院可以认定其恢复为限制民事行为能力人或者完全民事行为能力人。

前款规定的有关组织包括：本人住所地的居民委员会、村民委员会，学校、医疗卫生机构、妇女联合会、残疾人联合会、依法设立的老年人组织、民政部门等。

【建议理由】一审稿中"其"指代不明确，二审稿中的"该成年人"可以很好地进行限定。成年的精神障碍者与未成人相比，其不具有比较好识别的形式标准，特别是有些精神障碍者原本为完全民事行为能力人，但是由于患病或者其他的一些原因导致其丧失了一部分识别能力和控制能力，这种能力的丧失及程度在外在上较难判断，因此认定其为无民事行为能力或者限制民事行为能力也较为困难。另外，由宣告的后果可知，一旦宣告精神障碍者为无民事行为能力或者限制民事行为，那么就要对其行为进行一定的限制，因此有必要通过一定的程序，由利害关系人申请，经人民法院认定。但是，在人民法院作出宣告判决后，经过一段时间，原来被认定为无民事行为能力或者限制民事行为能力的精神障碍者，可能会在身体、智力、精神健康等方面发生变化，恢复或者部分恢复民事行为能力，以至于认定其为无民事行为能力人或限制民事行为能力人的依据和原因消失。这种情况下，如果在法律上继续视其为欠缺或者没有行为能力的人，则会不利于保护甚至有损于其合法权益。因此，法律上有必要设定撤销制度，在符合了法定条件的情况下，作出新判决，撤销原判决，恢复该人相应的民事行为能力，视精神障碍者的精神状况而适当撤销宣告。

【参考立法例】民法通则第 19 条：精神病人的利害关系人，可以向人民法院申请宣告精神病人为无民事行为能力人或者限制民事行为能力人。被人民法院宣告为无民事行为能力人或者限制民事行为能力人的，根据他健康恢复的状况，经本人或者利害关系人申请，人民法院可以宣告他为限制民事行为能力人或者完全民事行为能力人。


# 第二十九条【住所】

【三审稿】自然人以登记的居所为住所；经常居所与住所不一致的，经常居所视为住所。

【二审稿】自然人以户籍登记的居所为住所；经常居所与住所不一致的，经常居所视为住所。

【一审稿】同二审稿。

【法学会稿】自然人以其户籍所在地为住所。

经常居住地与户籍所在地不一致的，或者未办理户籍登记的，经常居住地视为住所。

自然人由其户籍所在地迁出后至迁入另一地之前，无经常居住地的，仍以其原户籍所在地为住所。

自然人离开住所地最后连续居住一年以上的地方，为经常居住地，法律另有规定的除外。

【社科院稿】自然人以其户籍所在地的居住地为住所。经常居住地与住所不一致的，或者户籍所在地不明以及不能确定其户籍所在地的，经常居住地视为住所。

自然人离开住所最后连续居住一年以上的地方，为经常居住地。但住院治病的除外。

自然人由其户籍所在地迁出后至迁入另一地之前，无经常居住地的，仍以原户籍所在地为住所。

【建议稿】自然人以户籍登记的居所为住所；经常居住地与住所不一致的，或者未办理户籍登记、户籍所在地不明以及不能确定其户籍所在地的，经常居住地视为住所。

自然人由其户籍所在地迁出后至迁入另一地之前，无经常居住地的，仍以原户籍所在地位住所。

自然人离开住所地最后连续居住一年以上的地方，为经常居住地，法律另有规定的除外。

【建议理由】自然人住所是自然人生活和法律关系的中心地。一个人在生活中需要和其他人有多种交往，会有多种法律关系，为了便于交往和确立正常的法律关系，就需要确定法律关系的中心地，在法律关系上将法律关系的中心地视为住所。住所是确定自然人权利、义务的享有地和承担地，可以确定有关组织或者机关的管辖权，也是宣告失踪和宣告死亡的时间计算基点。民法中确定住所的标准主要有三种主张：第一，主观说，该说强调意思因素，认为当事人长久居住的意思决定住所，普通法系国家多采此种主张；第二，客观说，该说强调事实因素，认为实际上长期居住地就是住所地；第三，折中说，该说把事实因素和意思因素结合起来，认为以久住的意思而经常居住的某一住处为住所。我国坚持的是折中说，该说将自然人的内心真实意思与外在客观表现结合起来，认定自然人的住所最为合理。

另外，此处应当明确以"户籍登记的居所为住所"。理由与第17条一致。

【参考立法例】民法通则第15条：公民以他的户籍所在地的居住地为住所，经常居住地与住所不一致的，经常居住地视为住所。瑞士民法典第23条：人之住所，为以久住之意思而居住之处所。

# 第二节　监　护

## 【删除】【父母子女义务】

【三审稿】父母对未成年子女负有抚养、教育和保护的义务。

成年子女对父母负有赡养、照顾和保护的义务。

【二审稿】父母对未成年子女负有抚养、教育和保护的义务。

成年子女对父母负有赡养、照顾和保护的义务。

【一审稿】父母对未成年子女负有抚养、教育和保护的义务。

子女对无民事行为能力或者限制民事行为能力的父母负有赡养、照顾和保护的义务。

【法学会稿】无。

【社科院稿】无。

【建议稿】应删去。

【建议理由】该规定突出了监护制度设计中"强调家庭责任，弘扬中华民族传统美德"①的理念。亲权建立在父母子女血缘关系的基础上，依法律的直接规定而发生，专属于父母，是父母的一种天职。父母对子女的抚养义务以及子女的赡养义务应作为亲属法的一般规定，不宜放在监护一节。应属于婚姻家庭篇的内容，不宜在总则中加以规定。

## 第三十条【监护人选任的基本原则】

【三审稿】无。

【二审稿】无。

【一审稿】无。

【法学会稿】无。

【社科院稿】无。

【建议稿】监护人的选任应当按照最有利于被监护人原则和尊重被监护人真实意愿原则。当被监护人受到不正当因素的干扰时，则优先适用最有利于被监护人原则。

【建议理由】现代意义上的监护，就是对无民事行为能力人和限制行为能力人的人身、财产及其他合法权益进行监督、保护的一项制度。从公民行为能力的相关规定来看，未成年人监护和成年人监护共同构成我国的监护制度。监护的设计本质上是为了加强对缺乏行为能力的人以及因为年龄身体导致行动受限的成年人的监督和照顾，弥补其行为能力的不足。既是保护被监护人的合法权益，也是为了保护他人安全，维护市场交易稳定。

根据联合国1989年儿童权利公约第3条规定：关于儿童的一切行为，不论是由公私社会福利机构、法院、行政当局或立法机构执行，均应以儿童的最大利益为首要考虑。儿童最大利益原则也成为现代许多国家处理儿童抚养和监护问题所遵循的首要原则，我们认为此项原则应当扩展到整个监护制度。随着人权理念的不断发展，尊重被监护人的意思自治和人格尊严，促使其正常参与社会生活是现代监护制度的主要任务。而被监护人的行为能力需要监护人的行为加以扩张，因而在对监护人的选择上，应当将最有利于被监护人原则作为基本原则，贯穿具体的选任制度。这一原则的确定更加突出了监护制度以维护被监护人合法权益为目的的基本意旨和"利他"本色。②

该条款的内容是关于监护的原则性规定，统领这一节的内容，应当在监护的具体制度中贯彻实施，因此，应当将此监护原则调整到首条，以体现这一原则的重要性。此外，笔

---

① 关于《中华人民共和国民法总则（草案）》的说明，中国人大网，http：//www.npc.gov.cn/npc/lfzt/rlyw/2016-07/05/content_1993422.htm。

② 刘金霞：《完善民法总则（草案）监护制度之思考》，载《中华女子学院学报》2016年第5期。

者认为尊重被监护人意愿原则和最有利于被监护人原则二者可能存在不一致的情况，因为被监护人往往由于年龄、精神、智力、身体等状况而存在行为不能的情况，其更容易受到外界的干扰而作出不利于自己的决定，所以应当首先适用最有利于被监护人原则。

## 第三十一条【未成年人的监护】

【三审稿】未成年人的父母是未成年人的监护人。

未成年人的父母已经死亡或者没有监护能力的，由下列有监护能力的人按顺序担任监护人：

（一）祖父母、外祖父母；

（二）兄、姐；

（三）其他愿意担任监护人的个人或者有关组织，经未成年人住所地的居民委员会、村民委员会或者民政部门同意的。

【二审稿】未成年人的父母是未成年人的监护人。

未成年人的父母已经死亡或者没有监护能力的，由下列人员中有监护能力的人依次担任监护人：

（一）祖父母、外祖父母；

（二）兄、姐；

（三）其他愿意担任监护人的个人或者有关组织，经未成年人住所地的居民委员会、村民委员会或者民政部门同意的。

未成年人的父母可以通过遗嘱指定未成年人的监护人；其父、母指定的监护人不一致的，应当尊重被监护人的意愿，根据最有利于被监护人的原则确定。

【一审稿】未成年人的父母是未成年人的监护人。

未成年人的父母已经死亡或者没有监护能力的，由下列人员中有监护能力的人依次担任监护人：

（一）祖父母、外祖父母；

（二）兄、姐；

（三）其他愿意承担监护责任的个人或者有关组织，经未成年人住所地的居民委员会、村民委员会或者民政部门同意的。

未成年人的父母可以通过遗嘱指定未成年人的监护人；其父、母指定的监护人不一致的，以后死亡一方的指定为准。

【法学会稿】父母是其未成年子女的法定监护人，但其监护资格依法中止或者丧失的除外。

未成年人的父母死亡或者中止、丧失监护资格的，按照下列顺序，由下列人员中有监护能力的人担任监护人：

（一）祖父母、外祖父母；

（二）兄、姐；

（三）关系密切的其他人愿意承担监护职责，由未成年人住所地的居民委员会、村民委员会或者民政部门根据最有利于未成年人的原则确定。

没有前款规定的监护人的，由未成年人住所地的居民委员会、村民委员会或者民政部门设立的未成年人救助保护机构担任监护人。

【社科院稿】未成年人的父母是未成年人的监护人。

未成年人的父母已经死亡、没有监护能力或者中止、丧失监护资格的，由下列人员中有监护能力的人担任监护人：

（一）祖父母、外祖父母；

（二）成年兄、姐；

（三）关系密切的其他亲属、朋友愿意承担监护责任，经未成年人住所地的居民委员会、村民委员会或者民政部门同意的。

没有前款规定的监护人的，由未成年人住所地的居民委员会、村民委员会或者民政部门设立的未成年人救助保护机构担任监护人。

【建议稿】未成年人的父母是未成年人的监护人。

未成年人的父母已经死亡或者没有监护能力的，由下列有监护能力的人按顺序担任监护人：

（一）祖父母、外祖父母；

（二）兄、姐；

（三）关系密切的愿意担任监护人的个人或者有关组织，经未成年人住所地的居民委员会、村民委员会或者民政部门同意的。

【建议理由】应当把未成年监护单独列一条规定。三份草案对于具有监护资格的监护人的范围和顺序大致相同。法学会稿和社科院稿都保留了父母是子女法定监护人中的"法定"二字。法学会稿增加"但其监护资格依法被撤销或者丧失的除外"的例外条件，和最有利于未成年人的原则。社科院稿将子女改为"成年子女"，并且没有对具有监护资格的人有监护顺序上的规定。法学会稿和社科院稿都在第三款中添加了关系密切的其他人，同时最后一款中没有上述规定监护人的情况下，增设了由未成年人所在地的民政部门的未成年人救助保护机构担任。另外，法工委的草案则首次规定了遗嘱继承，并且从一稿"以后死亡一方的指定为准"改为二稿"根据最有利于被监护人的原则确定"，最后第三稿删去父或母指定不一致的情况。笔者认为应当将协议监护和遗嘱监护单列一条，因为协议监护和遗嘱监护的范围并不仅限于未成年人为被监护人的情况，协议监护和遗嘱监护适用对象为全部类型的被监护人；另外，监护原则已经作为监护一节的首条了，为了避免重复，其他条文可以省略相关内容。

以子女出生的法律事实为发生原因，亲属血缘关系和子女未满十八周岁是未成年监护关系的自然基础，父母是子女的法定监护人，自民法通则施行以来已经深入人心，应该保留"法定"二字。父母基于亲缘关系是未成年子女的第一顺位继承人，一般不能剥夺。法学会稿增加的例外条件与第二款中未成年人的父母已经死亡，没有监护能力或者被撤销、丧失监护资格的规定重复，不需要增加。我国监护制度传统是在没有法定监护人的情况下，首先，在近亲属范围内确定监护人，未成年人本来就是无民事行为能力人或者限制民事行为能力人，其实施的法律行为有限，自然不具有成为监护人的资格，也不需要再强调。其次，我们认为对于适格的监护人应当按照一定顺序，法定的顺序是按照血缘远近来排定，一般而言，直系血亲较之于旁系血亲更有利于保护未成年人，不仅是符合社会伦理，也顺应社会习惯。允许担任监护人的其他个人或组织增加了关系密切的条件，也是基于更有利于保护未成年人利益的考量。

## 第三十二条【协议监护】

**【三审稿】**监护人可以由协议确定。协议确定监护人的，应当尊重被监护人的意愿。

**【二审稿】**监护人可以由协议确定。协议确定监护人的，应当尊重被监护人的意愿。

**【法学会稿】**有监护资格的人之间协议确定监护人的，由协议确定的监护人对被监护人承担监护职责。被监护人为限制民事行为能力人的，应当考虑其意愿。

**【社科院稿】**监护人可以协议确定。协议确定监护人的，应当听取限制民事行为能力的被监护人的意见。

**【建议稿】**监护人可以由协议确定。

**【建议理由】**此次民法总则对监护制度进行较多调整，在原有法定监护和指定监护外新增了遗嘱监护和意定监护，在上述方式都不能产生合适监护人的情况下，最后由居委会或者村委会民政部门担任的兜底条款。实践中未成年人犯罪率不断升高，很多都是因为缺乏家庭教育，因此在没有适当监护人时最终监护的职责，应当由公权力介入，政府对亲属监护的失灵进行修复，弥补亲属监护的不足，切实有效地给未成年人营造良好的成长环境，保护其正当权益不受侵害，这也是现代监护制度公法化的趋向。梅仲协先生早有论述："心神丧失或薄弱不能处理事务者，为社会的损失。如果在以个人主义、自由主义为骨干的法国民法，视监护制度为市民的私事，任个人任意处置，固不足责，而中国以社会为立国之本，若以监护事宜，委诸个人或亲属自由措施，殊所不解。"[1]另外，由于监护人选任原则已经单列为本节第 1 条，统领整个监护制度，因此在此没有必要规定最有利于被监护人原则和尊重被监护人意愿原则。

## 第三十三条【遗嘱监护】

**【三审稿】**被监护人的父母可以通过遗嘱指定监护人。

**【二审稿】**未成年人的父母是未成年人的监护人。

未成年人的父母已经死亡或者没有监护能力的，由下列人员中有监护能力的人依次担任监护人：

(一)祖父母、外祖父母；

(二)兄、姐；

(三)其他愿意担任监护人的个人或者有关组织，经未成年人住所地的居民委员会、村民委员会或者民政部门同意的。

---

① 梅仲协：《民法要义》，中国政法大学出版社 1998 年版，第 20 页。

未成年人的父母可以通过遗嘱指定未成年人的监护人；其父、母指定的监护人不一致的，应当尊重被监护人的意愿，根据最有利于被监护人的原则确定。

【一审稿】未成年人的父母是未成年人的监护人。

未成年人的父母已经死亡或者没有监护能力的，由下列人员中有监护能力的人依次担任监护人：

（一）祖父母、外祖父母；

（二）兄、姐；

（三）其他愿意承担监护责任的个人或者有关组织，经未成年人住所地的居民委员会、村民委员会或者民政部门同意的。

未成年人的父母可以通过遗嘱指定未成年人的监护人；其父、母指定的监护人不一致的，以后死亡一方的指定为准。

【建议稿】被监护人的监护人可以通过遗嘱指定监护人，数个监护人指定的监护人不一致的，由被监护人住所地的居民委员会、村民委员会或者民政部门根据最有利于被监护人的原则确定。被指定的人有权拒绝成为监护人；被指定的人拒绝后，被监护人住所地的居民委员会、村民委员会或者民政部门应当为该被监护人指定监护人。

【建议理由】法国民法典第 403 条规定：如父母二人中后去世的一方在其本人去世时仍然在行使亲权，选任监护人的个人权利，仅属于该后去世的父或母，无论其选任的监护人是否未成年的人的血亲属。在这种情况下指定监护人，只能以订立遗嘱或者以在公证人前特别声明的形式为之。除未成年人利益要求排除上述指定以外，所作的指定对亲属会议具有拘束力。由父或母指定的监护人并无义务接受（负担）监护职责。① 西班牙民法典第 225 条规定：在双亲一方的遗嘱或公证文书中都有相关安排，若二者不矛盾，则同时实施；若二者存在矛盾，法官则应作出合理决定，确定哪些措施最符合受监护人的利益。② 埃塞俄比亚民法典第 207 条规定：未成年人的生存的父亲或者母亲可以通过其遗嘱指定在其死后将作为子女的监护人或保佐人的人。德国民法典第 1776 条规定：（1）被监护人的父母所指定为监护人的人，有做监护人的资格。（2）父和母指定不同的人的，以最后死亡父母一方的指定为准。③ 另外，日本民法典规定，若父或母在其遗嘱中指定的监护人不一致，那么则根据最后行使亲权的父或母的指定为准。由此可知，域外关于遗嘱监护中指定的监护人不一致的做法主要包括：其一，以后去世一方指定的为准；其二，看哪一种情况最符合被监护人的利益。

笔者认为，当父母通过遗嘱的方式为其子女指定监护人时，后去世一方所指定的监护人并不一定是最有利于被监护人的。因此，还是应当坚持最有利于被监护人原则，由被监护人所在地的居民委员会、村民委员会或者民政部门为其指定监护人。另外，能够通过遗嘱指定监护人的主体，笔者认为应当不限于被监护人的父母，而应当扩大至任何监护人都享有此权利。

① 参见罗结珍译：《法国民法典》，北京大学出版社 2010 年版，第 134 页。
② 参见潘灯、马琴译：《西班牙民法典》，中国政法大学出版社 2013 年版，第 95 页。
③ 参见陈卫佐译：《德国民法典》，法律出版社 2006 年版，第 539 页。

## 第三十四条【指定监护】

**【三审稿】**对担任监护人有争议的，由被监护人住所地的居民委员会、村民委员会或者民政部门指定，有关当事人对指定不服的，可以向人民法院提出申请；有关当事人也可以直接向人民法院提出申请，由人民法院指定。

居民委员会、村民委员会、民政部门或者人民法院应当尊重被监护人的真实意愿，根据最有利于被监护人的原则在具有监护资格的人中指定监护人。

依照本条第一款规定指定监护人前，被监护人的人身、财产权利及其他合法权益处于无人保护状态的，由被监护人住所地的居民委员会、村民委员会、法律规定的有关组织或者民政部门担任临时监护人。

监护人被指定后，不得擅自变更；擅自变更的，不免除被指定的监护人的监护责任。

**【二审稿】**对担任监护人有争议的，由被监护人住所地的居民委员会、村民委员会或者民政部门指定，有关当事人对指定不服的，可以向人民法院提出申请；有关当事人也可以直接向人民法院提出申请，由人民法院指定。

居民委员会、村民委员会、民政部门或者人民法院应当尊重被监护人的意愿，根据最有利于被监护人的原则在具有监护资格的人中指定监护人。

依照本条第一款规定指定监护人前，被监护人的人身、财产及其他合法权益处于无人保护状态的，由被监护人住所地的居民委员会、村民委员会、法律规定的有关组织或者民政部门担任临时监护人。

监护人被指定后，不得擅自变更；擅自变更的，不免除被指定的监护人的监护责任。

**【一审稿】**对担任监护人有争议的，由被监护人住所地的居民委员会、村民委员会或者民政部门指定，有关当事人对指定不服的，可以向人民法院提起诉讼；有关当事人也可以直接向人民法院提起诉讼，由人民法院指定。

居民委员会、村民委员会、民政部门或者人民法院指定监护人，应当根据最有利于被监护人的原则，尊重被监护人的意愿。

依照本条第一款规定指定监护人前，被监护人的人身、财产及其他合法权益处于无人保护状态的，由被监护人住所地的居民委员会、村民委员会、法律规定的有关组织或者民政部门担任临时监护人。

监护人被指定后，不得擅自变更；擅自变更的，不免除被指定的监护人的监护责任。

**【法学会稿】**对担任监护人有争议的，由无民事行为能力人或者限制民事行为能力人住所地的居民委员会、村民委员会或者民政部门在其近亲属中指定。

对指定不服提起诉讼的，由人民法院依据最有利于被监护人的原则作出裁决。

人民法院作出判决前，有监护资格的人应当按照法定顺序承担监护职责。

**【社科院稿】**对担任监护人有争议的，由监护监督人在被监护人的近亲属中选任监护人。对于选任不服的，由人民法院根据最有利于被监护人的原则指定。

居民委员会、村民委员会、民政部门或者人民法院指定监护人，应当听取限制民事行为能力的被监护人的意见。

监护人被指定后，不得擅自变更。擅自变更的，被指定的监护人的监护责任不予免除。

【建议稿】对担任监护人有争议的，由被监护人住所地的居民委员会、村民委员会或者民政部门在具有监护资格的人中指定，有关当事人对指定不服的，可以向人民法院提起诉讼。

居民委员会、村民委员会、民政部门或者人民法院指定监护人要按照第三十一条确定的顺序进行。

依照本条第一款规定指定监护人前，被监护人的人身、财产及其他合法权益处于无人保护状态的，由被监护人住所地的居民委员会、村民委员会、法律规定的有关组织或者民政部门担任临时监护人。

监护人被指定后，不得擅自变更；擅自变更的，不免除被指定的监护人的监护责任。

【建议理由】当监护人人数较多且发生争议时，可以通过法定组织来指定监护人。对组织指定不服还可以向人民法院提起诉讼。基于监护需要承担较多的责任，指定监护应当在有监护资格的近亲属中指定，而且应该按照前文规定的法定顺序。删掉了可以直接向人民法院提起诉讼要求指定的条款，司法程序的进行需要时间可能较长，不如行政机关效率高，也不如基层村委会居委会了解实际情况，应该作为最后救济手段。

从起诉到判决之间的监护职责如果不加以解决，被监护人则处于无人监管的境况，不利于被监护人利益，也不利于社会利益。但是其他具有监护资格的人本身对监护存在争议，判决之前由他们承担监护责任可能也不能得到有效履行，此时由被监护人住所地的居民委员会、村民委员会、法律规定的有关组织或者民政部门担任临时监护人更有利于被监护人。

监护人一旦指定不得随意变更，否则会侵害被监护人利益，也是否认指定的效力。为了保护被监护人，也应强化擅自变更的责任，如果被监护人造成他人损害，由变更前后的监护人共同承担责任，但是事实上由变更后的监护人在进行实际监护，被指定的监护人承担的责任可以减轻。

【参考立法例】德国民法典第1779条第1款规定：如果不能将监护职责委托本法第1776条规定的有资格者，则由监护法院在听取青少年局的意见后选择监护人。埃塞俄比亚民法典第213条：在可能的情况下，法院得在未成年人的较近的血亲或姻亲中指定适宜于并且愿意履行此等监护职责的人作为监护人和保佐人。

# 第三十五条【公职机关担任监护人】

【三审稿】无本法第二十五条、第二十六条规定的具有监护资格的人的，监护人由被监护人住所地的居民委员会、村民委员会或者民政部门担任。

【二审稿】与三审稿相同。

【一审稿】与三审稿相同。

【法学会稿】没有前款规定的监护人的，由未成年人住所地的居民委员会、村民委员会或者民政部门设立的未成年人救助保护机构担任监护人。

【社科院稿】没有本法第三十六条、第三十七条规定的监护人的，由被监护人住所地的居民委员会、村民委员会、法律规定的有关组织或者民政部门担任监护人。

【建议稿】无本法第三十一条、第三十二条、第三十三条规定的具有监护资格的人的，监护人由被监护人住所地的居民委员会、村民委员会或者民政部门担任监护人。

【建议理由】一方面，实践中未成年人犯罪率不断升高，很多都是因为缺乏家庭教育或者家长怠于履行监护义务。另一方面，随着计划生育政策的影响，以及人口形态的老龄化，传统家族式家庭逐渐解体。因此在没有适当监护人履行监护职责时，应当由政府设立专门机构对亲属监护的失灵进行修复，弥补亲属监护的不足，切实有效地给未成年人营造良好的成长环境，保护其正当权益不受侵害。[①] 联合国儿童权利公约第 20 条第 1 款也规定暂时或永久脱离家庭环境的儿童，或为其最大利益不得在这种环境中继续生活的儿童，应有权得到国家的特别保护和协助。即在没有具有监护资格的监护人的情况下，国家应该担负责任。现行的民法通则第 16 条规定，未成年人的所在单位也可以担任监护人，我们认为，依照单位的性质和目的不适宜作为监护机关，这一规定可以删去。

【参考立法例】德国民法典第 1791b 条第 1 项规定：没有适合于担任义务独任监护人的人的，青少年福利局也可以被选为监护人。日本民法典第 843 条第 4 项规定：选任成年监护人，需要考虑成年被监护人的身心状态和生活及财产状况、将为成年监护人的人的职业种类和经历以及成年被监护人之间有无利害关系(如果将为成年监护人的人是法人，则为法人的事业种类、内容及法人代表与成年被监护人之间有无利害关系)、成年被监护人的意见等一切情况。

## 第三十六条【成年精神障碍者的监护人】

【三审稿】无民事行为能力或者限制民事行为能力的成年人，由下列有监护能力的人按顺序担任监护人：

(一)配偶；

(二)父母、子女；

(三)其他近亲属；

(四)其他愿意担任监护人的个人或者有关组织，经被监护人住所地的居民委员会、村民委员会或者民政部门同意的。

【二审稿】无民事行为能力或者限制民事行为能力的成年人，由下列人员中有监护能力的人依次担任监护人：

(一)配偶；

(二)父母、子女；

(三)其他近亲属；

(四)其他愿意担任监护人的个人或者有关组织，经被监护人住所地的居民委员会、

---

① 陈苇、李欣：《私法自治、国家义务与社会责任——成年监护制度的立法趋势与中国启示》，载《学术界》2012 年第 1 期。

村民委员会或者民政部门同意的。

【一审稿】无民事行为能力或者限制民事行为能力的成年人，由下列人员中有监护能力的人依次担任监护人：

（一）配偶；

（二）父母；

（三）子女；

（四）其他愿意承担监护责任的个人或者有关组织，经被监护人住所地的居民委员会、村民委员会或者民政部门同意的。

【法学会稿】无民事行为能力或者限制民事行为能力的精神障碍患者，由人民法院根据最有利于该精神障碍患者的原则从下列人员中确定其监护人：配偶、父母、成年子女、其他近亲属、关系密切的其他愿意承担监护职责的人。

没有前款规定的监护人的，由精神障碍患者住所地的居民委员会、村民委员会或者民政部门担任监护人。

其他不能辨认或者不能完全辨认自己行为的人，其监护人的确定适用本条规定。

【社科院稿】无民事行为能力或者限制民事行为能力的成年人，由下列人员中有监护能力的人担任监护人：

（一）配偶；

（二）父母；

（三）成年子女；

（四）其他近亲属；

（五）关系密切的其他亲属、朋友愿意承担监护责任，经被监护人住所地的居民委员会、村民委员会或者民政部门同意的。

【建议稿】无民事行为能力或者限制民事行为能力的成年人，由下列人员中有监护能力的人依次担任监护人：

（一）配偶；

（二）父母、子女；

（三）其他近亲属；

（四）关系密切的其他个人或者有关组织愿意承担监护责任，经被监护人住所地的居民委员会、村民委员会或者民政部门同意的。

【建议理由】法学会稿使用的是"精神障碍患者"，没有规定监护顺序，增加了最有利于该患者的原则，最后一款"其他不能辨认或者不能完全辨认自己行为的人，其监护人的确定适用本条规定"，与前款民事行为能力的规定相结合，指其他因精神、智力不具有辨认意思能力的人，实际上扩大了成年监护的范围。

大陆法系在民法中创制出行为能力的概念，然后剥夺或者限制这类成年人的行为能力，宣告为禁治产人和准禁治产人，一经宣告，其民事行为归于无效，然后以监护和保佐弥补其行为能力，以达到维护市场交易安全的目的。但是事实上，并非所有的精神病都是完全没有意思能力的，现代医学研究已证明除自然性的精神病人外，各种类型的精神障碍者如间歇性、慢性精神病人仍有部分判断认知力，尤其是间歇性精神障碍者，在其精神正常时，能够实施基本的法律行为。在 20 世纪下半叶的成年监护的变革中，人们逐渐将医学上的精神障碍同成年监护中的能力界定区分开来，认为精神疾病不能自动构成精神上的无能力，而个人法律无能力并不意味着个人的精神健康。医学上的精神疾病患者并不一定会自动丧失他们的法律地位和自主决定权。成年监护法律逐渐将精神无能力的界定从广义的精神上无能力之定义慢慢限缩到重视个人认知和自治能力的狭义解释①。各国都对监护制度进行一系列改革，废除禁治产制度，不再以行为能力欠缺的宣告为前置条件，扩大成年监护的范围。

法国民法典第 425 条规定：凡是经医疗认定因精神或者身体官能损坏，不能表达自己意思，无法自行保障其利益的成年人。德国民法典第 1896 条规定：因心理疾患或者身体上，精神上或心灵上的残疾而完全或部分地不能处理事务的成年人，旨在保护被监护人的合法权益和尊重其自我决定权。

我国学界对于目前民法通则规定的监护范围多持应该扩大的态度。而结合前面关于限制行为能力人的条款，此条中无民事行为能力或者限制行为能力的成年人指成年精神障碍者、植物人和痴呆症患者。有学者认为：成年监护制度的适用对象范围必须扩大，其最直接的理由就是应对老龄化社会的到来。按照统计数字，2001 年，我国 65 岁以上的老年人占总人口的比重已经达到 7.1%，这标志着我国已经进入老龄化社会②。一方面是老年人口和残疾人数量的增加，另一方面是老年人的体力和智力随着年龄的增加不断削弱，其自我保护能力和识别能力也不断下降，身体障碍者也因身体残疾导致难以获得完整的行为能力，不同程度的智力障碍的患者难以正常生活的事实，二者冲突亟待解决。并且障碍者和老龄人接受监护或者辅助者，相对于国家和社会而言，是权利主体而非法律规制的对象。这是因为国家和社会在发展中存在或设置的种种障碍，影响了部分脆弱的人无法管理自己的事务，故他们有权请求国家和社会提供各种帮助，以保证其与正常人平等地参与社会并得到发展。③ 目前草案的成年监护范围过于狭窄，不符合现有国情，应予以扩大。我们认为因智力、身体和年龄造成的障碍者需要法律纳入被监护的对象。但是有些学者提出应当加上因不良嗜好而致辨识能力欠缺者(如吸毒成性者、赌博成性者、酗酒成性者等)④，此类人群过于宽泛，且这类人群虽然辨识能力欠缺但可能行为能力是完整的，对这类因自己的行为将自己陷入危险境地的人可以通过治安处罚等行政措施予以规制。参照其他国家立法例以及专家的民法草案建议稿，我们在本建议稿第三十六条加上成年选任监护。

梁慧星教授的《中国民法典草案建议稿：亲属编》第 1908 条的立法理由中提到适用成年监护制度的对象不限于"精神障碍者"，还包括"智力障碍者"和"身体障碍者"，统称为"成年障碍者"。所谓"智力障碍者"，指智商低下者、弱智者、老龄痴呆者、危重病人等不能进行正常判断的成年人；所谓"身体障碍者"，指视觉障碍者、听觉障碍者、语言障

---

① 陈苇、李欣：《私法自治、国家义务与社会责任——成年监护制度的立法趋势与中国启示》，载《学术界》2012 年第 1 期。

② 李国强：《我国成年监护制度运行中的问题及其立法修改趋向》，载《当代法学》2014 年第 6 期。

③ 李霞：《成年监护制度的现代转向》，载《中国法学》2015 年第 2 期。

④ 焦富民：《民法总则编纂视野中的成年监护制度》，载《政法论丛》2015 年第 6 期。

碍者、肢体障碍者、重要器官失去功能者及植物人。杨立新教授的建议稿中认为精神病人、持续性植物状态人以及其他丧失或者部分丧失民事行为能力的成年人，适用成年监护制度。①

成年人的法定监护比照未成年人的监护人设置基本相同，同样的，我们认为选择监护人时应该遵循法定顺序，同样遵循最有利于被监护人的原则，避免发生互相推诿的情况，不利于保护精神障碍者，也不利于保护社会他人。

## 第三十七条【成年意定监护】

【三审稿】具有完全民事行为能力的成年人，可以与近亲属、其他愿意担任监护人的个人或者有关组织事先协商，以书面形式确定自己的监护人。协商确定的监护人在该成年人丧失或者部分丧失民事行为能力时，承担监护责任。

【二审稿】具有完全民事行为能力的成年人，可以与近亲属、其他愿意担任监护人的个人或者有关组织事先协商，以书面形式确定自己的监护人。协商确定的监护人在该成年人丧失或者部分丧失民事行为能力时，承担监护责任。

【一审稿】具有完全民事行为能力的成年人，可以与近亲属、其他愿意担任监护人的个人或者有关组织事先协商，以书面形式确定自己的监护人。协商确定的监护人在该成年人丧失或者部分丧失民事行为能力时，承担监护责任。

【法学会稿】具备完全民事行为能力的成年人，可以就自己的日常生活、医疗护理、财产管理等事务的部分或者全部，与自己信赖的自然人、法人或者其他组织协商，确定自己的监护人。监护人在成年人丧失或者部分丧失民事行为能力时，承担监护职责。

【社科院稿】具有完全民事行为能力的成年人，可以在近亲属或者其他与自己关系密切、愿意承担监护责任的个人、组织中事先协商确定自己的监护人。监护人在该成年人丧失或者部分丧失民事行为能力时，依法承担监护责任。

【建议稿】具有完全民事行为能力的成年人，可以与近亲属、其他愿意担任监护人的个人或者有关组织事先协商，以书面形式确定自己的监护人。协商确定的监护人在该成年人丧失或者部分丧失民事行为能力时，承担监护责任。

在本人发生了丧失民事行为能力的情况时，其近亲属、利害关系人或有关组织可以向人民法院请求宣告其为无民事行为能力人或限制民事行为能力人。法院作出宣告后，该协议开始产生效力。经公证后的协议应当优先适用。

前款规定的有关组织参照本法第二十八条规定。

【建议理由】三稿都规定了成年意定监护，但是法学会稿增加在"日常生活、医疗护理、财产管理等事务的部分或者全部"的限制范围。

民法通则中规定的我国目前的监护方式有法定监护和指定监护，民通意见允许协议监护，但还是在有监护资格的人中协议，本质上都属于法定监护，监护种类不完善，具体内

---

① 杨立新：《中华人民共和国民法总则（草案建议稿）》，载《河南财经政法大学学报》2015年第2期。

容过于简单，不能适应社会生活的需要。例如，现行的意定监护局限在 60 周岁以上的老年人才可以适用，没有规定 18 周岁到 60 周岁的人可以适用意定监护，立法空白过大。①但他们也存在基于智力和身体的因素无法从事所有民事行为的情况，而我国的监护对象仅囿于成年精神障碍者和未成年人按照法律规定的顺序，在法律规定的有监护资格的人的范围内进行选任，忽视了被监护人自身的真正意愿，也与不断发展的监护理念不符。目前我国已进入老龄化社会，老龄人口不断增加。

　　结合他国经验和我国目前国情，我们认为引入意定监护是符合国情也是目前现状所要求的。意定监护是指在本人还具有完全的民事行为能力时，通过协议委托值得信任的人在自己今后完全丧失或者部分丧失行为能力时担任监护人，对自己的人身和财产利益进行监管和保护。意定监护一方面是对完全行为能力人的提醒，主要是老年人，提醒完全民事行为能力人事先设定好值得信任的监护人；另一方面能切实贯彻成年监护制度的法律目的，当然也可以减轻人民法院指定监护人的工作量。②意定监护的优越性在于：意定监护秉持的是尊重自我决定，法定监护的理念则是保护本人并兼顾交易安全，本人是被动的，以监护人的意思优先；从正当性来看，意定监护是行为人还有行为能力时，对人身与财产事务的事前意思表示，在本人能力丧失之后由该制度对本人预先的意思予以支援和保障，这是一种能力欠缺以前的自力救济，是尊重自我决定的必然制度设计。③此次草案将监护对象扩大到具有完全行为能力的成年人，是民事立法的一大进步。以意定监护优先，法定监护为补充，二者相辅相成，共同发挥监护制度的价值，也体现我国民法的意思自治原则和民法对私权利的尊重与保护。设立意定监护后，老年人的权益通过提前订立各种旨在保护本人权利的契约得到了充分的保护。

　　但是草案中仅规定"具有完全民事行为能力的成年人，可以与近亲属、其他愿意承担监护责任的个人或者有关组织事先协商，以书面形式确定自己的监护人。监护人在该成年人丧失或者部分丧失民事行为能力时，承担监护责任"，这一规定过于简略，实际操作中可能会出现各种问题。首先，法学会稿中限定为就日常生活、医疗管理、财产管理等事务的部分或者全部，我们认为立法中不需要加以限制，但可以解释为首先遵循意思自治，有约定按约定，没有约定应该准用法定监护的相关规则；其次是必须以书面协议、公证后的合同优先适用。监护协议的生效从当事人丧失行为能力开始，合同相对人向法院请求宣告为无民事行为能力人或者限制民事行为能力人，法院已经无法再向本人确定合同的真实性。所以为了保证合同的合法性和有效性，又防止公权力机关对意思自治过度干预，因此公证后的合同应当优先适用。最后，法院经近亲属或者有关组织申请后，宣告被监护人丧失或者部分丧失行为能力时，协议即生效。可以根据生效协议确定监护人，并且指定监护监督人，监督人也可以由协议约定，没有约定就准用一般的监护监督的条文。

　　日本任意监护法第 2 条规定：任意监护合同是委托人对受任人的委托合同，当本人由

---

① 杨立新：《〈民法总则〉制定与我国监护制度之完善》，载《法学家》2016 年第 1 期。
② 梁慧星：《中华人民共和国民法总则(草案)：解读、评论和修改建议》，载《华东政法大学学报》2016 年第 5 期。
③ 李霞：《成年监护制度的现代转向》，载《中国法学》2015 年第 2 期。

于精神障碍而使辨识能力变得不充分时，本人将自己生活、疗养看护及财产管理相关事务的全部或部分委托给受任人以代理权。美国持续性代理权授予法第 1 条规定：持续性代理权是本人以书面的形式指定代理人，该代理人的代理权不受本人无行为能力、精神障碍或者时间的影响，除非指定了结束时间，代理权的效力自设立开始，不受时间限制。英国持续性代理权授予法第 2 条：持续性代理乃在本人意思能力丧失后得继续代理事务之意，须在法院登录注册。

## 第三十八条【老年人和身体障碍者监护】

【三审稿】无。

【二审稿】无。

【一审稿】无。

【法学会稿】成年人虽未丧失民事行为能力，但因精神、智力、年龄等原因，不能处理自己的部分或者全部事务的，经该成年人、其近亲属或者住所地民政部门的申请，人民法院可以在其近亲属或者关系密切的其他人中为其选任监护人。选任不得违背该成年人的意愿。

被选任的监护人仅在必要范围内处理被监护人事务，代理其实施法律行为。监护人处理被监护人的事务应当尊重被监护人的意愿。

【社科院稿】无。

【建议稿】成年人虽未丧失民事行为能力，但因智力、年龄、身体原因，不能处理自己的部分或者全部事务，可以根据委托监护合同确定监护人。无委托合同的，可以参照本法第三十一、三十二、三十三条规定，但选任不得违背该成年人的意愿。

被选任的监护人仅在必要范围内处理被监护人事务，代理其实施法律行为和尽可能地治疗、改善被监护人的疾患、障碍。监护人处理被监护人的事务应当尊重被监护人的意愿。

【建议理由】我国监护的对象只有未成年人和精神障碍者，但随着社会的发展，目前的成年人监护制度已经无法适应当今时代发展，甚至引发很多社会问题。为了更好地保护各类人群，促进社会和谐发展，应当扩大成年监护的范围。但是法学会稿只提出因精神、智力和年龄受监护的情况，但是未包括残疾人和植物人受监护的情况。我们认为监护对象还应包括其他因精神、智力、身体等原因不能处理自己的部分或者全部事务，如没有受过很好教育的盲、聋、哑人以及植物人、危重病人、生活功能残缺之人。自此，我们所提出的监护制度包括未成年人监护和成年监护，成年监护中精神障碍者比照未成年监护，采取法定监护为主，协议监护和指定监护为辅。新增成年意定监护，扩充监护类型。老年人和身体障碍者优先采取成年意定监护，如无委托合同，再比照前款的成年精神障碍者通过申请进行法定监护。但是毕竟与精神疾病导致丧失的意思能力人不同，因年龄、身体原因没有完全丧失行为能力和意思能力人，应该尊重其自我决定权，保障其最大限度地能自我实施法律行为，保护被监护人的自治权，所以监护内容应该加以限定。杨立新教授在其民法总则草案建议稿第 40 条中规定：成年人因心理疾患或者身体上、精神上或者心灵上的障碍而不能处理其事务的，法院根据该成年人或其近亲属的申请，或者依照职权，为其选任照管人。成年人因身体上的残疾而不能处理其事务的，可以申请选任照管人，但不能准确表达其意思的除外。照管人仅在必要范围内处理被照管人事务，照管人处理被照管人事务应当尊重被照管人的意愿，以符合被照管人最佳利益的方式进行，照管人在照管事务范围内代理被照管人进行法律行为①。

德国民法典第 1896 条第 1 款规定：如果成年人由于心理疾病或身体上、精神上或心灵上的残障而完全或部分地不能处理自己的事务，则由照管法院经该成年人的申请或依职权为其任命一名照管人。该项申请亦可由无行为能力人提出。如果成年人系由于身体上的残障不能处理其事务，则只有经该成年人申请方得任命照管人，但该成年人不能表明其意愿的除外。法国民法典第 425 条规定：凡是经医疗认定因精神或身体功能损坏，不能表达自己的意思，无法自行保障其利益的成年人的规定。美国弗吉尼亚州 1997 年的成年人监护改革法中将成年人能力欠缺定义为缺乏接受或分析信息的能力，或者对于接受公众、环境、事务缺乏反应，以至于没有监护人的协助和保护，就不能保护自己的人身健康和安全，也无法处理自己的财产和经济事务。葡萄牙民法典第 138 条第 1 款规定：因精神失常、聋哑或失明而显示无能力处理本人人身及财产事务之人，得被宣告为禁治产人。

## 第三十九条【监护职责】

【三审稿】监护人依法履行监护职责而产生的权利，受法律保护。
监护人不履行监护职责或者侵害被监护人合法权益的，应当承担责任。
【二审稿】监护人依法履行监护职责而产生的权利，受法律保护。
监护人不履行监护职责或者侵害被监护人合法权益的，应当承担责任。
【一审稿】监护人依法行使监护的权利，受法律保护。
监护人不履行监护职责或者侵害被监护人合法权益的，应当承担责任。
【法学会稿】无。
【社科院稿】监护人依法行使监护的权利，受法律保护。
【建议稿】监护人依法履行监护职责而产生的权利，受法律保护。
监护人不履行监护职责或者滥用监护权，或者侵害被监护人合法权益的，应当承担法律责任。
监护人由于管理不善给被监护人造成财产损失的，应当承担赔偿责任，但能够证明已尽善良管理人的注意义务的除外。
【建议理由】此条实际上是立法者关于监护的性质的态度，二审稿依法履行监护职责而产生权利受法律保护，相比于一审稿依法行使监护的权利，似乎偏向监护是一种职责的说法。社科院稿和一审稿的说法相同，认为是一种权利，法学会稿则回避了这个问题。
关于成年监护的性质，学界也是众说纷纭。

---

① 杨立新：《中华人民共和国民法总则(草案建议稿)第 42 条》，载《河南财经政法大学学报》2015年第 2 期。

权利说认为监护是一种权利，本质上类似于亲权。从内容上看，监护人对被监护人的财产有管理和处分的权利，对人身加以照顾和保护，同时也包括对于侵权行为的救济权。另外，我国民法通则第18条已经规定监护人依法履行监护的权利，受法律保护。这表明立法上已将监护视为一种权利。监护究其本质就是基于监护人与被监护人相互之间的身份关系而产生的权利。① 而且亲属法上的身份权，在现代意义上本来就是以义务为中心的。义务说认为监护是一种义务，我国法律只对监护人课加各种义务，并未提及报酬辞任等相关权利。就其保护被监护人的理念而言，监护就应该是不附带任何权利。只要不履行监护职责或者由于过错导致监护人受损就应该承担一定的责任。职责说认为监护并不是一种权利，而是一种职责。从整体上看，我国监护制度注重监护人所负有的职责以及职责的正确履行。任何人作为监护人首先应意识到其对社会和国家负有的责任，不能根据自己的意志和利益让他推却或不适当地履行此种责任。②

我们认为，监护是基于身份权而产生的职责。监护人的确对被监护人的财产享有处分权，代理其参与民事活动，有些国家也规定了被监护人可以请求报酬的权利，但也不意味着监护就是权利，赋予权利是更好履行监护职责的需要。如果认为监护是一种权利，权利人就可以任意抛弃，也可以滥用监护追求自我利益，这些都与监护制度的主旨不符合。"众所公认，监护制度乃为保护被监护人的利益而设，若说监护为权利，岂不等于说监护制度乃为监护人的利益而设，这显然是说不通的"③。其次，不能仅以我国法律未规定监护人可以享有相应的请求报酬权就认定监护是义务，所以将监护单纯地定义为权利或者义务有失妥当。监护是由于监护人与被监护人特定的身份关系而产生的职责，监护人既享有权利又享有义务，权利义务的范围都以最有利于保护被监护人为原则。

监护人的职责主要就是保护被监护人的人身、财产以及其他合法权益不受侵害。保护、教育和关心被监护人，约束其行为并代理其参与民事活动。管理和使用被监护人的财产，在管理过程中只有使用权没有收益权。如果监护人怠于履行监护职责，给被监护人造成人身财产损失，需要承担责任和赔偿财产损失，避免监护人滥用监护权获取私利。但参与管理财产时，必然存在风险，监护人只要能证明已尽谨慎注意义务，即可以不予赔偿。

德国民法典第1833条规定：监护人对于因违背义务而产生的损害——如果损害因其过错所致——向被监护人负责。如果数人均对损害负有责任，则由他们承担连带责任。意大利民法典第382条规定：监护人在管理未成年人财产时应尽到善良家父的注意义务。监护人对因违反监护义务给未成年人造成的所有损失承担责任。

## 第四十条【监护的具体职责】

【三审稿】监护人应当按照最有利于被监护人的原则履行监护职责，保护被监护人的人身、财产及其他合法权益；除为被监护人利益外，不得处分被监护人的财产。

---

① 刘凯湘：《民法学》，中国法制出版社2004年版，第80页。
② 王利明：《民法总论》（第二版），中国人民大学出版社2015年版，第150页。
③ 彭万林：《民法学》，中国政法大学出版社1994年版，第61页。

未成年人的监护人履行监护职责，应当根据被监护人的年龄和智力状况，在作出与被监护人权益有关的决定时，尊重被监护人的意愿。

成年人的监护人履行监护职责，应当最大限度地尊重被监护人的意愿，保障并协助被监护人独立实施与其智力、精神健康状况相适应的民事法律行为，对被监护人有能力独立处理的事务，监护人不得干涉。

【二审稿】与三审稿相同。

【一审稿】与三审稿相同。

【法学会稿】监护人应当按照最有利于被监护人的原则履行监护职责，保护被监护人的人身、财产权益；对被监护人进行管理和教育；代理被监护人实施法律行为；除为被监护人利益外，不得处分被监护人的财产。

监护人不履行监护职责或者侵害被监护人合法权益的，应当承担责任。

【社科院稿】监护人应当履行下列监护职责：

(一)保护被监护人的人身；

(二)对被监护人进行管理和教育；

(三)照顾被监护人的生活；

(四)管理和保护被监护人的财产；

(五)为被监护人接受医疗、护理提供必要的条件；

(六)代理被监护人实施民事法律行为。

监护人不履行监护职责，或者滥用监护权，损害被监护人利益的，应当承担法律责任。

监护人由于管理不善给被监护人造成财产损失的，应当承担赔偿责任，但能够证明已尽善良管理人注意的除外。

【建议稿】监护人应当按照最有利于被监护人的原则履行监护职责，保护被监护人的人身、财产权益；对被监护人进行管理和教育；代理被监护人实施法律行为；除为被监护人利益外，不得处分被监护人的财产；监护终止或者撤销时，与监护监督人共同进行财产清算；定期向监护监督人报告监护人的财产使用状况和身体状况。

未成年人的监护人履行监护职责，应当根据被监护人的年龄和智力状况，在作出与被监护人权益有关的决定时，尊重被监护人的意愿。

成年人的监护人履行监护职责，应当最大限度地尊重被监护人的意愿，保障并协助被监护人独立实施与其智力、精神健康状况相适应的民事法律行为，对被监护人有能力独立处理的事务，监护人不得干涉。

【建议理由】法学会稿和法工委的草案一样是采取概括规定的方式，社科院稿则是列举式。本次草案新增履行监护职责时，要尊重被监护人的意愿，并提出保障和协助成年监护人实施与其智力和精神状况相适应的民事法律行为，相对于民法通则中简单划分为无效行为和效力待定行为，有了一定进步，尊重被监护人的自我决定权和促使其回归正常生活，是此次立法的进步。

我国对监护职责采取概括主义，只作出原则性的人身财产代理等方面的规定，也是为了尊重监护人依法履行监护职责，更好地保护监护人，并且与新设立的监护监督相结合，添加接受监督的义务性规定。杨立新教授的民法总则草案建议稿第 41 条第 3 款和第 4 款规定：监护人应当依照法律规定，照顾和保护被监护人的人身权益和财产权益，代理被监护人行使民事权利、履行民事义务、实施法律行为。监护人不得受让被监护人的财产。

【参考立法例】德国民法典第 1793 条：监护人有权利和有义务对被监护人予以人身和财产照顾。意大利民法典第 357 条规定：监护人负有照料未成年人的生活、代理未成年人参加一切民事活动、管理未成年人的财产的责任。

## 第四十一条【共同监护】

【三审稿】无。

【二审稿】无。

【法学会稿】无。

【社科院稿】监护人为数人时，各监护人可以依照约定共同履行监护职责，也可以依照约定分别履行监护职责。没有约定或者约定不明确的，视为共同履行监护职责。

【建议稿】监护人为数人时，各监护人可以依照约定共同履行监护职责，也可以依照约定分别履行监护职责。没有约定或者约定不明确的，视为共同履行监护职责。

【建议理由】社科院稿中明确说明监护人可以是一人也可以是数人，并且明确了责任承担，我们认为应该加上此条。不管是法定监护、协议监护还是指定监护，并没有对人数设置限制。在具有监护资格的人员中，如果数人共同监护可能更利于被监护人，也应当允许，但是各人之间应明确如何承担监护责任。最高人民法院关于贯彻执行《中华人民共和国民法通则》若干问题的意见也规定了监护人可以是一人也可以是数人，在我国也有了一定的实践基础。

【参考立法例】德国民法典第 1797 条规定：数名监护人共同行使监护职责。在意见不一致时，如果任命时无另外规定，由监护法院裁判。监护法院可以对由数名监护人行使的监护职责划分特定的效力范围。在为其划定的效力范围内，各个监护人独立行使监护职责。

## 第四十二条【监护监督】

【三审稿】无。

【二审稿】无。

【法学会稿】无。

【社科院稿】无。

【建议稿】除父母担任法定监护人之外，由监护监督人对监护人的行为进行监督。下列人员或者机构为监护监督人：

　　(一)被监护人在委托监护合同或者遗嘱中指定的监护监督人；

　　(二)由法院指定有监护资格的人担任监护监督人，但与监护人有直接利害关系的人除外；

(三)无前款规定的监护监督人,由被监护人住所地的居委会、村委会或民政部门担任。

由居委会、村委会或民政部门担任监护人的,其上一级主管部门为监护监督人。

监护监督人应履行如下职责:

(一)监督监护人实施的监护行为,必要时要求监护人定期汇报被监护人的身心状况和财产状况;

(二)当缺少监护人时,应立即向人民法院提出申请;

(三)代表被监护人对抗监护人所为的与被监护人利益相反的行为。

**【建议理由】**

(一)监护监督人

关于监护监督,三审稿中没有设计相应的制度,法学会稿也仅规定居委会、村委会和民政部门担任监护人时国家需要监督。我国法律上虽然没有关于监护监督的条文,但是一旦监护人没有妥善履行监护职责,对被监护人造成损害,其他有监护资格的近亲属和民政部门都有权向法院申请撤销其监护资格,但是这种监督流于形式,没有制度化,导致现实中很多监护人恶意侵占被监护人的财产,虐待被监护人的行为时有发生,而且往往就是发生在关系亲密的家庭成员中。从监护的设计目的上来看,监护是为了限制被监护人参与民事活动。监护对本人而言,如同一把双刃剑,从而也决定了监督的必要性。从实践上看,本人一旦欠缺能力便无法监督监护人,失去了监督与控制的监护人,在执行职务时全靠自己的道德良知①。对于监护人来说很容易在没有监督的情况下滥用监护职责。如果不加以监督的话只会失去监护制度本来的意义。

国内的专家立法稿中,王利明教授建议稿和法学会稿持相同意见,只规定了国家监督;杨立新教授建议稿则是在意定监护中同时规定要选任监护监督人,以及居委会村委会和民政局为法定的监护监督机关;梁慧星教授则建议在第1892条规定监护监督人的范围,包括意定监护人,与被监护人血缘关系最近的有监护能力的人,当地民政部门和社保机构。徐国栋教授主编的绿色民法典草案则主张建立亲属会议制度,由亲属会议作为监护监督机构,行使监督职权。还有学者认为应构筑一个对委任监护实行公力监督,对法定监护采私力监督的双重监督模式。一是在设定法定监护时同时选任监护监督人,二是由公证机关事先对委任监护合同的审查和法院对监护的全面介入组成的公力监督。

我们认为可以参考梁慧星教授的立法。在监督人的选任上,同样尊重被监护人的意思自治,意定监护人优先。一般来说基于父母子女之间的血缘关系和亲子感情,父母担任监护人时,往往能尽职履行监督义务,无须设立监督。在没有约定的情况下法院可以指定监护监督人,但监护监督人不能与监护人有直接利害关系。例如,成年兄弟是监护人,成年姐妹就不适合作为监护监督人。居委会、村委会或者民政部门作为监护人,涉及国家公权力机关,其不作为或者侵害行为对被监护人的损害更大,其他近亲属可能也不易提起申请,所以应当由上级机关作为监督人,我们认为更能有效制约监护人,更好地保障被监护

① 李霞:《成年监护的现代转向》,载《中国法学》2015年第2期。

人的权益。

德国民法典第 1792 条规定：（1）除监护人之外，可以任命一名监护监督人。如果是青少年局担任监护人，则不得任命监护监督人。青少年局可以担任监护监督人。（2）如果监护与财产管理相关联，应当任命一名监护监督人，但是如果该项管理并不重要或者是数名监护人共同行使监护职责除外。（3）如果数名监护人不是共同行使监护职责，则可以将一名监护人任命为其他监护人的监护监督人。

法国民法典第 420 条第 1 款规定：在任何监护中应有一名监护监督人，监护监督人由亲属会议从其成员中选任。

日本民法典 848 条规定：可以指定未成年监护人的人，可以用遗嘱指定未成年监护人的监督人。第 849 条之二规定：家庭法院在认定有必要时可以根据成年被监护人及其亲属或成年监护人的请求，或者依职权可以选任成年监护监督人。第 850 条还规定了监护人的配偶、直系血亲及兄弟姐妹不得担任监护监督人。

(二)监护监督人的职责

我们认为设立监护监督人同时也必须明确监督的内容，否则监督只能是纸上谈兵。监护监督人主要是在监护人履行职责过程中予以监督，对其怠于履行或者其他损害被监护人合法利益的情况向法院进行反映，同时配套财产清算和监护人定期汇报制度加以监督。在监护人本身作出有害行为和缺少监护人时，弥补漏洞向法院提起变更监护人，以确保被监护人的人身和财产不受侵害。监护监督人的选任和监护监督事务二者结合，建立起较为完整的监护监督制度，从而最有利于保护被监护人的人身财产，防范风险。

德国民法典第 1799 条规定：（1）监护监督人必须注意监护人是否合乎义务地执行监护。监护监督人必须不迟延地向监护法院报告监护人的义务违反以及监护法院有权干涉的一切情形，特别是监护人的死亡或者其他导致监护职务终止或使监护人的免职成为必要的情况的发生。（2）监护人必须根据请求，向监护监督人答复关于监护的执行的询问，并许可监护监督人查阅与监护有关的文件。

法国民法典第 420 条规定，监护监督人的职责是：对监护人的管理实施监督，并且在未成年人利益与监护人利益抵触时，代表未成年人。

日本民法典第 851 条规定，监护监督人的职务如下：（1）监督监护人的事务；（2）监护人缺任时，从速请家庭法院选任监护人；（3）有紧急情势时，实行必要处分；（4）就监护人或其代表的人为被监护人利益相反的行为，代表被监护人。

## 第四十三条【监护资格的撤销】

【三审稿】监护人有下列情形之一的，人民法院根据有关人员或者组织的申请，撤销其监护人资格，安排必要的临时监护措施，并根据最有利于被监护人的原则依法指定新监护人：

(一)实施严重损害被监护人身心健康行为的；

(二)怠于履行监护职责，或者无法履行监护职责并且拒绝将监护职责部分或者全部委托给他人，导致被监护人处于危困状态的；

(三)有严重侵害被监护人合法权益的其他行为的。

前款规定的有关人员和组织包括：其他有监护资格的人员，被监护人住所地的居民委员会、村民委员会，学校、医疗卫生机构、妇女联合会、残疾人联合会、未成年人保护组织、依法设立的老年人组织、民政部门等。

前款规定的人员和其他组织未及时向人民法院提出撤销监护人资格申请的，民政部门应当向人民法院提出申请。

**【二审稿】**监护人有下列情形之一的，人民法院根据有关人员或者组织的申请，撤销其监护人资格，安排必要的临时监护措施，并根据最有利于被监护人的原则依法指定新监护人：

(一)实施严重损害被监护人身心健康行为的；

(二)怠于履行监护职责或者无法履行监护职责并且拒绝将监护职责部分或者全部委托给他人，导致被监护人处于危困状态的；

(三)有严重侵害被监护人合法权益的其他行为的。

前款规定的有关人员和组织包括：其他有监护资格的人员，被监护人住所地的居民委员会、村民委员会，学校、医疗卫生机构、妇女联合会、残疾人联合会、未成年人保护组织、依法设立的老年人组织、民政部门等。

前款规定的人员和其他组织未及时向人民法院提出撤销监护人资格申请的，民政部门应当向人民法院提出申请。

**【一审稿】**监护人有下列情形之一的，人民法院根据有关人员或者组织的申请，撤销其监护人资格，并根据最有利于被监护人的原则依法为其指定新监护人：

(一)实施严重损害被监护人身心健康行为的；

(二)怠于履行监护职责，或者无法履行监护职责并且拒绝将监护职责部分或者全部委托给他人，导致被监护人处于危困状态的；

(三)有严重侵害被监护人合法权益的其他行为的。

前款规定的有关人员和组织包括：其他有监护资格的人员，被监护人住所地的居民委员会、村民委员会，学校、医疗卫生机构、妇女联合会、残疾人联合会、依法设立的老年人组织、民政部门等。

有关人员和组织未及时向人民法院提出撤销监护人资格申请的，民政部门应当向人民法院提出申请。

**【法学会稿(放在监护部分的第二条)】**监护人有下列情形之一的，经其他具有担任监护人资格的人或者其他有关组织申请，人民法院可以判决撤销其监护资格，并在具有担任监护人资格的人中为其指定新的监护人：

(一)实施严重损害未成年人身心健康的行为；

(二)怠于履行监护职责导致未成年人面临死亡或者严重伤害危险；

(三)拒不履行监护职责导致未成年人流离失所或者生活无着；

(四)无法履行监护职责且拒绝将监护职责部分或者全部委托给他人，致使未成年人处于困境或者危险状态；

(五)有其他严重侵害未成年人合法权益的行为。

监护人确有悔改表现的，经其申请，人民法院可以恢复其监护资格，人民法院指定的监护人同时终止监护职责。

【社科院稿】监护人有下列情形之一的，人民法院根据有关人员或者单位的申请，撤销监护人的资格，并根据最有利于被监护人的原则依法为其指定新的监护人：

（一）实施严重损害被监护人身心健康行为的；

（二）怠于履行监护职责，或者无法履行监护职责并且拒绝将监护职责部分或者全部委托给他人，导致被监护人处于危困状态的；

（三）有其他严重侵害被监护人合法权益的行为的。

前款规定的有关人员或者单位包括：其他有监护资格的人员，被监护人住所地的居民委员会、村民委员会、学校、医疗卫生机构、妇女联合会、残疾人联合会、民政部门等。

前款规定的人员和组织未及时向人民法院提出申请的，民政部门应当向人民法院提出申请。

【建议稿】监护人有下列情形之一的，人民法院根据监护监督人或者其他有关人员或者组织的申请，撤销其监护人资格，安排必要的临时监护措施，并根据最有利于被监护人的原则依法为其指定新监护人：

（一）实施严重损害被监护人身心健康行为的；

（二）怠于履行监护职责，或者无法履行监护职责并且拒绝将监护职责部分或者全部委托给他人，导致被监护人处于危困状态的；

（三）拒不履行监护职责导致监护人流离失所或者生活无着的；

（四）有严重侵害被监护人合法权益的其他行为的。

前款规定的有关人员和组织包括：其他有监护资格的人员，被监护人住所地的居民委员会、村民委员会、学校、医疗卫生机构、妇女联合会、残疾人联合会、依法设立的老年人组织、民政部门等。

有关人员和组织未及时向人民法院提出撤销监护人资格申请的，民政部门应当向人民法院提出申请。

【建议理由】对于监护资格的撤销，三份草案规定相似。二审稿相比于一审稿、法学会稿和社科院稿增加了安排必要的临时措施，既然监护人的行为已经严重侵害被监护人的合法权益，为了被监护人的利益，应该先中止其监护资格，以免被监护人处于无人监护的状态，指定临时监护人，以免遭到更严重的侵害。

社科院稿则是和二审稿的规定相同，法学会稿限定了经其他具有担任监护人资格的人或相关组织申请撤销，增加了第3款拒不履行监护职责导致未成年人流离失所或者生活无着，监护人如果有悔改可以申请恢复资格。而且法学会稿的监护资格撤销放在监护部分第2条，内容也是针对未成年人的监护人的资格撤销，我们认为不妥。监护资格的撤销应该适用于所有监护对象作为救济手段，不应局限于未成年人。

还有一点是结合监护监督制度，监督人也可以提起申请。拒不履行的情况也可以加进来，如果监护人坚决不履行监护职责，并导致本监护人居无定所或者在外流浪，当然也应该撤销其监护资格。

德国民法典第1886条规定：独任监护人职务的继续执行尤其是因监护人违反义务的

行为而会危及被监护人的利益，或在监护人方面存在第 1781 条所规定的原因的，监护法院必须免去独任监护人的职务。

俄罗斯民法典第 39 条规定：如果监护人或者保护人未正确履行所担负的职责，其中包括利用监护和保护关系以达到私利的目的或对监护人不加监管或者不给予必要的帮助，监护和保护机关可以撤销其职责并采取必要措施依法追究过错公民的责任。

埃塞俄比亚民法典第 231 条规定：监护人被褫夺：

(1)当未成年人未得到其状况要求的照顾，与其资质相应的精神教育或指导时，法院可褫夺监护人的职责。

(2)为作此决定，法院得考虑监护人的生活环境以及所有案情。

(3)特别是当未成年人犯有罪行，并且其行为可归因于监护人的不良教育或缺少教育时，法院尤其应褫夺监护人的职责。


## 第四十四条【撤销资格的恢复】

【三审稿】被监护人的父母或者子女被人民法院撤销监护人资格后，除对被监护人实施故意犯罪的外，确有悔改情形的，经其申请，人民法院可以在尊重被监护人真实意愿的前提下，视情况恢复其监护人资格，人民法院指定的新监护人与被监护人的监护关系同时终止。

【二审稿】未成年人的父母被人民法院撤销监护人资格后，确有悔改情形的，经其申请，人民法院可以在尊重被监护人意愿的前提下，视情况恢复其监护人资格，人民法院指定的新监护人与被监护人的监护关系同时终止。

【一审稿】原监护人被人民法院撤销监护人资格后，确有悔改情形的，经其申请，人民法院可以视情况恢复其监护人资格，人民法院指定的新监护人与被监护人的监护关系同时终止。

【法学会稿】监护人确有悔改表现的，经其申请，人民法院可以恢复其监护资格，人民法院指定的监护人同时终止监护职责。

【社科院稿】无。

【建议稿】被监护人的父母或者子女被人民法院撤销监护人资格后，除对被监护人实施故意犯罪的外，确有悔改情形的，经其申请，人民法院可以在尊重被监护人真实意愿的前提下，视情况恢复其监护人资格，人民法院指定的新监护人与被监护人的监护关系同时终止。

【建议理由】法工委的三次审议稿对于监护资格的恢复的规定都不一样，能够恢复的情形也在不断缩小。只有未成年人的父母，且在没有故意犯罪的情况下才允许恢复监护资格。我们认为父母对子女有不可替代的意义，其与子女之间的血缘关系也不同于其他近亲属的监护关系，如果父母能够尽职履行监护职责，我们认为对子女最为有利，可以允许父母有改过的机会。但是其他监护人已经撤销不得反悔。

## 第四十五条【增加】【监护资格的变更】

【三审稿】无。

【二审稿】无。

【一审稿】无。

【法学会稿】无。

【社科院稿】无。

【建议稿】自然人担任监护人而有下列情形之一的，可以请求人民法院予以变更：

(一)年满六十五周岁；

(二)因疾病或残疾不能履行监护职责的；

(三)有其他重大事由。

监护人变更的，人民法院应当重新指定监护人。

【建议理由】监护终止制度、监护资格撤销制度和监护人变更制度三者之间的性质、目的和价值都是不同的，不可混淆也不可替代，因此，有必要在我国的立法中规定监护人变更制度。

监护既不是权利也不是义务，而是一种权利和义务相结合的特殊职责。监护的目的在于保障智力发育不全、精神障碍和身体障碍的人的利益。因此，监护人由于特殊原因不适合履行监护职责时，应当准许监护人的变更，否则，一味地要求不适宜履行监护职责的人继续担任监护人，反而会造成对被监护人的利益保护不周的结果。从域外立法来看，德国民法典第1786条规定了监护人的拒绝权：(1)有下列情形的人，可以拒绝担任监护工作：①主要照管2个以上无就学义务的子女，或能够证明其所负担的、对家庭的照料长期使监护职务的行使变得尤为困难的父母一方；②已满60周岁的人；③有权照顾多于3个的未成年子女或其财产的人；④因疾病或残疾而不能通常地执行监护的人；⑤因住所远离监护法院，不特别受烦扰就不能执行监护的人；⑥应为共同监护而与他人以其被选任的人；⑦执行一种监护、照管或保佐的人；对2个以上兄弟姐妹的监护或保佐，只视为一宗保佐；执行两宗监护监督，视同执行一宗监护。(2)不在选任前向监护法院主张拒绝权的，拒绝权消失。① 日本的法律也规定如果监护人有正当理由，经法院许可可以辞职。因此，在我国的立法中应当补充监护人变更制度。

关于监护人的变更条件，笔者认为主要包括：年满65周岁，这主要是以我国的退休年龄为标准而确定的。因为此制度本身也是监护人意思自治的体现，当其符合申请变更的条件时，其可以自由选择是否辞去监护人职责。另外，监护人应当管理、教育被监护人，保护被监护的人身财产安全，代理被监护人实施法律行为等，如果年龄太大，他可能并不能较好地履行这些义务。而以退休年龄为准，基本上可以保障他的身体和精神状况足以胜任监护职责；除了年龄之外，还包括疾病或者残疾等身体状况。

① 参见陈卫佐译：《德国民法典》(第2版)，法律出版社2006年版，第541页。

## 第四十六条【监护资格的终止】

【三审稿】有下列情形之一的，监护关系终止：

(一)被监护人取得或者恢复完全民事行为能力的；

(二)监护人丧失监护能力的；

(三)被监护人或者监护人死亡的；

(四)人民法院认定监护关系终止的其他情形。

监护关系终止后，被监护人仍然需要监护的，应当依法另行确定监护人。

【二审稿】同三审稿。

【一审稿】同三审稿。

【法学会稿】有下列情形之一的，监护关系终止：

(一)被监护人已具有完全民事行为能力；

(二)被监护人死亡；

(三)监护人死亡或者丧失监护能力。

监护人死亡或者丧失监护能力的，应当依法另行确定监护人。

【社科院稿】有下列情形之一的，除本法另有规定外，监护关系终止：

(一)被监护人成为完全民事行为能力人；

(二)被监护人死亡；

(三)监护人死亡或者丧失监护能力；

(四)监护人与被监护人之间特定的身份关系消灭；

(五)其他应当终止监护的情形。

监护关系终止后，被监护人仍然需要监护的，应当另行为其设置监护人。

【建议稿】有下列情形之一的，监护关系终止：

(一)被监护人取得或者恢复完全民事行为能力的；

(二)被监护人或者监护人死亡的；

(三)监护人丧失监护能力的；

(四)监护人变更的；

(五)监护人与被监护人之间特定的身份关系消灭的；

(六)其他应当终止监护的情形。

监护关系终止后，被监护人仍然需要监护的，应当依法另行确定监护人。

【建议理由】三审稿关于监护关系终止的规定基本相同，具体表述上有所不同。社科院稿和法学会稿规定的第 1 款是被监护人成为或者已具有完全民事行为能力，只能体现未成年人长大具有完全民事行为能力，而草案中规定的是已经取得或恢复，除了未成年人，还有因智力精神等丧失民事行为能力能够通过治疗恢复行为能力，应予保留。第 2 款和第 3 款逻辑顺序稍微混乱，应借鉴法学会稿和社科院稿修改顺序，先从被监护人角度再从监护人角度叙述，条理比较清楚。

结合各国立法例以及国内法学会稿，我们以列举和概括的方式明确监护人可以申请终止监护职责的权利。监护的目的在于保护被监护人和社会第三人的利益，因此在被监护人取得或者恢复民事行为能力或者被监护人死亡的情况下，都没有必要对其进行监护，监护关系应当终止；另外，如果监护人本身不具备监护能力应当为该被监护人更换监护人，以更好地维护被监护人的利益。在社科院版的建议稿中对此增加了"监护人与被监护人之间特定的身份关系消灭"这一条款，我们认为也可以保留。如果是基于收养、继子女关系等形成的监护，特定身份关系消灭，监护关系自然也应该终止。

瑞士民法典第 431 条规定：对未成年人的监护，在其成年时终止。第 433 条规定：对其他人的监护，经主管官厅撤销后终止。上述官厅，有义务在监护原因消失时，立刻撤销监护。被监护人及任何利害关系人可申请撤销监护。

埃塞俄比亚民法典第 82 条规定：当未成年人死亡或者成年时，监护人或保佐人的职责终止。监护人或保佐人死亡、失去行为能力、不配或被褫夺的，其职责终止。当已为未成年人指定一位新的监护人或保佐人时，原监护人或保佐人的职责终止。

## 第四十七条【财产清算】

【三审稿】无。

【二审稿】无。

【法学会稿】无。

【社科院稿】监护权中止、丧失以及监护关系终止时，应当对被监护人的财产进行清算。

【建议稿】监护权开始、中止、丧失以及监护关系终止时，应当和监护监督人共同对被监护人的财产进行清算，并且制作财产清单。

【建议理由】只有社科院稿规定了财产清算。

财产管理是监护制度的重要方面，财产清算也是监护人应当履行的法定义务。无民事行为能力人可以通过继承、赠与等方式获得财产，限制行为能力人也有自身独立财产。由于其行为能力的限制，主要由监护人进行管理和使用，但监护人必须秉持为被监护人的利益，不能损害被监护人的利益。这就需要监护人履行善良管理人的义务，谨慎管理财产，并且将自身财产与被监护人财产仔细分开，避免侵害被监护人的财产权。并且对财产清算也是对前一位监护人是否履行监护责任的检验，是保护被监护人的手段。实践中监护人管理被监护人财产多数没有登记造册。[1]

【参考立法例】德国民法典第 1890 条规定：监护人在其职务终止后应该将所管理的财产交付给被监护人并且提交管理情况报告。法国民法典第 469 条规定：任何监护在监护终止时，均应对其管理进行结算。日本民法典第 870 条规定：监护人的任务终止时，监护人及其继承人，应于两个月内进行管理计算。但是家庭法院可延长期间。

---

[1] 林建军：《我国成年监护法律之缺失与完善——以民事审判实践为依据》，载《中华女子学院学报》2014 年第 5 期。

# 第三节　宣告失踪和宣告死亡

## 第四十八条【宣告失踪的条件】

**【三审稿】**自然人下落不明满二年的,利害关系人可以向人民法院申请宣告该自然人为失踪人。

**【二审稿】**与三审稿相同。

**【一审稿】**与三审稿相同。

**【法学会稿】**自然人离开住所地或者最后居住地下落不明满二年的,利害关系人可以向人民法院申请宣告其为失踪人。但下落不明的自然人有法定代理人或者财产管理人的除外。

前款所称利害关系人,包括被申请宣告失踪人的近亲属和其他利害关系人。

下落不明的时间从自然人音讯消失的次日起计算。

战争期间下落不明的,下落不明的时间从战争结束之日起计算。

**【社科院稿】**自然人下落不明满二年的,利害关系人可以向人民法院申请宣告其为失踪人。但下落不明的自然人有法定代理人或者财产管理人的除外。

**【建议稿】**自然人下落不明满二年的,利害关系人可以向人民法院申请宣告其为失踪人。但下落不明的自然人有法定代理人或者财产管理人的除外。

**【建议理由】**在实际生活中,自然人的失踪必然会引起失踪人财产关系及身份关系处于不确定状态,这种不确定状态的长期持续,将不利于失踪人财产的管理和利用,不利于社会经济的发展和社会秩序的稳定,并且必然损及与失踪人有利害关系的第三人的利益。因此,从社会利益考虑,与失踪人有关的财产关系和身份关系宜尽快予以确定。"宣告失踪的目的是通过人民法院确认自然人失踪的事实,结束失踪人财产无人管理以及其应当履行的义务不能得到及时履行的不正常状态,保护失踪人和利害关系人的利益,维护社会经济秩序的稳定。"[1]

关于下落不明的自然人宣告失踪的立法模式,当前国际上有两种模式:一是当自然人下落不明时,只要有必要,利害关系人就可以申请设定财产管理人,而无必要以特别的诉讼程序严格审查当事人是否真正失踪。二是当自然人下落不明时,利害关系人仅得在一定期间之后,依法定程序宣告其失踪并确定失踪人财产的代管人。

我国采取了第二种立法模式,对于自然人是否"失踪",应当具备一定条件,而下落不明达到一定期间,是构成失踪的基本条件。同时,自然人的下落不明,应当是从最后获得该自然人消息之日开始计算。为此,自然人的失踪事实,必须经过特别设定的司法程序予以审查确定,不得轻易妄断。这样才可以避免轻率地为他人设定财产管理人,使下落不明者的合法利益得到保障。如果法律不规定较严格的条件和程序,一旦有人"下落不明",

---

[1]　王利明、杨立新、王轶、程啸:《民法总论》,法律出版社2015年版,第60页。

利害关系人即可依简便程序对其财产实行代管，那么，恶意的利害关系人可能借此损害本人的合法权益，并造成法律秩序的混乱。因此，自然人下落不明满二年的，利害关系人可以向人民法院申请宣告其为失踪人。

随着经济社会的不断发展，自然人的失踪并不一定是离开住所或最后居住地而下落不明，例如，意大利民法典第49条规定："自获得失踪人最后消息之日起经过两年，推定的法定继承人以及任何一个有理由认为由于失踪人的死亡能够取得失踪人财产的人都可以向有管辖权的法院按照前款的规定提出宣告失踪的申请。"因此并不能以此作为失踪的标准。基于这一事实的考虑，自然人从失去音讯之日起算达到法定期限的，应为其指定财产代管人，保护其权益，有法定代理人或财产管理人的则可直接由其来管理。

## 第四十九条【宣告失踪期间的计算】

【三审稿】自然人下落不明的时间，从该自然人失去音讯之日起计算。战争期间下落不明的，下落不明的时间自战争结束之日起计算。

【二审稿】同三审稿。

【一审稿】同三审稿。

【法学会稿】将本条规定在宣告失踪的条件中，列为第三和第四款。

【社科院稿】自然人下落不明的时间，从其最后离开住所或居所而下落不明的次日开始计算；战争期间下落不明的，其下落不明时间从战争结束之日起开始计算；在意外事故中下落不明的，其下落不明时间从意外事故发生之日开始计算。

【建议稿】自然人下落不明的时间，从失去该自然人音讯之日起开始起算；战争期间下落不明的，从战争结束之日起开始计算；意外事故中下落不明的，从意外事故发生的次日开始起算。

【建议理由】虽然在多数情况下失踪都是自然人离开住所地与居所的结果，但是失踪与离开住所或居所之间并不是绝对的关联关系。例如，在自驾游以及一个人单独旅游时，可能在旅游期间失去了被宣告失踪人的消息。所以，在日常生活中，不能绝对以该自然人从其最后离开住所或居所而下落不明的次日开始计算宣告失踪的期间，而应从失去该自然人音讯之日起开始计算。战争中的下落不明，因战争持续期间，通信困难甚至无法通信，不能判断其是否下落不明，故应从战争结束之日开始起算；意外事故中的下落不明，因意外事故的发生为自然人下落不明的原因，应从意外事故发生的次日开始起算。

## 第五十条【失踪人的利害关系人】【增加】

【三审稿】无。

【二审稿】无。

【一审稿】无。

【法学会稿】无。

【社科院稿】失踪人的利害关系人，是指失踪人的具有完全民事行为能力的配偶、父母、子女、兄弟姐妹、祖父母、外祖父母、孙子女、外孙子女以及其他与失踪人有民事权利义务关系的人。

申请宣告失踪不受前款所列人员的顺序的限制。

**【建议稿】**失踪人的利害关系人,是指失踪人的具有完全民事行为能力的配偶、父母、子女、兄弟姐妹、祖父母、外祖父母、孙子女、外孙子女以及其他与失踪人有民事权利义务关系的人。

申请宣告失踪不受前款所列人员的顺序的限制。

**【建议理由】**失踪人的利害关系人是与失踪人存在法律上权利义务关系的人,亦即对失踪人财产的保全具有法律上正当利益的人,包括失踪人的近亲属以及债权人、债务人等。同时,因申请宣告自然人失踪为司法上的诉讼行为,本法关于民事行为能力的规定有:无民事行为能力、限制民事行为能力和完全民事行为能力,因此申请宣告失踪的利害关系人必须具有完全民事行为能力。失踪宣告是对下落不明的自然人失踪的客观事实的司法确认,对于失踪人所涉及的人身关系和财产关系均不发生实质性的影响,所以本条第2款规定,利害关系人申请失踪宣告,不应受第1款所列利害关系人先后顺序的限制。

## 第五十一条【宣告失踪的法律效果】

**【三审稿】**失踪人的财产由其配偶、父母、成年子女或者其他愿意担任财产代管人的人代管。

代管有争议,没有前款规定的人,或者前款规定的人无代管能力的,由人民法院指定的人代管。

**【二审稿】**与三审稿相同。

**【一审稿】**与三审稿相同。

**【法学会稿】**人民法院判决宣告失踪,失踪人担任监护人的,人民法院应当宣告中止其监护资格,并在中止期间为被监护人确定监护人。失踪人重新出现的,应当恢复其监护资格。

人民法院判决宣告失踪的,应当同时在失踪人的配偶、父母、成年子女、关系密切的其他人或者组织中指定财产代管人。

无民事行为能力人、限制民事行为能力人被宣告失踪的,其监护人即为财产代管人。

**【社科院稿】**人民法院判决宣告失踪,失踪人担任监护人的,人民法院应当宣告中止其监护资格,并在中止期间为被监护人确定监护人。失踪人重新出现的,应当恢复其监护资格。

失踪人的财产由其配偶、父母、成年子女或者关系密切的其他亲属、朋友代管。代管有争议、没有以上规定的人或者以上规定的人无能力代管的,由人民法院指定的人代管。

**【建议稿】**人民法院判决宣告失踪,失踪人担任监护人的,人民法院应当宣告中止其监护资格,并在中止期间为被监护人确定监护人,失踪人重新出现的,应当恢复其监护资格。

人民法院在宣告自然人失踪的同时,应当根据有利于保护失踪人财产的原则,确定失踪人的财产代管人。

失踪人的财产代管人为其配偶、父母、成年子女或者关系密切的其他亲属，朋友代管。

代管有争议，没有以上规定的人或者以上规定的人无能力代管的，由人民法院指定的人代管。

【建议理由】被宣告失踪的自然人，其民事主体资格依然存在，不产生婚姻关系解除和继承开始的后果。宣告失踪将产生两个方面的法律效果。

一是失踪人担任监护人的，该监护人的失踪必然会对被监护人的利益有所损害，基于对被监护人的利益，人民法院应当宣告中止该失踪人的监护资格，同时在中止期间为被监护人确定其他人担任监护人，若该失踪人重新出现，则应当恢复其监护资格。

二是为失踪人的财产设定代管人。根据民法通则第 21 条的规定："失踪人的财产由他的配偶、父母、成年子女或者关系密切的其他亲属、朋友代管。"法院判决宣告失踪的，应当根据有利于保护失踪人财产的原则指定失踪人的财产代管人。由财产代管人代理失踪人进行各项民事活动，结束失踪人各种不确定的身份和财产关系，维护正常的社会生活秩序。

## 第五十二条【财产代管人的职责】

【三审稿】财产代管人应当妥善管理失踪人的财产，维护其财产权益。

失踪人所欠税款、债务和应付的其他费用，由财产代管人从失踪人的财产中支付。

财产代管人因故意或者重大过失造成失踪人财产损失的，应当承担赔偿责任。

【二审稿】与三审稿相同。

【一审稿】与三审稿相同。

【法学会稿】财产代管人应当妥善保管失踪人的财产，维护失踪人的财产利益。

代管财产所需的管理费等必要费用以及失踪人所负债务，由财产代管人从失踪人的财产中支付。

财产代管人因自己的故意或者重大过失造成失踪人财产损害的，应当承担赔偿责任。

【社科院稿】财产代管人应当妥善管理失踪人的财产，维护其财产权益。

失踪人所欠税款、债务和应付的其他费用，由财产代管人从失踪人的财产中支付。

财产代管人因故意或者重大过失造成失踪人财产损失的，应当承担赔偿责任。

【建议稿】财产代管人应当妥善保管失踪人的财产，维护失踪人的财产利益，了结失踪人的债权债务，建立必要的账目，并在有关失踪人的诉讼中担任法定代理人。

财产代管人因故意或重大过失造成失踪人财产损害的，应当承担赔偿责任。

【建议理由】宣告失踪的立法目的就是为了结束失踪人的财产关系和人身关系的不稳定的状态，确定财产代管人，维护失踪人的利益。① 因此，财产代管人必须尽到善良管理人的义务，以维护失踪人的利益管理失踪人的各项事务，保障失踪人及其利害关系人的权

---

① 李永军：《民法总论》(第三版)，中国政法大学出版社 2015 年版，第 87 页。

利不受侵害。因此就会涉及财产代管人的职责和权限问题，对此，各国或地区的立法规定有所不同。日本民法典规定，代管人的权限应由法院予以确定，如法院确定的管理权限不明，代管人对于失踪人的财产仅有权实施保存行为或在不改变管理从财产以及权利的性质的范围内，以其利用或改良为目的的行为。如代管人实施超越这一权限的行为，必须经过法院的许可。日本民法典第 27 条规定："(一)家庭法院依前二条规定选任的管理人，应制作归其管理的财产目录。但其费用，以不在人的财产支付。(二)于不在人生死不明情形，利害关系人或检察官有请求时，家庭法院可以命令不在人设置的管理人亦实行前款手续。(三)此外，凡家庭法院认为于保存不在人财产上所必要的处分，均可命令管理人实行。"这条是对管理人的职务的规定。日本民法典第 28 条规定："管理人需要实施超越第 103 条所规定权限的行为时，经家庭法院许可，可以实施。于不在人生死不明情形，其管理人需要实施超越不在人所定权限的行为时，亦同。"这条是关于管理人的权限的规定。日本民法典第 103 条规定："未定权限的代理人，只有实施下列行为的权限：(1)保存行为；(2)于不改变代理标的物或权利性质的范围内，以其利用或改良为目的的行为。"该条是关于代理权的范围的规定。

日本对财产代管人的权限限制较严的原因在于其民法未设置宣告失踪制度而直接设置对失踪人的财产代管制度，财产代管较易成立，为防止代管人损害失踪人利益，对其代管权限进行严格限制是有必要的。本条关于财产代管人的职责的规定是建立在失踪宣告制度具有严格的法定条件和程序的基础上，因此赋予财产代管人较大的管理权限，有利于保护失踪人的财产权益。但是为防止财产代管人损害失踪人的利益，对其权限的限制仍是有必要的，因此第 2 款规定财产代管人因故意或重大过失造成失踪人财产损害的，应当承担赔偿责任。

### 第五十三条【财产代管人的变更】

【三审稿】财产代管人不履行代管职责、侵害失踪人财产权益或者丧失代管能力的，失踪人的利害关系人可以向人民法院申请变更财产代管人。

财产代管人有正当理由的，可以向人民法院申请变更财产代管人。

人民法院变更财产代管人的，变更后的财产代管人有权要求原财产代管人及时移交有关财产并报告财产代管情况。

【二审稿】与三审稿相同。

【一审稿】财产代管人不履行代管职责、侵害失踪人财产权益或者丧失代管能力的，失踪人的利害关系人可以向人民法院申请变更财产代管人。

财产代管人有正当理由的，可以向人民法院申请另行确定财产代管人。

【法学会稿】财产代管人不履行代管职责或者侵犯失踪人财产权益的，或者财产代管人丧失代管能力的，失踪人的近亲属以及其他利害关系人可以向人民法院申请变更财产代管人。

【社科院稿】财产代管人不履行代管职责、侵害失踪人财产权益或者丧失代管能力的，失踪人的利害关系人可以向人民法院申请变更财产代管人。

财产代管人有正当理由的，可以向人民法院申请另行确定财产代管人。

【建议稿】财产代管人不履行代管职责，侵害失踪人财产权益或者丧失代管能力的，失踪人的近亲属以及其他利害关系人可以向人民法院申请变更财产代管人。

财产代管人有正当理由的，可以向人民法院申请另行确定财产代管人。

人民法院变更财产代管人的，变更后的财产代管人有权要求原财产代管人及时移交有关财产并报告财产代管情况。

【建议理由】财产代管人在对失踪人的财产进行管理的过程中，应尽善良的管理义务。财产代管人的职责是管理失踪人的财产，如财产代管人不适宜继续担任代管人或者客观上不能履行其代管职责，经过利害关系人的申请，人民法院应当更换财产代管人。财产代管人不宜继续担任其代管人职务，主要是因为代管人未依法律规定认真履行代管职责，主要包括故意和过失两种情况。代管人故意违反代管职责的要求，损害失踪人利益，或者代管人因过失而怠于履行或者不适当履行代管职责，以及代管人丧失代管能力，均应构成撤销其代管权的事由。同时，财产代管人有正当理由不履行或不能履行的，也有权申请法院另行确定财产代管人，只有如此，才可以使财产代管人更好地维护失踪人的各项利益，维护社会秩序的稳定。例如，日本民法典第26条规定，于不在人已设置管理人情形，当不在人生死不明时，家庭法院因利害关系人或检察官的请求，可以改任管理人。法国民法典第115条规定："法官得于任何时候，甚至依职权，终止其指定的人的任务；法官亦可指定他人代替原来指定人。"这些都是关于财产代管人的变更的规定。

## 第五十四条【恶意使他人被宣告失踪的法律效果】【增加】

【法工委稿】无。

【法学会稿】无。

【社科院稿】利害关系人明知本人并未失踪，基于恶意致使本人被宣告失踪的，应当对本人因此遭受的损失承担赔偿责任。

【建议稿】利害关系人明知本人并未失踪，故意隐瞒信息致使本人被宣告失踪的，应当对本人因此遭受的损失承担赔偿责任。

【建议理由】宣告失踪制度作为一种私法制度，只有当利害关系人申请时，人民法院才会做出宣告失踪的判决。恶意的利害关系人基于不法目的，故意制造该自然人"杳无音讯"的假象，或者故意隐瞒真实信息，并进而恶意申请宣告其失踪。本条即规定恶意的利害关系人明知该自然人并未失踪，而宣告其失踪，如果给本人造成了损失，应当承担的法律责任。

## 第五十五条【被宣告失踪的人重新出现】

【三审稿】被宣告失踪的人重新出现，经本人或者利害关系人申请，人民法院应当撤销失踪宣告。

被宣告失踪的人重新出现，有权要求财产代管人及时移交有关财产并报告财产代管情况。

**【二审稿】**与三审稿相同。

**【一审稿】**与三审稿相同。

**【法学会稿】**人民法院撤销宣告失踪判决后，财产代管人应当停止代管行为，移交代管的财产，并向本人报告代管情况。

**【社科院稿】**被宣告失踪的人重新出现，经本人或者利害关系人申请，人民法院应当撤销失踪宣告。

被宣告失踪的人重新出现，有权要求财产代管人及时向其移交有关财产并报告财产代管情况。

**【建议稿】**被宣告失踪的人重新出现或者确知其下落的，经本人或者利害关系人申请，人民法院应当撤销失踪宣告。

宣告失踪撤销后，失踪人的财产代管人应当停止代管行为，及时向本人移交相关财产及财产账目，报告代管情况，但代管行为仍有必要的，该行为应当由本人承受。

**【建议理由】**失踪宣告是对下落不明达到法定期间的自然人依法定程序确认其失踪事实的制度，其直接效果在为失踪人设定财产代管人。被宣告为失踪人的人重新出现或确切地知道其下落，该自然人"失踪"的事实状态即不复存在。宣告失踪只是一种法律推定，并不是事实认定，因此当该自然人再次出现时或者明确知道其下落时，失踪宣告即应被撤销。苏俄民法典第20条规定："在被宣告失踪的公民重新出现或找到其下落时，法院应当撤销宣告他失踪的判决。对该公民财产的监护，应根据法院的判决予以撤销。"基于我国的司法现状，宣告失踪的撤销也应当履行相关的司法程序，即须经本人或者利害关系人申请，人民法院才应当撤销对其的失踪宣告。

宣告失踪撤销后，财产代管人的权利和义务也应当终止，并且立即停止代管行为。在宣告失踪期间，财产代管人对本人的相关财产处理情况应当制作财产账目，记录代管情况。在宣告失踪撤销后，应当及时向本人移交相关财产和财产目录，并报告代管情况。同时为保护与财产代管人进行交易的善意第三人的利益，如果代管行为仍有必要，该行为应当由本人来承受。

## 第五十六条【宣告死亡的条件】

**【三审稿】**自然人有下列情形之一的，利害关系人可以向人民法院申请宣告该自然人死亡：

(一)下落不明满四年的；

(二)因意外事件，下落不明满二年的。

因意外事件下落不明，经有关机关证明该自然人不可能生存的，申请宣告死亡不受二年时间的限制。

**【二审稿】**与三审稿相同。

**【一审稿】**与三审稿相同。

**【法学会稿】**自然人有下列情形之一的，其近亲属以及其他利害关系人可以向人民法院申请宣告其死亡：

(一)下落不明满四年；

(二)因意外事故下落不明，从事故发生之日起满二年；

(三)因意外事故下落不明，经有关机关证明该自然人不可能生存。

**【社科院稿】**自然人有下列情形之一的，其近亲属以及其他利害关系人可以向人民法院申请宣告其死亡：

(一)下落不明满四年；

(二)因意外事故下落不明，从事故发生之日起满二年；

(三)因意外事故下落不明，经有关机关证明该自然人不可能生存。

**【建议稿】**自然人有下列情形之一的，其近亲属以及其他利害关系人可以向人民法院申请宣告其死亡：

(一)下落不明满四年的；

(二)因意外事故下落不明，自事故发生之日起满二年的；经有关机关证明该自然人不可能生存的，不受二年期限限制。

战争期间下落不明的，适用前款第(一)项规定。

**【建议理由】**失踪是自然人下落不明的事实状态。而"下落不明"与"生死不明"有所不同。宣告失踪的立法目的是为该失踪人的财产确定财产代管人，而关于宣告死亡制度的价值，张俊浩教授曾作这样的论述：失踪期间达到一定长度时，依社会共同生活经验判断，其生还的可能性已经微乎其微。此时相对人的利益，尤其是配偶的再婚利益、继承人的继承利益，上升到优先于失踪人的利益受保护的程度。① 因此，宣告死亡制度有存在的价值。世界各国对该制度的规定各有不同。瑞士等国法律规定，只在自然人遭受极大生命危险之后失踪或长期无音讯，因而"极有可能已经死亡"的情形，才能宣告其死亡。瑞士民法典第 35 条规定：(1)如某人在遭遇极大生命危险之后失踪或长期无音讯，因而极有可能已死亡时，法官可在因其死亡而承受权利的人的申请下，宣告其失踪。(2)前款申请，由失踪人在瑞士境内最后住所所在地的法官管辖。如其从未在瑞士居住过，由其原籍地的法官管辖。瑞士民法典第 36 条规定：(1)前条的申请，须在遭遇生命危险之日起一年之后，或自最后音讯五年以后，始得提出。(2)法官应以适当方式公开催促可以提供失踪人或无音讯人的音讯的人，于一定的期限内呈报。(3)前款所述期限，自最初公告起，最短应为一年。

但德国、日本等多数国家或地区的法律，并不强调自然人下落不明是否达到足以推测其死亡的程度，而是单纯以失踪时间作为推定失踪人死亡的根据，此种立法，简洁易行。意大利民法典第 58 条规定："自获得失踪人最后消息之日起经过十年，有管辖权的法院可以根据本法第 48 条的规定，在检察机关或本法第 50 条规定的任何一人的请求下，宣告失踪人自失去最后消息之日起死亡。在任何情况下都不得在未经过九年以前宣告成年失踪人死亡。"

但对于自然人失踪期间为多长时，利害关系人可以申请宣告其死亡，各国的法律规

---

① 张俊浩：《民法原理》(上册)，中国政法大学出版社 2000 年版，第 101～102 页。

定也各有不同。我国根据自然人失踪的不同原因，分别规定 4 年的普通期间和 2 年的特别期间。普通期间，适用于一般情形的失踪，特别期间，适用于意外事故中的失踪。同时考虑到战争结束后至恢复正常秩序之间，常常需要较长的时间，因此对于战争中失踪人的死亡宣告，本法持更为谨慎的态度，第 2 款规定战争期间下落不明的，适用普通期间。

## 第五十七条【死亡宣告申请】【增加】

【法工委稿】无。

【法学会稿】自然人的近亲属和其他利害关系人均可申请宣告死亡。

自然人的配偶不同意申请宣告死亡的，婚姻关系继续存续。

【社科院稿】无。

【建议稿】宣告死亡应由利害关系人向法院提出申请，申请宣告死亡的利害关系人，包括被申请宣告死亡人的具有完全民事行为能力的配偶、父母、子女、兄弟姐妹、祖父母、外祖父母、孙子女、外孙子女以及其他与宣告死亡有密切关系的人。

申请宣告死亡不受前款所列人员顺序的限制。

【建议理由】宣告死亡的立法目的是保护利害关系人的利益。所以当该自然人符合宣告死亡的条件时，其具有完全民事行为能力的近亲属以及其他具有民事权利义务的人应当申请宣告死亡。同时申请宣告死亡不应该有严格的顺序限制。首先死亡宣告制度的立法目的在于保护被宣告人利害关系人的利益，而利害关系人在地位上一律平等，不应有先后之分。[1] 随着社会经济生活的发展，家庭成员的构成以及财产结构越来越复杂，如将宣告申请权由配偶一人控制，则必然会对其他利害关系人的合法权益造成损害。其次，"死亡人"近亲属与其利害关系人之间的利益冲突并非不可调和。即债权人为了实现其债权，可以通过其他途径来寻求债权的实现，宣告死亡并非获得权利满足的唯一途径。当失踪者的配偶、子女、父母或者其他近亲属不愿意申请死亡宣告时，其他的利害关系人对于自身的财产权益完全可以通过宣告失踪制度来解决。宣告死亡不需要严格的顺序限制。本着私法的自治性，公权力不应该介入私法范围，因此检察机关在任何情况下，都不得向人民法院申请宣告死亡。

## 第五十八条【宣告失踪与宣告死亡的关系】

【三审稿】对同一自然人，有的利害关系人申请宣告死亡，有的申请宣告失踪，符合本法规定的宣告死亡条件的，人民法院应当宣告死亡。

【二审稿】与三审稿相同。

【一审稿】与三审稿相同。

【社科院稿】宣告失踪不是宣告死亡的必经程序。

---

① 王利明：《民法总论》，中国人民大学出版社 2009 年版，第 72 页。

自然人下落不明符合申请宣告死亡的条件的，利害关系人可以不申请宣告失踪而直接申请宣告死亡。利害关系人中有人申请宣告失踪，有人申请宣告死亡的，人民法院应当宣告死亡。

【建议稿】自然人下落不明符合申请宣告死亡的条件的，利害关系人可以不申请宣告失踪而直接申请宣告死亡。利害关系人中有人申请宣告失踪，有人申请宣告死亡的，人民法院应当宣告死亡。

【建议理由】宣告失踪与宣告死亡制度的立法目的不完全相同。宣告失踪制度的立法目的是为了处理处于不稳定状态的与被宣告失踪人有关的财产关系。其立法目的倾向于保护失踪人的合法财产利益，使失踪人的财产不会在其失踪期间受到侵害。宣告死亡制度的立法目的是保护利害关系人的利益。这两种制度有不同的价值功能，因此宣告失踪不是宣告死亡的必经程序，当自然人下落不明符合申请宣告死亡条件的，可以直接申请其死亡。在符合宣告失踪和宣告死亡的条件下，人民法院也可以根据申请直接作出宣告死亡。

## 第五十九条【死亡时间的确定】

【三审稿】被宣告死亡的人，人民法院判决确定的日期视为其死亡的日期；判决未确定死亡日期的，判决作出之日视为其死亡的日期。

【二审稿】与三审稿相同。

【一审稿】被宣告死亡的人，人民法院宣告死亡的判决作出之日或者判决确定的日期视为其死亡的日期。

【法学会稿】被宣告死亡的人，判决宣告之日为其死亡之时。

【社科院稿】被宣告死亡的人，宣告死亡的判决作出之日视为其死亡的日期。

【建议稿】被宣告死亡的人，人民法院应当将生效判决作出之日视为其死亡的日期。

【建议理由】被宣告死亡的人的死亡时间的确定具有重要的法律意义，如继承开始、遗产范围的确定、继承人及受遗赠人的范围的确定、遗嘱效力发生的时间以及代位继承等。对于一般情形的失踪，日本民法规定以法定宣告死亡所需失踪期间届满为准。日本民法典第31条规定"依前条第（一）款规定失踪宣告者，视为于前条第（一）款的期间届满时死亡。依前条第（二）款规定受失踪宣告者，视为于战争停止、船舶沉没或危难消失时死亡。"瑞士、意大利民法规定以失踪人于战争或意外事故中失踪之时为准。瑞士民法典第39条规定："宣告失踪的效力，追溯至遭遇生命危险之时或最后一次音讯之时。"笔者认为，宣告死亡是法律推定的死亡宣告，是拟制的死亡，由于生活的复杂性和人类认识的局限性，宣告死亡人的具体死亡时间与其真正的死亡时间不一致也是很正常的。基于本法对宣告死亡的条件和司法程序的规定，死亡时间的确定可以不必太过具体，从而也可以与宣告死亡的撤销在体系上一致。因此，本条规定：被宣告死亡的人，人民法院应当将生效判决作出之日确定为其死亡的日期。这种规定也不会对宣告死亡人的利害关系人的利益造成损害。

## 第六十条【被宣告死亡人实施的法律行为】

**【三审稿】**自然人并未死亡但被宣告死亡的,不影响该自然人在被宣告死亡后实施的民事法律行为的效力。

**【二审稿】**与三审稿相同。

**【一审稿】**自然人被宣告死亡的,不影响其在被宣告死亡后实施的民事法律行为的效力。

**【法学会稿】**自然人被宣告死亡,不影响其实施的法律行为的效力。

**【社科院稿】**自然人被宣告死亡的,不影响其在被宣告死亡后实施的民事法律行为的效力。

**【建议稿】**自然人被宣告死亡的,不影响其在被宣告死亡后实施的民事法律行为的效力。

**【建议理由】**失踪人被宣告死亡只是法律上的推定死亡,事实上有可能该失踪人的生命不一定终结。依照民法通则第24条第2款规定,有民事行为能力人在被宣告死亡期间,仍然能够独立参加各种民事活动,其实施的民事行为仍然可以是有效的。在日常的经济生活中,交易行为的善意相对人,只要注意到一般理性人的注意义务时,其合法权益就应当得到法律的保护。因此为维护正常的社会经济生活秩序和交易的安全,自然人被宣告死亡的,其在被宣告死亡后所实施的民事法律行为不受影响。

## 第六十一条【死亡宣告的撤销】

**【三审稿】**被宣告死亡的人重新出现,经本人或者利害关系人申请,人民法院应当撤销死亡宣告。

**【二审稿】**与三审稿相同。

**【一审稿】**与三审稿相同。

**【法学会稿】**无。

**【社科院稿】**被宣告死亡的人重新出现或者确知其尚生存的,经本人或者利害关系人申请,人民法院应当撤销死亡宣告。

**【建议稿】**被宣告死亡的人重新出现或者确知其尚生存的,经本人或者利害关系人申请,人民法院应当撤销对他的死亡宣告。

**【建议理由】**宣告死亡为法律对失踪人已经死亡的一种推定。此种推定有可能被以后出现的客观事实所推翻。[1] 同时我国民法通则第24条规定:被宣告死亡的人重新出现或者确知他没有死亡的,经本人或者利害关系人申请,人民法院应当撤销对他的死亡宣告。世界各国对此也都有所规定。法国民法典第92条(1958年8月23日第58~779号法令)第1款规定:经法院裁判宣告死亡的人,如在宣告其死亡的判决作出之后又重新出现,共和国检察官或任何利害关系人,均可按照第89条规定的形式请求法院撤销原判决。意大利

---

[1] 朱庆育:《民法总论》,北京大学出版社2013年版,第394页。

民法典第 56 条第 1 款规定：如在临时占有期间失踪人重新出现或有失踪人生存的证明，宣告失踪判决的效力终止。根据本法第 48 条的规定采取的保管失踪人财产的措施不在此限。意大利民法典第 67 条规定：在任何情况下法院都可以根据检察机关或任何一个对宣告死亡持反对意见的利害关系人的申请对被宣告死亡之人作出尚生存的宣告或者作出查证死亡的宣告。苏俄民法典第 22 条第 1 款规定：在被宣告死亡的公民重新出现或者找到其下落时，法院应当撤销有关的判决。

### 第六十二条【恶意利害关系人的责任】【增加】

【法工委稿】无。

【法学会稿】无。

【社科院稿】利害关系人隐瞒真实情况致使他人被宣告死亡而取得其财产的，除应当返还原物外，还应当对因此造成的损失承担赔偿责任。

【建议稿】利害关系人隐瞒真实情况使他人被宣告死亡而取得财产的，应返还原物及孳息；造成损害的，应承担损害赔偿责任。

【建议理由】作为一项重要的民事法律制度，宣告死亡是为了保护利害关系人的利益，利害关系人应当善意地申请宣告死亡，维护自己的利益。对于恶意的利害关系人明知本人并未死亡，而向人民法院宣告其死亡，造成本人重大利益损失的，应当对本人遭受的损失承担赔偿责任。同时法国民法典第 131 条规定：以欺诈方式提起宣告某人失踪的任何利害关系人，应将其享有失踪人的财产所取得的收入归还给法院宣告仍然活着的失踪人，并且应归还自其得到收入之日起计算的法定利息，且不妨碍在相应场合应当给予的损害赔偿。如欺诈行为的责任在被宣告失踪的人的配偶一方，被宣告失踪的人得诉请法院经宣告其失踪的判决所终止的夫妻财产进行清算。苏俄民法典第 22 条第 3 款规定：根据有偿的法律行为取得被宣告死亡的公民的财产的人，如查明其在取得财产时知道被宣告死亡的公民尚健在，则必须把该财产归还原主。

### 第六十三条【死亡宣告撤销前善意行为的保护】【增加】

【法工委稿】无。

【法学会稿】无。

【社科院稿】被宣告死亡的人的利害关系人在死亡宣告被撤销之前实施的善意行为，其效力不受死亡宣告撤销的影响。

【修改稿】被宣告死亡的人的利害关系人在死亡宣告被撤销之前实施的善意行为，其效力不受死亡宣告撤销的影响。

【建议理由】宣告死亡是对失踪人已经死亡的法律推定，由此产生被宣告死亡人的民事权利能力消灭的法律效果。基于死亡宣告，利害关系人有可能实施各种有关财产或者身份的法律行为，而导致被宣告死亡人原有的财产关系或者身份关系的变更，宣告死亡撤销之后，被宣告死亡人的民事权利能力视为自始没有丧失，其对财产的权利应当恢复，其身份关系如婚姻关系也应恢复。但是,如无条件的恢复宣告死亡前的财产关系和身份关系,则有可能破坏已经形成的法律秩序,损害利害关系人和善意第三人的合法利益。因此,各国及地区立法均对死亡宣告撤销后有关财产关系和身份关系的恢复设有限制。日本民法典第 32 条规定:有失踪人尚生存的证明……家庭法院因本人或利害关系人的请求,应撤销失踪宣告。但是,于失踪宣告撤销前所实施的善意行为,其效力不变。中国台湾地区"民事诉讼法"第 604 条第 1 项规定:撤销死亡宣告之判决确定前之善意行为,不受影响。

## 第六十四条【死亡宣告及其撤销对婚姻关系的效果】

【三审稿】被宣告死亡的人的婚姻关系,自死亡宣告之日起消灭。死亡宣告被撤销的,夫妻关系自撤销死亡宣告之日起自行恢复,但其配偶再婚或者向婚姻登记机关声明不愿意恢复的除外。

【二审稿】被宣告死亡的人的婚姻关系,自死亡宣告之日起消灭。死亡宣告被撤销的,夫妻关系自撤销死亡宣告之日起自行恢复,但其配偶再婚或者不愿意恢复的除外。

【一审稿】被宣告死亡的人与配偶的婚姻关系,自死亡宣告之日起消灭。死亡宣告被撤销,其配偶未再婚的,夫妻关系自撤销死亡宣告之日起自行恢复,任何一方不愿意自行恢复的除外;其配偶再婚的,夫妻关系不自行恢复。

【法学会稿】死亡宣告被人民法院撤销,如果其配偶尚未再婚的,夫妻关系从撤销死亡宣告之日起自行恢复;如果其配偶再婚的,夫妻关系不自行恢复。(法学会将撤销死亡宣告对婚姻关系和收养关系规定在同一条中,分别为第一款和第二款。)

【社科院稿】被宣告死亡的人与配偶的婚姻关系,自死亡宣告之日起消灭。死亡宣告被撤销时,其配偶未再婚的,夫妻关系自撤销死亡宣告之日起自行恢复;配偶再婚的,夫妻关系不自行恢复。

【建议稿】被宣告死亡的人的婚姻关系,自死亡宣告之日起消灭。死亡宣告被人民法院撤销的,夫妻关系自撤销死亡宣告之日起自行恢复,但其配偶再婚或者向人民法院声明不愿意恢复的除外。

【建议理由】宣告死亡导致婚姻关系消灭。死亡宣告被撤销的,其配偶尚未再婚的,原则上夫妻关系从撤销死亡宣告之日起自行恢复,但是也存在着因为长期没有和对方一起生活,在经济社会迅速发展的背景下,互相不知道对方发生了什么,感情也可能出现了裂痕,因此会出现一方不愿与另一方共同生活的可能性,也可能存在着双方都不愿意共同生活的可能性,如果硬性规定,死亡宣告被撤销后,其配偶尚未再婚的,夫妻关系一律从撤销死亡宣告之日起自行恢复,则会损害双方当事人的婚姻自主权,不利于社会的稳定、和谐。同时为了维护婚姻秩序,避免出现重婚现象,死亡宣告被人民法院撤销后,原则上夫妻关系自撤销死亡宣告之日起自行恢复,若有一方不愿意恢复的,可以向人民法院声明不愿意恢复。笔者认为,之所以向人民法院声明而不是向婚姻登记机关声明,主要是基于现实可操作性及成本的考虑。如果向婚姻登记机关声明,那么是可以向任何一个婚姻登记机关申请么?还是在户籍所在地登记机关?抑或住所所在地的婚姻登记机关?因此,如果配偶不愿自行恢复婚姻关系的向婚姻登记机关申请,只会徒增法律适用的混乱。而如果配偶直接向作出死亡宣告的人民法院申请，在现实中具有可操作性。

各国的立法关于宣告死亡对婚姻关系的影响，有两种做法：一为婚姻关系因宣告死亡而当然消灭，如法国、意大利、日本民法；二为婚姻关系自生存配偶再婚时消灭，如德国、瑞士民法。关于撤销宣告死亡对婚姻关系的影响，也有两种做法：一为新缔结的婚姻关系无效，恢复原婚姻关系，如意大利民法；二为新缔结的婚姻关系有效，这是多数国家民法的做法。如果其配偶尚未缔结新婚姻的，也有两种做法：一为原婚姻关系自始有效，如德国民法；二为即使未缔结新婚姻，原婚姻关系也绝对消灭而不能复活，如法国民法。法国民法典第 132 条规定：即使宣告失踪的判决已被撤销，失踪人的婚姻仍然解除。德国婚姻法第 38 条规定：配偶一方受死亡宣告后，他方配偶再婚者，其受死亡宣告之配偶虽属尚生存，其婚姻不因而无效。但双方于婚姻时均知其于死亡宣告时尚生存者，不在此限。于新婚姻之缔结同时，旧婚姻因而废止。死亡宣告虽经废止时亦同。德国婚姻法第 39 条规定：受死亡宣告者尚生存时，前婚配偶得请求撤销新婚姻，但于婚姻订立时明知受死亡宣告者尚生存的，不在此限。前婚配偶行使第一项权利而其新婚姻被废止者，与前婚姻之配偶生存期内，唯得与之缔结新婚姻，其余依第 7 条所定婚姻废止之结果。德国民法典第 1319 条规定：（1）如婚姻一方在婚姻另一方被宣告死亡之后重新结婚，则在被宣告死亡的配偶仍生存的情形，仅以婚姻双方在结婚时知道该被宣告死亡的配偶在宣告死亡之时仍生存为限，该新的婚姻得因违反本法第 1306 条而撤销。（2）以前的婚姻随新的婚姻的缔结而解除，但是如该新婚姻的婚姻双方在结婚时知道被宣告死亡的配偶在宣告死亡之时仍生存者除外。即使死亡宣告被撤销，以前的婚姻仍为已解除。德国民法典第 1320 条规定：如被宣告死亡的配偶仍生存，则在不影响本法第 1319 条的情况下，其以前的配偶可以请求撤销新的婚姻，但是如该人在结婚时知道被宣告死亡的配偶在宣告死亡之时仍生存者除外。只可以在一年之内请求撤销。此期限自以前的婚姻中的婚姻一方得知被宣告死亡的配偶仍生存之时开始。本法第 1317 条第 1 款及该条第 2 款相应适用。意大利民法典第 68 条规定：如被宣告死亡之人重新出现或有被宣告死亡之人尚生存的证明，则根据本法第 65 条缔结的婚姻无效。但是，被宣告无效的婚姻所产生的民法效力仍旧存在。即使在婚姻缔结后或出现过导致无效的原因，但是，在已经查明死亡的情况下，不得宣告婚姻无效。

根据我国的传统文化和善良风俗，在借鉴国外的立法经验的基础上，确立具有中国特色的法律制度是实有必要的，因此本条作此规定。


## 第六十五条【死亡宣告撤销对收养关系的效果】

【三审稿】被宣告死亡的人在被宣告死亡期间，其子女被他人依法收养的，在死亡宣告被撤销后，不得以未经本人同意而主张收养关系无效。

【二审稿】与三审稿相同。

【一审稿】与三审稿相同。

【法学会稿】被宣告死亡的人在被宣告死亡期间，其子女被他人依法收养的，在死亡宣告被撤销后，不得仅以未经本人同意而主张解除收养关系，但收养人和被收养人同意的

除外。(法学会稿将撤销死亡宣告对婚姻关系和收养关系规定在同一条中,分别为第一款和第二款)

【社科院稿】在被宣告死亡期间,被宣告死亡的人的子女被他人依法收养的,在死亡宣告被撤销后,不得仅以未经本人同意而主张解除收养关系。

【建议稿】被宣告死亡人在被宣告死亡期间,其子女被他人依法收养,被宣告死亡的人在死亡宣告被撤销后,不得仅以未经本人同意而主张解除收养关系,但收养人和被收养人同意的除外。

收养人为恶意的,其收养关系自始无效。

【建议理由】宣告死亡主要是保护利害关系人的利益,对于宣告死亡的善意信赖,收养人依法收养被宣告死亡人的子女的,该收养关系应当受到法律保护。但在死亡宣告被撤销后,本人如请求解除该收养关系,应当如何处理,还需要结合收养关系的特殊性,进行特别的规定。收养关系不同于婚姻关系,收养除了涉及本人的利益之外,还涉及收养人和被收养人的利益,因而法律上一概认定收养关系可以解除或者一概认定其不得解除,均非妥当。因此,本条作了富有弹性的规定。同时第 2 款规定:收养人为恶意时,其收养关系自始无效。这样规定能够更好地平衡各方的利益。瑞士民法典第 265 条第 1 项规定:下述情况,仅生父母中一方表示同意,即具有法律效力:(1)生父母中他方不明、较长时间不知去向或持续无判断能力的……本条也是在借鉴该条文的基础上作出的规定。

## 第六十六条【死亡宣告撤销的财产效果】

【三审稿】被撤销死亡宣告的人有权请求返还财产。依照继承法取得其财产的民事主体,应当返还原物;无法返还原物的,应当给予补偿。

利害关系人隐瞒真实情况,致使他人被宣告死亡而取得其财产的,除应当返还原物外,还应当对由此造成的损失承担赔偿责任。

【二审稿】与三审稿相同。

【一审稿】被撤销死亡宣告的人有权请求返还财产。依照继承法取得其财产的自然人、法人或者非法人组织,应当返还原物;无法返还原物的,应当给予补偿。利害关系人隐瞒真实情况,致使他人被宣告死亡而取得其财产的,除应当返还原物外,还应当对由此造成的损失承担赔偿责任。

【法学会稿】被撤销死亡的人有权请求返还财产。依继承法取得财产的,应当返还原物;原物不存在的,应当给予适当补偿。

近亲属或者其他利害关系人隐瞒真实情况使他人被宣告死亡而取得其财产的,除应当返还原物以及孳息外,还应当对造成的损失承担赔偿责任。

【社科院稿】被撤销死亡宣告的人有权请求返还财产。依照本法继承编取得他的财产的人,应当返还财产的尚存利益。但合法取得财产的善意第三人可以不予返还。

前款规定的返还财产请求权的诉讼时效期间为一年,自被撤销死亡宣告的人知道死亡宣告时起计算。

【建议稿】被撤销死亡宣告的人有权请求返还财产。依照本法继承编取得其财产的民事主体，应当返还原物；原物不存在的，应当返还尚存利益。

前款规定的返还财产请求权的诉讼时效期间为一年，自被撤销死亡宣告的人知道死亡宣告时起计算。

**【建议理由】**宣告死亡被撤销的，该被撤销死亡宣告的人有权利请求返还财产，依照继承法继承其财产的人，应当返还原物，原物不存在的应当返还尚存利益。通过交易等合法方式取得财产的，善意的财产取得人不负有返还义务，但是出让人应当返还该利益。为督促被撤销死亡宣告的人及时行使其权利，以利法律关系的稳定，设本条第二款规定，此种请求权应适用 1 年的诉讼时效期间，从被撤销死亡宣告的人知道死亡宣告时起计算。

日本民法典对此也有规定，其第 32 条规定：(1)有失踪人尚生存的证明，或者有失踪人在不同于前条所定时间而死亡的证明时，家庭法院因本人或利害关系人的请求，应撤销失踪宣告。但是，于失踪宣告后失踪宣告撤销前所实施的善意行为，其效力不变。(2)因失踪宣告而得财产者，虽因失踪宣告撤销而丧失权利，但只于现受利益限度内，负返还财产的义务。

## 第四节　（删除）个体工商户、农村承包经营户

**【三审稿】**自然人经依法登记，从事工商业经营的，为个体工商户。个体工商户可以起字号。

农村集体经济组织的成员，依法取得农村土地承包经营权，从事家庭承包经营的，为农村承包经营户。

个体工商户的债务，个人经营的，以个人财产承担；家庭经营的，以家庭财产承担；无法区分个人经营和家庭经营的，以家庭财产承担。

农村承包经营户的债务，以从事农村土地承包经营的农户财产承担；事实上由农户部分成员经营的，以该部分成员财产承担。

**【二审稿】**与三审稿相同。

**【一审稿】**与三审稿相同。

**【法学会稿】**自然人依法经工商行政管理机关登记，从事工商业经营的，为个体工商户。

个体工商户可以个人经营，也可以家庭经营。

个体工商户可以使用名称、字号。

**【社科院稿】**自然人在法律允许的范围内，依法经核准登记，从事工商业经营的，为个体工商户。

个体工商户可以个人经营，也可以家庭经营。

个体工商户可以起名称和字号。

**【建议稿】**"两户"应该删除。

**【建议理由】**"两户"是我国改革开放的创新。但"两户"当今是否还有存在的意义，学术上也有很大争议。

(一)对于个体经营户的法律地位学说

1. 特殊公民说。此说认为个体工商户是自然人从事商业活动的特殊类型,并且民法通则将个体工商户设在公民这一章作出规定,因此认为不管从实际上看还是从立法上看,个体工商户都应属于自然人的范畴,只是在依法核准登记后,享有了自然人所不具备的生产经营权,这正是其特殊性的表现。①

2. 准法人说。认为个体工商户是以"户"的名义而不是以自然人个人的名义从事民事活动,既不同于自然人,也不完全等同于法人,应属于一类独立的民事主体,应赋予其"准法人"的地位。②

3. 否认说。此说认为在个体工商户中,凡是采用家庭形式经营的,应属于家庭合伙,归于合伙企业法监督和管理;凡是采用个人经营方式经营的应属于个人独资企业,归于个人独资企业法监督和管理,因而此说认为个体工商户仅仅是一个经济概念,不属于独立的民事主体。③

(二)对于农村承包经营户的法律地位,目前学术界也有不同的争论

1. "非法律概念"说。我国土地属于国家或者集体所有,但因为实行的社会主义市场经济体制下,只能将土地以家庭承包的方式赋予农民,农民可以对土地进行承包经营和使用,所以我国的农村土地承包制可称为集体之下的个体承包,从而产生了农村承包经营户的称谓,是集体经济组织形式之一。据此,有学者提出,"农村承包经营户"实际上不是一个法律概念。它仅是农村集体经济组织的一种生产经营方式的法律表现形式,反映的是我国经济发展历史中的一个阶段性特征,最终将会被市场经济的发展与市场主体统一规范的现实要求所淹没④。

2. 商事主体说。商个人是法律拟制的商主体,需要依法核准登记,从事经营性活动,并承担无限责任。而农村承包经营户的商事经营集中性、业主财产责任的无限性等特征与之吻合,因此农村承包经营户与个体工商户、个人独资企业一样,同属于商个人的一种⑤。

3. 非民事主体说。农村的土地承包经营合同的主体为农户,但是农村承包经营户的行为通常表现为其成员的行为,因而成员和户的行为难以区分,土地承包经营的权利与义务,包括责任仍然是由经营者即户内成员承受,农村承包经营户实质上没有意义,只是为了简化因土地承包而发生的民事法律关系。并且承认农村承包经营户不仅与婚姻法反对家长制背道而驰,也可能违反限定继承的原则,造成"父债子还""夫债妻还"⑥。

---

① 李开国:《民法原理与实务》,中国政法大学出版社2002年版,第115页。

② 任尔昕:《商法的体系建构与制度完善》,高等教育出版社2011年版,第55页。

③ 刘剑文、杨汉:《非公有制企业法律保护》,西苑出版社2001年版,第216页。

④ 任尔昕、郭瑶:《我国商个人形态及其立法的思考》,载《甘肃政法学院学报》2009年第11期。

⑤ 游文丽、张萱:《农村承包经营户的法律地位问题探究》,载《北京化工大学学报》(社会科学版)2013年第2期。

⑥ 张学军:《"两户"制度初探》,载《当代法学》2005年第1期。

4. 家庭合伙说①。该说认为农村承包经营户是以家庭成员为合伙人，以营利为目的的经济组织，与个人合伙等同。不可否认，家庭共同经营与合伙经营肯定存在一些差别。但问题在于这些差别并不是区分民事主体类型的本质标准，并不影响家庭共同经营与合伙的内在统一：共同出资；以整体的名义共同经营；共享利益；共担风险；对外承担无限连带责任②。

目前在国内的四份专家总则稿草案中，李永军教授和杨立新教授持保留意见，王利明教授和梁慧星教授则是建议删去。

梁慧星教授的民法典草案认为严格意义上说两户并不是准确的法律概念。个体工商户如果是一人经营，应该是从事经营活动的自然人个人；如果是两人以上共同经营，则其性质应该是合伙。农村承包经营户也有相似的性质。因此将二者作为一种不同于自然人的特别主体规定，均不妥当。其参与经营可以适用民法关于合伙的一般规定，或者使用非法人团体的规定，或者私营企业。③

朱庆育则认为两户虽然都以户为名义出现，但承受权利的并非是户，而是自然人，个体工商户未形成新的权利主体，只是自然人的特殊形态。同样的，土地承包人是农户的所有家庭成员，而非农户。二者是我国计划经济的产物，个体工商户强调公民以其个人或家庭财产作为经营资本并亲自经营，以此区别剥削他人劳动的私人经营，实为改头换面的商自然人④。

我们认为两户应当删去。两户是在改革开放初期根据我国国情作出的设计，现在情况已经发生变化。个体工商户要么可以个人经商，直接规定自然人有经商的权利即可，要么是个人合伙或者个人独资企业和一人公司的形式。对于自然人经商，可以借鉴大陆法系的商个人，并纳入目前无法可管的小商贩，给予一定的优惠条件，促进灵活创业。在历史上，最初的合伙形态，即为家庭合伙，这一事实充分说明，将家庭共同经营作为合伙，并非人为的杜撰。

而对农村承包经营户而言，城市化发展导致人口流动加剧，大量劳动力向非农业产业和城市转移，家庭不再是生产单位。况且"农村"承包经营户概念本身，就背离了城乡一体化的改革目标。⑤ 草案中规定以家庭经营，以家庭财产承担责任，由于农业生产风险性较大，对户内的老年人和未成年人也是不公平的。农业经济本身具有较大的风险是不可避免的，一味以户为单位，要求以户承担责任，实际上也是没有梳理户内各成员的关系，并且个人经营和家庭经营有时难以区分，对内身份和对外名义未必一致，不利于民商事关系安全稳定，特别是会影响市场交易预期性和债务清偿。另外根据土地承包法中"农村集体经济组织成员有权依法承包由本集体经济组织发包的农村土地"，土地承包经营权实质归

---

① 参见沈文鹏：《农村承包经营户：从独立民商事主体到适当的有限责任》，载《华南师范大学学报》(社会科学版)2012年第3期。
② 胡光志：《论我国民事主体结构的重建》，载《现代法学》1996年第2期。
③ 梁慧星：《中国民法典草案建议稿附理由·总则编》，法律出版社2013年版，第32页。
④ 朱庆育：《民法总论》，北京大学出版社2016年版，第475～477页。
⑤ 申惠文：《论农村承包经营户的死亡》，载《河南财经政法大学学报》2016年第2期。

农户成员按份共有。在推动农村经济发展和农业改革时，可以逐步将农户土地承包经营权改造为农民个人承包经营权，对于发展较快符合法人成立条件的，可以鼓励成立法人进行大型农场经营。

# 第三章 法　人

## 第一节　一般规定

### 第六十七条【法人的民事权利能力和民事行为能力】

【三审稿】法人是具有民事权利能力和民事行为能力，依法独立享有民事权利和承担民事义务的组织。

法人的民事权利能力和民事行为能力，从法人成立时产生，到法人终止时消灭。

【二审稿】与三审稿相同。

【一审稿】与三审稿相同。

【法学会稿】法人是具有民事权利能力和民事行为能力，依法独立享有民事权利和承担民事义务的组织。

法人的民事权利能力和民事行为能力，从法人成立时产生，到法人终止时消灭。

【社科院稿】法人是具有民事权利能力和民事行为能力，依法独立享有民事权利和承担民事义务的组织。

非依法律规定，法人不得成立。

依法成立的法人具有完全的权利能力，依法享有民事权利、承担民事义务，但专属于自然人的权利义务除外。

依法不需要办理法人登记的机关、事业单位、人民团体等公法人，从成立之日起取得权利能力；依法需要办理登记的，自登记完成之日起取得权利能力。

根据法律或章程设立必要的组织机构后，法人取得行为能力。

设立中的法人可以以法人的名义从事必要的民事活动，法人成立后由法人承担相应的法律责任；法人未能设立的，准用合伙的相关法律规定。

法人享有名称权，有权依法使用、转让自己的名称。

法人享有名誉权。

【建议稿】法人是具有民事权利能力和民事行为能力，依法独立享有民事权利和承担民事义务的组织。

法人的民事权利能力和民事行为能力，从法人成立时产生，到法人终止时消灭。

法人的民事权利能力一律平等。

【建议理由】本条是关于法人的本质及法人权利能力和行为能力的规定。

法工委的三次修改稿相同，均沿用了民法通则第 36 条的表述，与法学会稿、社科院稿对法人概念的表述也相同，而李永军教授则在其意见稿中表述为"法人是依法设立的独立享有民事权利和承担民事义务的团体"。

第一款为法人的本质。

各国民法典关于法人的本质规定，主要有"法人拟制说"、"法人否认说"、"法人实在说"三种，"法人否认说"认为实际管理法人财产的人为法人本体，此学说已经不被各国立法所采纳。"法人拟制说"认为，只有意思自治的自然人具有权利能力，在自然人之外，须由法律拟制。此学说以个人主义为思想基础，依照该学说，1804 年法国民法典没有承认法人的独立民事主体地位，在今天个人主义的思想已经不能适应社会的发展，"法人实在说"分为"有机体说"和"组织体说"。随着资本主义市场经济的发展，大量的经济组织、社会组织迅速发展，以团体的名义从事各类经济活动，不承认这些组织的法人地位，将无法适应社会的发展，法人的客观实在性毋庸置疑，其独立的主体资格必须得到认可和保护。"有机体说"认为，法人是有团体意思表示的有机体，与自然人为个人意思的有机体相同，这一说法过于牵强。"组织体说"认为法人只是法律上的组织体，此说法成为现今的通说。该观点认为，法人是指的"除自然人之外，由法律所创设，得为权利义务主体的组织体"①。我们认为，应当在民法典中采用"组织体说"，赋予社会组织体法人资格，具有民事权利能力，独立享有民事权利，承担民事义务，使得经济社会中符合条件、适宜成为交易主体的组织能够取得法律上的主体资格，更加充分地参与市场，促进经济的繁荣和社会的进步。在"组织体说"的理论基础上，我们认为法人本质更应该表述为"组织"。

第二款为法人的民事权利能力和民事行为能力。

法人拥有民事权利能力和民事行为能力。民法上有三种能力：民事权利能力、民事行为能力、民事责任能力，民事权利能力是据以充当民事主体，享受民事权利和承担民事义务的法律地位或法律资格，民事行为能力是指民事主体据以独立参加民事法律关系，以自己的法律行为取得民事权利或者承担民事义务的法律资格，对于法人而言，具备民事权利能力，也就在同样的范围内被赋予民事行为能力。与自然人不同，法人的权利能力受到自然性质、法规、法人目的的限制。首先，尽管法人享有和自然人同样的地位，但不能享有与自然人人身不可分离的权利，作为社会组织，只能享有名称权、名誉权等不以自然人生命和肉体为前提的人格权。其次，受到法律法规的限制，法人的一般权利能力不受到限制，但在为不同类型设立的特别法中可设立对法人权利能力的限制。法人是为了实现一定目的而成立的组织，因而受到其目的的限制，对此在下述条文中将予以说明。此外，法人的民事权利能力自法人成立之时即开始，自法人终止之时结束，不同类型的法人成立和终止的时间节点不同，企业法人自办理核准登记程序，领取营业执照之日起成立，但事业单位等无须办理法人登记，从依法成立之日起即具有民事权利能力。关于法人的终止，在法人清算阶段，权利能力将受到限制，在之后的条文中将予以阐述。瑞士民法典第 54 条规定："法人依据法律或者章程设立必要的机关后，具有行为能力。"

法工委和法学会的民法总则草案"法人"一节中没有规定法人具有人格权，仅仅对行

---

① 施启扬：《民法总则》，中国法制出版社 2010 年版，第 118 页。

为能力和权利能力作了规定，而社科院则持法人具有人格权的观点，对法人的名称权和名誉权都作了规定。关于法人权利能力的范围与法人是否具有人格权，在意见稿中存在不同的观点。赞同团体人格权的观点认为，法人人格与自然人人格所表现的法律地位毫无差别，法人在姓名、名誉方面与自然人同样存在类似的保护需求，应当宣布法人有人格权，置于同一权利体系，适用相同的法律规则。采用了"法人实在说"的瑞士民法典第 52 条对法人的人格进行了较为细致的规定："法人享有除自然人的本质为要件的，如性别、年龄、或亲属关系之外的一切权利及义务：(1)团体组织以及有特殊目的独立机构，在商事登记簿上登记后取得法人资格。(2)公法上的团体组织及机构不以营利为目的的社团、宗教财团、家庭财团，无须经上述登记"。我们认为，法人不具有人格权，所谓法人的名称权、名誉权等权利没有精神利益，实际上是一种财产权，不具有专属性，并非为任何团体人格存在之必要。法人的名称受到保护，但这一权益与自然人的姓名权不具有相同的法律意义，自然人的符号之所以受到法律的保护，是由于符号所承载的人格尊严，人格尊严的损害与财产损害是并列的，而法人的名称具有唯一且排他的特点，体现法人的财产价值，法人本身没有人格尊严，不具备精神损害的可能性；法人的名誉与法人的财产利益相关，得以通过财产价值衡量，属于无形的财产权利，对于法人的声誉或者名称，如果不涉及法人的财产受到损害，那么民法无须介入。

法人的民事行为能力是指法人以自己的行为取得民事权利并承担民事义务的资格，根据对法人本质的不同看法，法人是否具有民事行为能力有两种观点，基于"法人拟制说"的观点认为，法人代表人对外执行职务是法人的代理人，准用法定代理人规则；基于"法人实在说"的观点认为，法人代表人的行为就是法人自身的行为，虽然为两个名字但是实际为一个人格，因此，代表人的行为当然由法人承担后果，法人代表人区别于代理人。由上条可知，在法人本质上，我们秉持"法人实在说"，承认法人具有独立意志，是各方意志的综合，与团体、成员的意志分开，法定代表人对外代表法人，法人机关对内执行事务，法人通过其机关实现权利的取得和义务的履行，由于法人与自然人不同，不受到其年龄、精神等的限制，自法人成立时起，法人就取得行为能力，法人结束时丧失行为能力，与权利能力相一致。

第 3 款为法人权利能力的宣示性条款。

法人的民事权利能力是指的法人为民事主体的资格，仅仅是法人在参与市场经济活动中，所应当承受的义务和享有的权利，不包括行政关系中享有权利承担义务的资格，仅限于市民社会而不及于国家政治生活，① 是法人民事活动的基础。这一民事权利能力在地位上与自然人并无区别。一方面，法人的权利能力和权利的内容并非同一概念，权利的内容依据法人的类型等而有差异，但法人的权利能力在民事活动中一律平等；另一方面，法人的目的事业范围限制，仅仅是在法人内部对其民事活动的具有约束，对法人的民事权利能力没有限制。故而，法人的民事权利能力一律平等。这一规定一方面是私法的应有之意，与民法的第一条"平等原则"的体现，与自然人的民事权利能力一律平等的规定相互映照；另一方面，作为一条宣示性、原则性的规定，对于确立法人民事主体资格平等、保护法人

---

① 江平主编：《法人制度论》，中国政法大学出版社 1994 年版，第 22 页。

权益具有重要作用，一直以来，由于计划经济的影响，我国对法人以所有制进行区分，在国家所有、集体所有和私人所有的法人之间采取不同的政策，在一定程度上致使民营企业难以获得相应平等的法律保护，这一条款将确立在法人领域法人之间的平等原则，有利于微小企业和民营企业等的发展。

## 第六十八条【增加】【公法人与私法人】

【法工委稿】无。

【社科院稿】法人包括国库、国家机关、事业单位、人民团体等国家依法设立的以管理公共事务为目的的公法人和公司、企业、财团法人、寺庙等依法设立的以从事民事活动为目的的私法人。

公法人不得从事经营活动，在其目的范围内依法从事有关民事活动的，适用本法规定。

【法学会稿】【机关法人】国家机关自依法成立之日起，具有法人资格，可以从事与其目的范围相适应的民事活动。

【建议稿】法人包括国库、国家机关、事业单位、人民团体等国家依法设立的以管理公共事务为目的的公法人和公司、企业、财团法人、寺庙等依法设立的以从事民事活动为目的的私法人。

公法人不得从事经营活动，在其目的范围内依法从事有关民事活动的，适用本法规定。

【建议理由】本条规定的是公法人与私法人的分类。

除社科院稿之外，其他各稿都没有单独对公法人和私法人进行分类，主要理由是公法人和私法人的分类在民法上没有价值，一方面，公法人与私法人对应的是公法与私法的划分，而民法作为私法只需要规定私法人，公法人仅仅在涉及私法领域时例外的适用私法；另一方面，比较法上，法国民法典则没有关于法人的规定。①

我们认为，应当将公法人从民法中的法人制度剥离出来，公法人设立的目的并不是为了参与民事法律关系，公法人主要活动于政治生活领域，其无法为私法人所利用。公法人的设立及地位具有较强的政策性和现实性，其反映国家公共意识并体现国家履行公共职能的方式。公法人的设立、组织形式和活动范围等应当由行政法等公法予以规范，不应当成为民法，即私法规范的对象。② 明确公、私法人的分类，严格设定民事生活的准入规则，才能完成对公法人进入私法领域的限制，实现对私法人实施自主行为的保障。当前我国市场经济的背景下，不能再以所有制这一身份标准作为分类的依据。③ 公、私法人区分后，排斥了公法人从事营利性商业行为的可能性，可以促进政府作为社会事务的管理者和国有资产所有者的身份分离，从而有利于克服政企不分的顽疾，并进一步促进政府职能的转变

① 李永军：《我国未来民法典中主体制度的设计及思考》，载《法学论坛》2016 年第 2 期。
② 蔡立东：《法人分类模式的立法选择》，载《法律科学（西北政法大学学报）》2012 年第 1 期。
③ 马俊驹：《法人制度的基本理论和立法问题之探讨（上）》，载《法学评论》2004 年第 4 期。

和预防腐败。一方面,公法人与私法人在国家管制方面存在差异,公法人基于国家公权力而成立,目的是执行国家公共任务,享有公法赋予的强制权利,为了防止权利的滥用,完成设立目的,公法人理应受到严格的管制,而私法人是为实现私人目的而设立,理应享有更多的自治空间,受到更少的管制;另一方面,受理公法人和私法人争议的处理机关不同,在责任承担方式上也不同,有必要对此进行区分。现阶段,我国公法人和私法人没有作出明确的区分,导致私法人也受到严格的管制,这与民法私法的性质背道而驰,《民法总则》应当以私法人作为其规制的主要对象,公法人的内容则应当由公法予以规制。

各大陆法系国家在对于法人分类的问题上,都采取了公法人与私法人相区分的立法,德国民法典、瑞士民法典专设一条"准用"的规定,德国民法典第二章第三目专设公法人,第89条规定"对第31条(董事会成员的责任),相应地适用于国库,以及公法人上的团体、财团、机构;对第42条第2款(支付不能的情况),以公法上的团体、财团、机构准许开始支付不能程序为限,适用相同规定"。意大利民法典第11条是公法人的规定:"省和市镇以及公共机关是公法人。公法人享有法律和具有公法效力的惯例规定的权利"。第12条是私法人的规定:"社团、财团以及其他具有私法特征的机构,经共和国总统令批准取得法人资格。对那些在省内从事活动的季后,政府可以授权省长负责法人资格的审批。"

## 第六十九条【增加】【社团法人与财团法人】

**【法工委稿】** 无。

**【法学会稿】** 无。

**【社科院稿】** 以成员为基础成立的社团法人依法或依其章程的规定,可由成员大会变更组织机构设置和章程。

以财产为基础成立财团法人的,应当制定捐助章程,通过遗嘱捐助设立财团法人的除外。捐助章程或遗嘱关于财团法人组织机构设置、管理方法有缺陷的,主管机关、检察机关或利害关系人可以申请人民法院予以变更。

**【建议稿】** 以成员为基础成立的社团法人依法或依其章程的规定,可由成员大会变更组织机构设置和章程。

以财产为基础成立财团法人的,应当制定捐助章程,通过遗嘱捐助设立财团法人的除外。捐助章程或遗嘱关于财团法人组织机构设置、管理方法有缺陷的,主管机关、检察机关或利害关系人可以申请人民法院予以变更。

**【建议理由】** 本条是关于社团法人与财团法人的分类。

徐国栋教授主持起草的《绿色民法典草案》采取了将私法人分为社团法人与财团法人的分类模式。梁慧星教授课题组的"民法典草案建议稿"则推出了营利法人与非营利法人的分类模式,王利明教授主持起草的"民法典学者建议稿"沿用了企业法人与非企业法人的分类模式。法工委2002年的《中华人民共和国民法典草案》依然沿袭了民法通则将法人分为企业法人、机关法人、事业单位法人和社会团体法人的四分法模式。2016年法工委的《中华人民共和国民法总则(草案)》将法人分为营利性法人和非营利性法人。社科院版的建议稿将法人分为财团法人和社团法人。法学会版的学者建议稿也将法人分为财团法人和社团法人。法人分类的标准主要基于"职能主义"和"结构主义"。民法作为私法，与公法不同，其没有执法机关主动推动民法的实施。职能主义划分法人，目的在于实现国家对法人行为的管控，是国家站在外在于法人的角度，为了管制法人行为而进行的分类，其问题意识存在于国家和法人之间。依职能主义划分的法人制度，其本质为纵向垂直的，关注点必然不在横向的民事主体之间的关系和冲突、民事主体利用团体结构的需要，其着眼于国家对社会整体结构的安排。这种分类模式具有浓重的身份色彩，具有显而易见的弊端：一是民事主体并不可以自由设立或利用民法所规定的法人，例如机关法人、事业单位法人等，只有特定身份的主体才可以设立；二是民事主体自由形成的团体形态，例如老乡会、同学会、业主委员会等，也无法为法人制度所容纳。另外，原有的法人分类模式太过模糊，例如事业单位法人的类型太过宽泛，无法抽象出同一类别的因素和基础。

赞成以营利性法人和非营利性法人进行分类的主要理由有：第一，法人分类应以法人之间最具法律意义的根本差异作为分类的根据。在我国的法人组织中，是否具有营利性无疑是最具有法律意义的根本差异。营利性与否决定了法人完全不同的权利能力和行为能力，由此也决定了法人在各种法律关系中的地位和基本的权利义务与责任，特别是在税法上的不同地位和义务。而社团法人与财团法人的分类只反映其组成方式和内部关系的不同，并不具有在各个法律领域的特殊法律意义。第二，不以社团法人与财团法人作为基本分类的重要原因是二者之间的区别日趋模糊，区分的法律意义日趋衰微。虽然在法律定义上，社团由社员组成，财团由财产组成，但现实中，以公司为主要形式的社团法人却往往拥有巨额的财产，因而在经济生活中常被称为大财团。而财团法人同样有人的参与，同样是由相应的人员组成机构进行管理。而随着一人公司在各国的承认和发展，社团法人的联合性也在衰减，由人组成的法人和由财产组成的法人的界限日趋模糊。第三，财团法人的概念有些脱离我国现实。中华人民共和国成立以来，我国虽然在学理上有介绍财团法人的原理，但在各种立法和法律实践中都无财团法人的概念和规定。我国立法实践中所称的基金会法人，实质上与财团法人的含义基本等同。基于约定和便于社会公众对法人制度的理解和适用，不用财团法人概念而继续使用基金会概念，既符合中国国情，也是更为可取和现实的选择。第四，营利法人与非营利法人的分类，与我国现行民法通则的法人分类基本吻合，也保持了我国法人制度应有的连续性和稳定性。民法通则将法人分为企业法人和非企业法人(含机关法人、事业单位法人和社会团体法人)，其中企业法人即为营利法人，非企业法人即为非营利法人。因此，这样的分类实质上是延续了民法通则的基本分类。不同的是，它是以营利的概念取代了原来的企业概念，这种替代不仅更加符合法律概念的组合逻辑，而且能够更为直接、清晰地揭示法人的基本性质。[1] 但是这种分类模式也广受诟病，其在实践中无法满足任何一项标准而且容易造成混淆，此种分类标准已经被日本民法所弃用，我国坚持此种分类方式是不理智的。[2] 如果按照目的事业的不同，对法人分为营利性和非营利性法人两种类型，则可能过多地限制法人的经营目的和行为，不利于法人的

---

① 参见赵旭东：《民法总则草案中法人分类体系的突破与创新》，载《中国人大》2016年第14期。
② 参见罗昆：《我国民法典法人基本类型模式选择》(上)，载《法学研究》2016年第4期。

发展，营利性法人实际上是商人，非营利性法人是纯粹的民事主体，这一分类结构不具有典型性，世界各国也没有先例，无法适应现阶段兼具营利性和非营利性两种目的的中间法人的成长和出现。

法人分类是民法典安排法人制度的逻辑线索和理论支撑，法人分类为社团法人和财团法人具有重要意义，引领着法人的法律制度设计：在设立上，社团法人采取准则主义，而财团法人通常采取行政许可主义；在财产关系上，社团法人的出资人享有股权，而财团法人的捐助人不能通过捐助财产换取对法人的任何权利；在法人治理方面，社团法人以内部监督为主，而财团法人以第三人的监督为主；在目的事业上，社团法人可以以营利为目的，但不妨碍其从事公益活动，而财团法人由于其在税收等方面享有的优惠政策，不能以营利为目的，但仍然可以从事营利性行为；在解散事由上，社团法人可以由社团大会决定解散，而财团法人则需依照规章或者受到主管机关获法院的干预。对社团法人和财团法人进行区分有利于划清我国现在混乱的法人分类状况，为民事主体成立团体实现自己的目的提供多样化的选择。德国民法典总则法人部分按照社团和财团分类，社团分为非营利社团和营利社团；我国台湾地区"民法"也分为社团法人和财团法人，社团法人是集合社员的组织，分为营利社团及公益社团，营利社团是指从事经济行为，并将利益分配于各社员为其目的，公益社团是指以社会上不特定多数人为其目的的社团，还包括中间社团。① 财团法人是财产的集合，为达成公益目的而加以管理运用，主要包括私立学校、研究机构、慈善团体、基金会、寺庙等。

## 第七十条【法人的设立】

【三审稿】法人应当依法成立。

法人应当有自己的名称、组织机构和住所。法人成立的具体条件和程序，依照法律、行政法规的规定。

设立法人，法律规定须经有关机关批准的，依照其规定。

【二审稿】与三审稿相同。

【一审稿】与三审稿相同。

【法学会稿】申请设立法人，应当具备下列条件：

(一)依照法定程序设立；

(二)有自己的名称、组织机构和场所；

(三)有独立的财产或者经费；

(四)法律规定的其他条件。

【社科院稿】【法人的设立】法人应当具备以下条件：

(一)依法定程序设立；

(二)有自己的名称、组织机构和场所；

(三)有自己的章程或者组织规章，但机关法人除外；

---

① 王泽鉴：《民法概要》，中国政法大学出版社 2003 年版，第 58 页。

（四）有必要的财产或者经费；

（五）法律规定的其他条件。

**【建议稿】**法人应当依法成立。

申请设立法人，应当具备下列条件：

（一）依照法定程序设立；

（二）有自己的名称、组织机构和场所；

（三）有独立的财产或者经费；

（四）有自己的章程或者组织规章，但机关法人除外；

（五）法律规定的其他条件。

**【建议理由】**本条是关于法人设立的条件规定。

法工委的意见稿中没有对法人的设立条件予以列举，仅仅规定了名称、组织机构、场所的要求，这一规定固然简略，且表面减少了设立法人的限制。但我们认为，一方面，在民法典总则中对法人设立的基本条件作出一般性的规定，可以统摄和规范其他民事立法，避免条文重复，完善法律体系，其余各稿也均采用列举条文的规定方式；另一方面，法人的设立条件体现了法人的团体性特征，在此处以列举式的方式规定条款有利于明确法人的社会属性。

对于法人成立的方式，各国立法有五种不同的规定：第一种，"放任主义"，即法人的设立无须具备形式，只需具备实质要件，政府就对此予以承认，在欧洲中世纪时期曾经采用，但现在已经弃用。第二种是"特许主义"，即专门颁布某项法律而成立某个法人组织，由于限制过多，现在也很少采用。第三种是"许可主义"，经过行政机关的许可，才能成立法人。第四种是"准则主义"，只要符合国家规定的设立标准，无须经过行政机关许可即可成立法人，在此情况下，社会组织符合预先设立的标准后，向登记机关办理登记法人即成立。第五种是"强制主义"，由国家强制在一定范围内设定法人，在各国法律体系中，大多数采用了许可主义和准则主义相结合的设立办法，特殊情况下采取强制主义和特许主义。我国法人的设立条件，不适宜采取"放任主义"，无论何种性质的法人成立都应该具有法律依据。因此，首先，应当确认法人应当依法设立。其次，在形式要件上，法人应当依照法定程序设立，具体的设立程序由特别法对特殊类型法人予以规定。对于不同类型的法人，依据法律规定，或者在符合要件后经主管部门形式审查后登记生效，或者在经过行政主管部门审核批准之后设立。

在法人设立的实质性要件方面，主要有以下几点：首先，法人应当具有自己的名称、组织机构和场所，对于社会组织而言，名称是用于区分其他组织的标志，是法人独立人格的要求，也是法人的一项无形资产。其次，法人的组织机构是法人管理内部事务的组织，法人的团体意思通过组织机构形成和表达，能够统一行动，是法人独立意志的必备条件。再次，法人的场所是法人从事生产经营活动的地方，要求法人具有场所，国家才能对法人进行监督和管理，才能树立法人的信誉，促进交易达成。复次，法人应当有符合法律规定的独立财产或者经费，这是法人独立承担民事责任和行使民事权利的基础。对于企业法人来说，应当具备经营范围相应的必要财产；对于基金会等法人来说，将财产拟制为法律人格，更需要自身独立的财产和健全的管理机构；对于机关法人来说，具备独立的行政拨款或经费是其运营的必备条件，不同类型的法人根据适用法律的不同，应当具有不同的财产或经费。又次，应当有自己的章程或组织规章，法人的章程是关于法人经营活动范围、组织结构、内部成员权利义务的书面文件，对法人的成立及运营具有十分重要的意义，它既是公司成立的基础，也是公司赖以生存的灵魂。对法人而言，与法律一样肩负着调整其活动的重任；除企业法人之外，财团法人也应当具有章程，对其活动予以规定和约束；对于机关法人而言，其依据宪法和法律的规定而特许设立，主要从事国家行政管理活动，无须对此再通过规章予以规范，因此可以排除。最后，为了适应社会的变化和法人的多样性，增加规定兜底条款，即符合法律规定的其他条件，为法律对法人设立建立其他条件预留空间，保持民法的协调性。

各国立法依据其传统的习惯、政策、法理的不同，对不同的法人通常采用不同的设立方式，德国民法对营利性社团法人、外国社团法人和依州法设立的财团法人采用的是行政许可主义，而非营利性社团法人采用行政许可主义；瑞士民法对营利性法人设立采用准则主义，对公益法人采用自由设立主义；日本民法思想认为，自由设立主义会导致法人法律关系的不明确，从而损害市场交易安全，故而对公益法人采用行政许可主义，对营利社团法人采用准则主义，其他法人采用特许设立主义。德国民法典第25、57、64条对法人的设立条件进行了规定，包括第25条对社团组织机构的规定："具有权利能力的社团的组织机构，可以通过社团章程加以规定"；第57条对名称的规定："社团的名称应当与同一地域或者同一乡镇内业已注册的其他社团的名称有明显的区别"；第64条对登记内容中名称及住所的规定："登记时，应在社团登记簿上载明社团的名称及住址、订立章程的日期，以及董事会成员。"

## 第七十一条【设立中的法人】

【三审稿】设立人为设立法人从事的民事活动，其法律后果在法人成立后由法人承受；法人未成立的，其法律后果由设立人承受，设立人为二人以上的，承担连带责任。

设立人为设立法人以自己的名义从事民事活动而产生的民事责任，第三人有权选择请求法人或者设立人承担。

【二审稿】设立人为设立法人从事的民事活动，其法律后果在法人成立后由法人承受；法人未成立的，其法律后果由设立人承受，设立人为二人以上的，承担连带责任。

设立人为设立法人以自己的名义从事民事活动，造成第三人损害的，第三人有权选择请求法人或者设立人承担民事责任。

【一审稿】设立人为设立法人从事的民事活动，其法律后果在法人成立后由法人承受；法人未成立的，其法律后果由设立人承受，设立人为二人以上的，承担连带责任。

【社科院稿】无。

【法学会稿】设立中法人可以从事与其设立目的相适应的民事活动。

设立人应当对法人设立过程中的债务承担责任；设立人为两人以上的，承担连带责任。

法人成立后，设立中法人从事民事活动产生的法律后果由法人承受。

**【建议稿】**设立人为设立法人从事民事活动的，法人成立后，其法律后果由法人承受；法人未成立的，设立人应当对法人设立过程中的债务承担责任；设立人为两人以上的，承担连带责任。

设立人为设立法人以自己的名义从事民事活动而产生的民事责任，第三人有权选择请求法人或者设立人承担。

**【建议理由】**本条是关于设立中的法人的规定。

法工委意见稿中对设立中的法人受到的限制表述为"设立法人"，法学会稿表述为设立目的，"设立目的"一词更加清楚准确。法工委意见稿除了对法人成立与法人未成立的后果予以分别说明，还对设立人给第三人造成损害进行了例外规定，侧重于保护受损第三人的权利，赋予第三人选择请求责任承担者的权利。

第一款为设立中的法人。

设立中的法人是指法人从设立开始到法人成立之前这一阶段，以取得法人资格为目的而设立的组织体，"前法人实体"，具有明显的过渡性和明确的目的性。关于设立中的法人各国均鲜少有专门的法律规定，以公司的设立过程为代表，早期大陆法系的学说认为，由于设立中公司尚未取得人格，故而不得享有权利能力和行为能力，因此准用"无权利能力社团"的规定，后来以德国理论学说和判例为代表，出现了"同一体"说，认为设立中的公司与成立后的公司同一法律现象。然而这一学说混淆了设立中的公司和成立后的公司，淡化了公司的法律人格，为此又出现了"修正的同一体说"，明确设立中的公司和成立后的公司之间存在严格的界限，但在合理有限的范围内赋予设立中的公司以一定的权利能力，使其参与为公司设立目的所必需的各项民事活动。可以看出，在各国的理论和司法实践中，对于设立中的法人，普遍倾向于认定设立中公司具有与设立行为有关的有限权利能力。我们认为，设立中的法人不是具有独立民事权利能力的组织，一方面，由于设立中的法人没有订立合伙协议，不能认为是合伙组织，另一方面，设立中的民事行为最终都由设立后的法人承担，因此，是一个特殊团体，其民事权利能力应当受到限制。首先权利能力应当受限于其设立行为所必要的活动，活动范围由法律规定、设立协议以及其行为性质界定。其次，应当以成立将来的法人为享受权利能力的前提，如果将来的法人没有设立成功，那么权利能力应当溯及既往地消灭，转而由筹建人和设立人承担后果，设立中的法人也会发生诸多债权债务关系，对于有多个设立人的情况，要求设立人之间承担连带责任，有利于更好的保护债权人的利益。在此条件下，设立中的法人与法人具有同一性，一旦法人设立成功，设立中的民事行为都应当转移给设立后的法人，在设立过程中发生的法律关系不能由设立人承担，而应当由设立后的法人承担，如果将设立前后发生的法律关系分别处理，将难以操作。

第二款为发起人的责任。

发起人在法人设立过程中起到关键作用，具有独特的法律地位，它可以因为法人的成功设立而享有一定利益，对成立后的法人和第三人负有一定的法律责任，对明确其地位和责任具有重要意义。关于发起人的界定有两种学说，"形式说"是大陆法系国家的规定，即是否在法人章程上签字。"实质说"是英美法系国家的规定，认为界定发起人的依据是是否参加法人设立过程中的相关设立活动。我国学者王保树教授认为，发起人是指"按照公司法规定制定公司章程,认购其相应股份,承担筹办失误,并对公司设立承担责任者",我国公司法对发起人的权利义务规定也说明我国倾向于实质说,即设立人在法人设立过程中以法人成立为目标,实施相应的设立行为并且就其发起设立行为承担相应的法律后果。关于发起人法律地位有"无因管理说"、"为第三人利益说"等,我国大多数学者持设立中法人机关说,发起人是设立中法人的代表机关,设立行为产生的权利义务自然归属于成立后的法人,同时应当对设立中的法人无法偿还的债务承担连带责任,对由于过失造成法人的损害承担责任,承担着重要的责任,地位具有特殊性。司法实践中常常存在发起人为自己利益,滥用职权给公司,造成不必要的费用,给第三人造成损害,通过这一款的规定可以给予第三人更加有力的保护。

德国民法典总则部分没有专门规定设立中的法人,但第 22 条规定:社团因国家授予而取得权利能力。第 54 条是对无权利能力的社团规定:"以此种社团的名义向第三人实施法律行为的,行为人因该法律行为负个人责任,数人行为的,其作为连带债务人负责任。"

## 第七十二条【法人的民事责任承担】

【三审稿】法人以其全部财产独立承担民事责任。

【二审稿】与三审稿相同。

【一审稿】与三审稿相同。

【法学会稿】法人以其全部财产独立承担民事责任。

根据宪法、法律设立并担负公共职能的公法人,承担民事责任的,法律另有规定的,依照其规定。

【社科院稿】法人以其全部财产独立承担民事责任,法律另有规定的除外。

【建议稿】法人以其全部财产独立承担民事责任,法律另有规定的除外。

【建议理由】各稿意见对法人的责任承担表述基本一致,法工委的意见稿中没有例外情况,而法学会稿对公法人的例外情况予以说明,社科院稿从文字表述上,直接规定法律另有规定的除外,将例外情况包括在内,更加完善,故而采用此种表述。

法人的民事责任能力是指民事主体据以独立承担民事责任的法律地位,又被称为侵权行为能力。关于法人是否具有民事责任能力,有两种说法,"否定说"基于"法人拟制说"的观点,或因否认法人意思能力,或因法人超越目的的行为不是法人行为,或因法人代表人为代理行为,侵权行为不能被代理,因此认为,法人没有民事责任能力;"肯定说"基于"法人实在说"的观点,或因法人具有意思能力从而具有民事责任能力,或因认为法人机关行为就是法人行为,所以法人具有民事责任能力。我国民法对于法人性质采用"实在说",对此也应当明确承认和肯定法人具有民事责任能力。

法人民事责任不能由成员或者其他组织承担,而应当由法人以其全部财产对外独立承担民事责任。大多数的国家和地区对民法的公益法人均要求其以全部财产独立对外承担责任,对于营利性法人,有限责任公司和股份有限公司也是同样如此,仅无限责任公司和两合公司法人对此有例外,理论界和实务界对此普遍认为,无须在法人制度中对有限责任公司和两合公司予以承认，因此，本条也规定，法人应当以其全部财产对外独立承担民事责任。对于特殊的法人类型，如承担公共职能的法人可能涉及国家公共利益，不能适用破产程序，在自身财产不能承担民事责任时，法律对此另有规定，则应当从其规定。

## 第七十三条【法定代表人】

【三审稿】依照法律或者法人章程规定，代表法人从事民事活动的负责人，为法人的法定代表人。

法定代表人以法人名义从事的民事活动或者其他执行职务的行为，其法律后果由法人承受。

法人的章程或者权力机构对法定代表人的代表权范围的限制，不得对抗善意相对人。

【二审稿】依照法律或者法人章程规定，代表法人从事民事活动的负责人，为法人的法定代表人。

法定代表人以法人名义从事的民事活动，其法律后果由法人承受。

法人的章程或者权力机构对法定代表人的代表权范围的限制，不得对抗善意第三人。

【一审稿】与二审稿相同。

【法学会稿】依照法律或者章程规定，代表法人行使职权的负责人，是法人的法定代表人。

【社科院稿】依照法律或者法人章程规定，代表法人行使职权的主要负责人，是法人的法定代表人。

法定代表人以及其他具有代表权的人以法人名义实施的民事活动，其后果由法人承担。

【建议稿】依照法律或者法人规章规定，代表法人从事民事活动的主要负责人，为法人的法定代表人。

法定代表人以及其他具有代表权的人以法人名义实施的民事活动或其他执行职务的行为，其后果由法人承担。

法人的章程或者权力机构对法定代表人的代表权范围的限制，不得对抗善意第三人。

【建议理由】本条是关于法人代表人制度的规定。

法人的代表人是代表法人进行法律行为的自然人，由于法人为社会组织，不能自行为法律行为，因而必须经过自然人才能进行。法工委的意见稿中将此表述为代表法人从事民事活动的行为，直接表述了法人的法定代表人行为的性质，更加清楚明确，社科院的意见稿中，考虑了其他具有代表权的人这一情况更加全面。社科院三审稿中加入了法定代表人执行其他职务的行为后果由法人承担，不仅包括民事活动，其他活动也同样如此，更加全面。

我国关于法定代表人的制度为我国独有，学界对此存在不同看法。"赞成说"认为，法定代表人有利于消除法人内部的不同意见，集中管理。"反对说"认为，多元制的代表人制度更加有利于法人的发展，法定代表人制度是我国学习苏联"一长制"的结果，不利于企业长期的经营发展。"折中说"认为，该种制度无须在法律中予以明确规定，应当由法人的章程进行规范。我们认同"折中说"的观点,法人的代表人应当属于公司自治的范围,由法律或者法人组织规章予以规定。同时,根据前述说明,我国采用"法人组织体说",法定代表人即为法人代表机关,法定代表人的行为即是法人自己的行为,所产生的权利义务和责任理应由法人享有和承担。

法工委意见稿第3款规定了法定代表人越权行为效力的规则。民法解释论上有几种理论学说:(1)"权利能力限制说"认为,法人目的的限制是对法人权利能力的限制,目的范围之外实施的行为由于主体资格的基础而当然无效,且事后不能补正,法定代表人的越权行为属于绝对无效;(2)"行为能力限制说"认为,法人的权利能力仅仅受到团体性质和法规的限制,法人作为权利义务的主体,其目的限制仅仅是对行为能力的限制,因此法人目的外的行为类似于欠缺行为能力的自然人超出行为能力范围实施的行为,效力未定,法人目的之外的行为可通过法定代理人的追认或者后来取得行为能力而得到补正,产生了追认的可能性,法定代表人的越权行为属于相对无效;(3)"代表权限制说"认为,法人目的只是划定法人机关的对外代表权范围而已,法人目的之外的行为属于超越代表权限的行为,应当无效,但存在依据追认的可能性,肯定表见代理的空间;(4)"内部责任说"认为,法人目的决定法人机关的内部责任,因此目的外的行为当然有效。关于此项内容的争议颇多,近年以来的立法大多数为了便利交易安全和保护当事人,逐渐采取废除法人目的行为之外无效的规则。在我国,公司法等规定,我国法人的目的范围即为经营范围,其规章对法人活动的范围进行限制,但不因规章限制的经营范围而致使合同无效。对此,我们认为应当保护当事人的交易安全,对于超越法人目的的法律行为不应该当然认定无效。"代表权限制说"为民法学界的通说观点,有利于市场交易安全和交易公平的兼顾。

域外立法中无论是大陆法系国家还是英美法系国家都没有法定代表人的称谓,但有公司代表制。德国民法典第26条规定了董事会和代表:"社团必须设置董事会。董事会在诉讼上和诉讼外代表社团,其具有法定代理人的地位。其代表权可以通过章程加以限制,此种限制对第三人具有效力。"第30条规定特别代理人:"在董事会的必要成员有缺额的限度之内,社团住所地所在辖区的、负责管理社团登记簿的初级法院,在缺额未消除期间,如遇到紧急情形,应当依据当事人的申请,选任缺额的成员。"日本民法典第53条规定了理事的代表权:"理事就法人的事务均代表法人,但不得违反章程规定或捐助章程的宗旨。在社团法人,应当服从全会决议。"第55条规定了代表权的委任:"理事以章程、捐助章程或全会决议所不禁止者为限,可以将特定行为的代理委任于他人。"第56条规定了临时理事:"于理事欠缺情形,因迟滞将有产生损害之虑时,法院则因利害关系人或检察官的请求选任临时理事。"第57条规定了特别代理人:"关于法人于理事间利益相反的事项,理事无代表权。于此情形应以前条款定,选任特别代理人。"

## 第七十四条【执行职务行为的致害责任】

【三审稿】法定代表人因执行职务造成他人损害的,由法人承担民事责任。

法人承担民事责任后,依照法律或者法人章程的规定,可以向有过错的法定代表人追偿。

【二审稿】与三审稿相同。

【一审稿】与三审稿相同。

【社科院稿】法人的法定代表人以及其他具有代表权的人因执行职务致人损害的，应当由法人承担民事责任。

法人承担民事责任后，有权根据法律规定或者法人章程或者组织规章的规定，向有过错的法定代表人以及其他具有代表权的人追偿。

【法学会稿】法定代表人和其他工作人员执行工作任务产生的法律后果，由法人承受。

【建议稿】法人的法定代表人因执行职务造成他人损害的，应当由法人承担民事责任。

法人承担民事责任后，依照法律或者法人章程的规定，可以向有过错的法定代表人追偿。

【建议理由】本条是关于法定代表人执行职务致人损害的责任。

法工委三次意见稿中均规定了法定代表人的职务行为致人损害的责任。社科院及法学会的意见稿中，也将其他具有代表权的人列入规制的主体范围之内，但是法学会的意见稿中并没有规定追偿的问题。

法定代表人在执行职务行为的过程中，造成他人人身或者财产损害，是特殊的侵权行为。在构成要件上，一方面是法人法定代表人因为职务行为而造成他人损害的行为，包括与职务行为有牵连的行为。另一方面，其加害行为满足侵权行为的构成要件，损害后果存在、加害行为违法、损害后果与加害行为之间存在因果关系。基于法人本质的不同理解，对此的责任承担有不同的说法，基于"法人实在说"的"代理说"认为，法人代表人实质上是代理人。日本民法典即采用这种说法，代表人的违法行为是由法人代为他人行为承担民事责任，代表人的事实行为作为类似代理的关系处理，在法人的占有上，代表人直接占有。基于"法人实在说"的"代表说"认为，代表人与法人实际上是一个人格，所谓法律行为当然有法人承担后果，代表人为占有机关，不论何种学说，对于代表人的侵权行为均规定法人对此承担赔偿责任。前述我国采用的"法人实在说"，即接受"代表说"，代表人的侵权行为视为法人的行为，代表人行为由法人承担后果，代表人侵权行为由法人承担责任。本条第1款规定法人对受到损害的第三人承担全部责任，符合学理的观点，第2款规定法人可以向有过错的代表人实行追偿权。

职务行为的过错责任有不同的立法例：德国民法典第31条规定："对于董事会、一名董事会成员或者其他在组织上任命的代理人，因在执行自己权限范围之内的事务时，实施使自己负担损害赔偿义务的行为而给第三人造成损害的，对于此种损害，社团应当负责。"确定法人对受到损害的第三人应当单独承担责任；瑞士民法典第55条第2、3项规定："法人对其机关的法律行为及其他行为承担责任。行为人有过错时，行为人另负个人责任"，即法人对受到损害的第三人承担单独责任，之后法人可以追究有过错的行为人的个人责任；日本民法典第44条规定："法人对于其理事或其他代理人在执行职务时加于他人的损害，负赔偿责任。因法人目的范围之外的行为，有损害于他人时，于表决该事项时表示赞成的社员、理事及实施该行为的理事或其他代理人承担连带赔偿责任"；意大利民法典第18条规定："管理人依据有关委托的规定承担责任。未参与致损行为的管理人对损害不承担责任，但管理人知道采取行动而未提出异议的情况除外"。

## 第七十五条【法人的分支机构】

【三审稿】法人可以依法设立分支机构。法律规定分支机构应当办理登记的,依照其规定。

分支机构以自己的名义从事民事活动的,由此产生的民事责任由法人承担。

【二审稿】法人可以依法设立分支机构。法律规定分支机构应当办理登记的,依照其规定。

【一审稿】与二审稿相同。

【法学会稿】法人可以设立分支机构。

分支机构经法人授权,得以自己的名义从事民事活动,由此产生的债务,以法人分支机构以及法人的财产承担。

【社科院稿】无。

【建议稿】法人可以依法设立分支机构。法律规定分支机构应当办理登记的,依照其规定。

分支机构以自己的名义从事民事活动的,由此产生的民事责任由法人承担。

【建议理由】本条是关于法人分支机构的规定。

法工委和法学会的意见稿将分支机构专设条款规定,社科院稿则没有规定。分支机构是相对独立活动的法人组成部分,其责任具有特殊性,在此设条款规定具有重要意义。

法人的分支机构是根据法人的意志决定设立的法人组成部分,因此法人分支结构应当根据法人章程或者决议的授权,在法人的目的范围内从事经营业务,隶属于法人,因此不能作为独立的民事权利主体。为了便利法人分支机构的活动,同时应当允许分支机构依照法律规定以自己的名义独立从事民事活动,但仍应当由法人承担其行为的民事责任。根据公司法等其他单行法的规定,企业法人的分支机构应当进行登记,则应当依据其他法律规定予以登记。

## 第七十六条【法人的住所】

【三审稿】法人以其登记的住所为住所。依法不需要登记的,以其主要办事机构所在地为住所。

【二审稿】法人以其主要办事机构所在地为住所。

【一审稿】与二审稿相同。

【法学会稿】法人以其登记的住所为住所,没有登记的,以其主要办事机构所在地为住所。

【社科院稿】法人以其登记的住所为住所,未登记的以其主要办事机构所在地为住所。

【建议稿】法人以其登记的住所为住所。依法不需要登记的,以其主要办事机构所在地为住所。

【建议理由】本条是关于法人住所地的规定。

　　法工委一审及二审的意见稿中皆规定法人以其主要办事机构所在地为住所，社科院稿和法工委稿同样采用此观点，而三审稿中则采用了登记的住所为住所。

　　法人的住所是法人发生法律关系的中心地域，住所对于法人而言具有重要意义，决定诉讼管辖、登记管理、债务履行等诸多民事关系的发生，具有重要意义。在确定法人住所的方法上，各国之间有不同的立法例。"营业中心地"为法人住所地的是指以公司进行生产、交易、投资或其他活动过的地方，为法人住所地，理由是法人在其营业中心的活动实现了法人的目的，体现法人的职能，比较稳定，不会发生法人为了进行法律规避而任意改变中心的情况，且有利于国家对法人的生产经营活动进行控制管理。意大利商法典第 230 条规定："本座或主要营业地在意大利的公司，即使在外国成立，也视为意大利的法人，各方面都应该遵循意大利的法律。"美国路易斯安那州立法也规定法人的住所被认可为位于其成立地州或主要营业地州中最适合特定争议的州。但这一理论也存在问题，将调整法人经济活动和确定法人的法律人格混为一谈，且在营业中心无法确定的情况下，难以操作。"管理中心地"为法人住所地的是指以法人主要办事机构所在地为法人住所，理由是法人管理的中心是法人的首脑机关，对于监督和征税十分便利，且法人的管理中心地形成了指导其活动的决策和决议，使得法人的意志独立于其成员的意志，这一理论得到了欧洲大陆国家和很多其他国家的支持，是较为广泛应用的方式。法国民法典第 1837 条规定，总机构在法国领土上的一切公司均受到法国法律规定的约束。日本民法典第 50 条规定："法人之住所，在其主要事务所之所在地。"这一理论较为便于管理，但是法人可以因此而随意地变更管理中心，从而规避法律，而且现代公司很可能存在多个管理中心，从而使实际的操作变得十分困难。"法人章程所规定的住所地为主，管理中心地为辅"是指法人章程确定法人的住所地，而在章程没有规定的情况下则以管理中心地为住所地。德国民法典第 24 条规定："若法律没有其他规定，社团的事务执行地视为其住所。""法人成立地"为住所地是指因为一般而言法人需要经过登记方能有效成立，所以法人的成立地又称为注册登记地，以法人的成立地为其住所地主要在英美法国家得到了广泛的支持，这些国家一般规定法人依据哪一个国家的法律登记成立，则具有这一国家的住所，但这种规定下，很有可能导致当事人利用此规定来达到规避管理的目的，比如可以在法人设置限制宽松的国家成立法人，而将经营中心地设置在其他国家，达到逃避税收等目的。法人的成立地可能与该法人的营业中心地、管理中心地没有任何关系，大大降低法人的住所实际应该有的含义的价值。①

　　法工委的三审稿意见采用了"法人成立地"为住所地的规定，这一规定适应了存在法律规避和多管理中心的情况，使得法人不能随意变更管理中心来规避法律，同时也结合了"管理中心地"的标准，尽量避免法人的成立地位于生产经营地无关的情况，有利于保护交易安全。

---

　　① 颜林：《论法人的住所制度及其在国际民商事案件中的适用》，载《中共南京市委党校南京市行政学院学报》2007 年第 5 期。

## 第七十七条【法人的登记】

【三审稿】第六十二条　法人在存续期间登记事项发生变化的，应当依法向登记机关申请变更登记。

第六十三条　法人的实际情况与登记的事项不一致的，不得对抗善意第三人。

第六十四条　登记机关应当依法及时公示法人登记的有关信息。

【二审稿】第六十条　法人在存续期间登记事项发生变化的，应当依法向登记机关申请变更登记。

第六十一条　法人的实际情况与其登记的事项不一致的，不得对抗信赖登记的善意第三人。

第六十二条　登记机关应当通过信息公示系统依法及时公示法人登记的有关信息。

【一审稿】与二审稿相同。

【社科院稿】无。

【法学会稿】无。

【建议稿】依法需要登记的法人登记后，在存续期间登记事项发生变化的，应当依法向登记机关申请变更登记。

法人的实际情况与登记的事项不一致的，不得对抗善意第三人。

登记机关应当依法及时公示法人登记的有关信息。

【建议理由】此条是关于法人登记制度的规定。

法工委意见稿将登记制度编进了一般规定的内容中，强调了法人登记制度的重要性，第二稿的表述比第一稿更加精炼，这一规定不宜过于详细，其他法律或者行政法规对此项制度仍然可以进行补充规定。

第1款是法人变更登记的规定，由于不同的法人类型，是否需要登记以及登记的程序和内容都不相同，因此此项规定宜限定为"依法需要登记的法人"。

第2款是关于法人登记效力的规定。商事登记是法律行为，产生一定的法律效力，主要体现在：创设和公示效力，经过登记的主体具有主体资格，公示效力体现社会公信力；对抗第三人效力，是公示效力的延伸，即未经登记和公告不得对抗善意第三人。

第3款是法人登记的公示。法人登记制度是法人设立人为法人成立、变更、终止商事主体资格，依照法律规定的程序向法定主管机关申请登记，被登记主管机关核准登记并公示的制度，法人登记制度在民法上最重要的价值在于社会公示，便于利害关系人了解到法人变动的事实，保障交易安全。

德国民法典对法人的变更登记作了详细的规定，产生宣示效力，第68条规定"若原董事会成员与第三人实施法律行为，惟法律行为实施之时董事会变更，已登记于社团登记簿或第三人知其变更，该变更始得对抗第三人。即便变更已为登记，若第三人不知该变更，且其不知非因过失所致，第三人亦无须受其效力之约束"。登记事项不对无过失的善意第三人产生效力。另外，对章程变更也作出了规定，第33条规定："社团的权利能力系基于邦的许可而取得时，其章程的变更需获得邦的认可；由联邦参议院许可的，需获得联邦参议院的认可。"第67条规定了董事会的变更："董事会的每次变更应由董事会申报登记。申报应附具关于变更的文件的副本；由法院任命的董事会成员，应由法院依据职权进行登记"；日本民法典第 38 条规定："章程的变更，非经主管官署认可，不发生效力"。可见大陆法系国家民法中都有对法人登记制度的规定，但登记仅具有宣示效力。此项规定兼顾登记簿登记事项的信赖，同时有利于保护市场竞争和交易安全。

## 第七十八条【法人的分立合并】

【三审稿】法人合并的，其权利和义务由合并后的法人享有和承担。法人分立的，其权利和义务由分立后的法人享有连带债权，承担连带债务，债权人和债务人另有约定的除外。

【二审稿】法人合并、分立的，其权利和义务由变更后的法人享有和承担。

【一审稿】与二审稿相同。

【法学会稿】无。

【社科院稿】无。

【建议稿】法人合并的，其权利和义务由合并后的法人享有和承担。法人分立的，其权利和义务由分立后的法人享有连带债权，承担连带债务，债权人和债务人另有约定的除外。

【建议理由】法工委的意见稿将法人的分立与合并列入了民法总则，在体例上更加科学合理，三审稿对法人分立后债务的承担作出了详细的规定。

法人的合并包括吸收合并和新设合并。吸收合并是指被合并法人归入其他法人，被合并法人解散，合并法人则应当承受被合并法人的权利义务。新设合并是两个以上法人合并为一个新法人，原有的法人因此解散，新法人出现并且应当承受原法人的权利义务，在法人合并的两种情况下，合并后的法人都应当承担和享有原法人的权利义务。法人的分立包括存续分立，即从原有法人中分离出一部分，新法人产生，原法人也继续存在；新设分立，即将原有法人拆分为若干新法人，原法人解散，在法人分立之前，就权利义务的承受问题有达成合意的必要和空间，三审稿中对分立的情况下规定例外情形是有必要的。

## 第七十九条【法人的终止】

【三审稿】法人由于下列原因之一终止：

(一)法人解散；

(二)法人被宣告破产；

(三)法律规定的其他原因。

法人终止，法律、行政法规规定须经有关机关批准的，依照其规定。

【二审稿】法人由于下列原因之一终止：

(一)法人解散；

(二)法人被宣告破产；

(三)法律规定的其他原因。

法人终止，法律规定须经有关机关批准的，依照其规定。

【一审稿】与二审稿相同。

【法学会稿】无。

【社科院稿】无。

【建议稿】法人由于下列原因之一终止:

(一)法人解散;

(二)法人被宣告破产;

(三)法律规定的其他原因。

法人终止,法律、行政法规规定须经有关机关批准的,依照其规定。

【建议理由】法人终止是指法人丧失民事主体资格,不再具有民事权利能力与行为能力的状态,通常包括:依法被撤销;解散;依法宣告破产;法人的分立、合并;其他原因,包括国家机关机构调整而导致的机关法人终止等情况。当企业法人终止原因出现时,在法人存续期间应进行清算,以其独立的财产承担民事责任后,再办理注销登记,才能使企业法人终止,法人生命才能最终完结。企业法人终止的最终程序是注销登记,经清算的注销登记才是法人消灭的标志。这与破产清算程序使法人终止的规定是一致的。在现行法律规定中对企业法人的终止和解散规定十分不明确,民法通则中规定企业法人依法被撤销和解散或依法宣告破产等原因,列为企业终止的原因。而最高人民法院关于贯彻执行《中华人民共和国民法通则》若干问题的意见(试行)规定:企业法人解散或被撤销的应组织清算组进行清算,企业法人终止,应当向登记机关办理注销登记。在企业法人终止事由出现后,是否必须先清算继而进行注销登记再终止,有关法律及司法解释与行政法规的规定是矛盾的。在企业行政管理法规中,明确了企业法人不经清算就可以注销登记使法人消灭,或者还可以理解为对需要强行终止法人资格的企业法人,可以先注销,后实施清算,这些法律与法规之间的矛盾和缺陷必然导致司法实践中不同认识和司法不一致①。法工委三审稿增加了关于法人终止的规定,有利于明确法人终止的情况,更加科学合理。

由于我国国家机关和事业单位的特殊性质,其终止不能适用一般的法人终止原因,因此本条的第 2 款特别规定,法律、行政法规规定须经有关机关批准的,依照其规定。

## 第八十条【法人解散】

【三审稿】有下列情形之一的,法人解散:

(一)法人章程规定的存续期间届满或者法人章程规定的其他解散事由出现的;

(二)法人的权力机构决议解散的;

(三)因法人合并或者分立需要解散的;

(四)法人依法被吊销营业执照、登记证书,责令关闭或者被撤销的;

(五)法律规定的其他情形。

【二审稿】有下列情形之一的,法人解散:

(一)法人章程规定的存续期间届满或者法人章程规定的其他解散事由出现的;

---

① 田浩为:《企业法人终止的立法缺陷及审判对策》,载《法律适用》2000 年第 11 期。

（二）法人的权力机构决议解散的；

（三）法人依法被吊销营业执照、登记证书，责令关闭或者被撤销的；

（四）法律规定的其他情形。

**【一审稿】**与二审稿相同。

**【法学会稿】**有下列情形之一的，法人解散：

（一）因目的事业已经完成或者确定无法完成；

（二）章程规定的存续期间届满，或者章程规定的其他解散事由出现；

（三）法律规定的其他情形。

**【建议稿】**有下列情形之一的，法人解散：

（一）法人章程规定的存续期间届满或者法人章程规定的其他解散事由出现的；

（二）法人的权力机构决议解散的；

（三）因法人合并或者分立需要解散的；

（四）法人依法被吊销营业执照、登记证书，责令关闭或者被撤销的；

（五）法律规定的其他情形。

**【建议理由】**本条是关于法人解散事由的规定。

法工委稿和法学会稿都将法人解散事由编入一般规定，条款上法学会稿的规定更加概括。

在我国现行立法上，民法通则第45条规定的法人的终止事由包括依法被撤销、解散、依法宣告破产以及其他原因。公司法第8章规定了公司解散，第180条规定了公司解散："公司因下列原因解散：（一）公司章程规定的营业期限届满或者公司章程规定的其他解散事由出现；（二）股东会或者股东大会决议解散；（三）因公司合并或者分立需要解散；（四）依法被吊销营业执照、责令关闭或者被撤销；（五）人民法院依照本法第一百八十三条的规定予以解散。"在法学理论界，企业解散的含义也各不相同，一种称企业解散是指企业作为一个组织实体因某种原因而归于消灭的一种状态的法律程序①，是含义较广的解散，比较倾向于公司法上规定的解散；另一种则认为，企业解散是指企业自行解散、歇业，包括企业因章程预定的事由出现而解散，以及由出资人或企业在章程预定的事由之外作出决定或者决议而解散，② 是狭义的解散，更倾向于民法通则的观点。

由于我国的民法理论基本在广义上使用解散一词，把解散仅限制为自愿解散的意见是非常少的。因此我们认为，将解散理解为包括自愿解散和强制解散的广义解散更为合适。法人解散的事由一般应当具备以下条件：（1）因法人的目的事业已经完成或者确定无法完成。法人设立和存在是为了特定的目的事业，在目的事业已经完成或确定不能完成的情况下，法人也就没有存在的必要，许多国家都规定法人在这种情况下应当予以解散；（2）因章程规定的存续期间届满，或者章程规定的其他解散事由出现。法人的章程体现法人的意志，基于私法自治的原则，对此法律在一般情况系应当予以承认，章程中规定了存续期间或者解散事由的，在条件成就之后，法人应当终止；（3）法人的合并和分立；（4）出现法

---

① 甘培忠：《企业法新论》，北京大学出版社2000年版，第345页。

② 史际春、温烨、邓峰：《企业和公司法》，中国人民大学出版社2001年版，第81页。

律规定的其他情形的,此为兜底的条款,其他的法律可以对法人的终止作出规定,如公司法对公司的解散事由作出规定等,因企业法人被吊销营业执照、登记证书,责令关闭或者被撤销等情况都应当包含在内。

法人解散的事由各国立法均有规定。德国民法典第41条规定:"社团可以通过全体成员大会决议予以解散。除章程另有规定外,解散决议需出席成员的2/3多数同意。"第42条规定:"社团因开始破产程序解散。"第43条规定:"全体社团成员大会的违法决议或者董事会的违法行为危及公共利益安全时可以剥夺社团的权利能力;根据章程不以经营目的的社团,经营时可以剥夺其权利能力;因许可而取得权利能力的社团,如想达到章程规定外的目的,可以剥夺其权利。"第73条规定:"成员人数减少到3人以下的,初级法院应根据董事会的申请剥夺社团的权利能力。"第87条规定:"基金会的目的不能完成或者完成危及公共利益的,主管机关可以为基金会另定目的或者将基金会撤销。"瑞士民法典第76条规定:"社团可以随时根据社团决议解散。"第77条规定:"社团无支付能力或者不能依照章程组成董事会时,应依照法律解散社团。"第78条规定:"社团的宗旨违法或违背善良风俗时,法官需依据主管官厅或利害关系人的起诉,宣告其解散。"日本民法典第68条规定:"(1)法人因下列事项理由解散:①章程或捐助章程所定解散事由发生;②法人的目的事业已成功或不能成功;③破产;④设立许可被撤销。(2)社团法人,除前款所载外,因下列事项而解散:①全会决议;②社员死亡。"

## 第八十一条【法人的清算】

【三审稿】第六十八条 法人解散的,清算义务人应当及时组成清算组进行清算。

法人的董事、理事等执行机构成员为清算义务人。但是,法人章程另有规定、法人权力机构另有决议或者法律另有规定的除外。

清算义务人未及时履行清算义务的,主管机关或者利害关系人可以申请人民法院指定有关人员组成清算组进行清算。

第六十九条 法人的清算程序和清算组职权,依照有关法律的规定;没有规定的,参照适用公司法的有关规定。

第七十条 清算期间,法人存续,但是不得从事与清算无关的活动。

法人清算后的剩余财产,根据法人章程的规定或者法人权力机构的决议处理。法律另有规定的,依照其规定。

清算终结,并完成法人注销登记时,法人终止;法人依法不需要办理登记的,清算终结时,法人终止。

删除第七十一条清算义务人责任。

【二审稿】第六十八条 法人解散的,清算义务人应当及时组成清算组进行清算。

法人的董事、理事等执行机构成员为清算义务人。但是,法人章程另有规定、法人权力机构另有决议或者法律另有规定的除外。

清算义务人未及时履行清算义务的,主管机关或者利害关系人可以申请人民法院指定有关人员组成清算组进行清算。

第六十九条 公司的清算程序和清算组职权，适用公司法的有关规定。

公司以外的法人的清算程序和清算组职权，依照有关法律的规定；没有规定的，参照适用公司法的有关规定。

第七十条 清算期间，法人存续，但是不得从事与清算无关的活动。

法人清算后的剩余财产，根据法人章程的规定或者法人权力机构的决议处理。法律另有规定的，依照其规定。

清算终结，并完成法人注销登记时，法人终止；法人依法不需要办理登记的，清算终结时，法人终止。

第七十一条 清算义务人怠于履行清算义务，造成法人财产损失的，应当在造成损失范围内对法人债务等承担责任。

清算义务人怠于履行清算义务，导致法人主要财产、账册、重要文件等灭失，无法进行清算的，对法人债务等承担连带责任。

**【一审稿】**与二审稿相同。

**【法学会稿】**法人解散的，应当依法进行清算。未经清算即终止的，由清算义务人承担责任。

**【社科院稿】**无。

**【建议稿】**法人解散的，应当依法进行清算。在清算期间，法人应当停止清算目的范围以外的一切活动。

清算义务人应当及时组成清算组进行清算，未依法及时进行清算即终止法人或怠于履行清算义务的，应当根据法律规定承担相应责任。

法人的清算程序和清算组职权，依照有关单行法的规定；没有规定的，参照适用公司法的有关规定。

**【建议理由】**此条是关于法人的清算程序的规定。

法工委的意见稿对法人解散和清算程序、责任作了十分详细的规定，而法学会稿只作了原则性的规定，社科院稿则没有在一般规定中对此进行规定。是否应当对清算程序详细规定取决于民法典后的单行立法，若单行法中分别对不同法人类型的清算程序予以规定，那么在民法总则中则无须详细制定规则。由于现行立法是在区别法人企业和非法人企业、公司企业和非公司企业、国有企业和非国有企业等的基础上分别立法，我们认为无须在总则中详细地规定。

第1款规定的是法人解散与清算。我们认为，清算程序是对解散法人的法律关系进行清理，最终使得法人归于消灭的程序，解散是清算过程的起点，法人应当依法进行清算，了结法人的债权债务关系，这是保护利害关系人利益、维护市场稳定与经济安全的必要程序，在法人清算终结之后，法人资格消灭。因此法人解散的，应当进行清算。关于法人的解散与人格是否消散有四种说法，"清算法人说"看重法人目的，认为法人一经解散，不再进行目的活动，人格就消灭，另外成立以独立的"清算法人"进行清算；"同一法人说"认为，法人解散人格不消灭，直到清算程序终结，人格才归于消灭；"拟制存续说"认为，法人一经解散，人格本应当消灭，但民法为了实际上的便利而拟制存续；"同一法人说兼顾拟制存续说"认为，法人在清算前后仍然保持同一性，但由于社团法人社员的缺失而丧失存在的基础，故理解为法律拟制存在。目前大多数学者认为，清算前后的法人具有同一人格，如果法人因为解散而丧失人格将导致在法人存续期间发生的法律关系难以清算，法人终止后不应当使其权利能力归于完全消灭，因此，我们采用"同一法人说"，法人于清算期间仍然存在，但在清算范围之外不再具有权利能力，法人不能再为清算目的之外的活动。

第2款规定的是清算组及其权利义务。负责进行清算的个人或者组织是清算组，可以为法人的董事、理事等执行机构成员，或者法人权力机构决定的个人或者组织等，具体应当为公司自治的范围，清算组应当及时依照法律或者公司章程的规定，履行清算义务，了结债权债务，处理剩余财产。

第3款是清算程序的规定。由于不同类型的法人程序各不相同，因此规定清算的具体程序应当由单行法的特别规定予以制定。

## 第八十二条【法人宣告破产】

【三审稿】法人被宣告破产的，依法进行破产清算并完成法人注销登记时，法人终止。

【二审稿】与三审稿相同。

【一审稿】与三审稿相同。

【法学会稿】无。

【社科院稿】无。

【建议稿】法人被宣告破产的，依法进行破产清算并完成法人注销登记时，法人终止。

【建议理由】此条款为法人破产清算的规定。

法工委意见稿中，前述条款规定了法人终止的情况，破产属于其中之一，在此条中对法人被宣告破产的情况下，应当依法进行破产清算，规定更加科学合理，故而采纳。

法人破产的，也应当经过破产清算法人才终止。破产清算是法定特别强制清算程序，又称司法清算。与普通清算程序相比较，引起破产清算的原因具有特殊性，是人民法院通过破产宣告而导致企业终止后进入破产清算程序；清算机构的成立也具有特殊性，司法机关直接介入清算组的成立；清算程序具有规范性和复杂化，清算机构在法院严格监督下进行，且需要接受债权人会议的监督。

第二节　社团法人

第一目　社团法人的一般规定

## 第八十三条【社团法人的定义及分类】

【三审稿】无。

【二审稿】无。

【一审稿】无。

【法学会稿】没有对社团法人的定义。

【社科院稿】社团法人是以自然人、法人或组织为成员，依法成立的法人组织。

【建议稿】社团法人是以自然人、法人或者其他组织作为社员，依照法律规定成立的法人。

社团法人可以分为营利社团法人、非营利社团法人与中间法人。

营利社团法人可以分为社员承担有限责任的法人和社员承担无限责任的法人。

非营利社团法人主要包括：社团团体法人和事业单位法人。

中间法人主要包括：居民委员会、村民委员会、业主委员会和校友会等法人。

【建议理由】社团法人是私法人中与财团法人相对的概念，与民法通则中"社会团体法人"不同，社会团体法人属于"公益性社团法人"，其应归属于社团法人一类。社团法人是指以社员权为基础的人的集合体，也称人的组合。构成社团法人的基本因素是人与财产两项，但社团法人仍以人为基础，由人构成意思机关，再由意思机关形成法人意思决定团体之行为。其有自己的组织成员，民事主体中自然人、法人都可以称为其社员。在历史上，社团是最早出现的团体形式，随着经济发展，股份有限公司的出现促使社团法人制度的建立和完善。社团法人以法人成立或活动的目的不同分为营利社团法人、非营利社团法人与中间法人。营利社团法人是指以取得营利并分配给其社员为活动目的的法人，最典型的代表即公司。非营利社团法人的代表为社会团体法人与事业单位法人。中间法人代表为校友会、老乡会等。

区分营利社团法人、非营利社团法人、中间法人有重要意义。传统民法法人分类中有"公益法人"与"营利法人"之分，主要是区分法人设立的目的，由此导致两者在设立方式、法律适用上不同。但是随着经济的大幅度发展，出现了非以公益为目的，但也不以营利为目的的社会团体，如校友会，此时将其界定为公益性法人或营利性法人都不合适。因此有必要在社团法人中划分为营利社团法人、非营利社团法人与中间法人。从字面上理解非营利社团法人是指不以营利为目的，与营利社团法人相对，但是中间法人比较特殊，其非以公益也非以营利，仅包含在非营利中，容易将其与公益法人混淆；法工委一、二、三审稿都将法人分为营利法人与非营利法人，其不能将法人各种类别都包含进去，但是我们以社团自治与组织机构为依据划分就可以很好地解决此问题。社团法人就是通过其成员大会实现社团自治，但是只要通过成员大会进行自治的法人都可归为此类，无论其设立目的是什么。① 但因为法人设立目的的不同，其规制有所不同，所以应在民法典中分别规定。

## 第二目　营利社团法人

### 第八十四条【社员承担有限责任的营利社团法人】

【三审稿】以取得利润并分配给其股东等出资人为目的成立的法人，为营利法人。

---

① 参见谭启平、黄家镇：《民法总则中的法人分类》，载《法学家》2016年第5期。

营利法人包括有限责任公司、股份有限公司和其他企业法人等。

【二审稿】同三审稿。

【一审稿】以取得利润并分配给其股东或者其他出资人等成员为目的成立的法人，为营利性法人。

营利性法人包括有限责任公司、股份有限公司和其他企业法人等。

【法学会稿】本法所称营利性社团法人，包括企业法人和农民专用合作社法人等。

【社科院稿】无。

【建议稿】以取得利润并分配给其股东等出资人为目的成立的法人，为营利社团法人。

社员承担有限责任的营利社团法人包括：有限责任公司、股份有限公司和其他企业法人。社员对法人的债务承担有限责任。

【建议理由】营利社团法人中"营利"该如何解释存有疑义。有人认为，法人应以其目的事业判定。若是目的事业实质上为经营行为，就是营利社团法人。还有人认为，法人在其从事经济行为的同时须将所收利益分配给其成员，才是营利社团法人。目前很多非营利社团法人从事经营活动，但是会将所得收益实现其公益目的，此类法人不能因为其从事经济活动就将其归入营利社团法人。因此，营利社团法人并不是指法人本身营利，而是指法人营利的目的是为其成员营利。

另外，根据成员承担责任范围的不同，营利社团法人分为社员承担有限责任的社团法人和社员承担无限责任的社团法人。

### 第八十五条【社员承担有限责任的营利社团法人的成立】

【三审稿】营利法人，经依法登记成立，取得法人资格。

【二审稿】同三审稿。

【一审稿】同三审稿。

【法学会稿】营利性社团法人的设立、变更和终止，应当依法办理登记；法律规定应当办理批准手续的，依照其规定。

【社科院稿】营利性社团法人的设立、变更和终止，应当依法办理登记；法律规定应当办理批准手续的，依照其规定。

【建议稿】社员承担有限责任的营利社团法人，经依法登记成立，取得法人资格。

依法设立的社员承担有限责任的营利社团法人，由法人登记机关发给营利法人营业执照。营业执照签发日期为社员承担有限责任的营利社团法人的成立日期。

【建议理由】营利社团法人成立以准则主义为主，公司法第6条规定：公司须经过登记才能成立，法律另有规定的除外，如特许经营的公司，在其登记前要经过有关机关批准。非营利性社团法人的成立原则上要经相关机关登记，法律若有其他规定除外。

瑞士民法典第52条第1款规定：团体组织以及有特殊目的的独立机构，在商事登记簿上登记后，即取得法人资格。我国台湾地区"民法"第45条规定：以营利为目的之社团，其取得法人资格，依特别法之规定。

## 第八十六条【社员承担有限责任的营利社团法人的章程】

【三审稿】设立营利法人，应当依法制定章程。

【二审稿】同三审稿。

【一审稿】无。

【法学会稿】商事登记机关应当设置商事登记簿，记载营利性社团法人的下列登记事项：

（一）名称、住所；

（二）经营范围；

（三）类型；

（四）法定代表人；

（五）注册资本；

（六）出资人认缴的出资额、出资方式、缴纳期限；

（七）法律规定的其他事项。

商事登记簿记载有误的，商事登记机关应当予以更正。

【社科院稿】无。

【建议稿】设立社员承担有限责任的营利社团法人应当依法制定章程，章程应记载以下事项：

（一）社员承担有限责任的营利社团法人的名称；

（二）社员承担有限责任的营利社团法人的目的；

（三）董事或理事的人数、任期及任免规则。设有监事的，需载明监事的人数、任期及任免规则；

（四）成员大会的召集、议事及决议规则；

（五）成员的出资或会费缴纳义务；

（六）成员资格的取得与丧失；

（七）解散社团法人的事由；

（八）不违反法律规定的其他事项。

【建议理由】社团法人不同于财团法人的"他律性"，社团法人是"自律性法人"，最主要体现为章程。章程是法人内部社员共同一致的意思表示，其相当于社团法人的宪章，是社团法人活动的基本准则。法律应规定章程必备条款，同时也要对章程的规定留有余地，实现社团法人的自治性。法人的名称是法人区别于其他法人的外在表现。社团目的亦即法人从事的活动的范围，超过其范围应属无效。董事和理事的规定及社员大会的规范是对法人内在机构职能的合理分配。法人成立无非是财产与人的集合，有必要在章程中对社员出资或会费缴纳进行规定。社团法人是由让渡权利构成，因此其成立基础是社员，社员资格取得与丧失也要在章程中体现。法人不能随意解散，解散事由必须符合章程的规定，如若随意解散，可能会破坏社会的稳定。因为章程是法人社员意思表示达成一致的结果，因此章程可以规定不违反法律规定的其他事务。

## 第八十七条【社团法人的机关】

**【三审稿】** 非营利法人的股东会等出资人会为其权力机构。

权力机构修改章程；选举或者更换执行机构、监督机构成员，并行使章程规定的其他职权。

营利法人应当设执行机构。

执行机构召集权力机构会议，决定法人的经营计划和投资方案，决定法人内部管理机构的设置，并行使章程规定的其他职权。

执行机构为董事会或者执行董事的，董事长、执行董事或者经理依照法人章程的规定担任法定代表人；未设董事会或者执行董事的，法人章程规定的主要负责人为其执行机构和法定代表人。

营利法人设监事会或者监事等监督机构的，监督机构依法检查法人财务，对执行机构成员及高级管理人员执行法人职务的行为进行监督，并行使章程规定的其他职权。

法律对营利法人的组织机构、法定代表人另有规定的，依照其规定。

**【二审稿】** 同三审稿。

**【一审稿】** 营利性法人的权力机构为成员大会。

营利性法人设董事会或者执行董事的，董事会或者执行董事为其执行机构，董事长、执行董事或者经理依照法人章程的规定担任法定代表人；未设董事会或者执行董事的，法人章程规定的主要负责人为其执行机构和法定代表人。

法律对营利性法人的组织机构、法定代表人另有规定的，依照其规定。

**【法学会稿】** 成员大会是社团法人的权力机关，有权依法制定、修改章程，选举或者更换执行机关、监督机关成员，并行使章程规定的其他职权。

董事会、执行董事或者理事会是社团法人的执行机关，由成员大会产生，对成员大会负责。

社团法人的执行机关根据章程的规定行使职权。

社团法人依照法律和章程规定设立监事会等监督机关。

**【社科院稿】** 成员大会为社团法人的最高权力机关，决定社团法人的章程、理事的任免、理事会或理事职务行为的监督及其他重大事项。

成员大会须每年召开一次，另在章程规定的情形及社团的利益要求时亦应召开。

成员大会由理事会或理事召集。

理事会是社团法人的执行机关，理事长为社团法人的法定代表人。不设理事会的，应有理事一人且作为负责人。

理事会或理事按照社团章程授予的权限处理社团事务。

社团法人依照法律和章程规定设立监事会或监事。

需要主管机关许可设立的社团法人，其业务由主管机关监督。法律另有规定的，从其规定。

**【建议稿】** 社员承担有限责任的营利社团法人的股东会等出资人为其权力机构。权力机构修改章程，选举或者更换执行机构、监督机构社员，并行使章程规定的其他职权。

社员承担有限责任的营利社团法人应当设执行机构。执行机构召集权力机构会议，决定法人的经营计划和投资方案，决定法人内部管理机构的设置，并行使章程规定的其他职权。执行机构为董事会或者执行董事的，董事长、执行董事或者经理依照法人章程的规定担任法定代表人；未设董事会或者执行董事的，法人章程规定的主要负责人为其执行机构和法定代表人。

社员承担有限责任的营利社团法人设监事会或者监事等监督机构的，监督机构依法检查法人财务，对执行机构社员及高级管理人员执行法人职务的行为进行监督，并行使章程规定的其他职权。

法律对社员承担有限责任的营利社团法人的组织机构、法定代表人另有规定的，依照其规定。

【建议理由】法人不同于自然人，团体人格的存续要以独立意思的存在为前提，法人的意思表示只能通过意思机关来完成。社团法人的意思机关即为社团法人的权力机关，社员大会有权决定社团法人的重大事项，其即为决策机构。社团法人作为人的集合体，必须有意思机关代表法人形成决议。对于一些重大事项，意思机关应遵照法律、章程的规定进行决议。

当意思机关进行决议，最终形成法人意思，需要执行机关进行执行，执行机关由意思机关产生并对意思机关负责，执行机关在章程授权范围内行使职权。区分意思机关与执行机关，明确了相互间的分工，可以提高社团法人的工作效率。对促进交易、维护交易安全有一定的积极影响。

法人的监督机关是对法人的执行机关的行为进行监督检查的机关。监督机关是法人的任意性机关，并非是必设机关。

德国民法典第 32 条第 1 款规定：凡不属于董事会或者社团其他机构处理范围内的社团事务，由社团全体成员大会作出的决议决定。瑞士民法典第 64 条第 1 款规定：社员大会为社团的最高机关。我国台湾地区"民法"第 50 条规定：社团以总会为最高机关。

## 第八十八条【社员承担有限责任的营利社团法人出资人义务】

【三审稿】营利法人的出资人不得滥用出资人权利损害法人或者其他出资人利益。法人的出资人滥用出资人权利给法人或者其他出资人造成损失的，应当依法承担民事责任。

营利法人的出资人不得滥用法人独立地位和出资人有限责任损害法人债权人的利益。法人的出资人滥用法人独立地位和出资人有限责任，逃避债务，严重损害法人债权人利益的，应当对法人债务承担连带责任。

【二审稿】同三审稿。

【一审稿】无。

【法学会稿】无。

【社科院稿】无。

【建议稿】社员承担有限责任的营利社团法人的出资人，不得滥用出资人权利损害法人或者其他出资人利益。法人的出资人滥用出资人权利给法人或者其他出资人造成损失的，应当依法承担民事责任。

社员承担有限责任的营利社团法人的出资人，不得滥用法人独立地位和出资人有限责任损害法人债权人的利益。法人的出资人滥用法人独立地位和出资人有限责任，逃避债务，严重损害法人债权人利益的，应当对法人债务承担连带责任。

【建议理由】承担有限责任的法人以有限责任作为其责任形式。虽然有限责任制在社会经济发展中发挥了重要作用，促进了资本的积累，然而这种团体与个人的独立实际上给出资人提供了滥用权利的武器。有限责任的主要弊端是对债权人的保护较为薄弱。① 同时也损害了法人权益。因此，对于出资人滥用法人独立地位及有限责任而损害法人债权人的利益，应规定出资人承担连带责任。

### 第八十九条【社员承担有限责任的营利社团法人出资人的撤销权】

【三审稿】营利法人的权力机构、执行机构的会议召集程序、表决方式违反法律、行政法规、法人章程，或者决议内容违反法人章程的，营利法人的出资人可以请求人民法院予以撤销，但营利法人依据该决议与善意相对人形成的民事法律关系不受影响。

【二审稿】营利法人的权力机构、执行机构的决议内容违反法律、行政法规的无效。

营利法人的权力机构。执行机构的会议召集程序、表决方式违反法律、行政法规、法人章程，或者决议内容违反法人章程的，营利法人的出资人可以请求人民法院予以撤销，但营利法人依据该决议与善意第三人形成的民事法律关系不受影响。

【一审稿】无。

【法学会稿】无。

【社科院稿】无。

【建议稿】社员承担有限责任的营利社团法人的权力机构、执行机构的会议召集程序、表决方式违反法律、行政法规、法人章程，或者决议内容违反法人章程的，营利法人的出资人可以请求人民法院予以撤销，但营利法人依据该决议与善意相对人形成的民事法律关系不受影响。

【建议理由】本条是关于出资人撤销权的规定。法人的法律行为独立于出资人的法律行为，本条规定的出资人享有撤销权情形分为两类：一类是权力机构、执行机构会议召集程序、表决方式违反法律、行政法规、章程的；另一类是决议内容违反章程的，此决议可撤销。对比来看，决议内容只有在违反章程时是可撤销的，决议内容违反法律法规，则是无效决议。法工委二审稿比三审稿多了一项无效决议的条款，笔者认为无须此条款，因为当决议内容违反强制性规定时自然无效，无须特别规定。但是章程作为法人自治文件，第三人无法知晓，如若将决议内容违反章程为无效要件，不利于交易安全。

法律行为不仅要满足内容合法，也要满足程序合法。若是程序不当，该行为会产生效力瑕疵。单纯的决议程序违法不构成决议无效的事由，但足够严重的程序违法以至于不能

---

① 王利明：《民法总则研究》，中国人民大学出版社 2003 年版，第 432 页。

够认定决议成立者，按照决议不成立处理。① 章程的效力当然没有法律、行政法规的效力层级高，因此决议程序违反章程的也是可撤销的决议。

## 第九十条【社员承担无限责任的营利社团法人的定义】

【三审稿】非法人组织是不具有法人资格，但是依法能够以自己的名义从事民事活动的组织。非法人组织包括个人独资企业、合伙企业、不具有法人资格的专业服务机构和其他组织。（相比二审稿增加了不具有法人资格的专业服务机构和其他组织。）

【二审稿】非法人组织是不具有法人资格，但是依法能够以自己的名义从事民事活动的组织。

非法人组织包括个人独资企业、合伙企业等。

【一审稿】非法人组织是不具有法人资格，但是依法能够以自己的名义从事民事活动的组织。

非法人组织包括个人独资企业、合伙企业、营利性法人或者非营利性法人依法设立的分支机构等。

【法学会稿】本法所称其他组织，包括合伙、集体经济组织等不具备法人资格的组织。

其他组织得以自己的名义从事民事活动，由此产生的债务，以其他组织以及其成员的财产承担。

【社科院稿】非法人团体是指虽不具有法人资格但依法能够以自己的名义享有权利承担义务的营利性或非营利性组织。

非法人团体包括个人独资企业、民事合伙、合伙企业、非法人的乡镇企业、非法人的中外合作经营企业、外资企业、法人的分支机构以及非法人社团、非法人财团等。

【建议稿】社员承担无限责任的营利社团法人是依法能够以自己的名义从事民事活动，并且至少有一个成员承担无限责任的社团法人。

社员承担无限责任的营利社团法人包括个人独资企业、合伙企业、两合企业等，有单行法的依照单行法规定。

【建议理由】草案采取定义加列举的方式对非法人组织进行定义，二审稿取消了分支机构的列举，三审稿增加不具有法人资格的专业服务机构的列举。法学会稿即为给出明确定义，只说了包括合伙、集体经济组织等不具有法人资格的组织，并称之为其他组织，并在后面一节只规定了合伙。社科院稿同样采取定义加列举的方式，并且用非法人团体的称呼。

根据我们此次草案的立法安排，民事主体分为自然人和法人，法人分为公法人、私法人。私法人按照其成立基础不同可分为社团法人和财团法人。社团法人中又可以根据目的事业性质分成营利社团法人、非营利社团法人与中间法人。在营利社团法人中只以成员是否承担有限责任再进行区分，突破原有的法人概念，形成完整的自然人、法人二元民事主

---

① 李建伟：《公司决议效力瑕疵类型及其救济体系再构建——以股东大会决议可撤销为中心》，载《商事法论集》2008 年第 2 期。

体体系。社员承担无限责任的营利社团法人也能够以自己的名义从事民事活动,有独立的财产,除了在社员承担责任的方式上不同,其余都可以参照社员承担有限责任的相关规则进行。对于本节第一条我们通过定义加列举的方式明确社员承担无限责任的营利社团法人,按照团体人格法定原则,社员承担无限责任的营利社团法人也能够依法设立,具有权利能力,并以自己的财产独立对外承担责任,但成员内部之间可以约定责任承担方式,但至少有一人是承担无限责任。这样的话,我国目前的合伙企业、个人独资企业、农民专业合作社、民办非企业单位等可以纳入法人范围。法人制度的重构,我们还是采取在民法总则中原则性规定,再以单行法予以分别规范。

俄罗斯联邦民法典第48条第1款规定:凡对独立财产享有所有权、经营权或业务管理权并以此财产对自己的债务承担责任,能够以自己的名义取得和实现财产权利和人身非财产权利并承担义务,能够在法院起诉和应诉的组织都是法人。第3款规定:社会团体和宗教团体(联合组织),慈善基金会和其他基金会、法人的联合组织(协会和联合会),属于其发起人(参加人)对之不享有财产权利的法人。第50条第2款规定:作为商业组织的法人可以以商合伙和商业公司、生产合作社、国有和自治地方所有单一制企业的形式成立。

土库曼斯坦民法典第48条规定:凡对独立财产享有所有权并以此等财产对自己的债务承担责任,能以自己的名义取得和实现财产和人身非财产权并承担义务,能在法院起诉和应诉的组织都应视为法人。

## 第九十一条【社员承担无限责任的营利社团法人的设立】

【三审稿】无。

【二审稿】无。

【法学会稿】无。

【社科院稿】非法人社团或财团的设立需要具备如下的条件:

(一)有自己的名称、组织机构和场所;

(二)有自己的章程;

(三)有自己的财产或者经费。

【建议稿】社员承担无限责任的营利社团法人依法定程序设立,参照本法有关成员承担有限责任的营利社团法人的设立的规定,有单行法的应当依照单行法的特别规定。

【建议理由】社员承担无限责任的营利社团法人作为法人的一种,其成立也需要具备一定的条件,包括实体要件和程序要件,具体的参照成员承担有限责任的营利法人,如果有单行法应该依照单行法的特别规定。

土库曼斯坦民法典第50条规定:凡以营利为目的从事经营性(商业性)活动的法人,为企业法人。企业法人应当依法设立。

## 第九十二条【社员承担无限责任的营利社团法人的成立】

【三审稿】非法人组织应当依照法律的规定登记。

法律规定非法人组织须经有关部门批准才能设立的，依照其规定。

【二审稿】与三审稿相同。

【一审稿】非法人组织应当依法登记。

设立非法人组织，法律规定须经有关机关批准的，依照其规定。

【社科院稿】无。

【法学会稿】无。

【建议稿】社员承担无限责任的营利社团法人应当依照法律的规定登记，并参照本法有关社员承担有限责任的营利社团法人的登记的规定。

【建议理由】社科院稿和法学会稿未规定登记的内容。基于管理的需要，法律鼓励所有团体登记，但此条规定，法律并不要求其一定登记。基于成立的简单和自身的灵活性，社员承担无限责任的营利社团法人在实践中大量存在，并且有些找不到管理机构，无法进行登记，要求每一个社员承担无限责任的营利社团法人都登记也不现实，并且会打击成立的积极性。但是如果根据法律采取核准制成立的，依照法律规定，法律要求登记的应当登记，法律没有要求登记的则不需要登记。实际上给了主体较多的自由，有利于鼓励结社，鼓励投资。

德国民法典第 55 条规定：列举种类的社团，应在社团住所所在地初级法院的社团登记簿上登记注册。俄罗斯联邦民法典第 51 条规定：法人应按照法人国家注册法规定的程序在被授权的国家机关进行注册。国家注册的资料应列入向公众开放的统一的法人国家注册簿。只有在法律规定的情况下，才能对法人不予进行国家注册。法人自有关事项列入统一的法人国家注册簿之时视为已经成立。

## 第九十三条【社员承担无限责任的营利社团法人的法定代表人】

【三审稿】非法人组织可以确定一人或者数人代表该组织从事民事活动。

【二审稿】与三审稿相同。

【一审稿】与三审稿相同。

【法学会稿】无。

【社科院稿】无。

【建议稿】社员承担无限责任的营利社团法人可以确定一人或者数人代表该团体从事民事活动，其行为参照有关社员承担有限责任的营利社团法人的法定代表人的规定。法律另有规定的，依其规定。

【建议理由】社科院稿和法学会稿并未规定社员承担无限责任的营利社团法人的代表人。法律规定社员承担无限责任的营利社团法人能够以自己的名义参与民事活动，但是其是组织体，不可能自己实施法律行为，必然需要法律确定代表，由其代表组织参与民事活动。我们认为，代表人对外代表团体，能够实施代表行为，为了保护交易安全，应该由法律明确代表人。并且在选任设立上都和社员承担有限责任的营利社团法人类似，可以参照本法关于法定代表人的规定。

【参考立法例】意大利民法典第 36 条规定：由上述的主席或者领导人代表社团参加诉讼。

## 第九十四条【社员承担无限责任的营利社团法人的财产】

【三审稿】无。

【二审稿】无。

【一审稿】无。

【法学会稿】无。

【社科院稿】非营利性非法人社团或非法人财团可以享有自己的财产。非营利性非法人社团的成员不享有份额，退出时也不得请求分割。

营利性非法人社团享有的自己的财产，其成员可以享有份额，在退出时可以请求分割，但章程另有约定的除外。

【建议稿】社员承担无限责任的营利社团法人的成员享有与出资相应的财产权利，并可在退出或团体解散时请求分割团体的财产，但章程或组织规则另有规定的除外。

【建议理由】德国法中，无权利能力社团因具有权利能力而享有财产权利，可以作为所有权人登记在土地登记簿中，而无须指出各社员的社员资格并将所有的成员具名登记。无权利能力社团的社团在退社时不享有退伙时合伙人享有的清算请求权。日本判例持共有说，对于非法人财团或社团财产的归属为共有，成员不持有具体份额，因此退出时不能要求分割财产。但学理认为，应根据社团的具体情况分析。我国台湾地区学者认为无权利能力社团不具有权利能力，不能成为权利主体，财产为全体社员共有。

我们认为社员承担无限责任的营利社团法人设立要求必须有自己的经费和财产，但是个体成员的个人财产一旦投入到组织中去，这部分财产的性质就发生了改变，变成整个组织的财产，构成了自身独立的财产和经费，但是退出时各成员以其出资为限请求分割财产。

## 第九十五条【社员承担无限责任的营利社团法人的责任】

【三审稿】非法人组织的出资人或者设立人对该组织的债务承担无限责任。法律另有规定的，依照其规定。

【二审稿】与三审稿相同。

【一审稿】非法人组织的成员或者设立人对该组织的债务承担无限责任。法律另有规定的，依照其规定。

【法学会稿】无。

【社科院稿】基于以团体名义作出的、有权代理的法律行为产生的债务，非营利性非法人社团或财团应以自己的财产承担责任。非法人社团的成员对社团的债务不承担责任。

营利性非法人社团应当先以自己的财产承担民事责任，其财产不足以承担责任的，其成员承担无限连带责任。

行为人对其以非法人团体的名义作出的法律行为产生的债务，承担连带责任；数人行为的，作为连带债务人承担责任。

【建议稿】社员承担无限责任的营利社团法人的出资人或者设立人对该组织的债务承担无限责任。法律另有规定的，依照其规定。

【建议理由】德国法上，因为无权利能力社团已经具有部分权利能力，需要对外承担责任，并且以社团财产为限。但对于成员是否负有责任，德国理论认为，非营利性社团的社员不承担责任，而营利性社团的成员应承担无限责任。日本也是将非法人社团区分为营利性与非营利性两种，对营利性非法人社团适用合伙法律规定，对非营利性非法人社团则基本适用社团法人的法律规定。英美法上则有"事实法人"制度，将非法人社团视为为了某种合法目的而联合为一体的、非按法人设立规则设立的人的集合体，该集合体享有民事权利和承担民事义务，财产受法律保护，并在财产范围内对外承担民事责任。

社员承担无限责任的营利社团法人在其定义中就已经明确规定，其社员对其组织的债务承担无限责任或者连带责任，不同的责任类型根据不同的组织类型，有单行法加以规制。

## 第九十六条【社员承担无限责任的营利社团法人的解散】

【三审稿】有下列情形之一的，非法人组织解散：

(一)章程规定的存续期间届满或者章程规定的其他解散事由出现的；

(二)出资人或者设立人决定解散的；

法律规定的其他情形。

【二审稿】与三审稿相同。

【一审稿】有下列情形之一的，非法人组织解散：

(一)设立人或者其成员决定解散的；

(二)章程或者组织规章规定的存续期间届满的；

(三)章程或者组织规章规定的其他解散事由出现的；

(四)出现法律规定的其他情形的。

【法学会稿】无。

【社科院稿】无。

【建议稿】有下列情形之一的，社员承担无限责任的营利社团法人解散：

(一)章程规定的存续期间届满或者章程规定的其他解散事由出现的；

(二)出资人或者设立人决定解散的；

(三)被依法吊销营业执照，责令关闭或者被撤销的；

(四)出现法律规定的其他情形的。

【建议理由】二审稿将"成员"一词换成"出资人"，其在本质上相同，应当与前面社员承担有限责任的营利社团法人的相关表述保持一致。比照法人的解散，将第3款的被撤销或者吊销营业执照责令关闭或被撤销的情形增加进去。

## 第九十七条【社员承担无限责任的营利社团法人的终止】

【三审稿】非法人组织解散的，应当依法进行清算。

【二审稿】与三审稿相同。

【一审稿】非法人组织解散的，应当依法进行清算。清算终结，并完成注销登记时，非法人组织终止。

【社科院稿】无。

【法学会稿】无。

【建议稿】社员承担无限责任的营利社团法人解散的，应当依法进行清算。清算终结，按照法律规定需要办理注销登记时，法人终止。

【建议理由】对于需要登记生效的社员承担无限责任的营利社团法人，必须要进行注销登记，否则不利于保护善意第三人。

## 第九十八条【参照适用】

【三审稿】非法人组织除适用本章规定外，参照适用本法第三章第一节的有关规定。

【二审稿】非法人团体除适用本章规定外，参照适用本法第三章第一节的有关规定。

【一审稿】与二审稿相同。

【社科院稿】关于非营利性非法人社团，在不违背团体性质的情况下，准用本法关于社团法人的规定。

关于营利性非法人社团，可根据团体的具体情况，准用本法有关社团法人或有关合伙的规定。

关于非法人财团，准用本法关于财团法人的规定。

其他法律对特定非法人团体有特别规定的，依其规定。

【建议稿】社员承担无限责任的营利社团法人可以参照适用本法关于社员承担有限责任的营利社团法人的规定。

【建议理由】社员承担无限责任的营利社团法人除了已经规定的财产和责任承担，其余都可以参照社员承担有限责任的营利社团法人的相关制度，社科院稿的分类太细，不利于实际运用。

## 第三目　非营利社团法人

## 第九十九条【非营利社团法人的含义】

【三审稿】为公益目的或者其他非营利目的成立，不向其出资人或者设立人分配所取得利润的法人，为非营利法人。

非营利法人包括事业单位、社会团体、基金会、社会服务机构等。

【二审稿】同三审稿。

【一审稿】为公益目的或者其他非营利目的成立的法人，为非营利性法人。

非营利性法人不得向其成员或者设立人分配利润。

【法学会稿】设立非营利性社团法人，应当依法经主管机关批准，并办理登记手续。

本法所称非营利性社团法人，包括事业单位法人和非基金会社会团体法人等。

【社科院稿】无相关条款。

【建议稿】为公益目的或者其他非营利目的成立，不向其出资人或者设立人分配所取得利润的法人，为非营利社团法人。

非营利社团法人包括事业单位、社会团体、社会服务机构等。

【建议理由】随着经济的不断发展，多种"新类型"的法人应运而生。非营利社团法人中，已经不仅仅是为公益目的成立的法人，还有其他为非营利目的成立的法人。社会团体就是典型的例子，例如，中国作家协会就是作家自愿结合的专业性人民团体。其设立的目的具有公益性，笔者认为其更是为了维护作家群体的利益。

## 第一百条【非营利社团法人的终止】

【三审稿】为公益目的成立的非营利法人终止时，不得向其出资人或者设立人分配剩余财产；其剩余财产应当按照章程的规定或者权力机构的决议用于公益目的；不能按照法人章程规定或者权力机构的决议处理的，由主管机关主持转给宗旨相同或者相近的以公益为目的的法人，并向社会公告。

【二审稿】与三审稿相同。

【一审稿】为公益目的成立的非营利性法人终止时，不得向其成员或者设立人分配剩余财产；其剩余财产应当按照章程的规定或者权力机构的决议用于公益目的；不能按照法人章程规定或者权力机构的决议处理的，由主管机关主持转给宗旨相同或者相近的以公益为目的的法人，并向社会公告。

【建议稿】为公益目的成立的非营利社团法人终止时，不得向其出资人或设立人分配剩余财产；其剩余财产应当按照章程的规定或者权力机构的决议用于公益目的；不能按照法人章程规定或者权力机构的决议处理的，由主管机关主持转给宗旨相同或者相近的以公益为目的的法人，并向社会公告。

【建议理由】营利社团法人终止后将会向其成员分配财产或者是按照章程规定处分财产。为公益目设立的非营利社团法人设立目的不同于营利社团法人，因此非营利社团法人是不会向其成员分配财产的，终止时将按照章程或是公益目的处分剩余财产。

## 第一百零一条【事业单位法人】

【三审稿】具备法人条件，为实现公益目的设立的事业单位，经依法登记成立，取得事业单位法人资格；依法不需要办理法人登记的，从成立之日起，具有事业单位法人资格。

【二审稿】同三审稿。

【一审稿】同三审稿。

【法学会稿】设立非营利性社团法人,应当依法经主管机关批准,并办理登记手续。

【社科院稿】无。

【建议稿】具备法人条件,为实现公益目的设立的事业单位,经依法登记成立,取得事业单位法人资格;依法不需要办理法人登记的,从成立之日起,具有事业单位法人资格。

【建议理由】事业单位法人是指从事非营利性的社会各项公益事业的法人。它包括从事文化、教育、卫生、体育、新闻等公益事业的单位,这些法人组织不以营利为目的,一般不参与商品生产和经营活动,虽然有时也能取得一定收益,但属于辅助性质。[1] 事业单位设立大致分为两种:一种是通过法律规定和政府命令设立,不需要办理登记手续,从成立之日起即具备法人资格。另一种是通过自然人法人的设立行为设立,其类似于营利社团法人,需要办理登记手续。

【参考立法例】民法通则第 50 条第 2 款规定:具备法人条件的事业单位、社会团体,依法不需要办理法人登记的,从成立之日起,具有法人资格;依法需要办理法人登记的,经核准登记,取得法人资格。

## 第一百零二条【事业单位法人的机构】

【三审稿】事业单位法人设理事会的,理事会为其决策机构。事业单位法定代表人按照其章程的规定产生。

法律对事业单位法人的组织机构、法定代表人另有规定的,依照其规定。

【二审稿】同三审稿。

【一审稿】同三审稿。

【法学会稿】无。

【社科院稿】无。

【建议稿】事业单位法人设理事会的,理事会为其决策机构。事业单位法定代表人按照其章程的规定产生。

法律对事业单位法人的组织机构、法定代表人另有规定的,依照其规定。

【建议理由】此条是关于事业单位法人组织机构的规定。事业单位法人是社团法人下的分类,其也是人的集合,因此其决策机构应为理事会,法定代表人由章程规定。

## 第一百零三条【社会团体法人】

【三审稿】具备法人条件,基于会员共同意愿,为实现公益目的或者会员共同利益等

---

[1] 马俊驹、余延满:《民法原论》,法律出版社 2010 年版,第 117 页。

非营利目的设立的社会团体，经依法登记成立，取得社会团体法人资格；依法不需要办理法人登记的，从成立之日起，具有社会团体法人资格。

【二审稿】同三审稿。

【一审稿】同三审稿。

【法学会稿】无。

【社科院稿】无。

【建议稿】具备法人条件，基于会员共同意愿，为实现公益目的或者会员共同利益等非营利目的设立的社会团体，经依法登记成立，取得社会团体法人资格；依法不需要办理法人登记的，从成立之日起，具有社会团体法人资格。

【建议理由】社会团体法人是指自然人或法人自愿组成，从事社会公益、文学艺术、学术研究、宗教等活动的各类法人，如各种学会、协会。社会团体登记管理条例第3条规定了社会团体登记的相关内容。

【参考立法例】德国民法典第21条：不以经营为目的的社团，通过在主管初级法院的社团登记簿上登记而取得权利能力。瑞士民法典第60条：以政治、宗教、学术、艺术、慈善、社交为目的的以及其他不以经济为目的的社团，自表示成立意思的章程做成时，即取得法人资格。日本民法典第34条：有关祭祀、宗教、慈善、学术、技艺及其他公益的社团或财团不以营利为目的者，经主管官署许可，可以成为法人。

## 第一百零四条【社会团体法人的机构】

【三审稿】设立社会团体法人应当依法制定章程。

社会团体法人应当设会员大会或者会员代表大会等权力机构。

社会团体法人应当设理事会等执行机构。理事长或者会长等负责人依照法人章程的规定担任法定代表人。

【二审稿】同三审稿。

【一审稿】社会团体法人应当制定章程，设会员大会或者会员代表大会等权力机构。

社会团体法人应当设理事会等执行机构。理事长或者会长等主要负责人依照法人章程的规定担任法定代表人。

【法学会稿】无。

【社科院稿】无。

【建议稿】设立社会团体法人应当依法制定章程。

社会团体法人应当设会员大会或者会员代表大会等权力机构。

社会团体法人应当设理事会等执行机构。理事长或者会长等负责人依照法人章程的规定担任法定代表人。

【建议理由】此条是关于社会团体法人组织机构的规定。因其属于社团法人，其也须订立章程，设立权力机构、执行机构。

## 第四目 中间法人

### 第一百零五条【中间法人的定义】

**【三审稿】**本节规定的机关法人、农村集体经济组织法人、合作经济组织法人、基层群众性组织法人为特别法人。

**【二审稿】**无。

**【一审稿】**无。

**【法学会稿】**无。

**【社科院稿】**无。

**【建议稿】**中间法人处于营利社团法人和非营利社团法人的中间状态,主要包括农村集体经济组织法人、合作经济组织法人、基层群众性自治组织法人等。

**【建议理由】**本条为中间法人的性质。

由于传统的营利社团法人需要以营利为目的,非营利社团法人则须以公益为目的,通常意义上对于公益的界定是为社会大多数人、不特定多数人谋取利益,学理上将介于营利社团法人和非营利社团法人之间的法人归为中间法人。史尚宽在《民法总论》中论述为:"在社团中即非公益又非以营利为目的者,称为中间社团。"[1] 王泽鉴认为中间社团,依照民法规定取得法人资格,不必得到主管机关的认可。[2] 中间法人的引入对于我国现行民事主体制度具有重要意义,可以解决农村集体经济组织、合作经济组织、村委会、居委会这一类特殊组织的民事主体资格问题。

中间法人是基于法人的不同分类而产生的,德国与瑞士民法典将法人分为经济社团和非经济社团,这一分类没有中间法人。而日本民法典由于采用的"无权利能力社团"以及"营利法人和公益法人"的划分方式,以是否分配法人财产剩余作为标准,导致介于营利和公益之间的组织没有归属。为了解决这一部分既非公益也非营利目的的团体民事行为能力问题,制定中间法人法。所谓中间法人是指"以组成成员的共同利益为目的,但不以向社员分配剩余财产为目的的社团"。中间法人不以营利为目的;从事的业务种类没有特别限制,可以为第三者利益也可以为社会利益;由希望成为社员的人共同制作章程、经过设立登记即成立,无须行政上的许可或者认可即可设立,采用准则主义;不存在行政机关的监督,为了防止法人制度的滥用,存在中间法人解散命令制度;存在有限责任中间法人和无限责任中间法人两种类型,前者设立和运营存在详细的规则,后者则为较为简易。法工委三审稿将法人分为营利法人、非营利法人和特别法人。笔者认为,这样的分类方式是不合适的。另外,介于营利社团法人与非营利社团法人之间的法人用"特别法人"称谓也是非常不恰当的。"特别法人"为我国独创,其本质与大陆法系传统中的中间法人是一致的,并没有体现出其具体性质的独特性,因此,笔者认为基于传承的一致性,用"中间法人"

---

[1] 史尚宽:《民法总论》,中国政法大学出版社 2000 年版,第 125 页。

[2] 王泽鉴:《民法总则》,北京大学出版社 2015 年版,第 58 页。

的称谓更为恰当，也更能体现这种法人本身的性质特征。

## 第一百零六条【农村集体经济组织】

【三审稿】农村集体经济组织依法取得法人资格。法律、行政法规对农村集体经济组织有规定的，依照其规定。

【二审稿】农村集体经济组织具备法人条件的，依法取得法人资格。

农村集体经济组织依法取得法人资格。

法律、行政法规对农村集体经济组织有规定的，依照其规定。

【一审稿】无。

【法学会稿】无。

【社科院稿】无。

【建议稿】农村集体经济组织依法取得法人资格。

法律、行政法规对农村集体经济组织有规定的，依照其规定。

【建议理由】本条为农村集体经济组织的规定。

农村集体经济组织是对土地拥有所有权的经济组织，在20世纪50年代的农业合作化运动中出现，其性质和产生背景都具有我国的特色。目前在法律制度上对于农村集体经济组织的界定、地位存在着不明晰的状况。我国宪法规定，"农村集体经济组织实行家庭承包经营为基础、统分结合的双层经营体制"。农村土地承包法规定："农村集体经济组织成员有权依法承包由本集体经济组织发包的农村土地。"土地管理法第14条规定："农民集体所有的土地由本集体经济组织的成员承包经营，从事种植业、林业、畜牧业、渔业生产。"农村集体经济组织之所以为中间法人，是因为一方面农村集体经济组织承担了一定的社区公共职责，另一方面，其对于农村集体的资产拥有所有权或者拥有经营管理权。农村集体经济组织不同于公法人，也不同于营利社团法人或者非营利社团法人，具有独特特征。农村集体经济组织是农村集体资产的实际产权人，代表本集体全体成员行使所有权，其性质是一类合作经济组织，其职能是经营管理土地等农村集体资产，其目的是为全体组织成员谋求经济利益，通过改组改造其组织治理结构，可以使其成为一类符合合作制企业特征的企业法人，以适应市场经济活动的需要。

## 第一百零七条【合作经济组织】

【三审稿】城镇、农村的合作经济组织依法取得法人资格。法律、行政法规对城镇、农村的合作经济组织有规定的，依照其规定。

【二审稿】法律、行政法规对合作社法人有规定的，依照其规定。

【一审稿】与二审稿相同。

【法学会稿】无。

【社科院稿】无。

【建议稿】城镇、农村的合作经济组织依法取得法人资格。法律、行政法规对城镇、农村的合作经济组织有规定的，依照其规定。

【建议理由】本条为合作经济组织的规定。

城镇、农村合作社，我国学者多从经济属性或者组织形态进行定义，认为合作社是"一种特殊的经济组织形式"，是"广大劳动者为了共同的利益，依照合作社原则、章程和法律法规，联合起来共同经营的合作经济组织"。合作社是自治组织，由合作社社员自愿联合，目的是满足社员共同的经济和社会需求，是一个共同所有和民主管理的企业。根据生产环节，可以分为生产合作社、流通合作社、信用合作社、服务合作社；根据自身功能可以分为服务合作社，如消费合作社、供销合作社、运销合作社、保险合作社、医疗合作社等，以及生产合作社；根据是否发行股票可以分为股份合作社及非股份合作社。在民事主体二元结构的体系下，由于合作社组织兼具营利性和非营利性的特点，因此，合作社是一种中间法人。合作社的具体形式应当由合作社发起人自行确立，可以选择为有限制责任性质的合作社、股份合作社形式，也可以选择为合伙组织、合作社分社等形式。

## 第一百零八条【居委会、村委会】

【三审稿】居民委员会、村民委员会具有基层群众性自治组织法人资格，可以从事为履行职能所需要的民事活动。

未设立村集体经济组织的，村民委员会可以依法代行村集体经济组织的职能。

【二审稿】无。

【一审稿】无。

【法学会稿】无。

【社科院稿】无。

【建议稿】居民委员会、村民委员会具有基层群众性自治组织法人资格，可以从事为履行职能所需要的民事活动。

未设立村集体经济组织的，村民委员会可以依法代行村集体经济组织的职能。

【建议理由】居民委员会是居民自我管理、自我教育、自我服务的基层群众性自治组织。城市居民委员会组织法第3条规定，居民委员会的任务包括：宣传宪法、法律、法规和国家的政策，爱护公共财产，开展多种形式的社会主义精神文明建设活动；办理本居住地区居民的公共事务的公益事业；调解民间纠纷；协助维护社会治安；协助人民政府或者它的派出机关做好与居民利益有关的公共卫生、计划生育、优抚救济、青少年教育等项工作；向人民政府或者它的派出机关反映居民的意见，要求和提出建议。具有为公益目的的性质。同时，该法第4条规定："居民委员会应当开展便民利民的社区服务活动，可以兴办有关的服务事业。居民委员会管理本居民委员会的财产，任何部门和单位不得侵犯居民委员会的财产所有权。"居委会具有管理本居民委员会财产的职责。居委会具有双重特征，属于中间法人。

村民委员会是乡(镇)所辖的行政村的村民选举产生的群众性自治组织，根据村民委员会组织法的规定，村民委员会是村民自我管理、自我教育、自我服务的基层群众性自治组织，应当尊重集体经济组织依法独立进行经济活动的自主权；另外该法又规定村民委员会可以依照法律规定管理本村属于村农民集体所有的土地和其他财产。具有双重特征，因此属于中间法人。

由于根据宪法的规定，农村集体经济组织实际上是农村基本经营制度的组织基础和实施前提，但是在农业法、土地承包法、土地管理法等多部其他法律中，村民委员会或村民小组可以替代农村集体经济组织的职能，如农村土地承包法第12条规定："农民集体所有的土地依法属于村农民集体所有的，由村集体经济组织或者村民委员会发包；已经分别属于村内两个以上农村集体经济组织的农民集体所有的，由村内各该农村集体经济组织或者村民小组发包……国家所有依法由农民集体使用的农村土地，由使用该土地的农村集体经济组织、村民委员会或者村民小组发包。"之所以如此规定，原因在于：我国在进行农村家庭联产承包责任制改革时，伴随着人民公社体制的废除，各省市逐步建立起乡镇、村、村小组等行政化的组织，但并未全面建立起农村集体经济组织。因此，法律规定由村民委员会或者村民小组等自治性的组织代行农村集体经济组织的职能，事实上是法律向现实妥协变通的做法。因此，在本款规定村民委员会可以依法代行村集体经济组织的职能。

## 第三节　财团法人

### 第一百零九条【财团法人的定义】

【法工委稿】无。

【法学会稿】财团法人，是指利用自然人、法人或者其他组织捐助的财产，以从事慈善、社会福利、教育、科学研究、文化、医疗、宗教等特定公益事业为目的，依照法律规定成立的非营利性法人。

本法所称财团法人，包括基金会社会团体法人、宗教团体法人等。

【社科院稿】财团法人是指利用自然人、法人和其他组织捐赠的财产，以从事公益事业为目的的法人组织。

【建议稿】财团法人，是指利用自然人、法人或者其他非法人团体捐助的财产，以从事慈善、社会福利、宗教等社会公益事业为目的的法人组织。

本法所称财团法人，包括社会福利院，基金会社会团体法人、宗教团体法人等。

【建议理由】本条规定财团法人的定义。改革开放以来，伴随着经济的发展，非营利组织有了长足的发展，较大地推动了我国社会的发展。而作为基金会、民办非企业组织、宗教团体等形式的非营利组织也越来越多，它们其中也不乏通过捐助财产提供社会慈善、医疗、教育、科技、体育以及其他公共服务的，我国存在实质意义上的财团法人，其主要表现形式就如基金会法人、法人型民办非企业组织等。财团法人在满足社会多元化利益的需要，整合民间社会资源，促进社会公益，协调政府与社会的关系和促进民主制度建设等方面都具有重大的作用。而按照民法通则的规定，在我国法人分类采取四分法，这种划分有着很明显的缺陷。首先，没有充分体现民法的社会功能，未能对潜藏于民事主体背后的私法性给予充分的认识。其次，这一划分类型不周延,民法通则没有采用财团的概念,这就限缩了法人制度的功能,同时又因基金会等财团法人形态被归入社会团体法人而带来了理论上的混乱。最后,这一划分在体系上存在逻辑缺陷。社团法人和财团法人的分类具有相当的科学性。立法者可以在民事立法和行政管理中对于法律主体制度、章程设置规范等进行有针对性的改革和完善,特别是国家对于组织管理体制的建设问题上更具有重要意义。财团法人的存在可以使个人摆脱有限的生命完成长期的事业。以财产集合为基础,从事慈善等非营利性活动的组织,在民法理论上应当作出清晰的界定。瑞士民法典第 80 条规定:设立财团法人,得有为特别目的而捐助的财产。这也是对财团法人的一种规定。

## 第一百一十条【财团法人的设立】

【三审稿】具备法人条件,为实现公益目的,以捐助财产设立的基金会、社会服务机构等,经依法登记成立,取得捐助法人资格。依法设立的宗教活动场所,具备法人条件的,可以申请法人登记,取得捐助法人资格。

【二审稿】与三审稿相同。

【一审稿】与三审稿相同。

【法学会稿】设立财团法人应当依法经主管机关批准,并办理登记手续。

【社科院稿】财团法人的设立,应当依照法律、法规进行登记。法律另有规定的,从其规定。

【建议稿】财团法人的设立,应当依照法律、法规进行登记。法律另有规定的,从其规定。

【建议理由】本条规定财团法人的设立。财团法人作为民事活动的重要主体,其承担着捐助人设立的公益事业,为完成此类事业进行各种民事法律活动。为保证民事活动正常有序的进行,财团法人的设立,应当依照法律、法规进行登记。

大多数国家和地区都对财团法人的设立有所规定。德国民法典第 80 条规定:(1)对于成立有权利能力的财团,必须得到捐助行为和财团所在地所应在州有管辖权的机关的认可。(2)捐助行为满足第 81 条第 1 款的要件,财团目的长久和持续的实现看来得到保证,且财团目的不危害公共利益的,必须认许财团为有权利能力。(3)州法律关于宗教财团的规定不受影响。依照州法律被与宗教财团同等对待的财团,准用第 1 句的规定。[①] 瑞士民法典第 81 条规定:(1)财团法人依照公证方式或遗嘱方式设立。(2)在商业登记簿上登记,应依照财团证书进行;必要时,登记可根据监督官厅的命令,在呈交管理人员名册的情况下进行。意大利民法典第 14 条规定:财团也可以以遗嘱的方式设立。在借鉴域外立法例的基础上,本条对财团法人的设立持宽松的态度,这样更有利于鼓励社会各界人士进行慈善等公益事业。

---

① 陈卫佐译:《德国民法典》,法律出版社 2015 年版,第 24 页。

## 第一百一十一条【财团法人的捐助章程】

【三审稿】设立捐助法人应当依法制定章程。

【二审稿】与三审稿相同。

【一审稿】与三审稿相同。

【法学会稿】财团法人的设立人应当制定捐助章程，遗嘱捐助的除外。

捐助章程应当载明捐助目的以及所捐财产情况。

以遗嘱捐助方式设立财团法人的，应当指定遗嘱执行人。未指定遗嘱执行人的，由主管机关指定。

【社科院稿】财团法人应根据捐赠章程组织和管理。

章程可以由捐赠人或设立人制定。捐赠人或设立人未制定章程时，由主管机关或其授权的组织制定。

遗嘱捐赠的，应当指定遗嘱执行人。未指定遗嘱执行人的，由主管机关或其授权的组织指定。

【建议稿】财团法人的设立人应当制定捐助章程，遗嘱捐助的除外。

财团法人应根据捐赠章程组织和管理。

遗嘱捐助的，应当在遗嘱中写明捐助目的，并指定遗嘱执行人。未指定遗嘱执行人的，由主管机关或其授权的组织指定。

【建议理由】本条规定财团法人的捐助章程。财团法人的设立就是完成捐助人的公益目的，为保证财团法人的顺利成立，有效地从事民事法律活动，必须订立章程，对于法律规定的若干重要事项，章程中必须记载，该章程必须清楚、明确。原则上章程是由捐助人或设立人来制定的。捐助人没有制定的，主管机关或其授权的组织应当根据财团法人的设立目的，制定章程。财团法人是通过遗嘱捐赠的方式设立的，必须在遗嘱中写明捐助的目的，并指定遗嘱执行人。没有指定的应当由相关机关和组织指定，从而确保该法人的成立后能够按照捐助人的捐助目的有效地开展活动。

## 第一百一十二条【财团法人的机关】

【三审稿】捐助法人应当设理事会、民主管理组织等决策机构，并设执行机构。理事长等负责人依照法人章程的规定担任法定代表人。捐助法人应当设监事会等监督机构。

【二审稿】与三审稿相同。

【一审稿】与三审稿相同。

【法学会稿】财团法人应当依照捐助章程设立理事会。理事会依法行使捐助章程规定的职权。

【社科院稿】财团法人设理事会。理事长为财团法人法定代表人。

理事会应当根据捐赠章程所确定的目的管理财团法人事务。（社科院稿单列一条规定财团法人的监督机构：财团法人可以根据捐赠章程设立监事或监事会。主管机关可以依法选派监事。）

【建议稿】财团法人应当依照章程设立执行机关和监督机关。

执行机关和监督机关依法行使捐助章程规定的职权。

【建议理由】本条规定财团法人的机关。财团法人应当设立执行机关和监督机关。我们认为，在财团法人内部建立更为完善的监察制度和人事制度有其必要。财团法人机关的基本权限应当在法律中明确规定，不允许在章程中另作规定，以保证交易安全。但其他权限可以允许在章程中作不同的规定。理事会为执行机关，监事会为监督机关。这样可以有效地限制理事会的权力，同时对财产的使用进行监督，从而增加财团法人的社会参与度和公信力。瑞士民法典第 83 条规定：(1)财团的机构及管理方式由财团证书规定。(2)如所定的组织不健全时，监督官厅须作必要的处置。(3)当前款的处置不能达到预期目的时，监督官厅可将该财产划归与其宗旨最相一致的另一财团。但捐助人提出异议或与财团证书有明确相反规定的，不在此限。在法律规定的范围内，给予财团法人充足的自由，完成捐助人设立目的。

## 第一百一十三条【捐助人的权利】

【三审稿】捐助人有权向捐助法人查询捐助财产的使用、管理情况，并提出意见和建议，捐助法人应当及时、如实答复。捐助法人的决策机构、执行机构或者其法定代表人作出的决定违反捐助法人章程的，捐助人等利害关系人或者主管机关可以请求人民法院予以撤销，但捐助法人依据该决定与善意第三人形成的民事法律关系不受影响。

【二审稿】与三审稿相同。

【一审稿】与三审稿相同。

【法学会稿】捐助人有权向财团法人查询捐助财产的使用、管理情况，并提出意见和建议。对于捐助人的查询，财团法人应当及时、如实答复。

财团法人违反捐助章程使用捐赠财产的，捐助人有权要求财团法人遵守捐助章程或者向人民法院申请撤销捐助行为。

【社科院稿】捐赠人有权查询捐赠财产的使用、管理情况，并提出意见和建议。对于捐赠人的查询，财团法人应当及时、如实答复。

【建议稿】捐助人有权向财团法人查询捐助财产的使用、管理情况，并提出意见和建议。对于捐助人的查询，财团法人应当及时、如实答复。在章程规定的期限内，向捐助人报告捐助财产使用情况。

【建议理由】本条规定捐助人的权利。财团法人就是为实现一定的目的，利用为此提供的一定财产而设立的永久性的组织体，[1] 为实现捐助人捐助意愿而存在。并且财团法人的最初财产来源于捐助人，捐助人虽不能成为法人的成员，但是其有权了解捐助财产的使用、管理情况，有权监督该财产的使用情况。捐助人行使该权利时，财团法人应当积极地配合，及时、如实答复。同时为更好地维护捐助人的权益，应当在章程中规定，执行机关在一定期限内向捐助人报告捐助财产的使用情况。

---

① 　[德]卡尔·拉伦茨：《德国民法通论》(上册)，王晓晔等译，法律出版社 2003 年版，第 248 页。

## 第一百一十四条【捐助财产的使用】

【三审稿】捐助人有权向捐助法人查询捐助财产的使用、管理情况，并提出意见和建议，捐助法人应当及时、如实答复。捐助法人的决策机构、执行机构或者其法定代表人作出的决定违反捐助法人章程的，捐助人等利害关系人或者主管机关可以请求人民法院予以撤销，但捐助法人依据该决定与善意第三人形成的民事法律关系不受影响。

【二审稿】与三审稿相同。

【一审稿】与三审稿相同。

【法学会稿】无。

【社科院稿】财团法人应当根据章程规定的宗旨和公益活动的业务范围使用其财产；捐赠协议明确了具体使用方式的捐赠，根据捐赠协议的约定使用。

发生违反捐赠章程行为的，捐赠人、主管机关或者设立人等利害关系人可以请求人民法院宣告无效。

【建议稿】财团法人应当根据章程规定的宗旨和公益活动的业务范围使用其财产；捐助协议明确了具体使用方式的捐助，根据捐助协议的约定使用。

发生违反捐助章程行为的，捐助人、主管机关或者设立人等利害关系人可以请求人民法院予以撤销，但财团法人依据该决定与善意相对人形成的民事法律关系不受影响。

【建议理由】本条规定捐助财产的使用。基于财团法人的设立目的，财团法人的捐助财产必须按照章程规定的宗旨和公益活动业务范围进行使用。同时应当在法律上为保证财产运作的安全而设置一定的限制性的强制性规定，章程有更加严格的规定，应当允许。为保护交易行为善意相对人的利益，该民事法律行为可以不因此而无效。

## 第一百一十五条【主管机关的监督、管理】

【法工委稿】无。

【法学会稿】无。

【社科院稿】主管机关可以对财团法人依法进行监督和管理。

发生不能实现财团法人目的情形时，主管机关可以根据捐赠人的意思，变更其目的及必要的组织，或者解散财团法人。

【建议稿】主管机关可以对财团法人依法进行监督和管理。

发生不能实现财团法人目的情形时，主管机关可以根据捐助人的意思，变更其目的及必要的组织，或者解散财团法人。

【建议理由】作为重要的民事法律主体，财团法人的顺利运行离不开及时有效的监督机制，财团法人需要外部监督和管理。主管机关可以对财团法人依法进行监督和管理。为保证财团法人有效地实现捐助人意愿，促进公益事业发展。发生不能实现财团法人目的情形时，主管机关可以变更甚至解散财团法人，维护捐助人和社会公共利益。瑞士民法典第84条规定：(1)财团法人接受按其宗旨所属的国家机关(联邦、州、乡镇)的监督。(2)监督官厅负责监督财团法人按其宗旨使用财产。在借鉴国外的立法例上，对财团法人的监督和管理应是确有必要的。

### 第一百一十六条【财团法人注销后剩余财产的处理】

【法工委稿】无。

【法学会稿】财团法人注销后的剩余财产应当依照捐助章程的规定用于公益目的；无法依照捐助章程规定处理的，由主管机关划归与该财团法人性质、宗旨相同的财团法人，并向社会公告。

【社科院稿】财团法人终止时，其财产归属于捐赠章程、募捐方案、捐赠协议指定的人或组织。捐赠章程、募捐方案、捐赠协议没有指定的，其财产可以由主管机关划归宗旨相同或者相似的财团法人，并向社会公告。

【建议稿】财团法人注销后的剩余财产应当依照捐助章程的规定用于公益目的；无法依照捐助章程规定处理的，由主管机关划归与该财团法人性质、宗旨相同的财团法人，并向社会公告。

【建议理由】本条规定财团法人注销后剩余财产的处理。财团法人的存在是为进行公益事业，必须按照章程的规定进行民事法律行为。因此财团法人注销后的剩余财产应当按照章程的规定用于公益事业，没有章程规定的也应当将财产用于从事特定的公益事业，同时为保障捐助人的财产能够得到有效的利用，增加使用的公开性和透明性，应当向社会公告，违背捐助人的意志，随意处分财团法人的财产。本条是在借鉴德国民法典的基础上拟定的。德国民法典第88条规定：财团消灭时，财产归属于捐助章程指定人。无关于归属权人的规定的，财团的财产归属于财团所在地曾经在的州国库，或归属于其他依照该州的法律确定的归属权人。准用第46条至第53条。①

# 第四章 民事权利

### 第一百一十七条【人身利益】

【三审稿】自然人的人身自由、人格尊严受法律保护。

【二审稿】自然人的人身自由、人格尊严受法律保护。

【一审稿】自然人的人身自由、人格尊严受法律保护。

【法学会稿】民事主体依法享有的人格利益和身份利益，受法律保护。死者的人格利益，依法受到保护。

【社科院稿】民事权利的客体包括：物、人格利益、智力成果等。民事权利也可以成

---

① 陈卫佐译：《德国民法典》，法律出版社2015年版，第26页。

为民事权利的客体。自然人的血液、骨髓、组织、器官等，以不违背公共秩序与善良风俗为限，可以成为民事权利的客体。

【建议稿】自然人的人身自由、人格尊严受法律保护。

【建议理由】法工委稿并没有如法学会稿、社科院稿一样设"民事权利客体"一章，而是沿袭了民法通则的体系，保留"民事权利"一章。由于宣示民事主体享有何种民事权利势必会指向权利义务的客体，因此两种立法体系并没有本质区别。本稿赞成法工委稿，保留民事权利一章，本章其他条文亦是以法工委稿为蓝本进行比较、评析。本条沿用三审稿条文，没有变动。

## 第一百一十八条【主体权利】

【三审稿】自然人享有生命权、健康权、身体权、姓名权、肖像权、名誉权、荣誉权、隐私权、婚姻自主权等权利。

法人、非法人组织享有名称权、名誉权、荣誉权等权利。

【二审稿】自然人享有生命权、健康权、身体权、姓名权、肖像权、名誉权、荣誉权、隐私权、婚姻自主权等权利。

法人、非法人组织享有名称权、名誉权、荣誉权等权利。

【一审稿】自然人享有生命权、健康权、身体权、姓名权、肖像权、名誉权、荣誉权、隐私权、婚姻自主权等权利。

法人、非法人组织享有名称权、名誉权、荣誉权等权利。

【法学会稿】【人身利益】民事主体依法享有的人格利益和身份利益，受法律保护。死者的人格利益，依法受到保护。

【社科院稿】【权利客体】民事权利的客体包括：物、人格利益、智力成果等……

【建议稿】自然人享有生命权、健康权、身体权、姓名权、肖像权、名誉权、荣誉权、隐私权、婚姻自主权等权利。

法人享有名称权、名誉权、荣誉权等权利。

【建议理由】本稿采民事主体二元论，因此第二款"法人、非法人组织"替换成"法人"。自然人、法人二元论的理论依据及制度设计在法人章节已有解释，此处不再赘述。

## 第一百一十九条【个人信息权】

【三审稿】自然人的个人信息受法律保护。任何组织和个人不得非法收集、使用、加工、传输个人信息，不得非法买卖、提供或者公开个人信息。

【二审稿】自然人的个人信息受法律保护。任何组织和个人不得非法收集、利用、加工、传输个人信息，不得非法提供、公开或者出售个人信息。

【一审稿】无。

【法学会稿】无。

【社科院稿】无。

**【建议稿】**自然人的个人信息受法律保护。任何组织和个人不得非法收集、使用、加工、传输个人信息，不得非法买卖、提供或者公开个人信息。

自然人有权请求告知、更正、删除、封锁个人信息。

**【建议理由】**增加"自然人有权请求告知、更正、删除、封锁个人信息"一款，从正面对自然人的个人信息权进行保护。

法工委一审稿、法学会稿以及社科院稿没有对个人信息权进行规定。三审稿之中，将二审稿中的"利用"改为"使用"，"出售"改为"买卖"。

(一)个人信息权为一种独立的具体人格权，应在民法典中予以确认

个人信息权是否一种独立的民事权利，不仅关系到个人信息的保护问题，还关系到民法典中是否有必要对个人信息权予以确认。武汉大学法学院罗昆副教授在《个人信息权的私权属性与民法保护模式》一文中，对关于个人信息权性质的学说进行了归纳，主要有"隐私权说"、"财产权说"、"独立人格权说"以及"双重属性的新型权利说"四种观点："隐私权说"认为个人信息是隐私权的客体，应当将个人信息纳入隐私权的保护范畴，对个人信息的控制权为隐私权的主要内容之一；"财产权说"认为商业实践中个人信息已经为营销之目的而被广泛使用；持"独立人格权说"的学者认为个人信息权不仅仅是一项人格权，而且应当作为一项独立存在的具体人格权加以保护；"双重属性的新型权利说"认为基于个人信息固有的人格利益和商业化运用产生的财产利益，认为个人信息是人格权和财产权的双重权利载体，个人信息权兼有人格权和财产权双重权利属性，是一种新型的民事权利。[①]

王利明先生在《论个人信息权在人格权法中的地位》中提到"个人信息权是一种独立的民事权利，且为一种独立的具体人格权"。本稿赞同这一观点。"民事权利本质上是指法律为了保障民事主体的特定利益而提供法律之力的保护，是类型化了的私人利益。民事权利的核心是一种私益"。[②] 对他人非法收集、使用、加工、传输个人信息行为的排除，本身体现的就是一种私益，这是个人信息能够成为民事权益的根本原因。

首先，个人信息权不应为财产权。个人信息一旦成为财产权的客体，将会鼓励一系列不良交易，使一些我们不愿意交易的信息流通在交易市场中，是对人之尊严的贬抑。且当个人信息受到侵害时，会因不同权利主体的职业、收入等不同而导致损害赔偿的金额没有统一的计算标准，不但难以操作，在侵害人之尊严的基础上，进一步违背了民法的平等原则。其次，个人信息不应为隐私权。从权利客体来看，我国语境下的隐私权的客体是指具有一定私密性、隐秘性的，不愿披露于他人知晓的信息；个人信息中，既包括不便于让其他主体知道的私人信息，也包括了在日常生活中已经公开的信息。从权利外延看，隐私权不仅保护个人信息不被公开，还保护生活安宁，而个人信息权主要保护资讯信息的控制

---

① 罗昆：《个人信息权的私权属性与民法保护模式》，载《广西大学学报》(哲学社会科学版)2015年第3期。

② 王利明：《论个人信息权在人格权法中的地位》，载《苏州大学学报》2012年第6期。

权，排除他人的非法收集、利用等。①

个人信息应为一种独立的具体人格权。王利明先生认为"个人信息权符合人格权的本质特征，因为个人信息与个人人格密不可分，个人信息主要体现的是一个人的各种人格特征"。个人信息权以人格利益为保护对象，赋予权利主体控制其个人信息的背后，反映的是"对个人控制其信息资料的充分尊重"。将个人信息权以人格权模式进行保护，能够给予每个主体平等的保护，使权利主体得到尊重。此外，正如罗昆所言"若以一般人格权保护个人信息，法官在每次使用法律时均会面临某种人格利益是否值得保护的利益衡量和论证的艰难过程，从而使个人信息的民法保护陷于不确定之窘境"。② 所以，不宜将个人信息权定位为一般人格权。

综上，个人信息权为一种具体人格权，应当在民法典总则中对个人信息权予以确认，本稿沿用法工委三审稿版本。"利用"意为使事物或人发挥效能；"使用"意为使人或器物等为某种目的服务。现实中，不是所有对个人信息的"使用"都会达到发挥其效能的"利用"作用，采用"使用"对个人信息的保护会更为全面。三审稿之中的"买卖"包含了二审稿中"出售"的意思，且对买方进行了规制，从根源上对个人信息市场进行阻断。所以，本稿沿用三审稿版本作为本条规定的第 1 款。

(二)从正面对个人信息权进行规定

个人信息本身所具有的社会交往价值、管理价值以及商业价值日益凸显，甚至被誉为 21 世纪最有价值的资源。建议民法典在总则之中从正面对个人信息权给予确认。

越南民法典第 34 条第 2 款规定，"收集、公布个人私生活的情报资料必须得到本人同意，若本人死亡或丧失民事行为能力，则必须得到其亲属同意，但根据有权国家机关的决定且依法律规定对个人私生活情报资料进行收集和公布的情形，不在此限"。加拿大魁北克省民法典第 37 条规定，"任何建立本人的档案应当具有严肃合法的理由。他人只能收集与档案建立的目的相关的信息，未经本人的同意或者法律的授权，不得将该信息泄露给第三人或者用于与建立档案的目的不一致的其他目的。此外，在建立或者使用档案的时候，不得以其他的方式侵害本人的隐私或者毁损本人的名誉"。③

美国在 1974 年隐私法案中规定信息主体的主要权利包括决定是否同意公开自己资料的权利，禁止行政机关在取得本人同意前，公开其个人信息；访问自身个人信息的权利，本人有权知道行政机关是否存在关于他的记录以及记录的内容，并有权要求得到复本；修改个人信息的权利，个人认为关于自身的信息不正确、不完全或不新颖，可以请求制作记录的行政机关进行修改。④

德国联邦数据保护法规定：在数据的收集、处理及利用过程中，信息主体通常享有如

---

① 王利明：《论个人信息权的法律保护——以个人信息权与隐私权的界分为中心》，载《现代法学》2013 年第 4 期。

② 罗昆：《个人信息权的私权属性与民法保护模式》，载《广西大学学报》(哲学社会科学版)2015 年第 3 期。

③ 洪海林：《个人信息的民法保护研究》，法律出版社 2010 年版。

④ 周汉华：《域外个人数据保护法汇编》，法律出版社 2006 年版，第 308~324 页。

下权利：请求告知权、个人信息更正权、个人信息删除权、个人信息封锁权。第一，请求告知权，即信息主体享有就其信息的内容及处理、利用等情况请求相关主体告知的权利。第二，个人信息更正权，信息主体对错误的个人信息有权更正，对过时的个人信息有权更新。第三，个人信息删除权，除非有法定的或者约定的理由，信息主体有权要求删除未经其同意而储存的信息。第四，个人信息封锁权，若仅为保有个人信息而储存个人信息或信息主体对个人信息的准确性存有疑问，信息主体有权要求信息控制人封存该信息。①

以上域外立法中，越南民法典以及加拿大魁北克省民法典都对个人信息的收集、使用等进行了规定，这些在三审稿中已有规定。美国的隐私法案和德国联邦数据保护法中，对信息主体的权利进行了列举，二者内容多有重叠，建议借鉴德国联邦数据保护法中关于信息主体权利的规定，从正面对个人信息权进行确认，以更加明确、全面地对个人信息进行保护。

## 第一百二十条【人身权利】

**【三审稿】**第一百一十一条 自然人因婚姻、家庭关系等产生的人身权利受法律保护。

**【二审稿】**第一百一十条 自然人因婚姻、家庭关系等产生的人身权利受法律保护。

**【一审稿】**第一百零一条 自然人因婚姻、家庭关系产生的人身权利受法律保护。

**【法学会稿】**民事主体依法享有的人格利益和身份利益，受法律保护。死者的人格利益，依法受到保护。

**【社科院稿】**无。

**【建议稿】**自然人因婚姻、家庭、收养关系等产生的人身权利受法律保护。

**【建议理由】**增加"收养关系"。

该条法工委二审稿增加了"等"字，将身份权的范围扩大，为未来的发展留下空间，在一定程度上弥补了法律滞后性的弊端。本稿在法工委三审稿的基础上增加了"收养关系"。

收养使原本没有血缘关系、没有父母子女关系、没有任何权利义务关系的收养人与被收养人之间，依法形成拟制的亲子关系，被收养子女与其亲生父母不再具有任何法律上的权利义务关系。收养人即养父母通过向有关部门提出申请，履行一定的法定程序后，收养人对被收养人承担与亲生父母子女之间完全相同的权利和义务，被收养的子女也因此获得家庭成员的身份，在法律上享有和亲生子女相同的权利和义务。所以，收养行为的结果是"父母子女关系的创设"，应当规定在此条之中。

此外，其他国家民法典中关于收养关系的规定，也表明收养关系应该规定在身份权之中：法国民法典中将收养子女编置于亲子关系编之后、亲权编之前，说明收养行为是亲子关系得以确立的一种法律途径，而亲子关系一经确立，又会涉及亲权的成立与实现。德国民法典中收养制度规定在第四编家庭法的第二章亲属之中，是这一章的最后一个小节，将

---

① 齐爱民：《个人资料保护法原理及其跨国流通法律问题研究》，武汉大学出版社 2004 年版，第72 页。

收养作为产生父母子女关系的一种特殊的方式来对待。瑞士民法典中，收养制度规定在亲属部分子女关系的形成一章之中。① 从以上几个国家的收养制度在民法典中的规定来看，尽管在立法的逻辑体例上有所不同，但都将其作为一种产生父母子女关系的途径来规制。

综上，收养关系作为身份关系得以创立的一种特殊形式，不应被遗忘，应在此进行规定。


## 第一百二十一条【财产权】

【三审稿】第一百一十二条　自然人的私有财产权利受法律保护。

【二审稿】第一百一十一条　民事主体依法享有的收入、储蓄、房屋、生活用品、生产工具、投资及其他财产权利受法律保护。

【一审稿】第一百零二条　民事主体依法享有的收入、储蓄、房屋、生活用品、生产工具、投资及其他财产权利受法律保护。

【法学会稿】无。

【社科院稿】无。

【建议稿】自然人的私有财产权利受法律保护。

【建议理由】该条法工委一审稿与二审稿相同，三审稿将列举方式改为概括方式，克服了前两稿中列举不完全及顺序混乱的弊端，本稿沿用法工委三审稿，没有改动。


## 第一百二十二条【物权】

【三审稿】民事主体依法享有物权。

物权是权利人依法对特定的物享有直接支配和排他的权利，包括所有权、用益物权和担保物权。

【二审稿】民事主体依法享有物权。

物权是权利人依法对特定的物享有直接支配和排他的权利，包括所有权、用益物权、担保物权。

【一审稿】民事主体依法享有物权。

物权是权利人依法对特定的物享有直接支配和排他的权利，包括所有权、用益物权、担保物权。

【法学会稿】本法所称物，是指能够为人力所控制并具有独立利用价值的有体物。

对物的整体性质和效能发挥决定作用的组成部分，为物的重要成分。未脱离物的整体的重要成分，不得独立成为物权的客体。

【社科院稿】民事权利的客体包括：物、人格利益、智力成果等。

【建议稿】民事主体依法享有物权。

物权是权利人依法对特定的物享有直接支配和排他的权利，包括所有权、用益物权和

---

① 李俊：《略论民法典中收养制度的设计》，载《甘肃政法学院学报》2006年第1期。

担保物权。

【建议理由】该条法工委一审稿、二审稿、三审稿表述一致,法学会稿和社科院稿在权利客体章提到了物权的客体。本稿以法工委稿为蓝本提出建议,依然保留民事权利一章,不设民事权利客体章。在此沿用法工委稿,没有改动。

# 第一百二十三条【物权客体】

【三审稿】物包括不动产和动产。法律规定权利作为物权客体的,依照其规定。

【二审稿】物包括不动产和动产。法律规定权利作为物权客体的,依照其规定。

【一审稿】物包括不动产和动产。法律规定具体权利或者网络虚拟财产作为物权客体的,依照其规定。

【法学会稿】第一百零一条【动产和不动产】

本法所称不动产,是指土地、海域以及房屋、林木等定着物。

不属于不动产的物,是动产。

第一百零三条【人体脱离物以及遗体】

对脱离人体的器官、血液、骨髓、组织、精子、卵子等的利用,不得违背公序良俗。

对遗体的利用,应当尊重死者生前意愿,不得违背公序良俗。

第一百零四条【动物】

动物是特殊的物。

动物的饲养人、管理人应当提供有利于其正常生长、繁殖、医疗、救助的条件和措施,不得遗弃动物;任何人不得虐待动物。

法律对动物有特别保护的,依照其规定。

第一百一十一条【网络虚拟财产】

网络虚拟财产受法律保护。

第一百一十二条【财产权利】

财产权利可以依法成为民事权利客体。

【社科院稿】第一百一十七条【权利客体】

民事权利的客体包括:物、人格利益、智力成果等。

民事权利也可以成为民事权利的客体。

自然人的血液、骨髓、组织、器官等,以不违背公共秩序与善良风俗为限,可以成为民事权利的客体。

第一百一十八条【物的定义】

本法所称的物,是指能够为人力所控制并具有价值的有体物。

能够为人力控制并具有价值的特定空间、自然力,视为物。人力控制之下的电,亦视为物。

电能、煤气天然气等性质和范围依法明确的,也是有体物。

第一百二十条【动物】

动物不是物。动物受特别法的保护。

在法律没有特别规定时，对于动物适用本法关于物的相关规定；对动物，尤其是野生动物的处分，不得违反自然资源法和动物保护法的相关规定；在行使权利时，不允许以违背人道原则的态度残酷地对待动物。

第一百二十一条【不动产】

不动产，是指依自然性质或者法律的规定不可移动的物，包括土地、土地定着物、与土地尚未脱离的土地生成物、因自然或人力添附于土地并且不能分离的其他物。

第一百二十二条【动产】

动产，是指不动产以外的其他物。

货币，为特别动产。人民币为法定支付手段，在整个国家领土范围内必须按照票面价值接受。

物权以外的其他财产权利为不记名权利时，视为动产。

【建议稿】物包括不动产和动产。法律规定权利作为物权客体的，依照其规定。

【建议理由】该条法工委三审稿和二审稿将一审稿中的"网络虚拟财产"从物权的客体中剔除，单设一条进行规定。法学会稿在民事权利客体章物一节、社科院在客体章中，均对动产和不动产作为物权的客体进行了规定。其中，法学会稿将人体脱离物、遗体及动物规定在了物一节中，将网络虚拟财产规定在其他民事权利客体当中；社科院稿在客体章中又规定"动物不是物"，对于脱离人体的部分没有明确承认其为物，也没有对网络虚拟财产的性质进行明确规定。关于法学会稿和社科院稿中均提到的动物及脱离人体的部分，可以归于动产之中，无须再另行规定，遗体则不宜规定在此。

（一）网络虚拟财产

关于网络虚拟财产的法律性质，学界依然存在争议，主要有"知识产权说"、"无形财产说"、"债权说"、"物权说"以及"新型财产说"几种观点。网络虚拟财产兼具多种权利的性质，以上每种学说都存在明显的缺陷，尚没有某种学说可以对其进行妥当的界定。然而，随着网络的发展和普及，网络虚拟财产问题又亟须得到规制，需要在民法典总则中对此予以确认，故暂不将其归于某种权利之中，单列一条进行规定的方式，在目前来讲是最合适的。

（二）动物

1. 国外关于动物的立法规定

1988年奥地利民法典第285条新增第285a条规定，动物不是物。它们受到特别法的保护。关于物的规定仅于无特别规定的情形适用于动物。德国1990年修改民法典时，第90a条规定，动物不是物。它们由特别法加以保护。除另有其他规定外，对动物适用有关物的规定。第903条新增规定，动物的所有权人在行使其权利时，应注意有关保护动物的特别规定。1994年俄罗斯联邦民法典第137条规定，对动物适用关于财产的一般规则，但以法律和其他法律文件未有不同规定为限。在行使权利时，不允许以违背人道主义的态度残酷地对待动物。2002年修正的瑞士联邦民法典第641a条规定，动物不是物。对于动物，只要不存在特别规定，适用可适用于物的规定。①

---

① 常纪文：《关于"民法典"如何规范动物和环境问题的探讨——兼评我国三套"民法典"建议稿》，载《环境保护》2015年第22期。

奥地利、德国、俄罗斯、瑞士等国的民法典,虽然都可以在有关动物的完整条文中截取动物不是物或者类似意思的局部措辞,但从整体条文看,并不意味动物不是物。经过分析可以看出,其真正的含义是动物是与无生命的物不同的物,动物也是物,但是应该受到法律特殊的保护。此外,在主客体二分法的立法模式下,上述各国民法典并没有提出把动物当成"主体"的观点,即没有授予动物非客体甚至主体的法律地位。

2. 国内建议稿对动物的规定

【法学会建议稿】动物是特殊的物。动物的饲养人、管理人应当提供有利于其正常生长、繁殖、医疗、救助的条件和措施,不得遗弃动物;任何人不得虐待动物。法律对动物有特别保护的,依照其规定。

【社科院建议稿】动物不是物。动物受特别法的保护。在法律没有特别规定时,对于动物适用本法关于物的相关规定;对动物,尤其是野生动物的处分,不得违反自然资源法和动物保护法的相关规定;在行使权利时,不允许以违背人道原则的态度残酷地对待动物。

【杨立新教授建议稿】对于动物的使用,应当遵守关于动物保护的规定和善良风俗观念,法律没有特别规定时,适用关于物的有关规定。

国内的三个版本建议稿都将动物规定在了民事权利客体一章之中。法学会建议稿把动物规定在"物"一节;社科院稿和杨立新教授的建议稿都主张无特殊规定时,动物适用物的有关规定。一方面,动物之为"物"从法律史上看,动物一直都是以物的地位出现,并不是权利主体。罗马法中的"人"就包括了一切享有权利的生物,而"物"则包括了一切可视为人的权利的客体的东西。[①] 中世纪时,英国普通法也借鉴了罗马法,动物也是法律上的物。而德国民法典对动物的规定,旨在对动物给予更多的保护,并没有改变动物之为"物"的本质,动物符合法律上物的特征,即动物是有体物、独立物,能够被人支配,对人类有价值等。另一方面,动物作为权利主体不仅有悖于道德,而且有违于法理,因为道德是人类所构建的处理人与人之间在社会中的冲突的一种规则,并且动物也不能自觉遵守道德。法律是人的法律,是由人制定的,也是为人制定的,动物无法理解人类的法律,法律也不可能调整动物之间的行为。

综上所述,国内外关于动物的规定主要有两种:一种为动物是物;一种是动物即使不是物也适用关于物的规定。可以看出,这种"动物是特殊的物"、"动物不是物"以及德国民法典中"动物视为物"的宣示性的规定对于动物的保护并没有起到实际的作用,民法上关于物的规定依然直接适用于动物。根本上来说,不管是奥地利民法典还是德国民法典,法律条文都强调,由于动物是一种生命存在形式,要对动物有所保护,但是这种保护在民事行为方面而言,能体现出的主要是一种妥善的照顾、使用义务,对于民法上的任何一种物,我们也同样要求了妥善使用的义务,在这一点上动物与其他物并没有区别。动物之为"物"的本质没有因法律的宣示性规定而改变,动物作为"物"在法律上的角色与发挥的作用与普通物也并无区别。所以即使将动物作为物进行规定,辅之第一章中的公共秩序和善良风俗原则以及人与自然和谐发展原则,也不会对动物的保护造成威胁。所以,动物可以

---

① 郭晓彤译:《动物的法律物格》,中国政法大学出版社 2003 年版,第 418 页。

直接归属于动产的范畴，无须另行规定。

（三）脱离人体的部分

1. 国内建议稿

【法学会稿】对脱离人体的器官、血液、骨髓、组织、精子、卵子等的利用，不得违背公序良俗。对遗体的利用，应当尊重死者生前意愿，不得违背公序良俗。

【社科院稿】自然人的血液、骨髓、组织、器官等，以不违背公共秩序与善良风俗为限，可以成为民事权利的客体。

2. 脱离人体的部分

对于体外胚胎的法律地位，学界众说纷纭，司法实务中也颇有争议，有"主体说"、"客体说"和"中间说"三种学说。① 之所以会有如此大的争议，根源在于体外胚胎具有发育成为完整的人的潜能。然而，脱离人体的器官、组织、精子、卵子、骨髓、血液等，虽然关涉人格的部分，但是并没有发育成为完整个体的潜能，也不直接关涉人的生命健康。而且，基于现实社会生活中尤其是医学领域对这些部分的利用，需要承认这些部分可以作为民法上的物而存在。所以，可以将其归属于动产的范畴，无须再另行规定。

3. 遗体

遗体与民法上所规定的物并不相同，不能占有、使用、收益、处分，而且寄存着亲人的感情，对遗体的处理方式也受到文化的影响。② 所以，在此无须对遗体进行规定。

综上，本稿沿用法工委三审稿的规定，将网络虚拟财产从该条中剥离，对其另行规定，动物及脱离人体的部分可以归属于动产的范畴，无须列出。

## 【删除】【物权法定原则】

【三审稿】物权的种类和内容，由法律规定。

【二审稿】无。

【一审稿】无。

【法学会稿】无。

【社科院稿】无。

【建议稿】删除。

【建议理由】此条在法工委一审稿、二审稿以及法学会稿、社科院稿中均未规定，是

---

① 主体说认为体外胚胎是早期阶段的自然人，具有与一般自然人相同的民事主体地位，法律应给予体外胚胎以权利主体的法律保护。主体说的支持者反对故意销毁、破坏体外胚胎以及会对其造成伤害的研究，认为按照对物的侵权标准衡量对体外胚胎的侵权有失公平。客体说认为应将体外胚胎视为"物"，作为民事法律关系的客体对待，不认可其潜在的生命能力，适用我国对一般物的保护方式。中间说认为在界定体外胚胎的法律地位时，既不能赋予其与一般自然人等同的民事法律关系主体地位，也不能简单将其归入民事法律关系客体范畴，应将其置于主客体中间的地位。本建议稿将体外胚胎置于民事主体一章，主要基于其与胎儿的密切联系性。

② 温世扬：《民法总则中"权利客体"的立法考量——以特别"物"为重点》，载《法学》2016 年第 4 期。

法工委三审稿中增加的内容。本建议稿删除此条。

李永军教授在《民法总则民事权利章评述》中提道：民法总则的基本特征是要找出其余各编的公因式，或者说，要找出维系总则与各编的共性。也可以理解为：总则与各编之间存在某种联系。提取公因式的立法技术，决定了总则的基本内容，即什么是各编的"公因式"，什么就是民法总则的内容。正如德国学者梅迪库斯所言，"根据本法典制定者的计划，总则应当包括那些适用于民法典以下诸编的规则，亦即总则包括的是在某种程度上被提取和抽象的一般性内容"。我们必须坚持我国民法典的总则部分之内容应是各编的公因式的判断和逻辑是不能改变的，否则，总则就是徒有虚名。①

物权法定主义是物权法的基本原则，不具有一般性的特征，应当规定在物权编中。

## 【删除】【物权平等原则】

【三审稿】民事主体的物权受法律平等保护，任何组织或者个人不得侵犯。

【二审稿】民事主体的物权受法律平等保护，任何组织和个人不得侵犯。

【一审稿】无。

【法学会稿】无。

【社科院稿】无。

【建议稿】删除。

【建议理由】此条在法学会稿、社科院稿以及法工委一审稿中都没有规定，是二审稿与三审稿新增的内容，且三审稿将二审稿中的"和"改为"或"，措辞更为严谨。但是，此条与第一章中的平等原则重复，本建议稿删除。

## 第一百二十四条【公平合理补充】

【三审稿】第一百一十七条 为了公共利益的需要，依照法律规定的权限和程序征收、征用不动产或者动产的，应当给予公平、合理的补偿。

【二审稿】无。

【一审稿】无。

【法学会稿】第二百零三条【及时、充分补偿】

为了公共利益的需要，有关国家机关依照法律规定的权限和程序进行征收、征用，给权利人造成损害的，应当给予及时、充分的补偿。

【社科院稿】第二百六十八条【限制以及补偿】

政府基于国家利益和社会公共利益的需要，可以征收、征用或者对民事权利的行使进行其他必要的限制。

因此造成的损害，政府应当给予及时、充分的补偿。

【建议稿】国家基于公共利益的需要，依照法律规定的权限和程序征收、征用不动产

① 李永军：《民法总则民事权利章评述》，载《法学家》2016年第5期。

或者动产的，应当给予及时、充分的补偿。

【建议理由】增加"国家"作为主语；将补偿标准由"公平、合理"改为"及时、充分"。

第一，此条没有主语，征收、征用的行为主体只能是国家。征收征用是国家的强制行为，是国家对集体或私人财产进行干预，或将其强制性地转移给国家，所以，享有征收征用权的主体只能是国家。① "基于公共利益的需要"是征收征用的唯一理由，国家是公共利益唯一合适的代表。所以征收征用的主体应该是国家，不能扩大，应在法条中予以规定。

第二，政府征收征用的权利与私人财产权存在冲突，采用"公平、合理"的补偿标准过于抽象，无法表达保护私人财产权的立法态度，为了使私人财产权得到充分保护，建议提高保护标准，采用"及时、充分"的补偿标准。

## 第一百二十五条【环境权】

【三审稿】无。

【二审稿】无。

【一审稿】无。

【法学会稿】应当本着节约、集约原则对水流、森林、山岭、草原、荒地、滩涂等自然生态空间进行利用和保护。

【社科院稿】民事权利的行使应当注重对环境以及生态的保护，不得污染环境，不得破坏生态。

【建议稿】民事主体的环境权依法受到保护。

【建议理由】增加环境权作为一项独立的民事权利。

该条在法工委的一审稿、二审稿及三审稿中均未规定，法学会稿和社科院稿均提到了生态环境保护问题，但都是从权利主体行使权利应对生态环境进行保护的角度进行规定的，并未明确赋予民事主体环境权。本稿明确规定"民事主体的环境权依法受到保护"。理由如下：

（一）民法典理应回应时代关切，为推进生态文明建设提供法律支撑

按照《斯德哥尔摩人类环境宣言》的表述，人类有权在一种能够过尊严的和福利的生活环境中，享有自由、平等和充足的生活条件的基本权利，并且负有保证和改善这一代和世世代代的环境的庄严责任。20 世纪以来，环境不断恶化，面对环境危机，人类除了寻求科技手段之外，也迫切需要法律上的依据和保障。在人权运动和环境保护运动的推动下，环境权应运而生。蔡守秋教授对环境权的定义是"环境法律关系的主体有合理享用环境的权利，也有保护环境的义务的法律资格"。黄锡生教授认为环境权是指居民享有美好环境的权利，是一个以环境要素为核心的权利束，包括清新空气权、清洁水源权、清静安宁权、安全无害权、良好生态权等。民法典作为一部体现时代精神和人文关怀的法典，在环境不断恶化，人类的生存受到威胁的今天，理应回应时代关切，为生态文明建设提供法

---

① 王利明：《物权法的实施与征收征用制度的完善》，载《法学杂志》2008 年第 4 期。

律支撑。

（二）对环境权权利主体不特定的理解

环境权成为民事权利的最大障碍，就是环境权的权利主体不特定。事实上，这并不是一个难以跨越的障碍，正如孟勤国教授所言"民事权利主体特定只是一个历史现象而不是逻辑必然"。环境权权利主体不特定仅仅说明环境权主体的广泛性，并不排斥环境权权利内容的民事性。从权利、义务、责任三方面分析可以看出：环境权既涉及公民的身体健康权益，也涉及公民、企业的财产权益，这两项权益正是民法确认和保护的对象。破坏自然的危害性最终体现在人的生存利益遭受损害，人身利益和财产利益受到环境损害，受害人应该得到相应的赔偿，这完全符合民事责任的要义。至于权利主体不特定，也只是一般而言，一旦某一公民或企业提起环境权之诉，权利主体即为特定。此外，环境权肯定不是物权、债权、知识产权、人身权、继承权中的任何一种。环境权是公民、企业因自然环境状态而发生的权利义务关系，其客体的独特性也决定了环境权是独立的民事权利。①

（三）环境权确立的可行性及必要性

王成则教授从确定权利能否纳入民法体系的判断标准的角度进行解读，其认为，环境权作为一个权利类型能否进入民法典，涉及两个基本问题：一是民法上究竟有哪些民事权利。二是谁有资格成为民法上的民事权利。对第一个问题的实证考察表明，不仅我国民法通则、担保法、物权法、侵权责任法等民事法律对民事权利的列举不相一致，德国民法等不同国家和地区之间关于民事权利的范围也有不同界定，民事权利体系是一个开放的不断变化的体系。② 从王成则教授的论述来看，环境权纳入民法典不存在门槛上的障碍。

对于第二个问题，王成则教授通过以隐私权、个人信息权、营业权为例分析得出结论"除传统习惯意识外，新民事权利类型的出现应符合以下标准：民事权利的内容和客体应当是具体的、可以确定的；该权利类型背后的利益为现有的权利类型所无法包括；该权利类型背后的利益无法通过现有规范加以保护；司法上有大量的对此种类型权利或者利益的侵权案件"。③ 现实生活中，以环境污染和生态破坏为背景凸显出的环境利益的权利需求增加，民法的既有权利设置无法满足解决环境问题的需要。传统的财产权理论及制度基于客体范围的限制，无法对作为环境要素的空气、野生动植物等进行保护；传统的人格权理论中对生命健康权的保护以对人身的直接侵害为要件，而环境侵害是通过环境这一载体间接对他人造成侵害，不符合这种条件，则传统的人格权理论也无法解决这一问题。因此环境权作为一种不可替代的独立权利必须加以确立。

实务界中，面对大量的环境侵权纠纷，司法上普遍存在找法难或者不同法域的法律规定不一致的情况。赵为民先生认为"在民法典中完整体现对环境权益的全面保护，才能有力地推动环境司法实践"。否认环境权为民事权利，将会制约环境司法，且环境权是环境

① 孟勤国：《环境权应在民法典中独立成编》，2015年"环境权益与民法典的制定"学术研讨会。
② 刘牧晗、罗吉：《环境权益的民法表达——"环境权益与民法典的制定"学术研讨会综述》，载《人民法院报》2016年第8版。
③ 刘牧晗、罗吉：《环境权益的民法表达——"环境权益与民法典的制定"学术研讨会综述》，载《人民法院报》2016年第8版。

公益诉讼的实体权利基础，需要体现在民法典中。

综上所述，环境权应当作为一种独立的民事权利，在民事权利一章中予以确认。

## 第一百二十六条【债权】

**【三审稿】**民事主体依法享有债权。

债权是因合同、侵权行为、无因管理、不当得利以及法律的其他规定，权利人请求特定义务人为或者不为一定行为的权利。

**【二审稿】**民事主体依法享有债权。

债权是因合同、单方允诺、侵权行为、无因管理、不当得利以及法律的其他规定，权利人请求特定义务人为一定行为的权利。

**【一审稿】**民事主体依法享有债权。

债权是因合同、单方允诺、侵权行为、无因管理、不当得利以及法律的其他规定，权利人请求特定义务人为一定行为的权利。

**【法学会稿】**无。

**【社科院稿】**无。

**【建议稿】**民事主体依法享有债权。

债权是因合同、单方允诺、侵权行为、无因管理、不当得利以及法律的其他规定，权利人请求特定义务人为或者不为一定行为的权利。

**【建议理由】**三审稿将一审稿和二审稿中规定的单方允诺从债的发生原因中去掉，并且在一审稿、二审稿"权利人请求特定义务人为一定行为的权利"的基础上，改为"权利人请求特定义务人为或者不为一定义务的权利"。本建议稿认为单方允诺不宜去掉。

关于单方允诺的法律性质，学界主要有单方行为说和契约说两种观点。崔建远先生在其所撰写的《合同法》之中，认为采纳契约说是司法审判中通常的做法，应予支持，至于为什么要采用契约说，并未在书中提起。[1] 梁慧星先生认为，最高人民法院明确采纳了悬赏广告契约说，应尊重最高人民法院的既定立场，采用契约说。同采用契约说的还有韩世远、张俊浩等人。三审稿去掉"单方允诺"无疑是采取了契约说的观点。而翟云岭、刘耀东在《比较法视野下的合同法司法解释(二)》中，站在比较法的视角，从有利于交易安全，全面保护双方当事人利益的角度出发，得出如何对悬赏广告法律性质进行界定，应把大陆法系作为参考对象，认定其为单方行为的结论。[2] 王利明教授在其著作《民法疑难案例研究》中也认为采用单方行为说既有利于维护交易安全和保护当事人利益，也可以节约司法资源。李永军、张广兴等学者也是单方行为说的拥护者。本稿支持单方行为说，将单方允诺界定为单方法律行为。一方面，将单方允诺界定为单方法律行为，完成指定行为即成为报酬请求权发生的充分条件，解决了悬赏广告相对人为无民事行为能力人或限制民事行为能力人而无法获得报酬请求权的问题，同时解决了行为人不知道单方允诺存在而完成了指

---

[1] 崔建远：《合同法》，法律出版社 2010 年版，第 46 页。

[2] 翟云岭、刘耀东：《比较法视野下的〈合同法司法解释(二)〉》，载《北方法学》2011 年第 27 期。

定的行为的问题,对于维护行为人的利益、保障交易安全更为有利,同时与追求公平正义价值的精神相吻合。另一方面,悬赏广告制度是通过刺激公众的积极性,投入时间和精力去完成一项任务,帮助他人的同时也给自己带来了福利,对于悬赏广告的性质进行定性时要尽可能减少阻碍当事人进行合作的绊脚石,所以将单方允诺界定为单方法律行为,无疑是给了更多潜在行为人与广告人合作的机会,符合这一制度的追求目标。此外,从世界立法例来看,大陆法系国家也多采单方行为说。德国民法典在立法理由书中写道:悬赏广告是对广告人具有拘束力的单方约束,不需要承诺行为的存在,广告人根据其自愿对于完成指定行为的人负担债务的意思表示,在行为人完成一定行为后,应该履行其给付义务,本草案对此采单方行为说。① 拉伦茨教授认为,悬赏广告的性质采单方行为说,是判例和学说的共同见解。② 梅迪库斯教授在其专著《德国民法总论》中指出,单方法律行为是指,只需一项意思表示就可以成立的法律行为,如悬赏广告、遗嘱以及形成权的行使。在葡萄牙民法典中,悬赏广告被规定在单方法律事务这一章节里。巴西民法典也将悬赏广告规定在"单方行为"这一章节中。综上,单方允诺的法律性质采"单方法律行为说"更为合理,本稿建议采二审稿、一审稿的条文。

## 【删除】【合同效力】

**【三审稿】**依法成立的合同,对当事人具有法律约束力。

**【二审稿】**依法成立的合同,对当事人具有法律约束力。

**【一审稿】**无。

**【法学会稿】**无。

**【社科院稿】**无。

**【建议稿】**删除。

**【建议理由】**该条在法工委一审稿、法学会稿以及社科院稿中均未规定,为法工委二审稿、三审稿新增加的内容,对"合同的效力"作出规定,不具有一般性特征,应当规定在合同编中。

## 【删除】【侵权责任】

**【三审稿】**民事权益受到侵害的,被侵权人有权请求侵权人承担侵权责任。

**【二审稿】**民事权益受到侵害的,被侵权人有权请求侵权人承担侵权责任。

**【一审稿】**无。

**【法学会稿】**无。

**【社科院稿】**无。

**【建议稿】**删除。

---

① 王泽鉴:《民法学说与判例研究(第二册)》,北京大学出版社 2009 年版,第 62 页。

② 王泽鉴:《债法原理(一)》,中国政法大学出版社 2001 年版,第 255 页。

【建议理由】该条在法工委一审稿、法学会稿以及社科院稿中均未规定，为法工委二审稿、三审稿新增加的内容，对"侵权行为的法律后果"作出规定，不具有一般性特征，应当规定在侵权责任编中。

## 第一百二十七条【无因管理】

【三审稿】没有法定的或者约定的义务，为避免他人利益受损失进行管理或者服务的，有权请求受益人偿还由此而支付的必要费用。

【二审稿】没有法定的或者约定的义务，为避免他人利益受损失进行管理或者服务的，有权请求受益人偿还由此而支付的必要费用。

【一审稿】没有法定的或者约定的义务，为避免他人利益受损失进行管理或者服务的，有权请求受益人偿还由此而支付的必要费用。

【法学会稿】无。

【社科院稿】无。

【建议稿】没有法定的或者约定的义务，为避免他人利益受损失进行管理或者服务的，有权请求受益人偿还由此而支付的必要费用。

【建议理由】该条在法工委一审稿、二审稿以及三审稿中的表述一致，因民法典不再设债法总则，将其规定在此符合民法典立法的技术性要求，故保留三审稿，没有改动。

## 第一百二十八条【不当得利】

【三审稿】没有合法根据，取得不当利益，造成他人损失的，受损失的人有权请求不当得利的人返还不当利益。

【二审稿】没有合法根据，取得不当利益，造成他人损失的，应当将取得的不当利益返还受损失的人。

【一审稿】没有合法根据，取得不当利益，造成他人损失的，应当将取得的不当利益返还受损失的人。

【法学会稿】无。

【社科院稿】无。

【建议稿】没有合法根据，取得不当利益，造成他人损失的，受损失的人有权请求不当得利的人返还不当利益。

【建议理由】该条在法工委一审稿、二审稿以及三审稿中表述一致，因民法典不再设债法总则，将其规定在此符合民法典立法的技术性要求，故保留三审稿，没有改动。

## 第一百二十九条【知识产权】

【三审稿】民事主体依法享有知识产权。

知识产权是指权利人依法就下列客体所享有的专属的和支配的权利：

(一)作品

(二)发明、实用新型、外观设计;

(三)商标;

(四)地理标志;

(五)商业秘密;

(六)集成电路布图设计;

(七)植物新品种;

(八)法律规定的其他客体。

【二审稿】民事主体依法享有知识产权。

知识产权是指权利人依法就下列客体所享有的权利:

(一)作品;

(二)发明、实用新型、外观设计;

(三)商标;

(四)地理标志;

(五)商业秘密;

(六)集成电路布图设计;

(七)植物新品种;

(八)科学发现;

(九)法律规定的其他客体。

【一审稿】民事主体依法享有知识产权。

知识产权是指权利人依法就下列客体所享有的权利:

(一)作品;

(二)专利;

(三)商标;

(四)地理标记;

(五)商业秘密;

(六)集成电路布图设计;

(七)植物新品种;

(八)数据信息;

(九)法律、行政法规规定的其他内容。

【法学会稿】发明、实用新型、外观设计、作品、商标、商业秘密等智力成果、商业标记和信息可以成为民事权利客体。

【社科院稿】精神产品等智力劳动的成果,依其性质和范围明确肯定为界,可以作为民事权利的客体。

商业信誉等无形财产,可以作为民事权利的客体。

智力成果、无形财产,占有、使用、收益以及处分的,在特别法规定之外,可以适用本法的规定。

【建议稿】民事主体依法享有知识产权。

知识产权是指权利人依法就下列客体所享有的权利：

（一）作品；

（二）发明、实用新型、外观设计；

（三）商标；

（四）地理标志；

（五）商业秘密；

（六）集成电路布图设计；

（七）植物新品种；

（八）域名；

（九）法律规定的其他客体。

**【建议理由】**在法工委三审稿基础上增加域名，作为一种新的知识产权客体。

（一）域名的概念

与网络上的数字型地址相对应的字符型地址，就被称为域名。美国反域名抢注消费者保护法认为"域名"是指由任何域名注册员、域名登记机构或其他域名注册管理机构注册或分配的任何包括文字与数字的名称，作为互联网络之上电子地址的一部分。

（二）国外关于域名的立法规定

互联网产生于美国，其发展速度在全球范围内处于领先地位，域名注册与管理制度也是源于美国。美国于1998年初发布了《改善 INTERNET 域名与地址技术管理方案》（别称"绿皮书"）规定互联网上的商标权人与现实社会中一般的商标人具有同等的权利。美国于1999年11月29日颁布实施了反域名抢注消费者保护法。该法案在美国1946年联邦商标法增添了一个专章。除若干特别规定外，法案具有溯及效力，适用于生效的（即1999年11月29日）前后的所有域名注册。[1] 英国在处理域名纠纷时，主要是以1994年商标法以及衡平法上的"假冒行为"为依据，大多数的诉讼中法院可以同时适用这两种法律。可见，美国、英国是将域名作为知识产权的客体进行保护的。

（三）学界关于域名法律性质的学说

1. 搁置说。世界知识产权组织（WIPO）的第一次"域名磋商进程最终报告"中没有对有关域名法律性质的问题作出回答，反而认为"磋商的目的不是要创立一种新的知识产权，也不是要为知识产权在网络空间提供比其他地方更高水平的保护，而是要运用既有的、国际公认的标准，在互联网这个新兴的、跨法域的领域和域名这个系统上，保护知识产权"。明确不将域名作为一种新的知识产权客体，而是要利用现有的法律体系解决这一新的问题。郑成思教授认为，域名可以成为知识产权的客体，但目前将域名独立出来作为一种权利的依据还不充分，域名属于商誉的范围。[2] 其在《知识产权论》书中提道"域名与电话号码类似，电话号码在经过一定利用后会成为商誉，商誉包含在原有知识产权体系中。所以，未必要在现有知识产权领域内，为域名划出新的权力范围"。

2. 权利否定说。唐广良先生认为域名只是存在于虚拟网络环境中的符号，没有什么

---

[1]　邓炯：《美国〈反域名抢注消费者保护法〉介评》，载《电子知识产权》2000年第7期。

[2]　郑成思：《域名抢注与商标权问题》，载《电子知识产权》1997年第7期，第36页。

现实的意义与价值,因而不可能也不必要赋予域名任何独立的知识产权。就现在的情况而言,域名之所以还能存在并得到推崇并不是因为它具有显著的标识作用,而是因为技术人员还不能解决计算机网络资源定位问题。在依法获得商标权之前,域名只能是一种由技术规范制约与保证运行的网络地址代码,不可能也没有必要给予它任何独立的知识产权权利。① 这种观点的实质是认为域名所有人要想使其域名具备对抗其他使用者的效力,唯一选择就是使其转化为受法律保护的商标。

3. 民事权益说。在民事权益说中,有两种不同的观点,一种认为域名虽然是一种民事权益,但是域名不是知识产权,存在不符合知识产权的特性:易逝性和法定性。② 另一种观点认为尽管域名之上承载的利益不能称之为域名权,但是域名还是一种类似于知识产权的新型民事权益。③ 主张第二种观点的学者认为,尽管域名之上承载的利益不能称之为域名权,但鉴于域名在网络世界起着与传统的商标、商号或原产地名称等同样的区别功能以及其背后隐含着巨大的商业利益等原因,在实践中,凡是通过合法途径获得的域名普遍受到各国法律的保护。因此,认为通过合法途径获得的域名,其承载的利益为一种民事权益(以不合法的方式,如侵犯他人在先权利的恶意抢注获得的域名,域名注册人就该域名不享有任何权益),并进一步认为,域名是一种类似于知识产权的新型民事权益。

4. 名称权说。域名不是知识产权(认为域名只是一种名称权)。④ 持此种观点的学者认为,从本质上看域名是互联网环境下为方便人们记忆而设定的,与 IP 地址相对应的标识符。其作为技术发展的产物,为设定它的组织或个人,起到定位和标识的作用。因此,域名就是一种名称权。从字面上解读,无论中文翻译的"域名"、还是英文的"domain name",指的都是 name,一种名称。其与自然人姓名,法人名称、非法人团体名称是相呼应的,只不过一个是虚拟环境下的,一个是现实环境中的。所以,无论从本质上看,还是字面上理解,域名都应属于名称权范畴。

5. 知识产权说。大多数学者承认域名是知识产权的客体,但是对于域名以什么方式纳入到知识产权的体系中存在争议。

(1)独立的知识产权客体说

马正勇博士认为:域名权具有知识产权的基本特征,是知识产权的一种,但是域名与商标权并非一种权利,因而不存在是不是现有权利延伸的问题,只能说,域名是在知识经济时代,随着计算机技术、特别是互联网络的飞速发展而产生的一种新的知识产权。我们就把它称为域名权。⑤ 他认为权利本身、法律体系都应该是开放的。讨论域名的性质首先

---

① 唐广良:《INTERNET 域名纠纷及其解决》,载陶鑫良、程永顺、张平编:《域名与知识产权保护》,知识产权出版社 2001 年版,第 3~67 页。

② 夏德友:《论域名的法律地位——兼析知识产权的特征》,载陶鑫良、程永顺、张平编:《域名与知识产权保护》,知识产权出版社 2001 年版,第 149~157 页。

③ 邵培樟:《论域名的法律性质》,载《河北法学》2006 年第 6 期。

④ 徐飞:《浅析域名的性质及其与商标的冲突》,载张平主编:《网络法律评论:第 2 卷》,法律出版社 2002 年版,第 257~268 页。

⑤ 马正勇:《关于域名法律性质及其保护的思考》,载《宁夏大学学报(人文社会科学版)》2007 年第 3 期。

得讨论它的特征，文章中将域名的特征与知识产权的特征进行比较，发现其共同之处。在论述中他认为知识产权有六方面的特征"无形性、创造性、专有性、地域性、时间性、可复制性"，而这六方面的特征也是作为一种权利的域名所具有的。然而域名虽然与商标有一些共同的特征，但是他们在适用对象、分类原则、显著性要求、相似性要求等方面有本质的不同。由此论证域名权具有知识产权的基本特征，是知识产权的一种，同时，通过与域名权冲突最多的商标权进行比较，可以看出二者并非一种权利，因而不存在是不是现有权利的延伸问题。所以，他认为域名是在知识经济时代，随着计算机技术、特别是互联网络的飞速发展而产生的一种新的知识产权，将其称为域名权。

也有其他学者和马正勇博士持相同意见，肖晓峰先生认为域名是一种独立的知识产权客体，域名权是一种独立的知识产权，商标权不能延伸到域名权。① 但是二人论证角度不同。首先，其论证了域名是一种智力成果和无形财产，符合知识产权客体的特征，认为域名是一种存在于互联网中的独立的知识产权客体。其次，其承认域名的永久性独占支配制度，这与知识产权的时间性特征存在差异，应该取消域名的永久性独占支配制度。同时，认为域名权无地域性，而随着科技的发展，知识产权的地域性和知识产权客体的传播性的矛盾越来越突出，淡化知识产权地域性是不可逆转的趋势。此外，他认为商标权与域名权，是两种独立的权利，如同著作权与商标权一样，它们都是权利主体在不同的领域里对不同的客体所享有的一种知识产权。如果商标权自然延伸到域名领域就会导致域名权的丧失，不利于域名的保护。

张平教授也认为域名是一个独立的知识产权客体，它不完全同于现有的任何知识产权客体，即使与某类有一些相似之处，将其单独列出更有利于对域名的规范与保护。没有必要为域名另起一个什么权之类的名称，称其为域名权就已经足够。② 张平教授也是从知识产权的特征着手，进行论证，但是其认为知识产权的特性是专有性、地域性和时间性，而域名兼具这三性，所以属于知识产权的保护范围。但是域名又不同于其他的知识产权客体，主张域名为商标、商誉、企业名称或将其与商标、商号并列称为商业标记来保护，都是只看到了域名的商业作用，忽略了域名的根本作用即标识作用。域名不一定都为商业之用，只是为了标识即宣传，比如 edu、gov 结尾的域名。所以，张平教授认为域名是一个独立的知识产权客体，不完全同于现有的任何知识产权客体，即使与某类有一些相似之处，将其单独列出更有利于对域名的规范与保护，而且没有必要为域名另起一个"什么权"之类的名称，称其为域名权已经足够。

（2）其他学说

王半牧先生认为企业性域名是知识产权家族中的一员，但并不是全新的独立的一员，由于它和企业名称或者商标的密切关系，因此基本上可以归类于传统的知识产权，而非企

① 肖晓峰：《从域名与商标权的冲突谈域名权的法律回归》，载《探索与争鸣》2005年第10期。
② 张平：《域名的知识产权地位》，载陶鑫良、程永顺、张平编：《域名与知识产权保护》，知识产权出版社2001年版，第68~74页。

业型域名则属于人身权范围。① 此外，还有学者认为域名是一种商业标记。②

（四）域名属于知识产权客体

无论是搁置说还是权利否定说都是对域名可以成为一项独立的权利客体的否定。但是在互联网技术和电子商务经济发展的双重推动下，域名的表现形式日益丰富，商业价值也在增加，权利范围在扩张，以现有的法律体系无法对域名进行评价和保护。正是由于对域名定位的不恰当，当域名侵犯商标权时，可以以商标法为依据对商标进行保护，然而当商标反持域名时，对于域名的保护却无据可循。所以，我们应该因时而异，及时赋予域名独立的法律地位，对其进行合理保护。

民事权益说存在其弊端。虽然民事权益在我国的学界以及实务界是一个出现频率很高的词汇，但是其中的"益"是什么一直没有说明，而是始终将"权"、"益"联系在一起。所以，民事权益本身的内涵和外延还未明确，更不能用它来界定其他的事物。而且，一般认为民事权益中的"权"、"益"二字是指民事权利及民事利益，上述观点中，已经否认了域名可以成为一种民事权利，之后又采用的权益的说法，前后矛盾，所以在此认为以上观点的持有者是想表达域名是一种民事利益的观点。王胜明先生曾说过：我一直努力学习如何将权利和利益划分清楚，但我还没有看到一本教科书清楚划分什么是权利、什么是利益。若从内容划分，由于权利的落脚点还是利益，很难划分清楚。若从形式划分，即认为法律写明某某权的可以称为权利，没有写明又需要保护的，就属于法律保护的利益，也不妥当。如未明确冠以"权利"称谓的，可能实际上享有权利地位，如我国法律上的"婚姻自由"、曾经的"隐私"及从未在立法上出现过的"身体权"，且权利与利益也是不断转变的，如德国法上的一般人格权、营业权、名誉权。

李永军教授认为比较直接地区分权利和利益的方式就是：权利一般都是具有客体的，而利益一般没有客体或者客体是不确定的。德国学者拉伦茨指出，"权利"所指向的对象，也即权利人对之有权的客体，必须十分确定。权利人必须可以排除他人对这个特定物的使用，权利人可以处分这个特定物，或者根据法理可以要求某个特定人履行特定给付。而域名权的客体是明确清晰的，所以域名权应为一种权利而非利益。

域名是一种创造性劳动成果，域名在构思和选择的过程中，需要一定的创造性劳动，使自己的域名吸引种种的注意，提高知名度。此外，域名具有独占性和专有性，一旦注册，其他网络使用者就不能再得到同样的域名。域名具有知识产权客体的一般特征，属于知识产权客体的范畴。

（五）域名是一种独立的知识产权客体。

域名与现有的知识产权客体存在区别，需要将其单独列明。域名不同于商标，商标的注册和保护是按照商品或者服务的类别进行的。只要企业间的经营范围或服务类别不同，就可以使用同一商标。然而同一个域位上不允许出现相同的域名，哪怕他们的经营范围完全不同。而且域名和商标的保护标准也不同，商标的保护标准是相同或相近，域名则是只要稍加改动就不构成侵权。此外，域名也不能单纯归于商业标记，因为很多域名比如公权

---

① 王半牧：《试析域名的法律性质》，载《知识产权》2001 年第 5 期。

② 李朝应：《域名的知识产权分析》，载《电子知识产权》1998 年第 8 期。

力机关的域名不是作为商业标记出现的。正如张平教授所言"主张域名为商标、商誉、企业名称或将其与商标、商号并列称为商业标记来保护,都是只看到了域名的商业作用,忽略了域名的根本作用即标识作用。域名不一定都为商业之用,只是为了标识即宣传,比如edu、gov 结尾的域名"。所以域名是一种独立的知识产权客体。

综上所述,通过考察其他国家关于域名的立法以及学界关于域名法律性质的学说,并对其进行评述,可以看出应将域名界定为知识产权客体,且现有的知识产权客体不能将域名完全包容,应增加域名作为一种独立的知识产权客体进行规定。

## 第一百三十条【继承权】

【三审稿】自然人依法享有继承权。

【二审稿】自然人依法享有继承权。

【一审稿】自然人依法享有继承权。

【法学会稿】无。

【社科院稿】无。

【建议稿】自然人依法享有继承权。

【建议理由】该条在法工委一审稿、二审稿以及三审稿中表述一致,条文设计符合民法典立法的技术性要求,故保留该条文,没有改动。

## 【删除】

【三审稿】第一百二十五条 自然人合法的私有财产,可以依法继承。

【二审稿】无。

【一审稿】无。

【法学会稿】无。

【社科院稿】无。

【建议稿】删除。

【建议理由】该条在法工委一审稿、二审稿、法学会稿以及社科院稿中均未规定,为法工委三审稿新增加的内容,对"继承的客体"作出规定,不具有一般性特征,应当规定在分则当中。

## 第一百三十一条【股权和其他投资型权利】

【三审稿】民事主体依法享有股权和其他投资性权利。

【二审稿】民事主体依法享有股权和其他投资性权利。

【一审稿】民事主体依法享有股权或者其他民事权利。

【法学会稿】有价证券,是指设定或者证明持券人或者被记载人享有相应财产权利的凭证。

有价证券包括汇票、支票、本票、债券、存款单、仓单、提单、股票、提存单证等。

有价证券适用动产的一般规则,法律另有规定的除外。

第一百零七条【有价证券的权利主体】

无记名有价证券的权利人为证券的持有人。

记名有价证券的权利人为证券所记载的权利人。

指示有价证券所记载的权利人,可以亲自行使证券权利,也可以指示其他人行使证券权利。

第一百零八条【有价证券权利的转让】

无记名有价证券权利的转让,以证券交付的方式进行。

记名有价证券、指示有价证券权利的转让,依照法定方式进行。

【社科院稿】无。

【建议稿】民事主体依法享有股权和其他投资性权利。

【建议理由】法工委二审稿、三审稿将一审稿中的第110条规定的"股权和其他民事权利"拆分成两条进行规定,并在股权之后增加了"其他投资性权利"的规定。法学会稿中,在民事权利客体一章中单设有价证券一节,对有价证券的定义、主体、种类、转让等进行了规定。社科院稿没有对股权进行专门规定。

对于股权及其他投资性权利的性质目前尚存争议,本稿暂时沿用三审稿的规定,将其单设一条,不作改动。

# 第一百三十二条【其他民事权利和利益】

【三审稿】民事主体享有法律规定的其他民事权利和利益。

【二审稿】民事主体享有法律规定的其他民事权利。

【一审稿】民事主体依法享有股权或者其他民事权利。

【法学会稿】民事权利客体的范围,不以本法规定为限。

【社科院稿】民事权利的内容由本法以及民法特别法规定,但不以本法及其他法律之规定为限。

本法之外其他法律规定的民事权利,可以适用本法关于民事权利的规定。

【建议稿】民事主体享有法律规定的其他民事权利和利益。

【建议理由】法工委二审稿、三审稿将一审稿中第110条规定的"股权和其他民事权利"拆分成两条进行规定,三审稿将保护范围扩大到了民事利益。法学会稿中,在民事权利客体一章中规定了民事权利客体范围的开放性,社科院稿也对民事权利的内容作出开放性规定。

本稿认为应当保留三审稿的规定,将保护范围扩大到民事利益。正如李永军教授在《民法总则民事权利章评述》一文中所述:利益也涉及法律关系问题,也是属于民法规范调整的对象,属于民法的法内空间,既然民法总则规定了权利,也应该规定利益,以表示其属于法律关系中的要素,属于民法保护的范围;利益不能仅仅规定在侵权法中,因为有些利益不仅仅具有消极的受保护的功能，还有积极的处分功能。①

所以，本稿沿用三审稿规定，将对利益的保护在民法典总则中进行规定。

## 第一百三十三条【数据、网络虚拟财产】

【三审稿】法律对数据、网络虚拟财产的保护有规定的，依照其规定。

【二审稿】法律对数据、网络虚拟财产的保护有规定的，依照其规定。

【一审稿】第一百零八条　民事主体依法享有知识产权。

知识产权是指权利人依法就下列客体所享有的权利：

……

（八）数据信息……

第一百零四条　物包括不动产和动产。法律规定具体权利或者网络虚拟财产作为物权客体的，依照其规定。

【法学会稿】第一百一十一条【网络虚拟财产】

网络虚拟财产受法律保护。

第一百一十条【智力成果、商业标记和信息】

发明、实用新型、外观设计、作品、商标、商业秘密等智力成果、商业标记和信息可以成为民事权利客体。

【社科院稿】第一百一十九条【智力成果、无形财产】

精神产品等智力劳动的成果，依其性质和范围明确肯定为界，可以作为民事权利的客体。

商业信誉等无形财产，可以作为民事权利的客体。

智力成果、无形财产，占有、使用、收益以及处分的，在特别法规定之外，可以适用本法的规定。

【建议稿】法律对数据、网络虚拟财产的保护有规定的，依照其规定。

【建议理由】法工委一审稿将"数据"规定在第108条知识产权客体中，将"网络虚拟财产"规定在一审稿第104条物权客体中。二审稿及三审稿将数据与网络虚拟财产单设一条进行规定。目前，对数据及网络虚拟财产的法律性质学界及实务界依然存在争议，法工委将其分别从知识产权客体及物权客体中抽出是合理的，本稿沿用三审稿规定，没有变动。

## 第一百三十四条【特别保护】

【三审稿】法律对未成年人、老年人、残疾人、妇女、消费者等的民事权利有特别保护规定的，依照其规定。

【二审稿】法律对未成年人、老年人、残疾人、妇女、消费者等的民事权利有特别保护规定的，依照其规定。

---

① 李永军：《民法总则民事权利章评述》，载《法学家》2016年第5期。

【一审稿】法律对未成年人、老年人、残疾人、妇女、消费者等的民事权利有特别保护规定的，依照其规定。

【法学会稿】无。

【社科院稿】无。

【建议稿】法律对未成年人、老年人、残疾人、妇女、消费者等的民事权利有特别保护规定的，依照其规定。

【建议理由】该条法工委一审稿、二审稿、三审稿表述一致，本稿沿用法工委稿条文，没有变动。

## 【删除】

【三审稿】民事权利可以依据民事法律行为、事实行为、法律规定的事件或者法律规定的其他方式取得。

【二审稿】无。

【一审稿】无。

【法学会稿】无。

【社科院稿】无。

【建议稿】删除。

【建议理由】此条在法工委一审稿、二审稿、法学会稿以及社科院稿中均未规定，是法工委三审稿新增加的内容，与本章前述债权产生原因的规定重复，故不作保留。

## 【删除】

【三审稿】民事主体按照自己的意愿依法行使民事权利，不受干涉。

【二审稿】无。

【一审稿】无。

【法学会稿】无。

【社科院稿】第二百六十一条【民事权利的行使】

民事权利以主体自己的意愿行使，他人不得干涉。

【建议稿】删除。

【建议理由】此条在法工委一审稿、二审稿中均未规定，是法工委三审稿新增加的内容。自愿原则是民法的基本原则，贯穿始终，此条与第一章中自愿原则的规定重复，故不应作保留。

## 【删除】

【三审稿】第一百三十二条 民事主体不得滥用民事权利损害他人合法权益。

【二审稿】无。

【一审稿】无。

【法学会稿】第二百零二条【民事权利不得滥用】

行使民事权利，不得损害他人合法权益，不得损害公共利益。

以加害他人或者不正当竞争等为目的行使民事权利，应当依法承担相应的民事责任。

【社科院稿】第二百六十三条【禁止权利滥用】

民事主体不得以损害社会公共利益、他人利益的方式行使其权利。

民事主体以放弃行使其全部或者部分权利而使他人获得利益的，不可以嗣后再主张其放弃的权利。

因滥用权利给他人造成损害的，应当承担赔偿责任。

【建议稿】删除。

【建议理由】该条在法工委一审稿、二审稿中均未规定，是法工委三审稿新增加的内容。诚实信用原则是民法的基本原则，贯穿始终，此条与第一章中诚实信用原则的规定重复，故不做保留。

## 【删除】

【三审稿】第一百三十三条　民事主体行使民事权利，应当节约资源、保护生态环境；弘扬中华优秀文化，践行社会主义核心价值观。

【二审稿】无。

【一审稿】无。

【法学会稿】第一百零五条【自然生态空间】

应当本着节约、集约原则对水流、森林、山岭、草原、荒地、滩涂等自然生态空间进行利用和保护。

【社科院稿】第二百六十四条【行使权利时的环境与生态的保护义务】

民事权利的行使应当注重对环境以及生态的保护，不得污染环境，不得破坏生态。

【建议稿】删掉。

【建议理由】关于资源、生态问题在本章中增加了"环境权"一条进行专门规定；后面宣示性的口号，可以不予保留。

# 第五章　民事法律行为

## 第一节　一般规则

### 第一百三十五条【民事法律行为的概念】

【三审稿】民事法律行为是指民事主体通过意思表示设立、变更、终止民事权利义务关系的行为。

【二审稿】民事法律行为是指民事主体通过意思表示设立、变更、终止民事权利义务的行为。

【一审稿】民事法律行为是指自然人、法人或者非法人组织通过意思表示设立、变更、终止民事权利和民事义务的行为。

【法学会稿】法律行为是自然人、法人或者其他组织实施的以意思表示为要素的行为。

【社科院稿】法律行为,即以民事权利义务关系发生、变更和废止为目的的意思表示为要素的人的行为。

【建议稿】民事法律行为是指民事主体通过意思表示设立、变更、终止民事权利义务关系的行为。

【建议理由】民事法律行为的本质属性是一种设权的意思表示,三审稿中民事法律行为的概念已清晰地体现了其表意性、目的性和设权性,简明合理,本稿赞同。


## 第一百三十六条【民事法律行为的成立】

【三审稿】民事法律行为可以基于单方的意思表示成立,也可以基于双方或者多方的意思表示一致成立。

法人、非法人组织依照法律或者章程规定的议事方式和表决程序作出决议的,该决议行为成立。

【二审稿】民事法律行为可以基于单方的意思表示成立,也可以基于双方或者多方的意思表示一致成立。

法人、非法人组织依照法律或者章程规定的议事方式和表决程序作出决议的,该决议行为成立。

【一审稿】民事法律行为可以基于单方的意思表示成立,也可以基于双方或者多方的意思表示一致成立。

法人、非法人组织的决议行为应当依照法律或者章程规定的程序和表决规则成立。

【法学会稿】法律行为可因单方的意思表示成立,也可因双方或者多方意思表示一致而成立。

决议行为的成立,应当依照法律或者章程规定的表决程序和表决规则。

【社科院稿】无。

【建议稿】民事法律行为可以基于单方的意思表示成立,也可以基于双方或者多方的意思表示一致成立。

法人依照法律或者章程规定的议事方式和表决程序作出决议的,该决议行为成立。

【建议理由】本稿采民事主体二元论,故本条第二款亦将"法人、非法人组织"替换成"法人"。

## 第一百三十七条【民事法律行为的形式】

**【三审稿】**民事法律行为可以采用书面形式、口头形式或者其他形式；法律规定或者当事人约定采用特定形式的，应当采用特定形式。

**【二审稿】**民事法律行为可以采用书面形式、口头形式或者其他形式；法律规定或者当事人约定采用特定形式的，应当采用特定形式。

**【一审稿】**民事法律行为可以采用书面形式、口头形式或者其他形式；法律规定或者当事人约定采用特定形式的，应当采用特定形式。

**【法学会稿】**法律行为可以采用书面形式、口头形式或者其他形式。法律、行政法规规定或者当事人约定应当采用特定形式的，依照其规定或者约定。

**【社科院稿】**无。

**【建议稿】**民事法律行为可以采用书面形式、口头形式或者其他形式；法律规定或者当事人约定采用特定形式的，应当采用特定形式。

书面形式是指合同书、协议书、书面遗嘱、公证书、信件和数据电文等可以有形地表现所载内容的非对话形式。

口头形式是指面谈、电话等对话形式。

**【建议理由】**法工委稿、法学会稿、社科院稿均没有界定书面形式、口头形式以及其他形式的内涵和外延，有学者建议应增加对这些形式的具体界定①。本稿赞同，理由如下：

1. 本条中的书面形式、口头形式的具体定义不会与意思表示一节中的内容相重复，因为本条规定着眼于整个法律行为的实施方式、各种形式的内涵以及外延，而意思表示着眼于意思表示的生效时间、撤回、解释等具体规则，重点不在于对这些方式的规定。同时，正因为意思表示一节规定了对话方式、非对话方式、数据电文等形式，但对这些形式的具体涵义及种类没有规定，所以有必要在第一节"一般规定"中予以界定，厘清口头形式、书面形式等与对话方式、非对话方式等方式之间的关系。

2. 从比较法上来看，一些大陆法系国家民法典也倾向于在总则中明确法律行为形式的内涵及外延。如德国民法典第126条规定："（1）书面形式为法律所规定的，证书必须由做成证书的人以亲笔签名或借助于经公证认证的画押加以签押。（2）在合同的情形下，双方当事人的签押必须在同一证书上为之。合同被做成两份以上内容相同的证书的，当事人任何一方在为另一方而指定的证书上签押即已足够。（3）法律不另有规定的，书面形式可以由电子形式替代。（4）书面形式可以由公证证书的做成替代。"②再比如，俄罗斯联邦民法典第159条规定了口头形式的适用条件，第160条至第165条规定了书面形式、普通书面形式、公正书面形式和国家登记形式的定义、适用条件和违反后果。

另外，有学者认为还应对"其他形式"予以规定，即"当事人未采用书面形式或者口头形式，但从双方从事的行为能够推定双方有实施民事法律行为意愿的，可以认定是某条规

---

① 温世扬：《民法总则应如何规定法律行为》，载《法学家》2016年第5期。
② 陈卫佐：《德国民法典》，法律出版社2015年版，第44~45页。

定的'其他形式'。但法律、行政法规另有规定的除外"。① 本稿认为，这一描述实际上是一种认定"其他形式"的方法与规则，而非对"其他形式"的具体界定。鉴于"其他形式"本身具有兜底性质且难以通过下定义的方式准确界定，本稿不对其下定义。

### 第一百三十八条【民事法律行为的约束力】

【三审稿】民事法律行为自成立时生效，法律另有规定或者当事人另有约定的除外。

行为人非依法律规定或者取得对方同意，不得擅自变更或者解除民事法律行为。

【二审稿】民事法律行为自成立时生效，法律另有规定或者当事人另有约定的除外。

行为人非依法律规定或者取得对方同意，不得擅自变更或者解除民事法律行为。

【一审稿】民事法律行为自成立时生效，法律另有规定或者当事人另有约定的除外。行为人非依法律规定或者取得对方同意，不得擅自变更或者解除民事法律行为。

【法学会稿】依法成立的法律行为，自成立时生效。

法律、行政法规规定应当办理批准等手续生效的，依照其规定。未经批准，不影响法律行为中当事人履行报批义务条款以及因该报批义务而设定的相关条款的效力。

【社科院稿】第一百三十八条　法律行为，具备下列条件时自成立时生效：

(一)行为人具备相应行为能力。

(二)意思表示真实。

(三)符合法律与公共秩序，不损害社会利益与他人利益。

(四)行为目的可能。

【建议稿】民事法律行为自成立时有效。法律另有规定或者当事人另有约定的除外。

行为人非依法律规定，不得擅自变更或者解除民事法律行为。

【建议理由】法工委一、二、三审稿均规定"民事法律行为自成立时生效"，法学会稿和社科院稿均表述为"有效"，李永军教授建议稿表述为"具有法律约束力"②，温世扬教授也建议表述为"具有法律约束力"③。本稿赞同"有效"或"具有法律约束力"的表述，理由如下：

1. 民事法律行为的有效与生效是有区别的。民事法律行为的有效是民事法律行为生效的前提条件，有效的民事法律行为不一定生效，如附生效条件的民事法律行为，只有在所附条件成就时，该民事法律行为才生效。而从该条的立法目的来看，其欲规定的内容是"原则上，民事法律行为自成立时对当事人产生拘束力(即有效)"，紧接着第2款规定有效民事法律行为有拘束力的具体表现。如果用"生效"的表述，第2款就是指生效民事法律行为的法律效力，那么这意味着附生效条件的民事法律行为在成立(原则上有效)后、条件未成就前，无法对行为人产生拘束力。这显然不利于保护善意相对人。

---

① 温世扬：《民法总则应如何规定法律行为》，载《法学家》2016年第5期。

② 李永军、刘家安、于飞、陈汉、费安玲、刘智慧、田士永、迟颖、戴孟勇、尹志强、席志国、翟远见：《中华人民共和国民法总则(专家建议稿)》，载《比较法研究》2016年第3期。

③ 温世扬：《民法总则应如何规定法律行为》，载《法学家》2016年第5期。

2. 民事法律行为成立的直接后果为在当事人之间产生法律约束力，而不是生效。以合同为例，通说认为合同效力不同于合同约束力：合同约束力指除当事人合意或有法定、约定事由外，任何一方当事人不得擅自变更或解除合同；生效指产生合同效力，即债务人应当依据债权人的请求履行其合同义务。拘束力着眼于当事人对其在合同关系中所作意思表示的维持，而效力着眼于合同权利义务对当事人乃至第三人的直接约束。

3. 现行民法通则第 57 条和合同法第 8 条均采"法律约束力"的表述，① 可见当时的立法机关是认识到其与"生效"的本质区别的，民法总则草案万不宜混淆两者，造成司法适用的困境。另外，民事法律行为有效即为具有法律约束力。鉴于"有效"的表述语言更为简洁，本稿建议该条"自成立时生效"改为"自成立时有效"。

# 第二节　意思表示

## 第一百三十九条【意思表示的定义】

【三审稿】无。

【二审稿】无。

【一审稿】无。

【法学会稿】意思表示，是指行为人将发生一定民事法律后果的内心意思表示于外部的行为。

【社科院稿】民事主体以一定的方式将其目的在于发生一定民事法律关系变动并使得自己受到拘束的效果意思表达于外部的行为，为意思表示。

意思表示必须真实。

【建议稿】民事主体以一定的方式将其目的在于发生一定民事法律关系变动并使得自己受到拘束的效果意思表达于外部的行为，为意思表示。

【建议理由】法工委草案一、二、三审稿均没有对意思表示下定义。法学会稿、社科院稿对意思表示的定义作出了规定，但表述不同。有学者赞同法工委的做法，建议不对意思表示的定义进行规定，因为意思表示本身无法准确定义，且各建议稿对意思表示的定义均体现了民事法律行为和意思表示的同质性，即均以"行为"为属概念，以"欲将发生私法效果的意思表示于外部"为种差，这些定义客观上没有清晰地揭示出意思表示区别于民事法律行为的本质，且从体系上来看，规定意思表示的定义不具有独立的价值功能。② 本稿认为，鉴于意思表示与事实行为、民事法律行为等的区别，仍有必要对意思表示下定义，理由如下：

1. 民法中的意思表示与一般生活领域中的意思表示含义不尽相同，应当对其含义进

---

① 杨立新：《中华人民共和国民法总则（草案）建议稿》，载《河南财经政法大学学报》2015 年第 2 期。

② 温世扬：《民法总则应如何规定法律行为》，载《法学家》2016 年第 5 期。

行限定。意思表示的定义具有司法可适用性,并非仅为教义学表述,它是区分民事法律行为与事实行为的核心要素,理应在法条中予以规定。

2. 意思表示与民事法律行为并非具有同质性。虽然二者均属欲发生一定私法效果的行为,但二者仍有区别:意思表示不等于民事法律行为,如准民事法律行为也以意思表示为要素,但并非民事法律行为,因为其没有设权性;有的民事法律行为除意思表示外尚需与其他法律事实结合才能成立,如实践性的民事法律行为。民事法律行为的定义体现的是民事法律行为的构成要件(意思表示为核心要件),而意思表示的定义体现的是意思表示自身的构成要素,即目的意思、法效意思以及表示行为。二者虽均以"行为"为属概念,但种差绝不仅是"将欲发生私法效果的意思表示于外部"。因此,对意思表示进行界定仍有必要。

社科院稿的规定体现了学界通说认为的意思表示构成要素,即目的意思、法效意思以及表示行为。本稿予以采纳。

## 第一百四十条【意思表示的生效】

【三审稿】第一百三十八条 以对话方式作出的意思表示,相对人了解其内容时生效。

以非对话方式作出的意思表示,到达相对人时生效。以非对话方式作出的采用数据电文形式的意思表示,相对人指定特定系统接收数据电文的,该数据电文进入该特定系统时生效;未指定特定系统的,相对人知道或者应当知道该数据电文进入其系统时生效。当事人对采用数据电文形式的意思表示的生效时间另有约定的,按照其约定。

第一百三十九条 无相对人的意思表示,表示完成时生效。法律另有规定的,依照其规定。

第一百四十条 以公告方式作出的意思表示,公告发布时生效。

第一百四十一条 行为人可以明示或者默示作出意思表示。沉默只有在有法律规定、当事人约定或者习惯时,方可以视为意思表示。

【二审稿】第一百三十条 以对话方式作出的意思表示,相对人了解其内容时生效。

以非对话方式作出的意思表示,到达相对人时生效。以非对话方式作出的采用数据电文形式的意思表示,相对人指定特定系统接收数据电文的,该数据电文进入该特定系统时生效;未指定特定系统的,相对人知道或者应当知道该数据电文进入其系统时生效。当事人对采用数据电文形式的意思表示的生效时间另有约定的,按照其约定。

第一百三十一条 无相对人的意思表示,表示完成时生效,法律另有规定的,依照其规定。

第一百三十二条 以公告方式作出的意思表示,公告发布时生效。

第一百三十三条 行为人可以明示或者默示作出意思表示。

沉默只有在有法律规定、当事人约定或者习惯时,方可以视为意思表示。

【一审稿】第一百一十六条 以对话方式作出的意思表示,相对人了解其内容时生效。以非对话方式作出的意思表示,到达相对人时生效。

第一百一十七条 以非对话方式作出的采用数据电文形式的意思表示,相对人指定特定系统接收数据电文的，该数据电文进入该特定系统时生效；未指定特定系统的，相对人知道或者应当知道该数据电文进入其系统时生效。当事人对采用数据电文形式的意思表示的生效时间另有约定的，按照其约定。

以公告方式作出的意思表示，公告发布时生效。

无相对人的意思表示，表示完成时生效，法律另有规定的除外。

第一百一十八条　行为人可以明示或者默示作出意思表示。沉默只有在有法律规定、当事人约定或者习惯时，方可以视为意思表示。

【法学会稿】第一百二十五条　无须受领的意思表示一旦作出，即发生效力。

以对话方式做出的意思表示，为相对人了解时，发生效力。非以对话方式做出的意思表示，到达相对人时，发生效力。

采用数据电文形式进行意思表示，收件人指定特定系统接收数据电文的，该数据电文进入该特定系统的时间，视为到达时间；未指定特定系统的，该数据电文进入收件人的任何系统的首次时间，视为到达时间。当事人对数据电文的到达时间另有约定的，依照其约定。

第一百二十六条　行为人非因自己的过失不知道相对人姓名、住所的，可以参照民事诉讼法中关于公告送达的规定做出意思表示。

第一百二十七条　意思表示得以明示或者默示方式做出。

不得以沉默的方式做出意思表示，法律另有规定、当事人另有约定或者另有习惯的除外。

【社科院稿】第一百五十六条　意思表示，自相对人知悉或者应当知悉时起，对表意人具有拘束力。

第一百五十七条　以对话方式所为的意思表示，对话完成时对表意人生效。

以非对话方式所为的意思表示，自相对人知悉或者应知悉意思表示时对表意人生效。

第一百五十八条　以新闻媒体或者其他公告方式所为的意思表示，自媒体或者公告播放意思表示时，对表意人发生拘束力。

第一百五十九条　以电子信息传递方式为意思表示的，表意人将意思表示发放至相对人指定的特定系统时，受意思表示的拘束。

第一百六十条　表意人可以在意思表示的同时，向相对人表达要求相对人确认其收到该意思表示的回执，表意人得到该回执时，受其意思表示的拘束。

第一百六十一条　以默示方式为意思表示的，必须符合交易习惯和法律的规定。

【建议稿】以对话方式作出的意思表示，相对人了解其内容时生效。

以非对话方式作出的意思表示，到达相对人时生效。以非对话方式作出的采用数据电文形式的意思表示，相对人指定特定系统接收数据电文的，该数据电文进入该特定系统时生效；未指定特定系统的，相对人知道或者应当知道该数据电文进入其系统时生效。当事人对采用数据电文形式的意思表示的生效时间另有约定的，按照其约定。

## 第一百四十一条【无相对人的意思表示】

无相对人的意思表示，表示完成时生效。法律另有规定的，依照其规定。

## 第一百四十二条【以公告方式作出的意思表示】

以公告方式作出的意思表示，公告发布时生效。

## 第一百四十三条【沉默】

行为人可以明示或者默示作出意思表示。沉默只有在有法律规定、当事人约定或者习惯时，方可以视为意思表示。

## 第一百四十四条【意思表示的撤回】

【三审稿】行为人可以撤回意思表示。撤回意思表示的通知应当在意思表示到达相对人前或者与意思表示同时到达相对人。

【二审稿】行为人可以撤回意思表示。撤回意思表示的通知应当在意思表示到达相对人前或者与意思表示同时到达相对人。

【三审稿】行为人可以撤回意思表示。撤回意思表示的通知应当在意思表示到达相对人前或者与意思表示同时到达相对人。

【法学会稿】意思表示可以撤回，但撤回意思表示的通知须先于意思表示到达相对人或者与意思表示同时到达相对人。

【社科院稿】表意人可以撤回其意思表示。在意思表示撤回后，表意人不受其拘束。

意思表示的撤回必须向相对人做出，而且必须在其意思表示到达相对人之前或者同时向相对人表达该撤回的意思。

【建议稿】行为人可以撤回意思表示。撤回意思表示的通知应当在意思表示到达相对人前或者与意思表示同时到达相对人。

## 第一百四十五条【意思表示的解释】

【三审稿】有相对人的意思表示的解释，应当按照所使用的词句，结合相关条款、行为的性质和目的、习惯以及诚实信用原则，确定意思表示的含义。

无相对人的意思表示的解释，不能拘泥于所使用的词句，而应当结合相关条款、行为的性质和目的、习惯以及诚实信用原则，确定行为人的真实意思。

【二审稿】有相对人的意思表示的解释，应当按照所使用的词句，结合相关条款、行为的性质和目的、习惯、相对人的合理信赖以及诚实信用原则，确定意思表示的含义。

无相对人的意思表示的解释，不能拘泥于所使用的词句，而应当结合相关条款、行为的性质和目的、习惯以及诚实信用原则，确定行为人的真实意思。

【一审稿】有相对人的意思表示的解释，应当按照所使用的词句，结合相关条款、行为的性质和目的、习惯、相对人的合理信赖以及诚实信用原则，确定意思表示的含义。无相对人的意思表示的解释，不能拘泥于所使用的词句，而应当结合相关条款、行为的性质和目的、习惯以及诚实信用原则，确定行为人的真实意思。

【法学会稿】第一百三十条　无须受领意思表示的解释，不能拘泥于所使用的文字，应当结合相关条款、行为的性质、行为人的目的、习惯等，遵循诚实信用原则确定其含义。

第一百三十一条　须受领意思表示的解释，应当按照所使用的文字，结合相关条款、行为的性质和目的、习惯等，遵循诚实信用原则确定其含义。

【社科院稿】第一百九十四条　解释无相对人的法律行为，应探究表意人的真实意思，不能拘泥于表示行为。

第一百九十五条　当事人对有相对人的法律行为存在争议时，应当根据表示行为的客观表现、当事人的目的、习惯以及诚实信用原则进行解释。

第一百九十六条　法律行为内容不完整不影响法律行为基本法律意义的，应当根据相关法律中的任意性规范进行补充；在无任意性规范可得适用时，根据诚实信用原则以及交易习惯来推断当事人的意思。在进行前款补充解释时，应当尊重当事人的意思自由，不得侵害当事人的利益。

【建议稿】有相对人的意思表示的解释，应当按照所使用的词句，结合相关条款、行为的性质和目的、习惯以及诚实信用原则，确定意思表示的含义。

无相对人的意思表示的解释，不能拘泥于所使用的词句，而应当结合相关条款、行为的性质和目的、习惯以及诚实信用原则，确定行为人的真实意思。

【建议理由】在意思表示的解释规则中，三审稿删除了"按照相对人的合理信赖确定意思表示的含义"规则，概因采纳了梁慧星教授的建议。其认为意思表示的解释不能依任何一方的理解和信赖，而是按具有理性之人处于同等情形应有之理解和信赖来确定其含义；何况，"相对人的合理信赖"也要结合相关条款、行为的性质和目的、习惯及诚实信用原则综合判断，否则易导致当事人缠讼及法官滥用自由裁量之虞。①

## 第三节　民事法律行为的效力

### 第一百四十六条【民事法律行为有效条件】

【三审稿】具备下列条件的民事法律行为有效：

（一）行为人具有相应的民事行为能力；

① 梁慧星：《〈中华人民共和国民法总则（草案）〉：解读、评论和修改建议（下）》，载《华东政法大学学报》2016年第5期。

（二）意思表示真实；

（三）不违反法律、行政法规的效力性强制规定，不违背公序良俗。

**【二审稿】**具备下列条件的民事法律行为有效：

（一）行为人具有相应的民事行为能力；

（二）意思表示真实；

（三）不违反法律、行政法规的效力性强制性规定，不违背公序良俗。

**【一审稿】**具备下列条件的民事法律行为有效：

（一）行为人具有相应的民事行为能力；

（二）意思表示真实；

（三）不违反法律、行政法规的效力性强制性规定，不违背公序良俗。

**【法学会稿】**无。

**【社科院稿】**法律行为，具备下列条件时自成立时生效：

（一）行为人具备相应行为能力；

（二）意思表示真实；

（三）符合法律与公共秩序，不损害社会利益与他人利益。

**【建议稿】**具备下列条件的民事法律行为有效：

（一）行为人具有相应的民事行为能力；

（二）意思表示真实；

（三）不违反法律、行政法规的效力性强制性规定，不违背公共秩序与善良风俗。

**【建议理由】**本稿建议将"公序良俗"完整表述为"公共秩序与善良风俗"，法学会稿对民事法律行为的有效没有专条规定，社科院稿与法工委稿区别在于：其一，采用了"生效"的表述；其二，第三项表述有所差别，且没有规定"善良风俗"，而规定了"不损害社会利益与他人利益"；其三，增加一项：行为目的可能。杨立新教授建议稿规定为：不违反公共秩序和善良风俗。① 本稿建议将法工委稿"公序良俗"表述变更为"公共秩序与善良风俗"。

将"公序良俗"作为认定法律行为效力条件之一本身是确有必要的，但将原则直接与其他规则混而规定于同一条款之中，则有违法律规定的确定性，有碍原则适用应遵循的"禁止向一般条款逃避"。同时，极易导致在实践中对公序良俗原则的滥用。故而应将此原则以更加确定和限定的方式规定于条文中，即表述为"公共秩序与善良风俗"。

## 第一百四十七条【无民事行为能力人民事法律行为效力】

**【三审稿】**无民事行为能力人实施的民事法律行为无效。

**【二审稿】**无民事行为能力人实施的民事法律行为无效。

**【一审稿】**无民事行为能力人实施的民事法律行为无效。

---

① 杨立新：《中华人民共和国民法总则(草案)建议稿》，载《河南财经政法大学学报》2015年第2期。

【**法学会稿**】第一百三十三条　无民事行为能力人实施的法律行为无效。

第一百三十四条　无民事行为能力人或者限制民事行为能力人实施的纯获法律上利益的法律行为有效。

【**社科院稿**】无行为能力人的意思表示无效。无行为能力人，由法定代理人代为意思表示，并承受意思表示的结果。

但是，无行为能力人所为的对自己纯粹获得利益的行为，自始有效。

【**建议稿**】无民事行为能力人实施的民事法律行为无效。但是无民事行为能力人实施的纯获利益的法律行为有效。

【**建议理由**】法工委草案一、二、三审稿均没有规定纯获法律上利益的行为有效，法学会稿和社科院稿均有相应规定，但表述不同，法学会稿表述为"纯获法律上利益"，社科院稿表述为"对自己纯粹获得利益的行为"。李永军教授建议稿并未规定纯获利益的法律行为有效，杨立新教授建议稿在自然人一章中规定：无行为能力人、限制行为能力人可以独立实施下列行为：（1）纯获法律上的利益的行为；（2）在法定代理人确定的目的范围内所进行的金钱给付行为。本稿建议增加"纯获利益的法律行为有效"之规定，理由如下：

1. 无民事行为能力人所为法律行为无效的规定，其宗旨在于保护无民事行为能力人利益。若认为无民事行为能力人不可能实施法律行为，而否定其所为纯获法律上利益的法律行为效力，实际上有悖保护无民事行为能力人利益的宗旨，因为无民事行为能力人是有实施纯获法律上利益的法律行为的，如接受赠与。所以为了更好地保护其利益，应加入此规定。

2. 草案在限制民事行为能力人所为法律行为效力的规定中，规定了限制民事行为能力人实施纯获利益的行为有效，而对无民事行为能力人未作相同规定。虽然理论上无民事行为能力人不可能从事与其年龄、智力、精神健康状况相适应的民事法律行为的考虑，但为了更好地保护无民事行为能力人，法律应拟制其在实施纯获利益的法律行为时行为有效。

# 第一百四十八条【限制民事行为能力人民事法律行为效力】

【**三审稿**】限制民事行为能力人实施的民事法律行为，经法定代理人同意或者追认后有效，但是纯获利益的民事法律行为或者与其年龄、智力、精神健康状况相适应的民事法律行为，不需要经法定代理人同意或者追认。

相对人可以催告法定代理人自收到通知之日起一个月内予以追认。法定代理人未作表示的，视为拒绝追认。民事法律行为被追认前，善意相对人有撤销的权利。撤销应当以通知的方式作出。

【**二审稿**】限制民事行为能力人实施的民事法律行为，经法定代理人同意或者追认后有效，但是纯获利益的民事法律行为或者与其年龄、智力、精神健康状况相适应的民事法律行为，不需要经法定代理人同意或者追认。

相对人可以催告法定代理人自收到通知之日起一个月内予以追认。法定代理人未作表示的，视为拒绝追认。民事法律行为被追认前，善意相对人有撤销的权利。撤销应当以通知的方式作出。

【一审稿】第一百二十三条 限制民事行为能力人实施的民事法律行为,经法定代理人同意或者追认后有效,但是纯获利益的民事法律行为或者与其年龄、智力、精神健康状况相适应的民事法律行为,无须经法定代理人同意或者追认。

相对人可以催告法定代理人自收到通知之日起一个月内予以追认。法定代理人未作表示的,视为拒绝追认。民事法律行为被追认前,善意相对人有撤销的权利。撤销应当以通知的方式作出。

【建议稿】限制民事行为能力人实施的民事法律行为,经法定代理人同意或者追认后有效,但是纯获利益的民事法律行为或者与其年龄、智力、精神健康状况相适应的民事法律行为,不需要经法定代理人同意或者追认。

相对人可以催告法定代理人自收到通知之日起一个月内予以追认。法定代理人未作表示的,视为拒绝追认。民事法律行为被追认前,善意相对人有撤销的权利。撤销应当以通知的方式作出。


# 第一百四十九条【相对人的合理信赖】

【三审稿】无。

【二审稿】无。

【一审稿】无。

【法学会稿】因限制民事行为能力人的欺诈使相对人合理信赖其有相应的民事行为能力或者其法律行为已经获得法定代理人同意的,该法律行为不因民事行为能力的欠缺而影响其效力。

【社科院稿】无。

【建议稿】因限制民事行为能力人的欺诈使相对人合理信赖其有相应的民事行为能力或者其法律行为已经获得法定代理人同意的,该法律行为的效力不因民事行为能力的欠缺而受影响。

无法识别交易者身份的网络交易民事法律行为,其效力不因民事法律行为能力的欠缺而受影响,但交易明显异常的除外。

【建议理由】新增的条款借鉴了法学会稿"保护相对人因限制民事行为能力人的欺诈而产生的合理信赖"的规定,法工委草案一、二、三审稿以及社科院稿均未对此作规定。本稿认为该条甚为合理,且应再加一款"保护在无法识别交易者身份的网络交易民事法律行为中相对人的合理信赖",理由如下:

1. 对限制民事行为能力人所为的民事法律行为效力的限制,很好地保护了无民事行为能力人和限制民事行为能力人的利益,但若无、限制民事行为能力人采用欺诈的手段隐瞒其欠缺民事行为能力的事实,令相对人有足够的理由相信其有相应的民事行为能力,那么一味地保护无、限制民事行为能力人则有失公允,甚至会鼓励未成年人从事违法、犯罪行为。

2. 无法识别交易者身份的网络交易民事法律行为,没有可归责于提供网络交易服务一方当事人的事由，因此其效力不因民事法律行为能力的欠缺而受影响，以保护网络交易的正常秩序。但交易明显异常的，为了平衡双方当事人的利益，应作除外规定。

## 第一百五十条【虚伪意思表示】

【三审稿】行为人与相对人串通，以虚假的意思表示实施的民事法律行为无效，但是双方均不得以此对抗善意第三人。

行为人以虚假的意思表示隐藏的民事法律行为的效力，依照有关法律规定处理。

【二审稿】行为人与相对人串通，以虚假的意思表示实施的民事法律行为无效，但是双方均不得以此对抗善意第三人。

行为人以虚假的意思表示隐藏的民事法律行为的效力，依照有关法律规定处理。

【一审稿】行为人与相对人串通，以虚假的意思表示实施的民事法律行为无效，但是双方均不得以此对抗善意第三人。

行为人以虚假的意思表示隐藏的民事法律行为，依照有关法律规定处理。

【法学会稿】行为人之间通谋以虚假意思表示进行的法律行为无效，该无效不得对抗善意第三人。

行为人之间以虚假意思表示隐藏其他法律行为的，就被隐藏的法律行为确定其效力。

【社科院稿】表意人与相对人通谋所为的虚假意思表示无效。但是该项无效不得对抗善意第三人。

【建议稿】行为人与相对人串通，以虚假的意思表示实施的民事法律行为无效，但是双方均不得以此对抗善意第三人。

行为人以虚假的意思表示隐藏的民事法律行为的效力，依照有关法律规定处理。

## 第一百五十一条【真意保留、戏谑表示】

【三审稿】无。

【二审稿】无。

【一审稿】无。

【法学会稿】第一百三十九条【真意保留】

行为人故意隐瞒其真实意思进行意思表示的，不得主张法律行为无效。行为人能够证明相对人明知的，法律行为无效，该无效不得对抗善意第三人。

第一百四十条【戏谑表示】

行为人故意隐瞒其真实意思进行意思表示，并期待对方会了解该意思表示并非出自真实意思，法律行为无效。但行为人应当赔偿对方因合理信赖产生的损失。

【社科院稿】第一百四十八条【真意保留】

表意人隐藏的意思表示，以一般的意思表示的规范予以处理。

第一百四十九条【戏谑表示】

表意人并无严肃的意思表示的意思，而且在意思表示时预期到该项表示不会被严肃采认的,该意思表示无效。

【建议稿】行为人故意隐瞒其真实意思进行意思表示的,不得主张法律行为无效。行为人能够证明相对人明知的,法律行为无效,该无效不得对抗善意第三人。

【建议理由】法工委草案一、二、三审稿均没有对真意保留和戏谑表示的规定,法学会稿和社科院稿均规定了真意保留和戏谑表示,表述不同。本稿建议只增加真意保留的规定,理由如下:

1. 真意保留,又称心中保留,是指表意人将意欲发生法律效果的意思保留于内心,而其所表示的内容并非内在意思的意思表示。① 于此情形,表意人出于各种内在或者外在的原因,其内心真意与表示的内容相异,且表意人故意不欲使表示出来的内容产生法律效力。然而,虽然真意保留的行为人为法律行为之时内心缺乏效果意思,从意思表示理论出发,该法律行为应认定为无效,但为了确保交易安全,保护相对人的合理信赖,对意思表示的解释原则已不能采纯粹意思主义,而要以行为的外观作为判断民事法律行为效力的主要依据。

2. 合同解释或表见理论规则虽然可在保护相对人合理信赖等方面起到作用,但不能完全取代真意保留,真意保留仍有必要在总则中予以规定。在一般情形下,民事法律行为效力以表示主义为原则,依照合同解释规则,表意人应该表达清楚,使受领人在通常情况下,理解表意人所指的意义,否则,有关后果原则上应由表意人承担。因此,在确定表示的规范意义时,首先要以一般的语言用法、某种表达方式在交易中的普通意义以及普通的交易参与人对它的理解为准。② 但如果相对人知晓表意人心中保留真意,依据合同解释规则,应以表意人的内在意思为准;而依据真意保留,若是相对人知晓表意人的内在意思的,会产生无效的后果。而且,在真意保留的情形,表意人是有意使表示与意思不一致,而"错误的表示无害"的原则是因为表意人疏忽或错误的表示所致。③

3. 意思表示瑕疵是法律行为制度的重要内容,依据内在与外在的原因可以分为两类:一是意思与表示的不一致,是指行为人客观上所表示的,与其内心所意欲的并未互相合致;二是意思表示不自由,是指表意人的意思形成与意思决定受到不当干涉(如欺诈、胁迫情形)。在前者,内心意思与外部表示不一致;在后者,内心意思与表示相一致,但内心效果意思之决定过程中有瑕疵。④ 真意保留属于因表意人自身的原因所致的单方虚伪表示,在主体上与通谋虚伪表示(双方)不同,在主观程度上与意思表示错误(过失)相异,具有独立的意义。否则,意思表示瑕疵体系的拼图上将缺少必要的一块图案。⑤

4. 真意保留的现象在现实生活中普遍存在,包括德国、日本等在内的主要大陆法系国家及我国台湾地区的民事立法,均有真意保留之相关规定。我国台湾地区"民法"第86

---

① [德]汉斯·布洛克斯、沃尔夫·瓦尔克:《德国民法总论》,张艳译,中国人民大学出版社2012年版,第239页。

② [德]卡尔·拉伦茨:《德国民法通论(下)》,王晓晔等译,法律出版社2003年版,第460页。

③ 王天凡:《错误的表示无害原则及要式法律行为之效力》,载《比较法研究》2011年第6期。

④ 王泽鉴:《民法总则》,北京大学出版社2009年版。

⑤ 冉克平:《真意保留与戏谑行为的反思与构建》,载《比较法研究》2016年第6期。

条规定:"表意人无欲为其意思表示所拘束之意,而为意思表示者,其意思表示,不因之无效。但其情形为相对人所明知者,不在此限。"①日本民法典第 93 条规定:"意思表示,不因表意人之非其真意而妨碍其效力。但相对人已知或可得知表意人真意时,该意思表示为无效。"②德国民法典第 116 条规定:"意思表示不因表意人在心里作出对所表示的并不意欲的保留而无效。该意思表示须以他人为相对人而做出,且相对人知道该项保留的,该表示无效。"③鉴于我国现实生活中真意保留的现象同样屡见不鲜,建议新增真意保留制度。

　　然而,对是否应当在真意保留之外规定戏谑行为,民法理论界认识不一。持否定说的学者认为没有必要区分真意保留与戏谑行为,一方面,二者界限不易划分,区分难度大;另一方面,这种意思表示无效的后果,可通过真意保留之表意人的意思无效以相对人可得知其心中有保留为足。也有学者认为一方面,戏谑行为与真意保留的差别仅限于表意人主观上存在不同,而就表意人而言,由其举证证明究竟是有意隐藏还是期待对方知晓真意几无可能;另一方面从立法政策上看,真意保留是以表示主义为原则、意思主义为例外,而戏谑行为是以意思主义为原则、表示主义为例外,在信赖保护与交易安全的需求日益强烈的现代社会,以真意保留涵盖戏谑行为的立法更为合理。④ 还有学者认为应将戏谑行为视作真意保留之下的一种意思表示,以无效当做例外,但证明其表示无效的举证责任应该在表意人,这样可以避免类型过多或类型交叉导致种类不明⑤。另一方面,持肯定说的学者认为,戏谑行为是外观可以被相对人识破的行为,其外观可被识破的程度大大高于并区别于真意保留。法律豁免戏谑行为的法律后果,一个很重要的原因就是表示行为的可识破性。还有学者认为,运用戏谑行为可以很妥当地解决我国司法审判实务的一些案件。

　　本稿采否定说,首先,理论上,二者界限在于表意人主观上是否希望相对人认清其真意,在真意保留的情形,表意人有意隐藏其真意而表达与其不一致的内容,通常情形下表意人是为了欺骗相对人而保留真意;在戏谑行为的情形,表意人作出缺乏真意的表示通常是善意的,并且期待相对人随时会识破,所以行为人对相对人被欺骗是排斥的。⑥ 即真意保留为故意欺骗,而戏谑行为表意人期待对方知晓自己的真意。但是就表意人而言,由其举证证明其究竟是有意隐藏还是期待对方知晓真意,几无可能。⑦ 因此,实践中,无论从表意人证明还是法院判断方面,这种区别是都是难以分辨的。其次,从立法政策上,真意保留的规定是以表示主义为原则,以意思主义为例外,而戏谑行为的规定是以意思主义为原则、表示主义为例外,二者差别很大。有学者认为,意思表示瑕疵的效力,在折中主义中,有主张应以意思主义为原则、表示主义为例外者,亦有主张应以表示主义为原则、意

---

①　林诚二:《民法总则》,法律出版社 2008 年版,第 358 页。
②　渠涛:《最新日本民法》,法律出版社 2006 年版,第 25 页。
③　陈卫佐:《德国民法典》,法律出版社 2015 年版,第 40 页。
④　冉克平:《真意保留与戏谑行为的反思与构建》,载《比较法研究》2016 年第 6 期。
⑤　王成:《我国民法中意思表示瑕疵的完善》,载《人民司法》2014 年第 3 期。
⑥　[德]卡尔·拉伦茨:《德国民法通论(下)》,王晓晔等译,法律出版社 2003 年版,第 460 页。
⑦　冉克平:《真意保留与戏谑行为的反思与构建》,载《比较法研究》2016 年第 6 期。

思主义为例外者。由社会立法的见地言之，自应以表示主义为原则、意思主义为例外为合理。① 自 20 世纪以来，保护当事人的正当信赖、促进交易的安全，成为近现代民法的重要发展趋势。信赖保护原则与自我约束原则共同构成法律行为交往中的基本原则。② 因此，在信赖保护与交易安全的需求日益强烈的现代社会，以真意保留涵盖戏谑行为的立法更为合理。最后，实际上，本条采表示主义为原则、意思主义为例外，即以真意保留涵盖戏谑行为，在表意人确有证据证明其真意为戏谑行为而相对人确未知悉的情形下，表意人的利益保护也仍不是无法保护，如表意人可依"错误"制度撤销该民事法律行为。因此，本稿认为，本条应以真意保留涵盖戏谑行为为宜，即只规定真意保留，不单独规定戏谑行为。

## 第一百五十二条【可撤销的民事法律行为——重大误解】

【三审稿】基于重大误解实施的民事法律行为，行为人有权请求人民法院或者仲裁机构予以撤销。

【二审稿】基于重大误解实施的民事法律行为，行为人有权请求人民法院或者仲裁机构予以撤销。

【一审稿】基于重大误解实施的民事法律行为，行为人有权请求人民法院或者仲裁机构予以撤销。

【法学会稿】基于错误实施的法律行为，行为人有权请求人民法院或者仲裁机构变更或者撤销。

行为人错误认识所使用的语言的含义或者在表示行为中发生错误，遭受较大损失的，可以认定为错误。

因错误而撤销法律行为的，不得对抗善意第三人。

【社科院稿】表意人在意思表示时对其内容有错误的表达，或者表意人如知道该意思表示内容的意义便不会表示这种意思的，表意人可以撤销该意思表示。

对商事交易主体的误认，以及对上市交易客体的误认，如涉及表意人重大利益者，以前款规定处理。

表意人撤销其错误的意思表示的，就其过错承担责任。但法律另有规定的除外。

【建议稿】基于错误实施的民事法律行为，行为人有权请求人民法院或者仲裁机构予以撤销。

【建议理由】法工委草案一、二、三稿均延续现行民法通则、合同法，表述为"重大误解"，法学会稿、社科院稿、李永军教授建议稿、杨立新教授建议稿等，均以"错误"替代"重大误解"。本稿建议将"重大误解"改为"错误"，理由如下：

1. 错误与误解是不同的概念。错误，是表意人出于错误或不知致使其意思表示与效果意思不一致的情况。误解，是相对人对意思表示了解的错误。受领人基于对表意人本意

---

① 胡长清：《中国民法总论》，中国政法大学出版社 1997 年版，第 232 页。

② ［德］卡尔·拉伦茨：《德国民法通论(下)》，王晓晔等译，法律出版社 2003 年版，第 59 页。

的重大误解而实施的民事法律行为，固然可以撤销；但表意人基于错误认识，如关于贯彻执行《中华人民共和国民法通则》若干问题的意见(试行)第71条规定的"对行为的性质、对方当事人、标的物的品种、质量、规格和数量等的错误认识"，而实施的民事法律行为是否也应撤销呢？由于上述列举的情形不存在相对人的意思表示，因此表意人无所谓误解，只存在对某一类事实的认识错误。所以，只规定基于重大误解而实施的民事法律行为可以撤销，不利于保护认识错误的表意人的利益。

2. 我国现行民事立法采用的是"重大误解"的概念，但就其立法本意而言，既包括内容错误，也包括表示错误，并不包括大陆法系理论中的"误解"或"受领人错误"，即我国现行法上的"重大误解"与德国法上的错误应作同一解释。只是由于我国现行立法强调通俗易懂，采用了重大误解而没有采用错误的概念，才引起了人们的误解。

3. 主要大陆法系国家或地区，如法国、德国、日本以及我国台湾地区等均是采用"错误"之表述。德国民法典规定"错误"有三种，即意思表示内容错误、传达错误和交易上认为重要的关于人的资格或物的性质的错误，德国民法典第119条规定："表意人所作意思表示的内容有错误，或者表意人根本无意作出此种内容的意思表示，如果可以认为，表意人若知悉情事并合理地考虑其情况后即不会作出此项意思表示时，表意人可以撤销该意思表示。交易中认为很重要的有关人的资格或者物的性质的错误，视为意思表示内容的错误。"[1]我国台湾地区"民法"第88条规定："意思表示之内容有错误，或表意人若知其事情即不为意思表示者，表意人得将其意思表示撤销之。但以其错误或不知事情，非由表意人自己之过失者为限。当事人之资格或物之性质，若交易上认为重要者，其错误，视为意思表示内容之错误。"[2]

综上，鉴于错误的内涵已经涵盖了"对相对人意思表示的重大误解而实施的民事法律行为"，建议民法总则正本清源，将"重大误解"改成"错误"。

## 第一百五十三条【可撤销民事法律行为——欺诈】

【三审稿】第一百四十九条　一方以欺诈手段，使对方在违背真实意思的情况下实施的民事法律行为，受欺诈方有权请求人民法院或者仲裁机构予以撤销。

第一百五十条　第三人实施欺诈行为，使一方在违背真实意思的情况下实施的民事法律行为，对方知道或者应当知道该欺诈行为的，受欺诈方有权请求人民法院或者仲裁机构予以撤销。

【二审稿】第一百四十一条　一方以欺诈手段，使对方在其违背真实意思的情况下实施的民事法律行为，受欺诈方有权请求人民法院或者仲裁机构予以撤销。

第一百四十二条　第三人实施欺诈行为，使一方在违背其真实意思的情况下实施的民事法律行为，对方知道或者应当知道该欺诈行为的，受欺诈方有权请求人民法院或者仲裁机构予以撤销。

[1]　陈卫佐：《德国民法典》，法律出版社2015年版，第41页。
[2]　林诚二：《民法总则》，法律出版社2008年版，第368页。

【一审稿】第一百二十六条 一方以欺诈手段，使对方在其违背真实意思的情况下实施的民事法律行为，受欺诈方有权请求人民法院或者仲裁机构予以撤销。

第一百二十七条 第三人实施欺诈行为，使一方在违背其真实意思的情况下实施的民事法律行为，对方知道或者应当知道该欺诈行为的，受欺诈方有权请求人民法院或者仲裁机构予以撤销。

【法学会稿】第一百四十三条 一方以欺诈的手段使对方在违背真实意思的情况下实施法律行为，受欺诈方有权请求人民法院或者仲裁机构变更或者撤销。

一方故意告知对方虚假情况，或者故意隐瞒真实情况，诱使对方做出错误意思表示的，可以认定为欺诈行为。

因欺诈而撤销法律行为的，不得对抗善意第三人。

第一百四十五条 第三人实施的欺诈或者胁迫行为，使一方当事人在违背真实意思的情况下实施法律行为的，如相对人知道或者应当知道该行为存在的，受欺诈或者受胁迫方有权请求人民法院或者仲裁机构变更或者撤销该法律行为。

【社科院稿】第一百五十三条 因被诈欺或者被胁迫而为的意思表示，表意人可以撤销。

因被诈欺和被胁迫的意思表示的撤销，不得对抗善意第三人。在不得对抗善意第三人时，表意人可以向相对人主张不当得利，或者向诈欺与胁迫者请求损害赔偿。

【建议稿】一方以欺诈手段，使对方在违背真实意思的情况下实施的民事法律行为，受欺诈方有权请求人民法院或者仲裁机构予以撤销。


# 第一百五十四条

第三人实施欺诈行为，使一方在违背真实意思的情况下实施的民事法律行为，对方知道或者应当知道该欺诈行为的，受欺诈方有权请求人民法院或者仲裁机构予以撤销。


# 第一百五十五条【可撤销民事法律行为——胁迫】

【三审稿】第一百五十一条 一方或者第三人以胁迫手段，使对方在违背真实意思的情况下实施的民事法律行为，受胁迫方有权请求人民法院或者仲裁机构予以撤销。

【二审稿】第一百四十三条 一方或者第三人以胁迫手段，使对方在违背其真实意思的情况下实施的民事法律行为，受胁迫方有权请求人民法院或者仲裁机构予以撤销。

【一审稿】第一百二十八条 一方或者第三人以胁迫手段，使对方在违背其真实意思的情况下实施的民事法律行为，受胁迫方有权请求人民法院或者仲裁机构予以撤销。

【法学会稿】第一百四十四条 一方以胁迫的手段，使对方在违背真实意思的情况下实施法律行为，受胁迫方有权请求人民法院或者仲裁机构变更或者撤销。

以给自然人或者其亲友的合法权益造成损害为要挟，或者以给法人、其他组织的合法权益造成损害为要挟，迫使对方作出违背真实意思的意思表示的，可以认定为胁迫行为。

第一百四十五条 第三人实施的欺诈或者胁迫行为，使一方当事人在违背真实意思的情况下实施法律行为的，如相对人知道或者应当知道该行为存在的，受欺诈或者受胁迫方有权请求人民法院或者仲裁机构变更或者撤销该法律行为。

【社科院稿】第一百五十三条 因被诈欺或者被胁迫而为的意思表示，表意人可以撤销。

因被诈欺和被胁迫的意思表示的撤销，不得对抗善意第三人。在不得对抗善意第三人时，表意人可以向相对人主张不当得利，或者向诈欺与胁迫者请求损害赔偿。

【建议稿】一方或者第三人以胁迫手段，使对方在违背真实意思的情况下实施的民事法律行为，受胁迫方有权请求人民法院或者仲裁机构予以撤销。

## 第一百五十六条【可撤销民事法律行为——显失公平】

【三审稿】第一百五十二条 一方利用对方处于困境、缺乏判断能力等情形，致使民事法律行为成立时显失公平的，受损害方有权请求人民法院或者仲裁机构予以撤销。

【二审稿】第一百四十四条 一方利用对方处于困境、缺乏判断能力等情形，致使民事法律行为成立时显失公平的，受损害方有权请求人民法院或者仲裁机构予以撤销。

【一审稿】第一百二十九条 一方利用对方处于困境、缺乏判断能力或者对自己信赖等情形，致使民事法律行为成立时显失公平的，受损害方有权请求人民法院或者仲裁机构予以撤销。

【法学会稿】第一百四十六条【乘人之危】

一方乘人之危，使对方在违背真实意思的情况下实施法律行为，受害方有权请求人民法院或者仲裁机构变更或者撤销。

一方乘对方处于危难之机，为牟取不正当利益，迫使对方作出不真实的意思表示，严重损害对方利益的，可以认定为乘人之危。

第一百四十七条【显失公平】

显失公平的法律行为，一方有权请求人民法院或者仲裁机构变更或者撤销。

一方利用优势或者利用对方没有经验，致使当事人之间的利益关系明显失去均衡的，可以认定为显失公平。

【社科院稿】无。

【建议稿】一方利用对方处于困境、缺乏判断能力或者利用自己的优势等情形，致使民事法律行为成立时显失公平的，受损害方有权请求人民法院或者仲裁机构予以撤销。

【建议理由】法工委稿将乘人之危与显失公平合并成一个条文，法学会稿将乘人之危与显失公平分开规定，社科院稿对乘人之危、显失公平均没有规定。本稿认为，乘人之危与显失公平合并成一个条文是合理的，因为乘人之危的行为只有法律效果显失公平时才有撤销的必要；同时仅以结果不公平来适用显失公平制度，破坏了"合同必须严守"的规则，妨碍了交易秩序和安全。因此，为了平衡显失公平制度与合同自由原则之间的矛盾，宜将乘人之危与显失公平合并成一个行为。但是，显失公平的范围不应仅局限于乘人之危，还有其他暴利行为。关于贯彻执行《中华人民共和国民法通则》若干问题的意见(试行)[以下简称"民通意见"]第72条规定：一方当事人利用优势或者利用对方没有经验，致使双方的权利义务明显违反公平、等价有偿原则的，可以认定为显失公平。因此，建议在此条加上其他暴利行为导致显失公平的情形，如"利用自己的优势等"情形。

## 第一百五十七条【可撤销的民事法律行为——决议行为的撤销】

【三审稿】无。

【二审稿】无。

【一审稿】无。

【法学会稿】无。

【社科院稿】无。

【建议稿】决议行为的撤销，单行法有特别规定的，依照其规定。

【建议理由】法工委草案一、二、三审稿均未规定决议行为的撤销。事实上，决议行为的撤销事由并不局限于草案本部分规定的欺诈、胁迫、错误等，如公司法第 22 条规定的因股东会或者股东大会、董事会的会议召集程序、表决方式违反法律等事由，股东得请求人民法院撤销决议行为。又如物权法第 78 条第 2 款规定："业主大会或者业主委员会作出的决定侵害业主合法权益的，受侵害的业主可以请求人民法院予以撤销。"因此，有必要在总则中对决议行为的撤销予以规定，但各种决议行为的撤销事由繁多，不宜在总则中逐条详尽规定，宜采用"单行法有特别规定的，依照其规定"的表述。

## 第一百五十八条【撤销权不得对抗善意第三人】

【三审稿】第一百五十三条 民事法律行为因重大误解、欺诈、显失公平被撤销的，不得对抗善意第三人。

【二审稿】第一百四十五条 民事法律行为因重大误解、欺诈、显失公平被撤销的，不得对抗善意第三人。

【一审稿】第一百三十条 民事法律行为因重大误解、欺诈、显失公平被撤销的，不得对抗善意第三人。

【建议稿】民事法律行为因错误、欺诈、显失公平被撤销的，不得对抗善意第三人。

决议行为被撤销的，不得对抗善意第三人。

【建议理由】法工委一、二、三审稿均未单独对决议行为被撤销不得对抗善意第三人予以规定，本稿添加一款。如前所述，决议行为的撤销事由并不仅为重大误解(修改为"错误")、欺诈、显失公平，民法总则无法全部囊括，但决议行为被撤销后同样不得对抗善意第三人，因为其仅为内部行为，因此建议增加一款。

## 第一百五十九条【撤销权的消灭】

【三审稿】第一百五十四条 有下列情形之一的，撤销权消灭：

(一)当事人自知道或者应当知道撤销事由之日起一年内、重大误解的当事人自知道或者应当知道撤销事由之日起三个月内没有行使撤销权的；

（二）当事人受胁迫，自胁迫行为终止之日起一年内没有行使撤销权的；

（三）当事人知道撤销事由后明确表示或者以自己的行为表明放弃撤销权的；

（四）当事人自民事法律行为发生之日起五年内没有行使撤销权的。

【二审稿】第一百四十六条 有下列情形之一的，撤销权消灭：

（一）当事人自知道或者应当知道撤销事由之日起一年内、重大误解的当事人自知道或者应当知道撤销事由之日起三个月内没有行使撤销权的；

（二）当事人受胁迫，自胁迫行为终止之日起一年内没有行使撤销权的；

（三）当事人知道撤销事由后明确表示或者以自己的行为表明放弃撤销权的；

（四）当事人自民事法律行为发生之日起五年内没有行使撤销权的。

【一审稿】第一百三十一条 有下列情形之一的，撤销权消灭：

（一）当事人自知道或者应当知道撤销事由之日起一年内没有行使撤销权的；

（二）当事人受胁迫，自胁迫行为终止之日起一年内没有行使撤销权的；

（三）当事人知道撤销事由后明确表示或者以自己的行为表明放弃撤销权的；

（四）当事人自民事法律行为发生之日起五年内没有行使撤销权的。

【法学会稿】第一百四十八条 有下列情形之一的，变更权或者撤销权消灭：

（一）当事人自知道或者应当知道变更或者撤销事由之日起一年内没有行使变更权或者撤销权；

（二）当事人知道变更或者撤销事由后放弃变更权或者撤销权。

【社科院稿】第一百五十二条 意思表示错误的撤销权，自意思表示后，经过一年而消灭。

【建议稿】有下列情形之一的，撤销权消灭：

（一）当事人自知道或者应当知道撤销事由之日起一年内没有行使撤销权的；

（二）当事人受胁迫，自胁迫行为终止之日起一年内没有行使撤销权的；

（三）当事人知道撤销事由后明确表示或者以自己的行为表明放弃撤销权的；

（四）当事人自民事法律行为发生之日起五年内没有行使撤销权的。

决议行为的撤销权消灭事由，单行法有特别规定的，依照其规定。

【建议理由】法工委二、三审稿在一审稿基础上，对因重大误解（"错误"）而实施民事法律行为的当事人的撤销权行使期间作出了 3 个月的特殊规定，本稿认为不应作出该特殊规定。立法作出该特殊规定的目的是为了促使当事人行使权利，以保护相对人的利益。正如有的学者所言，"在法律上赋予意思表示错误的当事人以撤销权，本来就已经是限制甚至可以说是牺牲了相对人的利益，在这种情况下就不应该再赋予意思表示错误的当事人与欺诈、胁迫情形中类似的除斥期间利益，否则就存在利益考量上的严重失衡"。[①] 但造成当事人重大误解（错误）的原因也有可能是相对人的过错，如表意含糊不清，合同文本有歧义等，因此在没有充分的理由排除相对人过错的情形下，立法宜维持现状，统一规定撤

---

① 冉克平：《论意思表示错误的撤销权存续期间——以中国民法典编纂为背景的分析》，载《比较法研究》2016 年第 3 期。

销权的行使期限为 1 年，没有必要作出特殊规定。

另外，本条加入第 2 款，即"决议行为撤销权消灭的特殊事由"。不同团体、不同种类的决议行为，其撤销权的行使期间各不相同。特别是商事立法中的决议行为，其撤销权的行使期间可能会缩短，以维护商事交易的便捷和效率。如公司法第 22 条第 2 款规定："股东会或者股东大会、董事会的会议召集程序、表决方式违反法律、行政法规或者公司章程，或者决议内容违反公司章程的，股东可以自决议作出之日起六十日内，请求人民法院撤销。"由于总则中不宜对各种决议行为的撤销权消灭事由作出详尽规定，故建议如下表述"决议行为的撤销权消灭事由，单行法有特别规定的，依照其规定"。

## 第一百六十条【民事法律行为的无效——违反法律】

【三审稿】第一百五十五条　违反法律、行政法规的效力性强制规定或者违背公序良俗的民事法律行为无效。

【二审稿】第一百四十七条　违反法律、行政法规的效力性强制性规定或者违背公序良俗的民事法律行为无效。

【一审稿】第一百三十二条　违反法律、行政法规的效力性强制性规定或者违背公序良俗的民事法律行为无效。

【法学会稿】第一百三十七条　违反法律、行政法规效力性强制性规定的法律行为，无效。

其他损害公共利益的法律行为，无效。

【社科院稿】第一百四十三条　法律行为，违背法律的禁止性规范者无效。

法律行为，违背人民法院的判决或者政府行政机关在其职权范围内做出的禁止性规定的，同样无效。

第一百四十四条　法律行为，违背公共秩序或者善良风俗者无效。

【建议稿】违反法律、行政法规的效力性强制性规定或者违背公共秩序和善良风俗的民事法律行为无效。

【建议理由】同第 144 条的评述及理由。

## 第一百六十一条【超越经营范围】

【三审稿】第一百五十六条　超越依法登记的经营范围从事经营活动的，除违反法律、行政法规有关限制经营、特许经营或者禁止经营的规定外，不影响民事法律行为的效力。

【二审稿】无。

【一审稿】无。

【法学会稿】无。

【社科院稿】无。

【建议稿】超越依法登记的经营范围从事经营活动的，除违反法律、行政法规有关限制经营、特许经营或者禁止经营的规定外，不影响民事法律行为的效力。

**【建议理由】**我国合同法司法解释(一)第 10 条已经废除了法人或其他组织越围行为无效规则,其超越经营范围所实施的民事法律行为的效力不受目的事业范围的限制,违反国家限制经营、特许经营以及法律、行政法规禁止经营规定的除外。三审稿第 156 条借鉴了合同法司法解释(一)第 10 条的规定,是合理的,也符合国际立法趋势。

## 第一百六十二条【民事法律行为的无效——恶意串通】

**【三审稿】**第一百五十七条　行为人与相对人恶意串通,损害他人合法权益的民事法律行为无效。

**【二审稿】**第一百四十八条　行为人与相对人恶意串通,损害他人合法权益的民事法律行为无效。

**【一审稿】**第一百三十三条　行为人与相对人恶意串通,损害他人合法权益的民事法律行为无效。

**【法学会稿】**无。

**【社科院稿】**无。

**【建议稿】**行为人与相对人恶意串通,损害他人合法权益的民事法律行为无效。

## 第一百六十三条【无效、被撤销的民事法律行为约束力】

**【三审稿】**第一百五十八条　无效的或者被撤销的民事法律行为,从民事法律行为开始时起就没有法律约束力。

**【二审稿】**第一百四十九条　无效的或者被撤销的民事法律行为,从民事法律行为开始时起就没有法律约束力。

**【一审稿】**第一百三十四条　无效的或者被撤销的民事法律行为,从民事法律行为开始时起就没有法律约束力。

**【法学会稿】**无。

**【社科院稿】**第一百八十二条　法律行为经当事人撤销的,适用无效的法律后果。

第一百八十三条　法律行为的无效,是自始无效。

当事人因此无效行为取得的财产权利及利益,应该向权利及利益受损害的相对人或者第三人返还。返还的原则是原物返还。

**【建议稿】**无效的或者被撤销的民事法律行为,从民事法律行为开始时起就没有法律约束力。

## 第一百六十四条【民事法律行为无效、被撤销的法律后果】

**【三审稿】**第一百五十九条　民事法律行为无效、被撤销或者确定不发生效力后,行为人因该行为取得的财产,应当予以返还;不能返还或者没有必要返还的,应当折价补偿。有过错的一方应当赔偿对方由此所受到的损失;各方都有过错的,应当各自承担相应的责任。法律另有规定的,依照其规定。

第一百六十条  民事法律行为部分无效,不影响其他部分效力的,其他部分仍然有效。

【二审稿】第一百五十条  民事法律行为无效、被撤销或者确定不发生效力后,行为人因该行为取得的财产,应当予以返还;不能返还或者没有必要返还的,应当折价补偿。有过错的一方应当赔偿对方由此所受到的损失;各方都有过错的,应当各自承担相应的责任。法律另有规定的,依照其规定。

第一百五十一条  民事法律行为部分无效,不影响其他部分效力的,其他部分仍然有效。

【一审稿】第一百三十五条  民事法律行为无效、被撤销或者确定不发生效力后,行为人因该行为取得的财产,应当予以返还;不能返还或者没有必要返还的,应当折价补偿。有过错的一方应当赔偿对方由此所受到的损失;各方都有过错的,应当各自承担相应的责任。法律另有规定的,依照其规定。

第一百三十六条  民事法律行为部分无效,不影响其他部分效力的,其他部分仍然有效。

【法学会稿】第一百四十九条  法律行为无效或者被撤销后,当事人因该行为取得的财产,应当予以返还;不能返还或者没有必要返还的,应当折价补偿。有过错的一方应当赔偿对方因此所受的损失,各方都有过错的,各自承担相应的责任。

法律行为部分无效,不影响其他部分效力的,其他部分仍然有效。

【社科院稿】第一百八十三条  法律行为的无效,是自始无效。

当事人因此无效行为取得的财产权利及利益,应该向权利及利益受损害的相对人或者第三人返还。返还的原则是原物返还。

第一百八十四条  在前条规定的情况下,财产权利被第三人有效取得而返还不能、因法律的规定而返还不能以及没有必要返还的,行为人应该返还不当得利。

第一百八十五条  法律行为的无效,是整体无效。但是,除去部分无效的行为而其余可以生效的部分,为有效行为。

【建议稿】民事法律行为无效、被撤销或者确定不发生效力的,行为人因该行为取得的财产,应当予以返还;不能返还或者没有必要返还的,应当折价补偿。有过错的一方应当赔偿对方由此所受到的损失;各方都有过错的,应当各自承担相应的责任。法律另有规定的,依照其规定。

# 第一百六十五条

民事法律行为部分无效,不影响其他部分效力的,其他部分仍然有效。

## 第四节　民事法律行为的附条件和附期限

### 第一百六十六条【条件的效力】

【三审稿】第一百六十一条　民事法律行为可以附条件，但是依照其性质不得附条件的除外。附生效条件的民事法律行为，自条件成就时生效。附解除条件的民事法律行为，自条件成就时失效。

【二审稿】第一百五十二条　民事法律行为可以附条件，但是依照其性质不得附条件的除外。附生效条件的民事法律行为，自条件成就时生效。附解除条件的民事法律行为，自条件成就时失效。

【一审稿】第一百三十七条　民事法律行为可以附条件，但是依照其性质不得附条件的除外。附生效条件的民事法律行为，自条件成就时生效。附解除条件的民事法律行为，自条件成就时失效。

【法学会稿】第一百五十条　法律行为及其部分条款可以附条件。附停止条件的，于条件成就时发生效力；附解除条件的，于条件成就时终止效力。

法律行为及其部分条款所附条件成就与否取决于债权人意愿的，有效。取决于债务人意愿的，如为停止条件，无效；如为解除条件，有效。

【社科院稿】第一百八十九条　当事人对法律行为的效力可以约定附条件。附停止条件的法律行为，自条件成就时生效，附解除条件的法律行为，自条件成就时生效。

当事人还可以约定，条件成就的效果不于条件成就时发生。

【建议稿】民事法律行为可以附条件，但是依照其性质或者法律规定不得附条件的除外。附生效条件的民事法律行为，自条件成就时生效。附解除条件的民事法律行为，自条件成就时失效。

【建议理由】法工委草案一、二、三审稿规定一致，本稿建议在草案基础上，在可以附条件的除外情形中加入法律规定不得附条件一项。法学会稿与社科院稿均没有对此规定。不可附条件的民事法律行为可分为两类：一是为维护公序良俗而不允许附条件，如身份行为。二是基于交易安全和法秩序稳定的要求不允许附条件，基于交易安全不允许附条件的，如票据行为；基于法秩序稳定的要求不允许附条件的，主要是行使形成权的行为。[1] 可见，将基于法秩序稳定不允许附条件的部分民事法律行为归入因其"性质"不得附条件，有些牵强。所以，本稿认为应加入一项"法律规定不得附条件"的除外情形，将因法律直接规定不得附条件的民事法律行为直接归于此项。

---

[1]　马俊驹、余延满：《民法原论》，法律出版社2010年版，第199页。

### 第一百六十七条【期待权保护——条件拟制】

【三审稿】第一百六十二条 附条件的民事法律行为,当事人为自己的利益不正当地阻止条件成就的,视为条件已成就;不正当地促成条件成就的,视为条件不成就。

【二审稿】第一百五十三条 附条件的民事法律行为,当事人为自己的利益不正当地阻止条件成就的,视为条件已成就;不正当地促成条件成就的,视为条件不成就。

【一审稿】第一百三十八条 附条件的民事法律行为,当事人为自己的利益不正当地阻止条件成就的,视为条件已成就;不正当地促成条件成就的,视为条件不成就。

【法学会稿】第一百五十一条 因条件成就而受到不利的当事人,恶意阻止条件成就时,视为条件已成就。

因条件成就而得到利益的当事人,恶意促成条件成就时,视为条件不成就。

【社科院稿】第一百九十条 当事人为自己的利益不正当地阻止条件成就的,视为条件已成就;不正当地促成条件成就的,视为条件不成就。

【建议稿】附条件的民事法律行为,当事人不正当地阻止条件成就的,视为条件已成就;不正当地促成条件成就的,视为条件不成就。

【建议理由】本稿建议删去法工委民法总则草案本条"为自己的利益"的限制条件。法学会稿没有此限制,但对主体有限制,规定为"因条件成就而受到不利(得到利益)的当事人"。社科院稿与法工委草案在此方面表述一致。本稿认为,法工委草案、社科院稿对当事人主观目的的限制即"为自己的利益",以及法学会稿对主体的限制即"因条件成就而受到不利(得到利益)"的限制,均不妥当。因为恶意促成条件成就或阻止条件成就的当事人,并不一定是为自己的利益,当事人也可能为了第三人的利益而不正当地阻止条件成就或不成就。例如为第三人利益成立的合同,当事人为了第三人的利益不正当地阻止或促进条件成就的,同样应视为条件已成就或不成就。对于主观目的作"为自己的利益"的限制,就会把此种情形排除在外,并不完善。因此,建议删除"为自己的利益"。

### 第一百六十八条【期限的效力】

【三审稿】第一百六十三条 民事法律行为可以附期限,但是依照其性质不得附期限的除外。附生效期限的民事法律行为,自期限届至时生效。附终止期限的民事法律行为,自期限届满时失效。

【二审稿】第一百五十四条 民事法律行为可以附期限,但是依照其性质不得附期限的除外。附生效期限的民事法律行为,自期限届至时生效。附终止期限的民事法律行为,自期限届满时失效。

【一审条文】第一百三十九条 民事法律行为可以附期限,但是依照其性质不得附期限的除外。附生效期限的民事法律行为,自期限届至时生效。附终止期限的民事法律行为,自期限届满时失效。

【法学会稿】第一百五十二条 法律行为及其部分条款可以附期限。附始期的,于期限到来时发生效力;附终期的,于期限到来时终止效力。

【社科院稿】第一百九十三条 当事人对法律行为的效力可以约定附期限。附生效期限的法律行为，自期限届至时生效。附终止期限地法律行为，自期限届满时失效。

附期限的法律行为，准用关于侵害附条件利益的赔偿责任和处分行为的规定。

【建议稿】民事法律行为可以附期限，但是依照其性质或者法律规定不得附期限的除外。附生效期限的民事法律行为，自期限届至时生效。附终止期限的民事法律行为，自期限届满时失效。

【建议理由】同第 161 条的评述及理由。

# 第六章 代 理

## 第一节 一般规定

### 第一百六十九条【代理的主体】

【三审稿】第一百六十四条 民事主体可以通过代理人实施民事法律行为。

依照法律规定、当事人约定或者民事法律行为的性质，应当由本人亲自实施的民事法律行为，不得代理。

【二审稿】第一百五十五条 民事主体可以通过代理人实施民事法律行为。

依照法律规定、当事人约定或者民事法律行为的性质，应当由本人亲自实施的民事法律行为，不得代理。

【一审稿】第一百四十条 自然人、法人和非法人组织可以通过代理人实施民事法律行为。

【建议稿】民事主体可以通过代理人实施民事法律行为。

依照法律规定、当事人约定或者民事法律行为的性质，应当由本人亲自实施的民事法律行为，不得代理。

### 第一百七十条【代理的定义】

【三审稿】第一百六十五条 代理人在代理权限内，以被代理人名义实施的民事法律行为，对被代理人发生效力。

【二审稿】第一百五十六条 代理人在代理权限内，以被代理人名义实施的民事法律行为，对被代理人发生效力。

【一审稿】第一百四十一条 代理人在代理权限内，以被代理人名义实施的民事法律行为，对被代理人发生效力。

依照法律规定、当事人约定或者民事法律行为的性质，应当由本人亲自实施的民事法律行为，不得代理。

【法学会稿】第一百五十一条　代理人在代理权限内实施的法律行为，对被代理人发生效力。

依照法律规定、当事人约定或者法律行为的性质，应当由本人亲自实施的法律行为，不得代理。

【社科院稿】第一百九十七条　代理人在代理权限范围内以被代理人的名义和第三人进行法律行为，该法律行为直接对被代理人发生法律效力。

【建议稿】代理人在代理权限内，以被代理人名义实施的民事法律行为，对被代理人发生效力。

## 第一百七十一条【隐名代理】

【三审稿】第一百六十六条　代理人在代理权限内以自己的名义与第三人实施民事法律行为，第三人知道代理人与被代理人之间的代理关系的，该民事法律行为直接约束被代理人和第三人，但是有确切证据证明该民事法律行为只约束代理人和第三人的除外。

【二审稿】第一百五十七条　代理人在代理权限内以自己的名义与第三人实施民事法律行为，第三人知道代理人与被代理人之间的代理关系的，该民事法律行为直接约束被代理人和第三人，但是有确切证据证明该民事法律行为只约束代理人和第三人的除外。

【一审稿】第一百四十二条　代理人在代理权限内以自己的名义与第三人实施民事法律行为，第三人知道代理人与被代理人之间的代理关系的，该民事法律行为直接约束被代理人和第三人，但是有确切证据证明该民事法律行为只约束代理人和第三人的除外。

【法学会稿】第一百六十四条　代理人以自己的名义，在被代理人的授权范围内与第三人实施法律行为，第三人在法律行为成立时知道代理人与被代理人之间的代理关系的，该民事法律行为直接约束被代理人和第三人，有确切证据证明该民事法律行为只约束代理人和第三人的除外。

【社科院稿】第二百零六条　代理人在获得授权的情况下，以自己的名义和第三人进行法律行为，该代理行为只对代理人和第三人产生法律效力。但是法律另有规定的除外。

【建议稿】代理人在代理权限内以自己的名义与第三人实施民事法律行为，第三人知道代理人与被代理人之间的代理关系的，该民事法律行为直接约束被代理人和第三人。但是有确切证据证明该民事法律行为只约束代理人和第三人的除外。

代理人在代理权限内以自己的名义与第三人实施民事法律行为，第三人不知道代理人与被代理人之间的代理关系的，代理人因为第三人的原因对被代理人不履行义务，被代理人可以行使代理人对第三人的权利；代理人因被代理人的原因对第三人不履行义务，第三人可以选择向代理人或者被代理人行使权利。

不能认定代理人是以被代理人的名义还是以自己的名义进行民事法律行为的，视为以自己的名义进行民事法律行为，该民事法律行为的效力只约束代理人和第三人。但根据行为时的具体情境可以确定是为被代理人进行民事法律行为的除外。

**【建议理由】**

(一)修改之处

1. 第 2 款规定了被代理人的介入权和第三人的选择权,借鉴了合同法第 403 条。

2. 第 3 款增加了"不能认定代理人是以被代理人的名义还是以自己的名义进行民事法律行为时,代理行为的效力"的规定,借鉴了社科院稿第 197 条。

(二)域外立法和不同学说

1. 大陆法系的代理类型

以代理行为法律后果的承担为标准,大陆法系的代理可以分为直接代理和间接代理。直接代理,指代理人在代理权限内,以被代理人的名义为代理行为,其法律后果直接由被代理人承担。间接代理,指代理人在代理权限内,以自己的名义为代理行为,其法律后果间接由被代理人承担。所谓"法律后果间接由被代理人承担",指代理的法律效果首先对间接代理人发生,之后再依内部关系移转给被代理人。

2. 英美法系的代理类型

以被代理人身份的公开状况为标准,英美法系的代理可以分为三种不同的代理类型。显名代理,指代理人在为代理行为时,公开被代理人的姓名,其法律后果由被代理人承担。隐名代理,指代理人在为代理行为时,公开代理关系但未公开被代理人的姓名,其法律后果由被代理人承担。不公开本人的代理,指代理人在为代理行为时,既未公开代理关系也未公开被代理人的姓名,此时,被代理人有介入权而第三人有选择权。

3. 我国的借鉴

总的来说,是否以被代理人名义是对代理行为构成的描述,是区分显名代理与隐名代理的标准;而直接代理与间接代理则是对代理行为后果是否直接由被代理人承受的描述。[①] 本条的修改,借鉴了英美法系的代理类型,分别就显名代理、隐名代理和不公开本人的代理进行了规定。

(三)修改说明

1. 隐名代理与间接代理的选择

修改采纳了隐名代理的规定。首先,我国合同法第 402 条中规定了隐名代理,从法律体系的连贯性上考虑,民法总则中也应该对隐名代理制度加以规定。其次,民事交易活动越来越具有复杂性,现实生活中很多被代理人并不愿公开姓名,因此,隐名代理有存在的现实意义。最后,在隐名代理中,第三人的利益不会受到损害,并且在显明代理中适用的代理权授予、表见代理、无权代理等制度,隐名代理中同样可以适用。

2. 被代理人的介入权和第三人的选择权

修改对被代理人的介入权和第三人的选择权加以规定。首先,我国合同法第 403 条对被代理人的介入权和第三人的选择权进行了规定,这是我国为克服代理制度存在的缺陷,适应社会主义市场经济发展的需要,对英美法系代理制度的借鉴。其次,为了平衡当事人之间的利益,在第三人不知道代理关系时,应当对被代理人的行为加以限制,赋予被代理人介入代理行为关系的权利,第三人相应的也应当拥有选择权。

---

① 尹飞:《论我国民法典中代理制度的类型与体系地位》,载《法学杂志》2015 年第 9 期。

3. 代理的名义不明确

修改对代理的名义不明确的情形加以规定。首先，鉴于代理名义不明确的情形客观存在，为保护第三人利益，上述情况下应认定代理人是以自己的名义从事法律行为，除非第三人可以根据具体情形确定被代理人。其次，在代理人以自己名义为代理行为，第三人知道代理关系存在时，代理行为尚且对被代理人发生法律效力；根据"举轻以明重"的法理，代理的名义不明确的情形下，代理行为自然对被代理人发生法律效力。

## 第一百七十二条【代理权的产生】

【三审稿】第一百六十七条　代理包括委托代理和法定代理。

委托代理人按照被代理人的委托行使代理权。法定代理人依照法律的规定行使代理权。

法定代理，本章没有规定的，适用本法和其他法律有关规定。

【二审稿】第一百五十八条　代理包括委托代理和法定代理。

委托代理人按照被代理人的委托行使代理权。法定代理人依照法律的规定行使代理权。

法定代理，本章没有规定的，适用本法和其他法律有关规定。

【一审稿】第一百四十三条　代理包括委托代理和法定代理。

委托代理人按照被代理人的委托行使代理权。法定代理人依照法律的规定行使代理权。

法定代理，本章没有规定的，适用本法和其他法律有关规定。

【法学会稿】第一百五十二条　代理权可以基于被代理人的意思、法律的规定以及人民法院或者其他有权机关依法指定产生。

【社科院稿】第一百九十九条　代理的权限可以由被代理人授予，也可以由法律直接规定或者有权机关指定。

【建议稿】代理的权限可以由被代理人授予，也可以由法律直接规定。

由被代理人授予代理权的是意定代理。由法律直接规定代理权的是法定代理。

意定代理包括因委托关系、合伙关系以及职务关系等产生的代理。

法定代理，本章没有规定的，适用本法和其他法律有关规定。

【建议理由】

(一)修改之处

1. 第1款借鉴了社科院稿第199条，以代理权是由被代理人授予还是法律直接规定，来区分意定代理和法定代理。

2. 第2、3款将法工委稿中的"委托代理"替换为"意定代理"，并对意定代理中代理权的来源进行了说明。

3. 修改保留了法工委稿中的做法，删除了社科院稿和法学会稿对指定代理的规定。

(二)域外立法和不同学说

大陆法系和英美法系的代理法适用两套不同的理论基础。大陆法系代理法的理论基础是区别论。所谓区别论，是指把委托合同与代理权限的概念严格区分开来，委托合同中对代理人的限制并不产生对第三人的拘束力。① 换而言之，代理关系基于代理权而存在，代理权则根据授权行为而产生，基础关系与代理关系的形成没有必然的因果关系。英美法系代理法的理论基础是等同论。所谓等同论，是指既然作为被代理人的代理人得到了被代理人的信任和授权，其在授权范围内的行为应视同自己亲自做的一样，代理关系完全是基于委任的后果。② 换而言之，代理关系直接产生于委托合同，并不存在授权行为的抽象概念。

在这两种不同的理论基础上，两大法系代理权授予行为的立法也呈现出不同的状态。大陆法系认为只有基于被代理人的授权行为，赋予代理人可以代表自己的资格，代理权才得以产生。这与被代理人和代理人之间是否存在基础关系(如委任、合伙以及雇佣等)可以有关，也可以无关。例如，德国民法典第 167 条第 1 款规定："意定代理权的授予，以向被授权人或代理应对之发生的第三人的意思表示为之。"英美法系认为任何代理关系都必须是根据双方的合意产生，代理权直接源于被代理人和代理人之间的契约。只要被代理人进行授权并且代理人接受了该授权，双方之间就可以产生代理关系，授权行为不具有独立存在的意义。

两大法系只是选择了不同的立法模式，并不存在绝对的优劣之分，我国代理法承袭了大陆法系中区别论的指导思想。大陆法系关于授权行为的性质出现过三种学说，即委任契约说、无名契约说与单方法律行为说。③ 委任契约说认为，在委任契约之外无所谓代理权授予的行为，本人与代理人的委任契约将直接产生代理人的代理权，法国民法采此观点。无名契约说认为，代理权虽不是产生于委任契约的本身，但它是附随债权契约的一种无名契约，日本民法采此观点。单方法律行为说认为，代理权之授予，由本人向代理人或向其为代理行为之第三人以意思表示为之，无须代理人的承诺作为授权行为成立的要件，德国、瑞士民法采此观点。

(三)修改说明

1. 代理权的产生

以代理权产生的根据不同为基础，代理权可以划分为意定代理和法定代理。意定代理，指基于被代理人授权而取得代理权的代理；法定代理，指基于法律直接规定而取得代理权的代理。这是对代理最基础的分类，同时，意定代理和法定代理的区别应该在法条中加以体现。

2. 意定代理替换委托代理

对于授权行为的性质，主要有委任契约说、无名契约说与单方法律行为说三种观点。我国大多数学者都认为授权行为是一种单方法律行为，修改采纳的即是这一观点。因此，对于意定代理，只需要被代理人一方的意思表示就可以发生代理权授予的效力。法工委草案中认为"委托代理人按照被代理人的委托行使代理权"，将被代理人的授权行为描述为

① 徐海燕：《英美代理法研究》，法律出版社 2000 年版，第 356 页。
② 江帆：《代理法律制度研究》，中国法制出版社 2000 年版，第 50 页。
③ 江帆：《代理法律制度研究》，中国法制出版社 2000 年版，第 73~74 页。

"委托"，有否定授权行为的单方法律行为性质之嫌。

3. 意定代理的产生

委托合同是意定代理权产生的主要原因，但并不是唯一原因，劳动关系、合伙关系、职务关系等，也能产生意定代理授权。意定代理本质上是基于被代理人的授权行为而产生，与作为其基础关系的委托关系、合伙关系、职务关系等加以区别，理应对意定代理中代理权的来源也即基础关系进行说明。

4. 指定代理的存废

对于指定代理是否一种独立的代理类型，有持肯定态度的学者，也有持否定态度的学者。修改并未将指定代理作为与意定代理和法定代理并列的单独类型。因为指定代理只是法定代理的一种特殊形式，不能与意定代理和法定代理相提并论。意定代理和法定代理并列，只是照搬了法定监护和指定监护的划分。事实上，指定代理和法定代理在代理权上并无区别，它们都是基于法律的规定，由监护权所派生的，对监护人进行指定的法院或单位并不指定其代理事项、范围权限等。因此，依同样性质的监护权而派生的代理权（都由法律直接加以规定），就没有理由人为地将其割裂开来。①

## 第二节　意定代理

### 第一百七十三条【代理权的授予】

【三审稿】第一百六十九条　委托代理授权采用书面形式的，授权委托书应当载明代理人的姓名或者名称、代理事项、权限和期间，并由被代理人签名或者盖章。

【二审稿】第一百六十条　委托代理授权可以采用书面形式、口头形式或者其他形式；法律规定或者当事人约定采用特定形式的，应当采用特定形式。

授权委托书应当载明代理人的姓名或者名称、代理事项、权限和期间，并由被代理人签名或者盖章。

【一审稿】第一百四十五条　委托代理可以采用书面形式、口头形式或者其他形式；法律规定或者当事人约定采用特定形式的，应当采用特定形式。

授权委托书应当载明代理人的姓名或者名称、代理事项、权限和期间，并由被代理人签名或者盖章。

【社科院稿】第二百条　被代理人的授权可以向代理人表示，也可以向代理人与之交易的第三人表示。

被代理人的授予可以采用书面的方式，也可以采用口头的方式。法律规定采用书面形式式的，应当采用书面形式。

【法学会稿】无。

【建议稿】被代理人的授权可以向代理人表示，也可以向代理人与之交易的第三人

---

① 马俊驹、余延满：《民法原论》，法律出版社 2010 年版，第 224 页。

表示。

被代理人的授权可以采用书面的方式，也可以采用口头的方式。法律规定采用书面形式的，应当采用书面形式。

**【建议理由】**

(一)修改之处

1. 第 1 款借鉴了社科院稿第 200 条，增加了对授权行为相对人的规定。

2. 第 2 款规定授权行为可以采用口头和书面的形式，删除了授权行为采用其他形式的规定。

(二)域外立法和不同学说

授权行为作为单方法律行为，其相对人既可以是代理人也可以是第三人。德国民法典第 167 条第 2 款、瑞士债法典第 33 条第 2 项和第 3 项都规定，代理权的授予，应向代理人或向其为代理行为的第三人以意思表示为之。

向代理人作出的授权，称为内部授权；向第三人作出的授权，称为外部授权。对外部授权而言，不仅可以采用明确的口头授权方式，被代理人对无权代理人从事的无权代理行为的容忍，也可以使第三人相信无权代理人享有代理权。同时，在完成内部授权之后，又将这一授权事实公之于众，这种行为并不是外部授权，而是向外部告知的内部授权。①

(三)修改说明

1. 授权行为的相对人

向代理人作出的授权，称为内部授权；向第三人作出的授权，称为外部授权。② 区分内部授权与外部授权具有重要意义。首先，关于代理权的范围，在内部授权，应以代理人理解的意思范围为准；在外部授权，则应以第三人理解的意思范围为准。其次，代理权授予行为有瑕疵时(如错误、受欺诈或胁迫)，于内部授权，其撤销原则上应向代理人为之；于外部授权，则应向第三人为之。最后，在外部授权的情况下，如果授权人在内部撤回或限制代理权时，不得以之对抗善意第三人。但第三人因过失而不知其事实者，不在此限。③

2. 代理权授予的方式

口头授权方式应该规定。在现实生活中存在大量口头授权的行为，如果不规定授权可以采用口头的方式，很多民事代理行为的效力都无法得到认定。

删除授权行为可以采用其他形式的规定。首先，"法律规定采用特定形式"语义模糊不清。对于何种法律进行规定，采用何种特定形式，从条文中无法获得清晰的认识。其次，未采用法律规定的特定形式的，其法律后果无法予以界定。这样一个模糊不清的法律条文放在民法总则中，对于民法分则实在无法起到统率、指导的作用。

---

① [德]迪特尔·梅迪库斯：《德国民法总论》，邵建东译，法律出版社 2000 年版，第 707~708 页。

② 有学者认为，有关第三人得为授权行为的相对人的立法设计，完全脱离生活实际，意义不大。参见尹田：《民法典总则之理论与立法研究》，法律出版社 2010 年版，第 679 页。

③ 王泽鉴：《民法总则》，北京大学出版社 2009 年版，第 365 页。

## 第一百七十四条【授权委托书】

【三审稿】第一百六十九条　委托代理授权采用书面形式的，授权委托书应当载明代理人的姓名或者名称、代理事项、权限和期间，并由被代理人签名或者盖章。

【二审稿】第一百六十条　委托代理授权可以采用书面形式、口头形式或者其他形式；法律规定或者当事人约定采用特定形式的，应当采用特定形式。

授权委托书应当载明代理人的姓名或者名称、代理事项、权限和期间，并由被代理人签名或者盖章。

【一审稿】第一百四十五条　委托代理可以采用书面形式、口头形式或者其他形式；法律规定或者当事人约定采用特定形式的，应当采用特定形式。

授权委托书应当载明代理人的姓名或者名称、代理事项、权限和期间，并由被代理人签名或者盖章。

【法学会稿】第一百五十五条　授权委托书应当载明代理人的姓名或者名称、代理事项、权限和期间，并由委托人签名或者盖章。

【社科院稿】第二百零一条　授权书应当载明代理人的姓名或者名称、代理事项、权限和期间，并由被代理人签名或者盖章。

授权书授权不明的，推定为对代理人的概括授权，因此产生的法律后果由被代理人承担。但是关于处分行为的代理必须以书面形式授权。

【建议稿】授权委托书应当载明代理人的姓名或者名称、代理事项、权限和期间，并由被代理人签名或者盖章。

被代理人授权不明的，由被代理人和代理人承担连带责任。代理人没有过错的，在承担连带责任后可以向被代理人追偿。

被代理人和代理人之间的基础法律关系不成立，不影响代理权授予行为的效力。但第三人明知的除外。

【建议理由】

(一)修改之处

1. 第 2 款借鉴了社科院稿第 201 条，在法工委草案的基础上，增加了授权不明时的规定。

2. 第 3 款增加了授权行为无因性的规定。

(二)域外立法和不同学说

1. 授权不明的责任

对于授权不明的责任，大陆法系缺乏相关规定，只有日本民法典第 103 条规定，未定权限的代理人，只有实施下列行为的权限：保存行为；于不改变代理标的物或权利性质的范围内，以其利用或改良为目的的行为。在英美法系国家，援引"优势责任原则"确定由被代理人承担责任，即在代理权授权不明时，为了保障无过错第三人的合法权益，首先由经济上处于优势的被代理人向第三人承担责任，然后被代理人可以依据不同情况向代理人追偿。

2. 授权行为的无因性

德国民法典基本上采纳了拉邦德提出的无因性理论,其第 170~172 条规定代理权与基础关系无关,即授权行为独立于基础关系,内部关系没有成立的,不影响代理权的成立。但是,对于纯粹的内部代理权,第 168 条第 1 句规定,代理权的终止以基础关系的终止为准。日本民法典关于授权行为是否采取无因性理论则存在争议。

我国民法通则对于授权行为的有因性与无因性没有规定。学理上通常认为,授权行为与基础关系在效力上可能存在不同关系:一是授权行为效力取决于基础关系的效力;二是授权行为的效力与基础关系的效力无关。学者有赞同无因说者,也有赞同有因说者。无因说认为:其有利于保护善意第三人的利益,维护交易安全;有利于督促本人在基础关系解除、终止、被撤销以后,及时通知第三人或者及时收回代理证书,从而防止有关代理的纠纷发生;有利于保障代理权的正常行使,尽可能地减少和避免无权代理的发生。① 有因说认为:从保护被代理人利益及法律关系简化考虑,似应采有因说;从保护第三人利益及交易安全考虑,似应采无因说;有因说虽不利于保护第三人的利益,但通过表见代理制度来保护善意第三人的利益,可弥补此缺陷;而在无因说,虽能保护第三人利益,但恶意第三人的利益未能排除在外,有悖于法律不保护恶意者利益的宗旨。②

(三)修改说明

1. 代理权授权不明

授权不明主要指代理权的范围、期限等内容不明确。在我国实践中,被代理人向代理人出具的、已经签字或盖章、但没有填写任何具体内容的授权委托书,也就是所谓的空白授权,就是一种授权不明的行为。在授权不明的情况下,虽然代理人从事代理行为没有完全的合法依据,但毕竟存在着授权,所以不同于完全的无权代理行为。此时,为保护第三人的利益,应该由被代理人和代理人承担连带责任。但是,代理人在没有过错时承担连带责任可能对其不利,应当同时赋予代理人向被代理人追偿的权利。

2. 授权行为的无因性

我国民法通则对于授权行为的有因与无因没有规定。学理上通常认为,授权行为与基础关系在效力上可能存在不同关系:一是授权行为的效力取决于基础关系的效力;二是授权行为的效力与基础关系的效力无关。总的来说,代理权授予行为有因性理论有利于保护被代理人的利益,但不利于保护交易安全和第三人的利益;代理权授予行为无因性理论有利于保护交易安全和第三人的利益,但不利于保护被代理人的利益。

在交易活动日益频繁的今天,保护交易安全和第三人的利益高于保护本人的利益。但这并不是说被代理人的利益不需要得到保护。我们应该对无因性理论进行完善,使其能够兼顾到对被代理人利益的保护。当然,为了防止授权行为无因性对恶意第三人的保护,在采用授权行为无因性理论时,也应当吸收表见代理制度的有利之处。授权行为无因性只是一种相对的无因,而非绝对的无因,这种无因性的相对性表现在:无因性制度只保护善意第三人,而非恶意第三人。

---

① 王利明:《民法总则研究》,中国人民大学出版社 2003 年版,第 642~643 页。

② 梁慧星:《民法总论》,法律出版社 2007 年版,第 222 页。

## 第一百七十五条【共同代理】

【三审稿】第一百七十条　数人为同一委托事项的代理人的,应当共同行使代理权,法律另有规定或者当事人另有约定的除外。

【二审稿】第一百六十一条　数人为同一委托事项的代理人的,应当共同行使代理权,法律另有规定或者当事人另有约定的除外。

【一审稿】第一百四十六条　数人为同一委托事项的代理人的,应当共同行使代理权,法律另有规定或者当事人另有约定的除外。

【法学会稿】第一百五十六条　代理人为数人的,除非法律另有规定或者被代理人表示相反的意思,代理人应当共同实施代理行为。

【社科院稿】第二百一十七条　代理人为数人的,每个代理人都可以单独实施法律行为,但当事人另有约定或者法律另有规定的除外。

【建议稿】代理人为数人的,应当共同行使代理权,法律另有规定或者当事人另有约定的除外。

数个代理人共同实施代理行为,造成被代理人损害的,由全体代理人负连带责任。

单个代理人未经其他代理人同意实施代理行为,造成被代理人损害的,由该代理人承担责任。

【建议理由】

(一)修改之处

第2、3款增加了共同代理中,代理人实施代理行为给被代理人造成损害时,有关责任承担的规定。

(二)修改说明

根据代理权是属于一人还是数人为标准,代理可分为单独代理与共同代理。共同代理是指数个代理人共同行使一个代理权的代理。所谓共同行使,是指代理权平等的归属于数个代理人,由数个代理人共同享有,只有经过全体代理人的共同同意,才能行使代理权,所实施的行为是全体代理人的共同行为。[①] 首先,我国民通意见第 79 条规定,共同代理中代理人对被代理人造成损害的需要承担责任,从法律的延续性上考虑,民法总则中对该问题也应当加以规定。其次,共同代理与一般代理相比有其特殊之处,从保护被代理人利益的角度看,如果因为代理人共同实施该代理行为给被代理人造成损害,这一行为后果归属于所有代理人,应由全体代理人负连带责任;如果其中一个或数个代理人单独行使代理权给被代理人造成损失的,这一行为后果归属于实施行为的代理人,由实施行为的代理人承担民事责任。

## 第一百七十六条【违法事项的代理】

【三审稿】第一百七十一条　代理人知道或者应当知道代理的事项违法仍然实施代理

①　马俊驹、余延满:《民法原论》,法律出版社 2010 年版,第 225 页。

行为，或者被代理人知道或者应当知道代理人的代理行为违法未作反对表示的，被代理人和代理人应当承担连带责任。

【二审稿】第一百六十二条 代理人知道或者应当知道代理的事项违法仍然实施代理行为，或者被代理人知道或者应当知道代理人的代理行为违法未作反对表示的，被代理人和代理人应当承担连带责任。

【一审稿】第一百四十七条 代理人知道或者应当知道代理的事项违法仍然实施代理行为，或者被代理人知道或者应当知道代理人的代理行为违法未作反对表示的，被代理人和代理人应当承担连带责任。

【建议稿】代理人知道或者应当知道代理的事项违法仍然实施代理行为，或者被代理人知道或者应当知道代理人的代理行为违法未作反对表示的，被代理人和代理人应当承担连带责任。

## 第一百七十七条【代理人的责任承担】

【三审稿】第一百六十八条 代理人不履行或者不完全履行职责，造成被代理人损害的，应当承担民事责任。

代理人和第三人恶意串通，损害被代理人合法权益的，由代理人和第三人承担连带责任。

【二审稿】第一百五十九条 代理人不履行或者不完全履行职责，造成被代理人损害的，应当承担民事责任。

代理人和第三人恶意串通，损害被代理人合法权益的，由代理人和第三人承担连带责任。

【一审稿】第一百四十四条 代理人不履行职责，造成被代理人损害的，应当承担民事责任。代理人和第三人恶意串通，损害被代理人合法权益的，由代理人和第三人承担连带责任。

【法学会稿】无。

【社科院稿】第二百零七条 代理人和第三人进行法律行为时，因自己的过失给被代理人造成损害的，应当根据代理人与被代理人之间的法律关系承担损害赔偿责任。

第二百零八条 代理人和第三人恶意串通，损害被代理人利益的，构成共同侵权行为的，由代理人和第三人对被代理人承担连带责任。

【建议稿】代理人不履行或者不完全履行职责，造成被代理人损害的，应当承担民事责任。

代理人和第三人恶意串通，损害被代理人合法权益的，由代理人和第三人承担连带责任。

【建议理由】

(一)修改之处

把该条从法工委稿中的一般规定一节移至该处。

(二)修改说明

1. 被代理人不完全履行职责

一审稿中没有"代理人不完全履行职责,造成被代理人损害的,应承担民事责任"的规定,二审稿和三审稿中则增加了这一规定。这实际上加强了代理人的责任承担,扩大了代理人承担责任的情形,有利于被代理人权益的保护。

2. 代理人的责任承担在代理一章的位置

自己代理、双方代理以及代理人和第三人恶意串通损害被代理人利益,分别是代理权滥用的三种表现形式。[1] 代理权的滥用,是指违背代理权的设立宗旨和代理行为的基本准则,有损被代理人利益而行使代理权的行为。法工委稿将该条规定在第一节一般规定中,而将自己代理和双方代理规定在第二节委托代理中,人为地将代理权滥用的三种表现形式割裂开来。因此,笔者将该条移至第二节意定代理中,与自己代理和双方代理一起规定,共同构成代理权滥用的情形。

## 第一百七十八条【自己代理与双方代理】

【三审稿】第一百七十二条 代理人不得以被代理人的名义与自己实施民事法律行为,法律另有规定或者被代理人同意、追认的除外。

代理人不得以被代理人的名义与自己同时代理的其他人实施民事法律行为,法律另有规定或者被代理的双方同意、追认的除外。

【二审稿】第一百六十三条 代理人不得以被代理人的名义与自己实施民事法律行为,法律另有规定或者被代理人同意、追认的除外。

代理人不得以被代理人的名义与自己同时代理的其他人实施民事法律行为,法律另有规定或者被代理的双方同意、追认的除外。

【一审稿】第一百四十八条 代理人不得以被代理人的名义与自己实施民事法律行为,法律另有规定或者被代理人同意、追认的除外。

代理人不得以被代理人的名义与其同时代理的其他人实施民事法律行为,法律另有规定或者被代理的双方同意、追认的除外。

【建议稿】代理人不得以被代理人的名义与自己实施民事法律行为,法律另有规定或者被代理人同意、追认的除外。

代理人不得以被代理人的名义与自己同时代理的其他人实施民事法律行为,法律另有规定或者被代理的双方同意、追认的除外。

---

① 对于代理权滥用的类型,学者有不同认识。主流观点认为代理权滥用存在代理人和第三人恶意串通损害被代理人利益、自己代理及双方代理三种类型。还有学者认为除上述三种类型外还有消极的代理权滥用、违背诚实信用原则的代理权滥用等第四种代理权滥用的类型。参见王利明:《民法总论》,中国人民大学出版社 2009 年版,第 245 页。孙宪忠:《民法总论》,社会科学文献出版社 2004 年版,第 227 页。

## 第一百七十九条【复代理的构成和效力】【转托不明的责任】【法定代理人的复任权】

【三审稿】第一百六十四条　代理人需要转委托第三人代理的，应当取得被代理人的同意或者追认。

转委托代理经被代理人同意或者追认的，被代理人可以就代理事务直接指示转委托的第三人，代理人仅就第三人的选任及对第三人的指示承担责任。

转委托代理未经被代理人同意或者追认的，代理人应当对转委托的第三人的行为承担责任，但是在紧急情况下代理人为了维护被代理人的利益需要转委托第三人代理的除外。

【二审稿】第一百六十四条　代理人需要转委托第三人代理的，应当取得被代理人的同意或者追认。

转委托代理经被代理人同意或者追认的，被代理人可以就代理事务直接指示转委托的第三人，代理人仅就第三人的选任及对第三人的指示承担责任。

转委托代理未经被代理人同意或者追认的，代理人应当对转委托的第三人的行为承担责任，但是在紧急情况下代理人为了维护被代理人的利益需要转委托第三人代理的除外。

【一审稿】第一百四十九条　代理人需要转委托第三人代理的，应当取得被代理人的同意或者追认。

转委托代理经被代理人同意或者追认的，被代理人可以就代理事务直接指示转委托的第三人，代理人仅就第三人的选任及其对第三人的指示承担责任。

转委托代理未经被代理人同意或者追认的，代理人应当对转委托的第三人的行为承担责任，但是在紧急情况下代理人为了维护被代理人的利益需要转委托第三人代理的除外。

【法学会稿】第一百五十九条　代理人为被代理人的利益需要转托他人代理的，应当取得被代理人的同意，否则由代理人对复代理人的行为承担责任。但在紧急情况下，为了保护被代理人的利益而转托他人代理的除外。

复代理经被代理人同意或者紧急情况下转托的，被代理人可以就代理事务直接指示复代理人，代理人仅就复代理人的选任以及其对复代理人的指示承担责任。

由于急病、通信联络中断等特殊原因，代理人自己不能实施代理行为，又不能与被代理人及时取得联系，如不及时转托他人代理，会给被代理人的利益造成损失或者扩大损失的，可以认定为前款所指紧急情况。

第一百六十条　代理人经被代理人同意选任复代理人，对复代理人的行为不承担责任，但代理人明知该复代理人不适格或者不诚信，而又怠于通知被代理人或者怠于将该复代理人解任的除外。

第一百六十一条　代理人选任复代理人，应当办理转托手续。因转托不明给第三人造成损失的，第三人可以直接要求被代理人赔偿损失。被代理人承担民事责任后，可以要求代理人赔偿损失，复代理人有过错的，承担连带责任。

第一百六十二条　法定代理人可以选任复代理人，并就其行为向被代理人承担责任。

【社科院稿】

第二百一十八条　代理人征得被代理人的同意，可以授权他人完成代理行为。在下列情形，代理人未征得被代理人同意，也可以授权他人完成代理行为：

(一)代理人不可能亲自实施的代理行为;

(二)授权他人是代理人实施法律行为的必然结果,或者符合习惯;

(三)授权他人是确保被代理人利益所必需;

(四)代理权涉及代理人拥有住所的国家以外的财产或者事务。

第二百一十九条　复代理人在获得授权的前提下,以被代理人的名义和他人进行法律行为,该法律行为的效力直接约束被代理人;以代理人的名义和他人进行法律行为,该法律行为的效力约束代理人;以自己的名义和他人进行法律行为,该法律行为的效力只约束复代理人。

第二百二十条　代理人征得被代理人同意授权他人完成代理行为,因复代理人的过错导致被代理人损害的,由复代理人承担损害赔偿责任。代理人仅在选任、监督复代理人有过失的情况下承担补充的损害赔偿责任。

代理人未征得被代理人同意授权他人完成代理行为,因复代理人的过错导致被代理人损害的,构成共同侵权行为的,由代理人和复代理人承担连带责任。

【建议稿】代理人需要转委托第三人代理的,应当取得被代理人的同意或者追认。

转委托代理经被代理人同意或者追认的,被代理人可以就代理事务直接指示转委托的第三人,代理人仅就第三人的选任及对第三人的指示承担责任。

转委托代理未经被代理人同意或者追认的,代理人应当对转委托的第三人的行为承担责任,但是在紧急情况下代理人为了维护被代理人的利益需要转委托第三人代理的除外。

由于疾病、通信联络中断等特殊原因,代理人自己不能实施代理行为,又不能与被代理人及时取得联系,如不及时转托他人代理,会给被代理人利益造成损失或者扩大损失的,可以认定为前款所指紧急情况。

【建议理由】

(一)修改之处

1. 第3款借鉴了法学会稿第159条,增加了紧急情况所指具体内容的规定。

2. 借鉴了法学会稿第161条,增加了转托不明的责任承担的规定。

3. 借鉴了法学会稿第162条,增加了法定代理人复任权的规定。

(二)修改说明

1. 紧急情况的界定

法工委草案对紧急情况下代理人未经授权,可以为被代理人的利益选任复代理人进行规定,但并没有对"情况紧急"进行界定。紧急情况所指情形和转托不明的责任在民通意见中的第80条和第81条进行了规定,在制定民法总则时应将其吸纳进来,以便构成完整的复代理制度体系。

紧急情况下,代理人转托复代理人代理不需要经过代理人同意,因为这是为了维护被代理人利益的需要,是对被代理人有利的行为。对紧急情况所指情形进行规定,能够使这种除外情形的界限更为明确,有利于减少概念不明确引起的纠纷。

2. 转托手续不明

复代理中可能有转托手续不明的情况存在,对此进行规定,有利于明确复代理中的责任承担。转托手续不明的过错在于代理人,但由此产生的后果由被代理人承担,因此第三人可以直接要求被代理人赔偿损失。被代理人承担责任后，可以向代理人和有过错的复代理人追偿。

3. 法定代理人的复任权

法定代理人无条件地享有复任权。首先，法定代理的发生是基于法律的直接规定，具有全面性、概括性以及综合性等特点。法定代理的这些特点，决定了法定代理人无法面面俱到地完成代理。其次，法定代理人的选任往往基于代理人和被代理人之间的特别身份关系。在法定代理人无法亲自实施代理行为时，被代理人不能随意确定代理人。最后，法定代理人不能任意辞去代理职务，在其无法亲自实施代理行为时，不得不借助复代理制度，但被代理人往往没有同意或者追认的意思表示能力。①

## 第一百八十条【转代理】

【建议稿】代理人转托他人代理的，应当办理转托手续。因代理人转托不明给相对人造成损失的，相对人可以直接要求被代理人赔偿损失。被代理人承担民事责任后，可以要求代理人赔偿损失，转托代理人有过错的，应当负连带责任。

## 第一百八十一条

【建议稿】法定代理人可以选任转托代理人，并就其行为向被代理人承担责任。

## 第一百八十二条【职务代理】

【三审稿】第一百七十四条　执行法人或者非法人组织工作任务的人员，就其职权范围内的事项，以法人或者非法人组织的名义实施民事法律行为，对法人或者非法人组织发生效力。

法人或者非法人组织对执行其工作任务的人员职权范围的限制，不得对抗善意相对人。

【二审稿】第一百六十五条　执行法人或者非法人组织工作任务的人员，就其职权范围内的事项，以法人或者非法人组织的名义实施民事法律行为，对法人或者非法人组织发生效力。

法人或者非法人组织对执行其工作任务的人员职权范围的限制，不得对抗善意第三人。

【一审稿】第一百五十条　执行法人或者非法人组织工作任务的人，就其职权范围内的事项，以法人或者非法人组织的名义实施民事法律行为，对法人或者非法人组织发生效力。

法人或者非法人组织对其工作人员职权范围的限制，不得对抗善意第三人。

---

① 徐海燕：《复代理》，载《当代法学》2002 年第 8 期。

【法学会稿】第一百六十三条  执行法人或者其他组织职务的人,就其职权范围内的事项,无须特别授权,就可以法人或者其他组织的名义实施法律行为,其法律后果由法人和其他组织承受。

法人或者其他组织对其成员职权范围的限制,不得对抗善意第三人,法律另有规定的除外。

【社科院稿】无。

【建议稿】执行法人职务的人,就其职权范围内的事项,以法人名义实施民事法律行为,对法人发生效力。

法人对其工作人员职权范围的限制,不得对抗善意相对人。

【建议理由】

(一)修改之处

第 1 款借鉴了法学会稿第 163 条,将法工委稿中"执行法人或者非法人组织工作任务的人"改为"执行法人职务的人"。此处删除了非法人组织是为了和本建议稿前面的部分对应。

(二)修改说明

1. 职务代理制度的意义

职务代理制度作为一种独立的代理制度有其存在的意义。首先,从制度功能上看,职务代理制度是对法定代表人制度和意定代理人制度的补充。法定代表人制度不能满足商事交易的要求的高效、快捷,而需要授权的意定代理人制度同样不能满足商事交易的要求。其次,从制度价值上看,职务代理制度满足了商事交易追求效率的价值需求。商事交易追求的首要价值就是效率,法定代表人制度和意定代理人制度只能适应普通的民事活动,职务代理制度才能满足商事交易的需求。最后,从社会作用上看,职务代理制度能够促进交易秩序和商业信用的建立。职务代理制度的法定化使得相对人能准确判断代理人是否有代理权,从而决定是否进行交易,这有利于降低交易成本建立商业信用。

2. 职务代理的主体

职务代理除一般代理的构成要件外,还应具有特殊的构成要件。第一,代理人与被代理人之间存在劳动合同关系。第二,代理人对外实施的法律行为属于职务行为。第三,代理人的行为内容属于法定的公示的职权范围,或习惯法认可的职权范围。[①] 只有具备这三个特殊要件的代理人,才能在被代理人没有特别授权的情况下,依职权行使代理权。法工委稿将职务代理的主体定义为"执行法人或者非法人组织工作任务的人",这一规定不当地扩大了职务代理的主体范围。首先,依照法工委稿的界定,代理人可能是法人或者非法人组织以外的人,基于某种原因(如委托合同)而执行工作任务。其次,依照法工委稿的界定,也无法与该条后文中的"职权"概念对应起来。因此,职务代理中的代理人只能是"执行法人或者非法人组织职务的人"。

---

① 刘静波:《以职务代理完善我国代理制度》,载《新疆大学学报》2012 年第 2 期。

## 第一百八十三条【无权代理】

**【三审稿】第一百七十五条** 行为人没有代理权、超越代理权或者代理权终止后，仍然实施代理行为，未经被代理人追认的，代理行为无效。

相对人可以催告被代理人自收到通知之日起一个月内予以追认。被代理人未作表示的，视为拒绝追认。无权代理人实施的行为被追认前，善意相对人有撤销的权利。撤销应当以通知的方式作出。

无权代理人实施的行为未被追认的，善意相对人有权请求无权代理人履行债务或者就其受到的损害请求无权代理人赔偿，但是赔偿的范围不得超过代理行为有效时所能获得的利益。

相对人知道或者应当知道代理人无权代理的，相对人和代理人按照各自的过错承担责任。

**【二审稿】第一百六十六条** 行为人没有代理权、超越代理权或者代理权终止后，仍然实施代理行为，未经被代理人追认的，代理行为无效。

相对人可以催告被代理人自收到通知之日起一个月内予以追认。被代理人未作表示的，视为拒绝追认。无权代理人实施的行为被追认前，善意相对人有撤销的权利。撤销应当以通知的方式作出。

无权代理人实施的行为未被追认的，善意相对人有权请求无权代理人履行债务或者就其受到的损害请求无权代理人赔偿，但是赔偿的范围不得超过代理行为有效时所能获得的利益。

相对人知道或者应当知道代理人无权代理的，相对人和代理人按照各自的过错承担责任。

**【一审稿】第一百五十一条** 行为人没有代理权、超越代理权或者代理权终止后，仍然实施代理行为，未经被代理人追认的，代理行为无效。

相对人可以催告被代理人自收到通知之日起一个月内予以追认。被代理人未作表示的，视为拒绝追认。无权代理人实施的行为被追认前，善意相对人有撤销的权利。撤销应当以通知的方式作出。

无权代理人实施的行为未被追认的，善意相对人有权要求无权代理人履行债务或者就其受到的损害要求无权代理人赔偿，但是赔偿的范围不得超过代理行为有效时所能获得的利益。

相对人知道或者应当知道代理人无权代理的，相对人和代理人按照各自的过错承担责任。

**【法学会稿】第一百六十六条** 行为人没有代理权、超越代理权或者代理权终止后，仍然实施代理行为的，为无权代理。无权代理未经被代理人追认的，对被代理人不发生效力。

无权代理发生后，相对人可以催告被代理人予以追认。被代理人在一个月内未作表示的，视为拒绝追认。

无权代理被追认之前或者虽被追认但相对人不知道并且不应当知道的，善意相对人有撤销的权利。撤销通知到达被代理人或者无权代理人时生效。

第一百六十七条 无权代理,不能构成表见代理,又未被追认的,善意相对人有权要求无权代理人履行债务或者就其受到的损害要求无权代理人赔偿,但赔偿的范围不得超过代理行为有效时所能获得的利益。

相对人知道或者应当知道代理人无权代理的,相对人和代理人按照各自的过错承担责任。

【社科院稿】第二百一十二条 行为人没有代理权、超越代理权或者代理权消灭后以被代理人名义实施的法律行为,被代理人有权予以追认。被代理人的追认具有溯及力,但是不能影响第三人的权利。

被代理人不追认,无权代理人应当依第三人的选择,或者向第三人履行,或者赔偿第三人因此所遭受的损害,以使第三人处于行为人有权代理时所处的状况。但是第三人知道或者应当知道行为人无代理权的除外。

第二百一十三条 行为人没有代理权、超越代理权或者代理权消灭后以被代理人名义实施的法律行为,第三人有权催告被代理人在一个月内予以追认。被代理人自收到催告后一个月内未作表示的,视为拒绝追认。

第二百一十四条 行为人没有代理权、超越代理权或者代理权消灭后以被代理人名义实施的法律行为,第三人在被代理人追认前,有撤回的权利,但是第三人在实施法律行为时知道或者应当知道行为人无代理权的除外。

撤回应当以书面通知的方式向被代理人或者无权代理人作出。

第二百一十五条 第三人知道行为人没有代理权、超越代理权或者代理权消灭后仍然与行为人实施法律行为给他人造成损害的,构成共同侵权行为的,由第三人和无权代理人承担连带责任。

【建议稿】行为人没有代理权、超越代理权或者代理权终止后,仍然实施代理行为,未经被代理人追认的,对被代理人不发生效力。

相对人可以催告被代理人自收到通知之日起一个月内予以追认。被代理人未作表示的,视为拒绝追认。无权代理人实施的行为被追认前,善意相对人有撤销的权利。撤销应当以通知的方式作出。

无权代理人实施的行为未被追认的,善意相对人有权要求无权代理人履行债务或者就其受到的损害要求无权代理人赔偿,但是赔偿的范围不得超过代理行为有效时所能获得的利益。

相对人知道或者应当知道代理人无权代理的,相对人和代理人按照各自的过错承担责任。

【建议理由】

(一)修改之处

第1款借鉴了法学会稿第166条,在法工委稿的基础上进行了修正。

(二)修改说明

代理人实施无权代理的行为后,被代理人拒绝追认的,该代理行为属于无权代理。无权代理的后果是代理行为对被代理人不生效力,而不是行为本身无效。如果善意第三人向无权代理人主张法律行为有效的，行为的结果归属于无权代理人。法工委稿中，"代理行为无效"的规定可以解读为代理行为对被代理人无效，也可以解读为代理行为对第三人无效，容易产生歧义。因此，应当表述为"对被代理人不发生效力"。

## 第一百八十四条【表见代理】

【三审稿】第一百七十六条 行为人没有代理权、超越代理权或者代理权终止后，仍然实施代理行为，相对人有理由相信行为人有代理权的，代理行为有效，但是有下列情形之一的除外：

（一）行为人伪造他人的公章、合同书或者授权委托书等，假冒他人的名义实施民事法律行为的；

（二）被代理人的公章、合同书或者授权委托书等遗失、被盗，或者与行为人特定的职务关系已经终止，并且已经以合理方式公告或者通知，相对人应当知悉的；

（三）法律规定的其他情形。

【二审稿】第一百六十七条 行为人没有代理权、超越代理权或者代理权终止后，仍然实施代理行为，相对人有理由相信行为人有代理权的，代理行为有效，但是有下列情形之一的除外：

（一）行为人伪造他人的公章、合同书或者授权委托书等，假冒他人的名义实施民事法律行为的；

（二）被代理人的公章、合同书或者授权委托书等遗失、被盗，或者与行为人特定的职务关系已经终止，并且已经以合理方式公告或者通知，相对人应当知悉的；

（三）法律规定的其他情形。

【一审稿】第一百五十二条 行为人没有代理权、超越代理权或者代理权终止后，仍然实施代理行为，相对人有理由相信行为人有代理权的，代理行为有效，但是有下列情形之一的除外：

（一）行为人伪造他人的公章、合同书或者授权委托书等，假冒他人的名义实施民事法律行为的；

（二）被代理人的公章、合同书或者授权委托书等遗失、被盗，或者与行为人特定的职务关系已经终止，并且已经以合理方式公告或者通知，相对人应当知悉的；

（三）法律规定的其他情形。

【法学会稿】第一百六十八条 因本人的原因致使善意相对人合理信赖无权代理人享有代理权的，该行为直接对本人发生效力。

本人知道他人以代理人身份实施法律行为而不作否认表示的，适用前款规定。

第一百六十九条 代理行为中，相对人对代理人的代理权限有必要的审核义务。未尽此义务的，不能认定其合理信赖行为人有代理权。

第一百七十条 下列情形，不得适用表见代理的规定：

（一）伪造他人的公章、营业执照、合同书或者授权委托书，假冒他人的名义实施法律行为；

（二）被代理人公章、营业执照、合同书或者授权委托书遗失或者被盗，或者与行为人特定的职务关系已经终止，并且已经以合理方式公告或者通知，相对人应当知悉的。

(三)法律规定的其他情形。

【社科院稿】第二百一十六条 行为人没有代理权、超越代理权或者代理权消灭后以被代理人名义实施的法律行为，若代理权外观的形成可归因于被代理人，且第三人有正当理由相信行为人有代理权的，该代理行为有效。但是下列情形除外：

(一)伪造他人的公章、营业执照、合同书和授权证书对外和第三人进行法律行为的；

(二)交易金额巨大，行为人的身份显然与之不符的；

(三)不符合交易习惯的；

(四)被代理人遗失、被盗公章、营业执照、合同书和授权证书，或者与行为人的特定职务关系已经终止，被代理人以合理方式公告或通知，第三人应当知悉的；

(五)第三人对行为人的代理权未尽必要的审核义务的。

本人知道他人以本人名义进行法律行为的，仍然容忍该行为或不作否认表示，第三人有正当理由相信行为人有代理权的，该代理行为有效。

【建议稿】行为人没有代理权、超越代理权或者代理权终止后，仍然实施代理行为，若代理权外观的形成可归因于被代理人，且相对人有理由相信行为人有代理权的，代理行为有效。但是有下列情形之一的除外：

(一)行为人伪造他人的公章、合同书或者授权委托书等，假冒他人的名义实施民事法律行为的；

(二)被代理人的公章、合同书或者代理授权书等遗失、被盗，或者与行为人特定的职务关系已经终止，并且已经以合理方式公告或者通知，相对人应当知悉的；

(三)法律规定的其他情形。

被代理人知道他人以代理人身份实施法律行为而不作否认表示，且相对人有理由相信代理行为人有代理权的，该代理行为有效。

代理行为中，相对人对代理人的代理权限有必要的审核义务。未尽此审核义务的，不能认定其合理信赖行为人有代理权。

【建议理由】

(一)修改之处

1. 第1款借鉴了法学会稿第168条和社科院稿第216条，增加了被代理人的可归责性的规定。

2. 第2款借鉴了法学会稿第168条和社科院稿第216条，增加了本人明知情形下的表见代理的规定。

3. 第3款借鉴了法学会稿第169条，增加了相对人的审核义务的规定。

(二)域外立法和不同学说

对于表见代理的特别构成要件，我国理论上存在两种不同的学说，即单一要件说与双重要件说。单一要件说认为，表见代理的成立只要求相对人无过失地信赖代理人享有代理权，或者说相对人有充分的理由相信代理人有代理权，不要求被代理人有过失。依双重要件说，表见代理有两个特别成立要件：一是被代理人的过失行为使相对人确信代理人有代理权，二是相对人不知也不应知代理人无代理权，即当时有充分理由相信代理人有代理权。① 两种学说均以代理权外观与第三人的善意信赖为必要，分歧在于是否要求被代理人具有过错。此外，还有学者主张应采取折中的观点，即不以被代理人的过错作为表见代理的构成要件，但表见代理的成立仍应当以代理权外观的形成与被代理人具有关联性为要件，即要求代理权外观是因为被代理人的某种行为(不论是否有过错)引起的。② 这其实也是双重要件说的一种。

(三)修改说明

1. 被代理人的可归责性

修改采纳了双重要件说，即表见代理的成立应以代理权外观的形成可归因于被代理人为特别构成要件。首先，民法作为私法要求意思自治，可归责性要件体现了这一要求。根据私法意思自治的精神，真实权利人只有因自己的行为，才承担由此产生的不利后果。如果因他人原因而导致表见代理，被代理人实际上是为他人行为负责，这严重背离了私法意思自治的理念。其次，相对人合理信赖这一要件，只能说明相对人值得保护，并不能说明表见代理的后果由被代理人承受。

2. 相对人的审核义务

修改规定了相对人的审核义务。相对人的审核义务，则是相对人合理信赖构成要件的具体表现。相对人相信行为人有代理权，必须主观为善意且无过失，即相对人不知无权代理人的代理行为欠缺代理权，而且相对人的这种不知情不能归咎于他的疏忽或者懈怠。相对人有无过失，应以其是否尽到审核义务为判断标准。对于没有尽到审核义务的，应认定相对人存在过失，代理人的代理行为不构成表见代理。该情形虽然也属于表见代理的除外情形，但与其他除外情形不同，其同时也属于相对人过失的具体表现。因此，该款不应像社科院建议稿规定在除外情形中，而应该单独列出。

## 第三节　代理的终止

### 第一百八十五条【意定代理的终止】

【三审稿】第一百七十七条　有下列情形之一的，委托代理终止：

(一)代理期间届满或者代理事务完成的；

(二)被代理人取消委托或者代理人辞去委托的；

(三)代理人丧失民事行为能力的；

(四)代理人或者被代理人死亡的；

(五)作为代理人或者被代理人的法人、非法人组织终止的。

【二审稿】第一百六十八条　有下列情形之一的，委托代理终止：

---

① 杨代雄：《表见代理的特别构成要件》，《法学》2013年第2期。

② 王利明：《民法总则研究》，中国人民大学出版社2003年版，第674~677页。

(一)代理期间届满或者代理事务完成的；

(二)被代理人取消委托或者代理人辞去委托的；

(三)代理人丧失民事行为能力的；

(四)代理人或者被代理人死亡的；

(五)作为代理人或者被代理人的法人、非法人组织终止的。

【一审稿】第一百五十三条 有下列情形之一的，委托代理终止：

(一)代理期间届满或者代理事务完成的；

(二)被代理人取消委托或者代理人辞去委托的；

(三)代理人丧失民事行为能力的；

(四)代理人或者被代理人死亡的；

(五)作为代理人或者被代理人的法人、非法人组织终止的。

【法学会稿】第一百七十一条 有下列情形之一的，委托代理终止：

(一)代理期间届满或者代理事务完成；

(二)被代理人取消委托或者代理人辞去委托；

(三)代理人丧失民事行为能力；

(四)代理人或者被代理人死亡；

(五)作为代理人或者被代理人的法人、其他组织终止。

【社科院稿】第二百二十二条 有下列情形之一的，委托代理权终止：

(一)代理期间届满或者代理事务完成；

(二)被代理人撤销授权或者代理人辞去授权；

(三)代理人死亡；

(四)代理人丧失民事行为能力；

(五)被代理人死亡；

(六)作为被代理人或者代理人的法人或者其他组织消灭。

委托代理权终止的，代理人应当交回委托授权书，不得留置。

【建议稿】有下列情形之一的，意定代理终止：

(一)代理期间届满或者代理事务完成的；

(二)被代理人撤销授权的；

(三)被代理人取消授权或者代理人辞去授权的；

(四)代理人丧失民事行为能力的；

(五)代理人或者被代理人死亡的；

(六)作为代理人或者被代理人的法人、非法人组织终止的。

如果授权行为是以意思表示通知第三人的，在被代理人向第三人通知代理权消灭前，授权行为对第三人仍然有效。

意定代理权终止的，代理人应当交回授权委托书，不得留置。

【建议理由】

(一)修改之处

1. 第 1 款增加了被代理人撤销授权的情形，作为意定代理终止的原因之一。

2. 第 2 款增加了被代理人撤销授权对第三人法律效果的规定。

3. 第 3 款借鉴了社科院建议稿第 222 条，增加了"代理人应当交回授权委托书"的规定。

(二)修改说明

1. 被代理人撤销代理权对第三人的法律效果

授权行为是一种单方法律行为，被代理人可以向代理人和第三人作出意思表示。因此，被代理人同样可以撤销代理权的授予，撤销可以向代理人作出，也可以向第三人作出。

在被代理人作出内部授权的情况下，代理人没有与第三人从事法律行为之前，由于代理人尚未与第三人发生联系，第三人不应当相信其有代理权。所以，一旦作出撤销的意思表示，代理权就已终止。[①]

但是，代理权的撤销可能发生相对人的信赖保护问题。尤其是在外部授权的情况下，若被代理人未将代理权撤销的意思表示通知第三人，第三人基于对授权的信赖与代理人发生法律行为，该行为有效。如果被代理人在对代理人的代理权作出撤销以后，又向第三人作出授权的表示或者容忍无权代理人从事无权代理行为，其内部撤回的意思表示与其外部的授权的意思之间产生了矛盾，在此情况下也应当产生有权代理的效果。

2. 授权委托书的交回

代理权消灭，则代理人无代理权。但在意定代理中，于授权时多授予委任状或其他授权书，而此种证明又起着证明代理权存在的作用，容易使第三人相信其有代理权，按照表见代理的理论，被代理人仍应对此负责。因此为了维护被代理人的利益，在代理权消灭或撤回时，代理人应将授权证书交还给授权者，不得留置。被代理人也有权要求原代理人交还授权证书。违反此项义务，致被代理人受有损失，代理人应负赔偿责任。

## 第一百八十六条【意定代理终止的例外】

【三审稿】第一百七十八条　被代理人死亡后，有下列情形之一的，委托代理人实施的代理行为有效：

(一)代理人不知道并且不应当知道被代理人死亡的；

(二)被代理人的继承人均予以承认的；

(三)授权中明确代理权在代理事项完成时终止的；

(四)在被代理人死亡前已经实施，在被代理人死亡后为了被代理人继承人的利益继续完成的。

作为被代理人的法人、非法人组织终止的，参照适用前款规定。

【二审稿】第一百六十九条　被代理人死亡后，有下列情形之一的，委托代理人实施的代理行为有效：

(一)代理人不知道并且不应当知道被代理人死亡的；

---

[①]　王利明：《民法总则研究》，中国人民大学出版 2003 年版，第 640 页。

(二)被代理人的继承人均予以承认的;

(三)授权中明确代理权在代理事项完成时终止的;

(四)在被代理人死亡前已经实施,在被代理人死亡后为了被代理人继承人的利益继续完成的。

作为被代理人的法人、非法人组织终止的,参照适用前款规定。

【一审稿】第一百五十八条 被代理人死亡后,有下列情形之一的,意定代理人实施的代理行为有效:

(一)代理人不知道并且不应当知道被代理人死亡的;

(二)被代理人的继承人均予以承认的;

(三)授权中明确代理权在代理事项完成时终止的;

(四)在被代理人死亡前已经实施,在被代理人死亡后为了被代理人继承人的利益继续完成的。

作为被代理人的法人、非法人组织终止的,参照适用前款规定。

【建议稿】被代理人死亡后,有下列情形之一的,委托代理人实施的代理行为有效:

(一)代理人不知道并且不应当知道被代理人死亡的;

(二)被代理人的继承人均予以承认的;

(三)授权中明确代理权在代理事项完成时终止的;

(四)在被代理人死亡前已经实施,在被代理人死亡后为了被代理人继承人的利益继续完成的。

作为被代理人的法人终止的,参照适用前款规定。

# 第一百八十七条【法定代理的终止】

【三审稿】第一百七十条 有下列情形之一的,法定代理终止:

(一)被代理人取得或者恢复完全民事行为能力的;

(二)代理人丧失民事行为能力的;

(三)被代理人或者代理人死亡的;

(四)法律规定的其他情形。

【二审稿】第一百七十条 有下列情形之一的,法定代理终止:

(一)被代理人取得或者恢复完全民事行为能力的;

(二)代理人丧失民事行为能力的;

(三)被代理人或者代理人死亡的;

(四)法律规定的其他情形。

【一审稿】第一百五十九条 有下列情形之一的,法定代理终止:

(一)被代理人取得或者恢复完全民事行为能力的;

(二)代理人丧失民事行为能力的;

(三)被代理人或者代理人死亡的;

(四)有法律规定的其他情形的。

【建议稿】有下列情形之一的，法定代理终止：

(一)被代理人取得或者恢复完全民事行为能力的；

(二)代理人丧失民事行为能力的；

(三)被代理人或者代理人死亡的；

(四)法律规定的其他情形。

# 第七章　民事责任

## 第一百八十八条【民事义务的履行与民事责任的承担】

【三审稿】第一百八十条　民事主体应当依照法律规定或者当事人约定履行民事义务。

民事主体不履行或者不完全履行民事义务的，应当依法承担民事责任。

【二审稿】第一百七十一条　民事主体应当依照法律规定或者当事人约定履行民事义务。

民事主体不履行或者不完全履行民事义务的，应当依法承担民事责任。

【一审稿】第一百五十六条　民事主体应当依照法律规定或者当事人约定履行民事义务。

民事主体不履行或者不完全履行民事义务的，应当依法承担民事责任。

【法学会稿】第二百零七条　义务人应当全面履行民事义务。义务人不履行或者不完全履行民事义务，应当依法承担民事责任。

【社科院稿】第二百七十四条　民事主体违反法定义务或约定义务的，应承担相应的民事责任。

【建议稿】民事主体应当依照法律规定或者当事人约定履行民事义务。

民事主体不履行或者不完全履行民事义务的，应当依法承担民事责任。

【建议理由】法工委草案延续了民法通则的体系，将"民事责任"独立成章。法学会稿没有"民事责任"章，民事责任的相关内容放在"民事权利的行使与保护"一章中；社科院稿的"民事责任"是作为一节放在"民事权利、义务和责任的一般规则"一章中的。从各国的比较立法来看，德国民法总则没有民事责任章，只有"权利的行使、自卫和自助"①，俄罗斯联邦民法典、阿根廷民法典、西班牙民法典、巴西民法典、埃及民法典、越南民法典、泰国民法典都没有民事责任章。我国在民法总则中规定民事责任，是遵循了"权利—义务—责任"的逻辑体系，强调民事主体违反第一性义务所应承担的第二性强制性义务。正如第二款所言，"民事主体不履行或者不完全履行民事义务的，应当依法承担民事责任"，可见对于民事责任的承担，法律的强制性大于当事人的意思自治。但需注意的是，总则中的民事责任一章只要抽象出各种类型的民事责任之共性，而无须将违约责任、侵权

---

① 杜景林、卢谌：《德国民法典——全条文注释》，中国政法大学出版社 2015 年版，第 150 页。

责任或其他民事责任的个性规定其中，因此，民事责任一章有很多条文应纳入分则。

就该条而言，其并非完美，因为民事责任的承担并不全是基于民事主体不履行或不完全履行义务。无民事行为能力人或限制民事行为能力人没有民事责任能力，① 缺乏违反民事义务的前提，但其造成他人损害同样要承担法律后果，只不过由监护人承担替代责任。但鉴于本条主要规定违反民事义务的法律后果，所以条文在逻辑上没有问题。

## 【删除】【两人以上不履行民事义务的法律后果】

【三审稿】无。

【二审稿】无。

【一审稿】第一百五十七条 二人以上不履行或者不完全履行民事义务的，应当依法分担责任或者承担连带责任。

【法学会稿】无。

【社科院稿】无。

【建议稿】删除。

【建议理由】三审稿、二审稿删除了一审稿条文。

1. 违约责任不仅是"依法分担责任或者承担连带责任"的问题，更多的是"依约"承担责任，该条显然没有考虑到民事主体承担违约责任的情形。

2. 有学者认为，一审稿第 157 条的规定没有区分教义学与立法规定的司法可适用性，是教义学的表述，法院没法适用。(2016 年 8 月 11 日"民法总则立法研讨会"上，姚辉教授发表此意见)本稿赞同，建议删除。

3. 一审稿条文表述本身也有问题。不应采用"分担责任"的表述，因为连带责任在责任人内部也是要分担责任的，应直接采用"按份责任"的表述。

## 第一百八十九条【按份责任】

【三审稿】第一百八十一条 二人以上依法承担按份责任，能够确定责任大小的，各自承担相应的责任；难以确定责任大小的，平均承担责任。

【二审稿】第一百七十二条 二人以上依法承担按份责任，能够确定责任大小的，各自承担相应的责任；难以确定责任大小的，平均承担责任。

【一审稿】第一百五十八条 二人以上依法承担按份责任的，责任人按照各自责任份额向权利人承担民事责任。

【建议稿】二人以上依法承担按份责任，能够确定责任大小的，各自承担相应的责任；难以确定责任大小的，平均承担责任。有约定的，从其约定。

【建议理由】本稿在该条文后加上"有约定的，从其约定"。

---

① 民事责任能力，又称"侵权行为能力"。详见余延满：《自然人民事责任能力的若干问题》，载《法学研究》2001 年第 6 期。

1. 该条没有考虑到违约责任的情形。违约责任不存在"依法承担按份责任"的问题，合同可以约定"数人违约、一人担责"。因此，加上"有约定的，从其约定"能够涵盖当事人依照约定按份承担违约责任的情形。

2. 侵权责任中的按份责任也可以由当事人事后协议分担。

## 第一百九十条【连带责任】

【三审稿】第一百八十二条　二人以上依法承担连带责任的，权利人有权请求部分或者全部连带责任人承担责任。

连带责任人根据各自责任大小确定责任份额；难以确定责任大小的，平均承担责任。实际承担责任超过自己责任份额的连带责任人，有权向其他连带责任人追偿。

【二审稿】第一百七十三条　二人以上依法承担连带责任的，权利人有权请求部分或者全部连带责任人承担责任。

连带责任人根据各自责任大小确定责任份额；难以确定责任大小的，平均承担责任份额。实际承担责任超过自己责任份额的连带责任人，有权向其他连带责任人追偿。

【一审稿】第一百五十九条　二人以上依法承担连带责任的，每一个责任人应当向权利人承担全部民事责任。责任人实际承担责任超过其应当承担份额的，可以向其他连带责任人追偿。

【建议稿】二人以上依法或者按照约定承担连带责任的，权利人有权请求部分或者全部连带责任人承担责任。

连带责任人之间根据各自责任大小确定最终责任份额；难以确定责任大小的，平均承担责任。有约定的，从其约定。实际承担责任超过自己责任份额的连带责任人，有权向其他连带责任人追偿。

【建议理由】三审稿关于连带责任的规定将"份额"二字删除是正确的，但该条仍不够完善。

1. 该条只考虑了违反法定义务而依法承担连带责任的情形，却忽略了违反约定义务而依约承担连带责任的情形，须知合同中的当事人同样可以约定两人以上承担连带责任。依法承担连带责任与依约承担连带责任的内部效力并非完全一致。依照约定承担连带责任的连带责任人首先应依照约定确定最终责任份额，没有约定的，再根据法定的方式分担责任。

2. 第 2 款第一句应加上"最终"二字："连带责任人之间根据各自责任大小确定最终责任份额；难以确定责任大小的……"强调其属于内部责任，不能对抗权利人。

## 第一百九十一条【承担民事责任的方式】

【三审稿】第一百八十三条　承担民事责任的方式主要有：

（一）停止侵害；

（二）排除妨碍；

(三)消除危险;

(四)返还财产;

(五)恢复原状;

(六)修理、重作、更换;

(七)继续履行;

(八)赔偿损失;

(九)支付违约金;

(十)消除影响、恢复名誉;

(十一)赔礼道歉。

法律规定惩罚性赔偿的,依照其规定。

本条规定的承担民事责任的方式,可以单独适用,也可以合并适用。

【二审稿】第一百七十四条　承担民事责任的方式主要有:

(一)停止侵害;

(二)排除妨碍;

(三)消除危险;

(四)返还财产;

(五)恢复原状;

(六)修理、重作、更换;

(七)继续履行;

(八)赔偿损失;

(九)支付违约金;

(十)消除影响、恢复名誉;

(十一)赔礼道歉。

法律规定惩罚性赔偿的,依照其规定。

【一审稿】第一百六十条　承担民事责任的方式主要有:

(一)停止侵害;

(二)排除妨碍;

(三)消除危险;

(四)返还财产;

(五)恢复原状、修复生态环境;

(六)修理、重作、更换;

(七)赔偿损失;

(八)支付违约金;

(九)消除影响、恢复名誉;

(十)赔礼道歉。

前款规定的承担民事责任的方式,可以单独适用,也可以合并适用。

【法学会稿】与民法通则保持一致。

【社科院稿】与民法通则保持一致。

【建议稿】承担民事责任的方式主要有：

(一)停止侵害；

(二)排除妨碍；

(三)消除危险；

(四)返还财产；

(五)恢复原状；

(六)修理、重作、更换；

(七)继续履行；

(八)赔偿损失；

(九)支付违约金；

(十)消除影响、恢复名誉；

(十一)赔礼道歉。

法律规定惩罚性赔偿的，依照其规定。

本条规定的承担民事责任的方式，可以单独适用，也可以合并适用。依其性质或法律规定不应合并适用的除外。

【建议理由】本稿认为该条有两种修改方案：

方案一：保留该条，但在第 3 款后加上"依其性质或法律规定不应合并适用的除外"。二审稿删除了一审稿"修复生态环境"的责任承担方式，删除了"承担民事责任方式可以单独适用，也可以合并适用"的规定，新增了"继续履行"的责任承担方式，补充了"惩罚性赔偿"的规定。这一修订部分合理：(1)从体例上来看，一审稿分别规定了侵害物权(1~5项、7项)、侵害债权(6~8项)、侵害人格权(7项、9~10项)的责任承担方式，但一些主要的责任承担方式有所遗漏。如债务不履行责任中的"继续履行/强制实际履行"，它是一种重要的违约责任承担方式，二审稿予以补充是正确的。(2)二审稿增加了惩罚性赔偿的规定，更利于保护权益受侵害的民事主体。但二审稿删除了"民事责任的聚合(或者称'民事责任形式的并合')"并不合理，这不利于保护受害人的利益和惩罚民事责任人。因此，三审稿又补充进来，但由于并非所有责任方式都能同时适用，譬如违约金与赔偿损失不能同时适用，故建议加上"依其性质或者法律规定不应合并适用的除外"。

方案二：删除该条，将各类民事责任形式分别规定在各编中。(1)总则中的责任承担方式应当是各类民事责任共有的责任承担方式，但违约责任与侵权责任无法抽象出共同的责任承担方式。(2)这一条是对各类责任承担方式进行了一个列举，但列举难以周延。譬如侵害人格权的责任方式中，精神损害赔偿是否应归入其中。在列举难以周延的情况下，民法总则最好不要采用列举的方式，以免造成总则的不稳定性。德国民法典等均没有该条规定。

鉴于将承担民事责任的形式规定在总则中利于当事人明晰违反民事义务的具体法律后果，本稿采第一种修改方案。

# 第一百九十二条【不可抗力免责】

【三审稿】第一百八十四条　因不可抗力不能履行民事义务的，不承担民事责任。法律另有规定的，依照其规定。

不可抗力是指不能预见、不能避免并不能克服的客观情况。

【二审稿】第一百七十五条　因不可抗力不能履行民事义务的，不承担民事责任。法律另有规定的，依照其规定。

不可抗力是指不能预见、不能避免并不能克服的客观情况。

【一审稿】第一百六十一条　因不可抗力不能履行民事义务的，不承担民事责任，法律另有规定的除外。

不可抗力是指不能预见、不能避免并不能克服的客观情况。

【法学会稿】第二百零八条　因不可抗力不能履行民事义务的，不承担民事责任，法律另有规定的除外。

【社科院稿】第二百七十六条　不可抗力是指不能预见、不能避免并且不能克服的客观情况。

因不可抗力不能履行合同或者造成他人损害的，根据不可抗力的影响，部分或者全部免除民事责任，但法律另有规定的除外。

【建议稿】因不可抗力不能履行民事义务的，不承担民事责任。法律另有规定的，依照其规定。

不可抗力是指不能预见、不能避免并不能克服的客观情况。

【建议理由】三审稿、二审稿对一审稿没有实质性改动，基本采用法学会稿的表述。值得注意的是，社科院稿条文参照了合同法第 117 条的规定："因不可抗力不能履行合同或者造成他人损害的，根据不可抗力的影响，部分或者全部免除民事责任，但法律另有规定的除外。"但"部分或全部免除民事责任"的表述完全没有必要，若不可抗力只是令当事人不能完全履行民事义务，则通过目的解释的方法，当事人当然只就不能履行的部分免予承担民事责任。因此，民法总则草案采用法学会稿的表述是合理的。

# 第一百九十三条【自助行为免责】

【三审稿】无。

【二审稿】无。

【一审稿】无。

【法学会稿】第二百零四条　权利人为实现其请求权，在情势紧迫并且不能及时获得国家机关保护时，有权在实现请求权的必要范围内扣押义务人之物，或者限制有逃逸嫌疑的义务人的人身自由，或者制止义务人违反容忍义务的行为。

权利人在实施上述行为后，必须立即向有关国家机关申请援助，请求处理。上述行为未获得有关国家机关事后认可的，权利人必须立即停止侵害并对受害人承担赔偿责任。

【社科院稿】第二百七十一条　权利人为实现其请求权，在情势紧迫且不能及时获得国家机关保护时，有权以自助的方式保护自己的权利。自助应以必要范围内和必要的方式为界。

【建议稿】权利人为实现其请求权，在情势紧迫且不能及时获得国家机关保护时，有权以自助的方式保护自己的权利。自助行为不承担民事责任，但应以必要范围和必要方式为界。

自助行为包括但不限于为自助目的而扣押义务人之物，或者为自助目的而限制有逃逸嫌疑的义务人的人身自由，或者制止义务人违反容忍义务的行为。

权利人在实施上述行为后，必须立即向有关国家机关申请援助，请求处理。上述行为未获得有关国家机关事后认可的，权利人必须立即停止侵害并对受害人承担赔偿责任。

【建议理由】本稿加上"自助行为免责"。

1."自助行为免责"理应纳入民法总则，因为它是一种很重要的私力救济途径，尤其在公权力救济不及时、不健全的情形下。但超过合理限度的自助行为又会造成他人私权的损害，因此划定自助行为和侵权行为的界限同样重要，社科院稿没有规定"自助行为超过必要限度的法律后果"，是不合理的，易造成侵权的泛滥。

2. 如何界定"自助行为"宜另起一款，因为侵害债权、物权、人格权的自助行为并不相同，且方式多样，无法穷尽，完全没有必要在第一款中予以详细规定。因此，第一款可采用社科院稿的表述；第二款规定自助行为的表现形式；第三款规定自助行为超过必要限度的法律后果，并由国家公权机关界定自助行为和侵权行为的界限。

3. 德国民法典第 229 条规定："为自助目的而取走、灭失或者毁损物的人，或者为自助目的而扣留有逃跑嫌疑的义务人，或者制止义务人对自己有义务容忍之行为进行抵抗的人，在不能够及时取得机关援助，并且不立即处理便存在无法实现或者严重妨碍实现请求权的危险时，其行为非为不法。"德国民法典第 230 条还规定了"自助的界限"。第 231 条规定："因误认存在阻却不法行为的必要条件而实施第 229 条所称行为的人，即使错误非基于过失，仍然对另一方负有损害赔偿的义务。"

## 【删除】【正当防卫】

【三审稿】第一百八十五条 因正当防卫造成损害的，不承担民事责任。正当防卫超过必要的限度，造成不应有的损害的，正当防卫人应当承担适当的民事责任。

【二审稿】第一百七十六条 因正当防卫造成损害的，不承担民事责任。正当防卫超过必要的限度，造成不应有的损害的，正当防卫人应当承担适当的民事责任。

【一审稿】第一百六十二条 因正当防卫造成损害的，不承担责任。正当防卫超过必要的限度，造成不应有的损害的，正当防卫人应当承担适当的责任。

【法学会稿】无。

【社科院稿】无。

【建议稿】删除。应当规定在侵权责任编中，不应归入总则。

【建议理由】正当防卫不是违约责任的免责事由。如果将所有的民事责任免责事由规定在总则中，那么违约责任除了不可抗力之外的免责事由也应纳入总则。本稿认为，总则只需纳入共性免责事由，以保持民事责任一章体系的完整性，至于各类责任所特有的免责事由理应纳入分编，不仅符合立法逻辑，也能避免总则的臃肿。

## 【删除】【紧急避险】

**【三审稿】**第一百八十六条 因紧急避险造成损害的,由引起险情发生的人承担民事责任。如果危险是由自然原因引起的,紧急避险人不承担民事责任或者给予适当补偿。紧急避险采取措施不当或者超过必要的限度,造成不应有的损害的,紧急避险人应当承担适当的民事责任。

**【二审稿】**第一百七十七条 因紧急避险造成损害的,由引起险情发生的人承担民事责任。如果危险是由自然原因引起的,紧急避险人不承担民事责任或者给予适当补偿。紧急避险采取措施不当或者超过必要的限度,造成不应有的损害的,紧急避险人应当承担适当的民事责任。

**【一审稿】**第一百六十三条 因紧急避险造成损害的,由引起险情发生的人承担责任。如果危险是由自然原因引起的,紧急避险人不承担责任或者给予适当补偿。紧急避险采取措施不当或者超过必要的限度,造成不应有的损害的,紧急避险人应当承担适当的责任。

**【法学会稿】**无。

**【社科院稿】**无。

**【建议稿】**删除。应当规定在侵权责任编中,不应归入总则。

**【建议理由】**同上一条,紧急避险不是违约责任的免责事由。

## 【删除】【紧急救助】

**【三审稿】**第一百八十七条 实施紧急救助行为造成受助人损害的,除有重大过失外,救助人不承担民事责任。

**【二审稿】**无。

**【一审稿】**无。

**【法学会稿】**无。

**【社科院稿】**无。

**【建议稿】**删除。应当规定在侵权责任编中,不应归入总则。

**【建议理由】**同上一条,紧急救助行为不是违约责任的法定免责事由。

## 【删除】【见义勇为】

**【三审稿】**第一百八十八条 为保护他人民事权益而使自己受到损害的,由侵权人承担民事责任,受益人可以给予适当补偿。没有侵权人、侵权人逃逸或者无力承担民事责任,受害人请求补偿的,受益人应当给予适当补偿。

**【二审稿】**第一百七十八条 为保护他人民事权益而使自己受到损害的,由侵权人承担民事责任,受益人可以给予适当补偿。没有侵权人、侵权人逃逸或者无力承担民事责任,受害人请求补偿的,受益人应当给予适当补偿。

**【一审稿】**第一百六十四条 为保护他人民事权益而使自己受到损害的,由侵权人承担责任，受益人可以给予适当补偿。没有侵权人、侵权人逃逸或者无力承担责任，受害人请求补偿的，受益人应当给予适当补偿。

【法学会稿】无。

【社科院稿】无。

【建议稿】删除。应当规定在侵权责任编中，不应归入总则。

【建议理由】这一条规定的是保护见义勇为行为的补偿责任，属于公平责任范畴，有学者称之为"公平补偿义务"。但公平责任原则属于侵权责任的归责原则之一，与违约责任无关，因此不宜在总则中讨论这一问题。在整个草案没有规定归责原则的情形下，此条突然规定了公平责任的一种情形，十分突兀。何况，在侵权责任法中，适用公平责任或公平补偿义务的情形也不只这一种，除了见义勇为之外，还有高空抛物等情形。因此，建议删除。

## 第一百九十四条【民事责任的竞合】

【三审稿】第一百八十九条　因当事人一方的违约行为，损害对方人身、财产权益的，受损害方有权选择请求其承担违约责任或者侵权责任。

【二审稿】第一百七十九条　因当事人一方的违约行为，损害对方人身、财产权益的，受损害方有权选择请求其承担违约责任或者侵权责任。

【一审稿】第一百六十五条　因当事人一方的违约行为，损害对方人身、财产权益的，受损害方有权选择要求其承担违约责任或者侵权责任。

【法学会稿】无。

【社科院稿】第二百七十七条　因当事人一方的违约行为，侵害对方人身、财产权益的，受害人可以选择要求违约方承担违约责任或者侵权责任。

【建议稿】因当事人一方的债务不履行行为，损害对方人身、财产权益的，受损害方有权选择请求其承担债务不履行责任或者侵权责任。

【建议理由】本条的问题在于，不只是存在违约责任和侵权责任的竞合。违反不当得利返还义务所产生的债务不履行责任与侵权责任也存在竞合的可能，如非法使用他人的房屋、租赁期限届满而对租赁物继续使用和收益等，均构成对他人财物的侵害，行为人应负侵权责任；同时，由于行为人从财物之上获得利益无法律上的根据，亦应付不当得利的返还责任。再如，无权处分人将他人财产出卖给第三人，而第三人构成善意取得时，受害人可请求无权处分人返还不当得利，并可基于侵权行为请求赔偿损失。[1] 因此，除了违约责任和侵权责任的竞合，其他责任竞合也应该规定在民法总则中。建议将"违约责任"替换成"债务不履行责任"。另外，因当事人一方的违约行为，损害对方人身、财产权益的，受损害方有没有权利请求其同时承担违约责任和侵权责任，有待进一步研究。

---

① 马俊驹、余延满：《民法原论》，法律出版社 2010 年版，第 1043~1044 页。

## 第一百九十五条【民事责任优先】

【三审稿】第一百九十条 民事主体因同一行为应当承担民事责任、行政责任和刑事责任的，承担行政责任或者刑事责任不影响承担民事责任；民事主体的财产不足以支付的，先承担民事责任。

【二审稿】第一百八十条 民事主体因同一行为应当承担民事责任、行政责任和刑事责任的，承担行政责任或者刑事责任不影响承担民事责任；民事主体的财产不足以支付的，先承担民事责任。

【一审稿】第一百六十六条 民事主体因同一行为应当承担民事责任、行政责任和刑事责任的，承担行政责任或者刑事责任不影响依法承担民事责任；民事主体的财产不足以支付的，先承担民事责任。

【法学会稿】第二百一十条 民事主体应当同时承担民事责任、行政责任和刑事责任的，该民事主体的财产不足以支付的，先承担民事责任。

【社科院稿】第二百七十九条 因同一行为应当承担民事赔偿责任和缴纳罚款、罚金，其财产不足以支付的，先承担民事赔偿责任。

【建议稿】民事主体因同一行为应当承担民事责任、行政责任和刑事责任的，承担行政责任或者刑事责任不影响承担民事责任；民事主体的财产不足以支付的，先承担民事责任。

# 第八章 诉讼时效

## 第一百九十六条【普通诉讼时效的期间和起算】

【三审稿】第一百九十一条 向人民法院请求保护民事权利的诉讼时效期间为三年。法律另有规定的，依照其规定。

诉讼时效期间自权利人知道或者应当知道权利受到损害以及义务人之日起计算。法律另有规定的，依照其规定。但是，自权利受到损害之日起超过二十年的，人民法院不予保护；有特殊情况的，人民法院可以延长。

【二审稿】第一百八十一条 向人民法院请求保护民事权利的诉讼时效期间为三年。法律另有规定的，依照其规定。

诉讼时效期间自权利人知道或者应当知道权利受到损害以及义务人之日起计算。法律另有规定的，依照其规定。但是，自权利受到损害之日起超过二十年的，人民法院不予保护；有特殊情况的，人民法院可以延长。

【一审稿】第一百六十七条 向人民法院请求保护民事权利的诉讼时效期间为三年，法律另有规定的除外。

诉讼时效自权利人知道或者应当知道权利受到损害或者义务人之日起开始计算，法律另有规定的除外。但是，自权利受到损害之日起超过二十年的，人民法院不予保护；有特殊情况的，人民法院可以延长。

【法学会稿】第一百八十四条 诉讼时效期间为三年，法律另有规定的除外。

诉讼时效期间自权利人知道或者应当知道其权益受到损害或者侵害人之日起开始计算，其他法律另有特别规定的除外。

【社科院稿】第二百三十条 普通诉讼时效期间为三年。

第二百三十一条 普通诉讼时效期间自权利能够行使之日起开始计算。

第二百三十二条 侵权行为持续发生的，则时效期间最早起算点不早于侵权行为终了之日。

第二百三十三条 按月、按日或其他特定期间计算的违约金等债权请求权，其诉讼时效起算点应为请求权人可行使的最后一笔违约金的请求权之日往前回溯3年之同一日。

【建议稿】保留三审稿条文。

【建议理由】法工委草案将普通诉讼时效期间从民法通则规定的 2 年改成 3 年，是立法对司法实践中出现的新问题所作出的回应。近年来，社会生活发生深刻变化，交易方式与类型也不断创新，权利义务关系更趋复杂，司法实践中普遍反映的 2 年的权利行使时间较短，因此，此次草案予以适当延长，从 2 年的诉讼时效延长至 3 年。从世界立法趋势来看，新近改革的德国民法典和欧洲示范民法典草案均采 3 年的诉讼时效期间，可见 3 年的诉讼时效也与世界立法潮流保持了一致。本稿认为，3 年的诉讼时效既能够为权利人留足相对较为充足的时间主张权利，又不会由于期间的过长使得权利人怠于行使自身的诉讼权利，值得赞同。

社科院稿对于普通诉讼时效期间起算点的规定过于复杂，在权利人因故无法行使权利的情况下，已经有诉讼时效的中止制度来为权利人提供救济，所以起算点没有必要从"权利能够行使之日"起计算。本稿不予采纳。

## 第一百九十七条【分期履行债权诉讼时效起算】

【三审稿】第一百九十二条 当事人约定同一债务分期履行的，诉讼时效从最后一期债务履行期限届满之日起计算。

【二审稿】第一百八十二条 当事人约定同一债务分期履行的，诉讼时效从最后一期债务履行期限届满之日起计算。

【一审稿】第一百六十八条 当事人约定同一债务分期履行的，诉讼时效自最后一期债务履行期限届满之日起计算。

【法学会稿】第一百八十七条 定期给付债权中各期给付债权的诉讼时效期间，自各期给付履行期限届满或者条件成就之日起分别计算。

本法所称定期给付债权，是指在特定或者不特定期间内一再发生的，定期给付金钱或者其他标的物的债权。

第一百八十八条 当事人约定同一债务分期履行的，诉讼时效从最后一期履行期限届满之日起计算。

【社科院稿】无。

【建议稿】当事人约定同一债务分期履行的，诉讼时效从最后一期债务履行期限届满之日起计算。

【建议理由】法工委的三次审议稿对本条的规定均一致，并无太大争议。

在社科院稿中规定了按日、按月或其他特殊期间计算的违约金债权请求权的诉讼时效起算点，而在法学会稿中，则细化和区别了定期履行和分期履行两种债权请求权的诉讼时效起算点，也另外规定了基于无效法律行为产生的请求权的诉讼时效起算点。本稿认为，在司法实践中单独区分定期履行和分期履行行为并无太大的必要，定期履行在实质上仍然属于普通金钱债权的一种，只不过在某一特定期间内连续发生数个债权债务关系，在适用诉讼时效的问题时，定期履行与分期履行之债权请求权最大的区别或许就是立法者对其可分性问题的认识不同，依法学会稿的规定，其无疑认为定期履行的债权请求权是具有可分性的，这与目前国内部分学者的观点一致①，但是在适用诉讼时效方面，这种可分性就意味着其各期债权请求权都可以分别适用独立的诉讼时效，那么在本质上就与数个独立的债权请求权没有区别了(仅从诉讼时效的适用方面而言)，因此适用普通诉讼时效期间的相关规定即可，不必对此以一法条单独加以规定。故本条不予修改。

## 第一百九十八条【未定清偿期之债权的诉讼时效期间的起算】

【三审稿】无。

【二审稿】无。

【一审稿】无。

【法学会稿】第一百八十六条 履行期限未确定的债权的诉讼时效期间，自权利人通知履行后，催告期间届满之日起开始计算。

债务人死亡或者作为债务人的法人或其他组织终止的，诉讼时效期间自权利人知道或者应当知道上述事由之日起计算。

【社科院稿】无。

【建议稿】当事人未约定履行期限的债权，其诉讼时效自权利人通知履行后催告期间届满之日开始计算。

债务人死亡或者作为债务人的法人或其他组织终止的，诉讼时效期间自权利人知道或者应当知道债务人的继承人或作为债务人的法人或其他组织的清算人之日起开始计算，没有继承人或清算人的，自权利人知道或者应当知道上述事由之日起开始计算。

【建议理由】法学会稿中对于未定清偿债权的诉讼时效期间起算单独作出了规定，而法工委的三次审议稿中均未对此作出规定，本稿认为此规定确有必要，故特在此作出了增补，理由如下：

1. 对此作出规定有利于使得民法总则中诉讼时效制度在司法实践中具有更强的广泛

---

① 参见冯恺：《分期履行之债的诉讼时效适用基础——请求权的可分性分析》，载《法律科学(西北政法大学学报)》2004 年第 4 期。

适用性。2008 年颁布的最高人民法院关于审理民事案件适用诉讼时效制度若干问题的规定(以下简称"最高人民法院 2008 年诉讼时效规定")这一司法解释第 6 条也明确规定了"未约定履行期限的合同，依照合同法第 61 条、第 62 条的规定，可以确定履行期限的，诉讼时效期间从履行期限届满之日起计算；不能确定履行期限的，诉讼时效期间从债权人要求债务人履行义务的宽限期届满之日起计算，但债务人在债权人第一次向其主张权利之时明确表示不履行义务的，诉讼时效期间从债务人明确表示不履行义务之日起计算。"①这一增补也是力求使民法总则中关于诉讼时效的规定与司法实践中的法律适用保持一致。

2. 当事人之间在成立债权债务关系之时未约定债务的清偿期限，这种情形在实践中非常常见，用法条对这种情形下的债权请求权诉讼时效期间进行规范，在很大程度上有利于许多债权债务纠纷的解决，也为权利人明晰了及时行使权利的时间边界。

3. 对于未约定清偿期的债权请求权，在诉讼时效开始计算之前甚至一个催告期间，是非常合理的，因为在实践中，大量未约定清偿期的债权债务关系的双方当事人之间都具有较为密切的关系(如亲戚、朋友之间的相互借款)，如果在权利人通知履行后直接进入诉讼时效的计算，往往会将许多本可以依靠情谊解决的债权债务纠纷强行交给司法来解决，一方面增加法院的负担和当事人的成本，另一方面也会导致双方当事人之间关系的破裂，这与民法"私法自治"的原则和人文关怀的理念并不相符，因此，设置一个催告期间作为诉讼时效开始计算之前的"缓冲期"，往往能够在诉讼时效开始计算之前便顺利解决许多纠纷，既节约了司法成本，也让当事人之间的关系得以维护。而第 2 款中债务人死亡和法人或其他组织终止的情形则不存在上述情况，可以参考普通诉讼时效期间，另外，债务人死亡或者作为债务人的法人或其他组织终止的，为了更好地保护债权人的权利，诉讼时效的起算点原则上应自权利人知道或者应当知道债务人的继承人或作为债务人的法人或其他组织的清算人之日起开始计算，因为只有确定了继承人或清算人，权利人方能知晓向何者主张权利，其诉讼时效期间的起算才有意义，这是法学会稿中所忽略的，本稿特此进行了增补完善。

## 第一百九十九条【特殊诉讼时效期间及其起算】

【三审稿】第一百九十三条 无民事行为能力人或者限制民事行为能力人对其法定代理人的请求权的诉讼时效期间，自该法定代理终止之日起计算。

第一百九十四条 未成年人遭受性侵害的损害赔偿请求权的诉讼时效期间，自受害人年满十八周岁之日起计算。

【二审稿】第一百八十三条 无民事行为能力人或者限制民事行为能力人对其法定代理人的请求权的诉讼时效期间，自该法定代理终止之日起计算。

第一百八十四条 未成年人遭受性侵害的损害赔偿请求权的诉讼时效期间，自受害人年满十八周岁之日起计算。

【一审稿】第一百七十二条 无民事行为能力人或者限制民事行为能力人对其法定代

① 参见 2008 年最高人民法院关于审理民事案件适用诉讼时效制度若干问题的规定第 6 条。

理人的请求权的诉讼时效期间，自该法定代理终止之日起计算。

【法学会稿】无。

【社科院稿】第一百三十四条　下列请求权的诉讼时效期间为十年：

(一)侵犯身体权、健康权而产生的损害赔偿请求权，自损害确定之日起开始计算；

(二)基于动产物权的返还请求权，自权利可行驶之日开始计算；

(三)基于不动产物权转让、设立合同的不动产物权转移请求权、设立请求权和对待给付请求权，自权利人可行使权利之日开始计算；

(四)基于劳动合同的报酬请求权，自合同终止之日开始计算；

(五)基于生效裁判文书和可执行之调解书、公证书的给付请求权，自相关法律文书生效之日起开始计算；

(六)基于继承权被侵犯的损害赔偿请求权，自继承人可行使权利之日起开始计算；

(七)破产程序而确认的请求权，自破产程序终结之日起开始计算。

【建议稿】无民事行为能力人或者限制民事行为能力人对其法定代理人的请求权的诉讼时效期间，自该法定代理终止之日起计算。

未成年人遭受性侵害的损害赔偿请求权的诉讼时效期间，自受害人年满十八周岁之日起计算。如果受害人年满十八周岁后与加害人处于家庭共同生活中，诉讼时效期间自家庭共同生活结束时起计算。

【建议理由】法工委三次审议稿均对无民事行为能力人或者限制民事行为能力人对其法定代理人的请求权的诉讼时效期间起算点作出了特殊规定，这一点值得赞同，因为只有在法定代理关系终止之后，无民事行为能力人与限制民事行为能力人方能独立行使请求权，其诉讼时效期间的起算才有意义。

另外，法工委二审稿第184条和三审稿第194条关于未成年人遭受性侵的特殊诉讼时效期间的规定，较之一审稿增补了新条文，在未成年人保护上具有进步意义。本条修改之处在于在第2款中增补了遭受性侵犯的未成年人与加害人处于同一家庭关系中的情形，增补理由如下：

1. 这种情况在现实中屡见不鲜，往往受害人在成年后还不具备独立生活能力，仍然需要与加害人生活在一起，此时倘若依然规定其诉讼时效期间从十八周岁起开始计算，毫无疑问是不利于切实保护被害人合法权益的，甚至有可能让该条款在此种情形下沦为一纸空文，这与该条的立法初衷无疑是相违背的，故该条增补"如果受害人年满十八周岁后与加害人处于家庭共同生活中，诉讼时效期间自家庭共同生活结束时起计算"之规定是极为有必要的。

2. 域外立法也提供了有价值的参考。第2款之增补还借鉴了德国民法典第208条之规定，"如果受害人与加害人出于家庭共同生活中，直至家庭共同生活结束时，消灭时效中止"[1]。该款具有很强的现实意义，能够更好地保护未成年人的合法权益。

特殊诉讼时效期间在社科院稿中进行了较为详细的规定，规定了七种情形下的特殊诉讼时效期间及其起算，在法学会稿中，则侧重于规定了基于撤销权或解除权的行使而产生

---

① 参见陈卫佐译注：《德国民法典》，法律出版社2015年版，第74页。

的请求权之诉讼时效的特殊规定，本稿认为法学会稿中的相关规定太过笼统和抽象，不适宜作为一项民事立法中的具体法条加以规定，在今后的司法实践中，可能会给司法裁判和法律适用在一定程度上造成困惑和增加难度。

社科院稿第一项之情形即人身损害赔偿请求权，在此种情形下，更应当敦促权利人及早行使权利，利用诉讼这一法律武器维护自身的合法权益，寻求纠纷的化解，实无规定长期诉讼时效期间之必要；第二和第三情形不合理，这两种情形实为物权之请求权，而将物权之请求权放置于诉讼时效制度中无疑是违背民法基本原理的；第五种情形，是因立法者考虑到当前司法实践中执行难的问题，但是，生效法律文书的执行与否、执行情况如何丝毫不影响权利人向义务人主张权利，更无在此情况下规定长期诉讼时效期间的必要；第六种情形，立法者可能是考虑到一部分继承权被侵犯的情形中，继承权人都较为弱势，延长其诉讼时效期间有利于保护其合法权益，这种考虑具有一定的合理性，但是这类情形并不具备鲜明的代表性；第七种情形，立法者可能是站在保护破产债权人利益的角度，考虑到当前我国许多破产纠纷中债权人最后难以实现破产债权，但是这并不影响破产债权人主张权利、提起诉讼，故对此种情形下规定长期诉讼时效期间也是不妥当的。

在大陆法系各国的民事立法中，均有特殊诉讼时效期间的相关规定。俄罗斯联邦民法典第 181 条规定了对于要求适用自始无效法律行为无效后果的请求规定了 10 年的诉讼时效期间；德国民法典第 199 条规定了"不论是否知道或因重大过失而不知道，损害赔偿请求权适用 10 年的诉讼时效期间"[①]；意大利民法典第 2948 条规定："以下情况是五年时效：（一）永久及终身定期金的年定额。（二）抚养费的年定额。（三）房租、农耕地费和其他租赁的对价。（四）利息和一般情况下应按年或更短期间定期支付的款项。（五）因终止劳动关系归属的补偿费。"[②]荷兰民法典第 307 条、第 308 条和第 309 条规定了履行合同义务的请求权、支付金钱债权、终身租金权、股息、租金以及其他按年或更短期间支付金额的请求权、请求返还无因偿付之物的请求权均使用五年的诉讼时效期间[③]。由此可见，对于某些情形适用较之普通诉讼时效期间更长的特殊诉讼时效期间，是大陆法系国家普遍采用的立法例。然而，诉讼时效期间作为民法中限制债权请求权行使期限的重要时间期间，其长短对于整个民事诉讼制度乃至整个民事法律体系是有重大影响的，在司法实践中有着举足轻重的地位，对其时间长短的改动可谓是"牵一发而动全身"。社科院稿中规定的特殊诉讼时效期间为十年之长，且列举了众多适用情形，但在未充分论证其必要性的情况下，结合我国当前的社会经济水平、法治建设进程和公众法律意识，立法作出改变理应慎重。诉讼时效制度设计的初衷在于敦促权利人及早行使权利，而"不保护躺在权利簿上睡觉的人"，特殊诉讼时效期间极易成为权利人怠于行使权利的借口，从而令诉讼时效制度丧失其原本存在的价值。因此本稿建议，在没有充分证明制度合理性之前，暂不规定长期诉讼时效。

---

① 参见陈卫佐译注：《德国民法典》，法律出版社 2015 年版，第 71 页。

② 参见陈国柱编：《意大利民法典》，中国人民大学出版社 2010 年版，第 79 页。

③ 参见王卫国主译：《荷兰民法典》，中国政法大学出版社 2006 年版，第 198 页。

## 第二百条【诉讼时效届满的法律后果】

【三审稿】第一百九十五条　诉讼时效期间届满的，义务人可以提出不履行义务的抗辩。

诉讼时效期间届满后，义务人自愿履行的，不得要求返还。

【二审稿】第一百八十五条　诉讼时效期间届满的，义务人可以提出不履行义务的抗辩。

诉讼时效期间届满后，义务人自愿履行的，不受诉讼时效限制。

【一审稿】第一百六十九条　诉讼时效期间届满的，义务人可以提出不履行义务的抗辩。

诉讼时效期间届满后，义务人自愿履行的，不受诉讼时效限制；义务人同意履行的，不得以诉讼时效届满为由抗辩。

【法学会稿】第一百八十条　诉讼时效期间届满，义务人得就权利人行使权利的主张提出抗辩。

【社科院稿】第二百四十五条　诉讼时效期间届满后，义务人有拒绝履行的权利。

义务人如于诉讼时效期间届满后，为履行义务所作出的给付或提供担保的，不得以不知诉讼时效届满为由请求返还。

【建议稿】诉讼时效期间届满的，义务人可以提出不履行义务的抗辩。

义务人如于诉讼时效期间届满后，为履行义务而为给付或提供担保的，不得以不知诉讼时效期间届满为由提出抗辩。但能够证明前述行为违反自愿、合法原则的除外。

【建议理由】本条对法工委三审稿的条文作出了修改和增补，理由如下：

1. 该条规定的是诉讼时效期间届满后义务人自愿履行的法律后果，即不能以诉讼时效届满为由进行抗辩，至于义务人是否有权以其他事由请求返还不是该条所关心的问题。

2. 如果义务人履行的标的不是物，则根本不存在返还的问题。例如倘若自愿履行的表现形式是给付劳务，则义务人无论如何都无法请求返还。

3. 参考相关的域外立法，如德国民法典第781条中就有"以契约所为债务关系存在或不存在之承认视为给付"之规定①，另外，根据德国民法典第222条第2款、瑞士债务法第63条第2项、法国民法典第2221条相关规定，均认为时效完成后义务人以契约承认该债务或提供相应的担保的，与时效完成后义务人自愿为履行行为具有同等效力，都是义务人事后抛弃时效利益的方式，该合同或担保仍应受法律保护，义务人不得以不知时效已过为由主张该合同或担保无效。可见，提供担保也是义务人事后抛弃时效利益的一种方式，其也不得以不知时效届满为由进行抗辩。

4. 在第2款中，本稿增补了义务人抛弃诉讼时效利益的例外情形，对义务人已经履行义务或提供担保后抗辩权消灭的规定，是出于保护相对人信赖利益的考虑，这同时也是民法典立法上践行诚实信用原则的体现。而对违反自愿、合法原则而放弃诉讼时效利益作出例外规定，既出于保护义务人合法权益的考虑，防止道德风险的发生，同时也避免立法

① 参见陈卫佐译注：《德国民法典》，法律出版社2015年版，第308页。

的过于封闭化造成司法实践中的困难。

## 第二百零一条【主权利诉讼时效期间届满后从权利的诉讼时效】

【三审稿】无。

【二审稿】无。

【一审稿】无。

【法学会稿】无。

【社科院稿】第二百四十七条　主权利因诉讼时效期间届满，其效力及于利息等从属性权利。但法律另有特别规定者除外。

第二百四十八条　以抵押权、质权或留置权担保之请求权，虽届满诉讼时效期间，权利人仍得就其抵押物、质物或留置物行使权利。

【建议稿】主权利诉讼时效期间届满，从权利诉讼时效期间随之届满。

本条所称从权利，是指请求支付利息、违约金、定金等。法律对抵押权、质权和留置权等担保物权另有规定的，依其规定。

【建议理由】法工委三次审议稿均未对此作出相关的规定，而在社科院稿中则有相应规定，本稿对此特做增补，理由如下：

1. 对于主权利诉讼时效届满的效力及于从权利，各种立法模式的规定较为一致，且将从权利的范围限定为利息、违约金等由主权利产生或转化的权利。例如，瑞士民法典第133条对此的表述为"利息和其他从权利"①；德国民法典第217条对此的表述为"取决于主请求权的从给付请求权"②，依官方解释，该类从给付请求权主要是指利息，也包括孳息、用益所得和费用等；俄罗斯民法典第207条将此类从权利限定为违约金、抵押金、保证金等请求权③。在我国的司法实务中，一般也认为主债权诉讼时效届满导致利息之债诉讼时效届满。

2. 该条规定的从权利不应包括抵押权、质权、留置权等担保物权。关于主债权诉讼时效届满对抵押权等担保物权的影响，各种立法模式差异较大：一是主债权诉讼时效届满不影响抵押权等担保物权的行使，如德国民法典第216条第1款；二是主债权诉讼时效届满导致抵押权等担保物权消灭，如法国民法典第2488条④；三是单独规定抵押权等担保物权的诉讼时效，其与主债权诉讼时效在计算上存在关联，但并非绝对一致，如日本民法典第167条与第396条；我国学界和实务界对此存在较大争议而尚未达成共识。况且各国及地区的抵押权等担保物权的制度构建存在较大差异，我国对域外各种立法模式也不宜照搬。在此现状下，较为妥当的做法是在该条增设"但书"，将该问题交由物权法或有关司法解释于后续形成成熟意见后再予规定。

---

① 参见殷生根、丁小宜译：《瑞士民法典》，中国政法大学出版社1999年版，第63页。

② 参见陈卫佐译注：《德国民法典》，法律出版社2015年版，第307页。

③ 参见黄道秀译：《俄罗斯联邦民法典》，北京大学出版社2007年版，第101页。

④ 参见罗结珍译：《法国民法典》，北京大学出版社2010年版，第688页。

应当指出的是，民法总则草案曾增加了关于从权利规则的规定，弥补了现有时效规则的不足，其内容虽未尽完善，但值得肯定。两次修改稿未对原草案存在的问题作出有针对性的修改，反而直接删除该条，实为不当。

## 第二百零二条【诉讼时效期间届满后的抵销规则】

【三审稿】无。

【二审稿】无。

【一审稿】无。

【法学会稿】无。

【社科院稿】第二百四十六条　权利人之请求权如于诉讼时效期间届满之前，可与义务人对其享有之请求权相互抵销者，则时效期间之后，仍可主张抵销。

当事人之间如有同时履行抗辩权，准用前款规定。

【建议稿】在诉讼时效期间届满前已具备抵销条件的债权，在诉讼时效期间届满后仍可适用于抵销。

【建议理由】法工委三次审议稿均为对此作出规定，本稿认为诉讼时效期间届满后的抵销规则实有必要，故特在此作出增补。

各种立法模式一般均规定，诉讼时效届满的债权在一定条件下仍可适用于抵销，如德国民法典第215条、日本民法典第508条等。我国学界一般认为，诉讼时效届满的债权可作为被动债权适用于抵销，但不得作为主动债权适用于抵销。该观点与域外立法通例并不相同。依据德国民法典第215条的规定，只要抵销权产生时债权的诉讼时效未完成，在诉讼时效完成后抵销权仍可行使，日本民法典第508条的规定与此类似①。梅迪库斯教授将此情形解释为"权利人以抗辩的方式主张该项权利"。日本我妻荣教授对此的解释是：该规则是基于抵销权性质所设的特别规则，即时效虽然具有导致债权消灭的溯及效力，但该规则的适用构成例外情形。"设定这样的例外是为了保护对立债权的两当事人在产生可抵销状态时，无须特别的意思表示而当然可以清算的信赖。"但是依据我国台湾地区"民法"第337条，时效完成之债权可作为主动债权适用于抵销，构成例外情形。

相较而言，域外立法例及解释更为合理，理由如下：其一，域外立法例更能实现抵销制度的功能。抵销不仅意味着对清偿的简化，其同时可以使任何一方当事人在没有诉讼、判决和国家强制执行的情况下，实现自己对他人享有的债权。因此，抵销制度具有担保债权之功能。抵销权产生时债权的诉讼时效未届满，在诉讼时效届满后即承认抵销权行使的效力，方能充分实现抵销制度的担保功能。其二，域外相关立法例的规定与抗辩权发生主义一致。在抗辩权发生主义模式下，诉讼时效届满并不导致债权本体消灭。因此，只要抵销权产生时债权的诉讼时效未届满，在诉讼时效届满后，该债权无论作为主动债权还是作为被动债权均无不可。其三，在我国司法实务中不乏承认诉讼时效届满之债权可适用于抵销的案例，但是民法总则草案及两次修改稿对该规则未置一词，显属立法漏洞。

---

①　参见王书江译：《日本民法典》，中国法制出版社2000年版，第94页。

## 第二百零三条【诉讼时效的被动性】

【三审稿】第一百九十六条 人民法院不得主动适用诉讼时效的规定。

【二审稿】第一百八十六条 人民法院不得主动适用诉讼时效的规定。

【一审稿】第一百七十条 人民法院不得主动适用诉讼时效的规定。

【法学会稿】无。

【社科院稿】无。

【建议稿】保留三审稿条文。

【建议理由】法工委三次审议稿对此规定一致。

根据最高人民法院 2008 年诉讼时效规定第 3 条，"当事人未提出诉讼时效抗辩，人民法院不应对诉讼时效问题进行释明或主动适用诉讼时效的规定进行裁判。"基于民法的意思自治原则和处分原则，诉讼时效抗辩权作为一项义务人享有的民事权利，义务人是否行使，司法不应作出过多的干涉，如果人民法院主动对诉讼时效问题进行阐明，无异于提醒甚至是帮助义务人逃避债务，有违诚实信用原则，也有违法院居中裁判的中立地位。故本条不予修改。

另外，根据域外立法例，法国民法典第 2223 条、意大利民法典第 2938 条、日本民法典第 145 条、泰国民法典第 193 条，均对此作出了类似的规定。1964 年的苏俄民法典第 82 条规定："法院、仲裁署或者公断法庭，不论双方当事人声请与否，均应适用诉讼时效。"①但 1994 年的俄罗斯联邦民法典则改变了此种做法，其第 199 条第 2 款规定："法院仅根据争议一方当事人在法院作出判决之前提出的申请适用诉讼时效。"②由此可以看出，法院对于诉讼时效的被动适用，是当前世界各国尤其是大陆法系国家采取的普遍做法。

## 第二百零四条【诉讼时效期间的中止】

【三审稿】第一百九十七条 在诉讼时效期间的最后六个月内，因下列事由而不能行使请求权的，诉讼时效中止：

(一)不可抗力；

(二)无民事行为能力人或限制民事行为能力人没有法定代理人，或者法定代理人死亡、丧失代理权或者丧失民事行为能力；

(三)继承开始后未确定继承人或遗产管理人；

(四)权利人或义务人被其他人控制；

(五)其他导致权利人无法行使请求权的事由。

自中止时效的事由消除之日起满六个月，诉讼时效期间届满。

【二审稿】第一百八十七条 在诉讼时效期间的最后六个月内，因下列事由而不能行

① 参见郑华译：《苏俄民法典》，法律出版社 1956 年版，第 27 页。

② 参见黄道秀译：《俄罗斯联邦民法典》，北京大学出版社 2007 年版，第 99 页。

使请求权的，诉讼时效中止：

(一)不可抗力；

(二)无民事行为能力人或限制民事行为能力人没有法定代理人，或者法定代理人死亡、丧失代理权或者丧失民事行为能力；

(三)继承开始后未确定继承人或遗产管理人；

(四)权利人或义务人被其他人控制；

(五)其他导致权利人无法行使请求权的事由。

自中止时效的事由消除之日起满六个月，诉讼时效期间届满。

【一审稿】第一百七十一条　在诉讼时效期间的最后六个月内，因下列障碍，不能行使请求权的，诉讼时效中止：

(一)不可抗力；

(二)无民事行为能力人或限制民事行为能力人没有法定代理人，或者法定代理人死亡、丧失代理权或者丧失民事行为能力；

(三)继承开始后未确定继承人或遗产管理人；

(四)权利人或义务人被其他人控制；

(五)其他导致权利人无法行使请求权的事由。

自中止时效的事由消除之日起满六个月，诉讼时效期间届满。

【法学会稿】第一百九十一条　在诉讼时效期间的最后六个月内，因不可抗力或者其他障碍致使权利人不能为中断诉讼时效的行为的，诉讼时效期间停止计算。自终止事由消除之日起，诉讼时效期间继续计算。

第一百九十二条　在诉讼时效期间的最后六个月内，无民事行为能力人或限制民事行为能力人没有法定代理人或者法定代理人丧失民事行为能力的，该无民事行为能力人或限制民事行为能力人所享有的或向其主张的请求权，诉讼时效期间停止计算。自其成为完全民事行为能力或其法定代理人确定之日起六个月后，诉讼时效期间届满。

第一百九十三条　继承遗产的请求权或者对被继承人的请求权，在诉讼时效期间的最后六个月内，继承人或遗产管理人尚未确定的，诉讼时效期间停止计算。自继承人或遗产管理人确定之日起六个月后，诉讼时效期间届满。

第一百九十四条　法定代理关系存续期间，无民事行为能力人或限制民事行为能力人与其法定代理人之间的请求权的诉讼时效期间不开始计算或者停止计算。自该法定代理关系终止之日起，诉讼时效期间开始计算或者继续计算。

诉讼时效期间停止计算的，最早自该法定代理关系终止之日起六个月后，诉讼时效期间届满。

【社科院稿】第二百三十七条　在诉讼时效期间的最后六个月内，请求权人因不可抗力或其他障碍不能行使请求权的，诉讼时效中止。自中止的事由结束之日起，诉讼时效期间继续计算。

第二百三十八条　在中止事由结束后继续计算的诉讼时效期间内，因不可抗力或其他障碍的持续时间或性质，无法合理期待权利人主张权利的，时效期间于障碍消除后的一个月内不届满。

第二百三十九条 在诉讼时效期间的最后六个月内，请求权人为无民事行为能力人或限制民事行为能力人而没有法定代理人的，自其成为完全民事行为能力或确定法定代理人之日起六个月内，时效期间不届满。

第二百四十条 权利人或义务人死亡的，属于遗产或针对遗产的请求权，自继承人接受继承，或者确定遗产管理人或遗嘱执行人之日起六个月内，诉讼时效不届满。

被监护人对于其监护人之权利，于监护关系消灭后六个月内，其诉讼时效期间不届满。

【建议稿】在诉讼时效期间的最后六个月内，因下列事由而不能行使请求权的，诉讼时效中止：

（一）不可抗力；

（二）无民事行为能力人或限制民事行为能力人没有法定代理人，或者法定代理人死亡、丧失代理权或者丧失民事行为能力；

（三）继承开始后未确定继承人或遗产管理人；

（四）权利人或义务人被其他人控制；

（五）其他导致权利人无法行使请求权的事由。

自中止时效的事由消除之日起满六个月，诉讼时效期间届满。

【建议理由】法工委三次审议稿对诉讼时效期间中止事由之规定一致。社科院稿中以单独的条款分别规定了因欠缺法定代理人、遗产继承和监护关系引起的诉讼时效期间延期届满，还另外单独规定了因磋商而导致的延期届满，规定了当事人就请求权或产生请求权的客观情事进行磋商的，诉讼时效自双方最后一次沟通之日一年后延期届满。在法学会稿中，亦以三个独立的条款分别规定了因法定代理人缺位、遗产继承和法定代理关系的存在而造成的诉讼时效期间的中止。

从本质上来说，三大版本对于此项制度的规定较为一致，而法工委稿的规定更加洗练，更加便于在司法实践中进行适用。故本条不予修改。

## 第二百零五条【诉讼时效期间的中断】

【三审稿】第一百九十八条 有下列情形之一的，诉讼时效中断，从中断事由或有关程序终结之日起，诉讼时效期间重新计算：

（一）权利人向义务人提出履行请求的；

（二）义务人同意履行义务的；

（三）权利人提起诉讼或者申请仲裁的；

（四）有与诉讼和仲裁具有同等效力的事项的。

【二审稿】第一百八十八条 有下列情形之一的，诉讼时效中断，从中断事由或有关程序终结之日起，诉讼时效期间重新计算：

（一）权利人向义务人提出履行请求的；

（二）义务人承认权利人的请求权的；

（三）权利人提起诉讼或者申请仲裁的；

(四)有与诉讼和仲裁具有同等效力的事项的。

【一审稿】第一百七十三条  有下列情形之一的,诉讼时效中断,自中断事由或有关程序终结之日起,诉讼时效期间重新计算:

(一)权利人向义务人提出履行请求的;

(二)义务人承认权利人的请求权的;

(三)权利人提起诉讼的;

(四)有与诉讼和仲裁具有同等效力的事项的。

【法学会稿】第一百九十五条  有下列情形之一的,诉讼时效中断,自中断事由或有关程序终结之日起,诉讼时效期间重新计算:

(一)权利人向义务人提出履行请求的;

(二)义务人承认权利人的请求权的;

(三)权利人提起诉讼的;

(四)权利人申请仲裁的;

(五)权利人申请支付令的;

(六)权利人申请破产或者申报破产债权的;

(七)为主张权利而宣告义务人失踪或者死亡的;

(八)权利人申请诉前财产保全、诉前临时禁令等诉前措施;

(九)权利人申请强制执行;

(十)权利人申请追加当事人或被通知参加诉讼;

(十一)在诉讼或仲裁中主张抵销;

(十二)其他与提起诉讼或申请仲裁具有同等效力的事项。

【社科院稿】第二百四十一条  诉讼时效因下列事由中断:

(一)义务人以明示,或以部分履行、支付利息、提供担保等方式承认债权的;

(二)权利人请求履行义务;

(三)权利人起诉。

下列事项,与起诉有同一之效力:

(一)申请仲裁或调解;

(二)申请支付令;

(三)申请破产、申报破产债权;

(四)为主张权利,申请宣告义务人失踪或死亡;

(五)申请诉前保全、诉前禁令等措施;

(六)申请或开始强制执行;

(七)申请追加当事人或被通知参加诉讼;

(八)在诉讼或仲裁中主张抵销;

(九)其他与提起诉讼类似之事项。

【建议稿】有下列情形之一的,诉讼时效中断,从中断事由或有关程序终结之日起,诉讼时效期间重新计算:

(一)权利人向义务人提出履行请求的;

（二）义务人同意履行义务的；

（三）权利人提起诉讼或者申请仲裁的；

（四）权利人向人民调解委员会以及其他有权解决相关民事纠纷的国家机关、事业单位、社会团体等社会组织提出保护民事权利的请求；

（五）有与诉讼和仲裁具有同等效力的事项的。

【建议理由】本条增加了第四项中断事由。2008年颁布的最高人民法院关于审理民事案件适用诉讼时效制度若干问题的规定第14、15条规定了此类中断事由①，是对实务经验的总结，草案删除了该规定，无疑缩小了中断事由的范围，不利于保护当事人正当的时效利益；另外，在我国社会生活中，民事纠纷的当事人往往习惯于向行政机关、信访部门寻求救济，倘若完全否认此类中断事由，是与我国的现实情况不符的。

值得注意的是，三审稿对二审稿作了进一步的修改，将第二项"义务人承认权利人的请求的"之情形修改为"义务人同意履行义务的"的情形，本稿认为，此项修改值得赞同。承认债务的存在并不意味着义务人放弃自己的时效利益，这与同意履行债务所导致的法律后果是截然不同的，即使义务人承认权利人的请求，也不意味着义务人一定同意履行义务。如果以"债务承认"作为义务人"默认"同意履行义务的标准，从而中断诉讼时效，那么这无疑是立法对当事人意思自治的不当干预，也与诉讼时效的被动性背道而驰。所以，三审稿中将该项修改为"同意履行义务"是比较妥当的。

## 第二百零六条【诉讼时效中断的效力】

【三审稿】第一百九十九条　对连带权利人或者连带义务人中的一人发生诉讼时效中断的，中断的效力及于全部连带权利人或者连带义务人。

【二审稿】第一百八十九条　对连带权利人或者连带义务人中的一人发生诉讼时效中断的，中断的效力及于全部连带权利人或者连带义务人。

【一审稿】第一百七十四条　对连带权利人或者连带义务人中的一人发生诉讼时效中断的，诉讼时效中断的效力及于全部连带权利人或者连带义务人。

【法学会稿】第一百九十六条　诉讼时效因请求而中断的，自请求的意思表示到达义务人之日起，诉讼时效期间重新计算。

自诉讼时效中断之日起六个月内，权利人未提起诉讼或者没有与提起诉讼具有同一效力的事项的，因请求而中断的诉讼时效视为未中断。

第一百九十七条　诉讼时效因起诉而中断的，中断效力自提起诉讼之日开始发生，在受确定裁判或以其他方式终结诉讼前，继续中断。

撤回起诉或起诉被裁定驳回或者不予受理时，因起诉而中断的诉讼时效视为未中断。如果起诉状已经送达义务人，则诉讼时效在送达时中断，并重新开始计算。

第一百九十八条　诉讼时效因与诉讼具有同一效力的事项而中断的，中断效力自提起各该程序之日起发生，并于各该程序终结前，继续中断。

---

① 参见2008年最高人民法院关于审理民事案件适用诉讼时效制度若干问题的规定第14条。

第一百九十九条 诉讼时效因在诉讼中主张抵销或将诉讼告知于诉讼结果有利害关系的第三人而中断的,在该诉讼终结后六个月内,权利人未提起请求履行或确认请求权诉讼的,诉讼时效视为未中断。

第二百条 诉讼时效中断的效力仅及于中断行为的当事人及其继承人或者受让人之间。

共有人或者连带债权人之一引起的诉讼时效中断,其效力及于全体共有人或者连带债权人。债务人对连带债权人之一为承认的,对其他连带债权人同样发生中断效力。

【社科院稿】第二百四十二条 诉讼时效中断者,自中断之事由终止时,重新起算。

第二百四十三条 诉讼时效中断的效力,及于当事人、继承人、受让人。

第二百四十四条 权利人起诉义务人后,又申请撤回起诉,或起诉经实体权利的审理而被驳回,则视为时效不中断。

与起诉中断时效有同样效力之其他司法程序事项,准用前款之规定。

【建议稿】对连带权利人或者连带义务人中的一人发生诉讼时效中断的,中断的效力及于全部连带权利人或者连带义务人。

【建议理由】与法工委三次审议稿的规定一致,并未修改。

社科院稿还对主权利诉讼时效期间届满对利息等从权利的效力作出了规定,规定诉讼时效中断的效力及于从权利。另外,法学会稿中还规定了基于请求、起诉、主张抵销与告知诉讼的诉讼时效中断,因诉讼行为最终未能完成而不发生中断的效力,本稿认为此类规定对于权利人的要求过于严苛,诉讼时效制度的初衷是为了敦促权利人在合理期间内行使自身的诉讼权利,其最终的目的在于保障权利人的合法利益,诉讼时效中断的规定更是这种保障的体现,那么如果仅仅因为诉讼行为的最终未完成(况且不排除种种不能归责于权利人的事由)而削弱甚至是剥夺这种对权利人的保障,这种制度设计无疑是与整个诉讼时效制度的初衷相违背的,也是与民法的公平正义和人文关怀理念相违背的,故不予采纳。

至于起诉的又撤诉能否中断诉讼时效期间,大陆法系中有两种立法例:一是原告须于一定期间内(例如6个月)再提起诉讼,即溯及于前起诉之时发生中断的效力,德、瑞、法等国民法采取此立法例,如德国民法典第312条、瑞士债务法第158条、法国民法典第2246条均对此作出了类似的规定。二是认为诉状副本已送达被告人,可认为按诉讼外请求或催告而发生中断的效力,如日本的相关判例和理论均采取此说。我国民法通则对此未作出明确规定,学界亦对此认识不一。法学会稿的规定显然是采取的后一种立法例,鉴于当事人一方提出要求而中断时效的,如债务人仍未履行债务,债权人仍须在法定期间内提起诉讼才能中断时效,因而上述两种立法例在实质上是相同的,从法律的可操作性上而言,德国等国民法的立法更加值得我国借鉴。

## 第二百零七条【诉讼时效的排除适用】

【三审稿】第二百条 下列请求权不适用诉讼时效:
(一)请求停止侵害、排除妨碍、消除危险;
(二)登记的物权人请求返还财产;

（三）请求支付赡养费、抚养费或扶养费；

（四）依法不适用诉讼时效的其他请求权。

【二审稿】第一百九十条 下列请求权不适用诉讼时效：

（一）请求停止侵害、排除妨碍、消除危险；

（二）登记的物权人请求返还财产；

（三）请求支付赡养费、抚养费或扶养费；

（四）依法不适用诉讼时效的其他请求权。

【一审稿】第一百七十五条 下列请求权不适用诉讼时效：

（一）请求停止侵害、排除妨碍、消除危险；

（二）登记的物权人请求返还财产；

（三）请求支付赡养费、抚养费或扶养费；

（四）依法不适用诉讼时效的其他请求权。

【法学会稿】第一百八十一条 义务人可以对债权请求权提出时效抗辩，但下列债权请求权除外：

（一）支付存款本金以及利息请求权；

（二）兑付国债、金融债券以及向不特定对象发行的企业债券本息请求权；

（三）基于投资关系产生的缴付出资请求权；

（四）其他依法不适用诉讼时效规定的债权请求权。

请求停止侵害、排除妨碍、消除危险的请求权不适用诉讼时效。

存在保护不特定第三人信赖利益必要时，请求返还财产的权利适用诉讼时效。

【社科院稿】第二百二十八条 请求权适用诉讼时效，但下列请求权除外：

（一）物权请求权，但基于动产物权的返还请求权不在此限；

（二）基于绝对权的停止侵害、排除妨碍、消除危险等预防性请求权。

【建议稿】下列请求权不适用诉讼时效：

（一）请求停止侵害、排除妨碍、消除危险；

（二）登记的物权人请求返还财产；

（三）请求支付赡养费、抚养费和抚养费；

（四）请求支付银行存款本金及其利息；

（五）请求兑付国债、金融债券以及向不特定对象发行的企业债券本息请求权；

（六）基于投资关系产生的缴付出资请求权；

（七）依法不适用诉讼时效的其他请求权。

【建议理由】本条对三审稿的条文进行了一定程度上的增补，使之更加完善。其中增补了本条第四至第六三种不适用诉讼时效的情形。增补理由如下：

1. 本条增补的重要依据还包括 2008 年颁布的最高人民法院关于审理民事案件适用诉讼时效制度若干问题的规定第 1 条的规定，该条明确规定了本条增补的第四至第六项情形①，并且在司法实践中得到了广泛的适用，具有重要的现实意义，理应增补。

① 参见 2008 年最高人民法院关于审理民事案件适用诉讼时效制度若干问题的规定第 1 条。

2. 银行存款本息和国债、向不特定对象发行的企业债券都是广大公众基于对于政府和大型国有企业的信任而与之建立的债权债务关系，对此类请求权排除适用诉讼时效，无疑加强了对债务人履行债务的保障，给予广大公众更强的信心，有利于增强政府的公信力，维护金融秩序的稳定。虽然就我国社会主义市场经济的发展而言，保持资金的高度流动性是维持金融领域顺畅运行的一大重要保证，但是，我们也应当看到，在保证资金快速流动的同时，理应保护金融领域参与者尤其是广大人民群众的利益，此时经济效益应当在一定程度上让位于公众的金融安全，这也应当是我国社会主义法治的应有之义。

3. 对公司股东履行出资义务的请求权排除适用诉讼时效，在我国公司法中也有相应的规定，公司股东出资责任之诉不适用诉讼时效，这是资本维持原则的体现和要求。对于第七项的兜底性质条款，笔者认为其中包括物权请求权、因相邻关系产生的请求权、身份上的请求权等其他依其性质不宜适用诉讼时效的请求权。

根据民法原理，物权之请求权是不适用诉讼时效的，纵观大陆法系各国及地区的民法立法，均主张这一观点，德国民法典虽以请求权为诉讼时效的客体，但该法第 902 条排除了已登记不动产返还请求权的适用；日本民法典虽以债权及所有权以外的财产权为消灭时效的客体，但学说及判例均认为所有物返还请求权与所有权本身相同，不罹于消灭时效；我国台湾地区"民法"对此未作明确规定，然多数学者对此持否定态度。人身权之请求权亦不适用于诉讼时效，在大陆法系国家或地区，其民事立法一般均明确规定，亲属法上的请求权，以向将来恢复此相当关系状态为目的，除有特别规定者外，不因时效而消灭[1]。"由此可见，基于亲属关系所生之请求权排除适用诉讼时效，是为了保护和维持'将来家庭关系状态'。另一方面，已经过去的抚养费等财产性请求权也适用诉讼时效。因此，民法总则草案第 175 条在亲属关系所生之请求权的诉讼时效适用范围问题上有失明察。"[2]如德国民法典第 194 条规定："根据亲属关系所生的请求权，如该请求权的设定以将来回复亲属关系的一定状态为目的者，不因时效而消灭。"[3]其理由主要是：亲属关系不因时效而有变更，其关系存续中，事实关系与权利关系有不符者，随时得请求回复之，而且亲属关系有关于善良风俗道德上的义务，亦不因时效而消灭。前苏俄民法亦规定，因人身非财产权利遭受侵犯而产生的请求权不适用诉讼时效，但法律另有规定的除外。

另外，针对第三项之规定，仍有讨论的价值。第三项"支付赡养费、抚养费或者扶养费"之请求权，乃是基于亲属关系所生，这体现了立法者对于家庭伦理关系的保护。如果上述价值判断成立，则同样基于亲属关系产生的、比赡养费等财产权更为重要的身份权，如夫妻、亲子、兄弟姐妹等近亲属关系等，也不应该适用诉讼时效，我国民法界在理论上对此已有共识。从比较法来看，德国民法典第 194 条第 2 款规定，亲属关系方面"旨在将来确立与该家庭关系相适应状态"的请求权不适用诉讼时效[4]。可见，基于亲属关系所生的请求权排除适用诉讼时效，是为了保护和持续"将来家庭关系状态。"因此，第三项是否

---

① 参见马俊驹、余延满：《民法原论》，法律出版社 2010 年版，第 255 页。
② 参见朱晓喆：《诉讼时效制度的立法评价》，载《东方法学》2016 年第 5 期。
③ 参见陈卫佐译注：《德国民法典》，法律出版社 2015 年版，第 285 页。
④ 参见陈卫佐译注：《德国民法典》，法律出版社 2015 年版，第 285 页。

应当效仿德国立法增补"为恢复近亲属身份关系所生之请求权亦不适用诉讼时效"的条款值得讨论。

## 第二百零八条【诉讼时效的强制性】

【三审稿】第二百零一条 诉讼时效的期间、计算方法以及中止、中断的事由由法律规定，当事人约定无效。

当事人对诉讼时效利益的预先放弃无效。

【二审稿】第一百九十一条 诉讼时效的期间、计算方法以及中止、中断的事由由法律规定，当事人约定无效。当事人对诉讼时效利益的预先放弃无效。

【一审稿】第一百七十六条 诉讼时效的期间、计算方法以及中止、中断的事由由法律规定，当事人约定无效。当事人对诉讼时效利益的预先放弃无效。

【法学会稿】第一百八十二条 诉讼时效的期间、计算方法以及中止、中断和不完成事由由法律规定。

约定延长诉讼时效期间或者预先放弃诉讼时效利益的，无效。

【社科院稿】第二百二十九条 时效期间的长短、计算方法时效的障碍、法律效力，当事人不得合意变更、废止。

诉讼时效期间届满前，义务人预先抛弃时效利益的意思表示无效。

【建议稿】诉讼时效的期间、计算方法以及中止、中断的事由由法律规定，当事人约定无效。

当事人对诉讼时效利益的预先放弃无效。

【建议理由】法工委三次审议稿对此规定一致。本条不予修改。

依据最高人民法院 2008 年诉讼时效规定第 2 条规定："当事人违反法律规定，约定延长或者缩短诉讼时效期间、预先放弃诉讼时效利益的，人民法院不予认可。"事实上，自 20 世纪 80 年代以来，学界通说就主张诉讼时效的强行性，那么民法总则草案中对诉讼时效强行性的规定就顺理成章了。

从比较法上来看，国外相关立法中对于诉讼时效利益的规定则更加偏重于尊重当事人的意思表示，如法国民法典第 2254 条第 1 款规定："时效期间可通过当事人的约定加以缩短或延长。但是，约定的时效期间不得短于 1 年或长于 10 年。"[1]欧洲示范民法典草案第 III-7：601 条规定当事人可以约定时效缩短或延长，但"时效不得缩短至根据第 III-7：203 条开始起算后 1 年以下或者延长至 30 年以上。"[2]德国民法典第 202 条第 2 款仅规定了诉讼时效期间约定最长不得超过 30 年。但是，我们认为，倘若现阶段贸然效仿域外此类立法例，容易引发种种司法实践乱象，因此不宜采纳。

---

① 参见罗结珍译：《法国民法典》，北京大学出版社 2010 年版，第 671 页。
② 参见高圣平译：《欧洲示范民法典草案》，中国人民大学出版社 2012 年版，第 305 页。

## 第二百零九条【仲裁时效】

**【三审稿】**第二百零二条　法律对仲裁时效有规定的，适用其规定。法律对仲裁时效没有规定的，适用诉讼时效的规定。

**【二审稿】**第一百九十二条　法律对仲裁时效有规定的，适用其规定。法律对仲裁时效没有规定的，适用诉讼时效的规定。

**【一审稿】**无。

**【法学会稿】**无。

**【社科院稿】**无。

**【建议稿】**保留三审稿条文。

**【建议理由】**此条为二审稿和三审稿中增补之条文，在总则中对仲裁时效与诉讼时效的关系设置了原则性的规定。未予修改。

但是鉴于本条与仲裁法第74条完全一致，建议将仲裁法第74条予以删除，以免造成法条重复的尴尬局面。

## 第二百一十条【除斥期间】

**【三审稿】**第二百零三条　法律规定或者当事人约定的撤销权、解除权等权利的存续期间，除法律另有规定外，自权利人知道或者应当知道权利产生之日起计算，不适用有关诉讼时效中止、中断和延长的规定。存续期间届满，撤销权、解除权等权利消灭。

**【二审稿】**除斥期间一节对此有规定。

**【一审稿】**除斥期间一节对此有规定。

**【建议稿】**法律规定或者当事人约定的撤销权、解除权等权利的存续期间，除法律另有规定外，自权利人知道或者应当知道权利产生之日起计算，不适用有关诉讼时效中止、中断和延长的规定。存续期间届满，撤销权、解除权等权利消灭。

**【建议理由】**三审稿中直接剔除了除斥期间一节，而是在诉讼时效一节最后一条单列出该条，实质上即为二审稿中除斥期间一节之规定。

# 第九章　期间的计算

## 第二百一十一条【期间】

**【建议稿】**民事法律所称的期间按照公历年、月、日、小时计算。

## 第二百一十二条【期间的计算】

**【建议稿】**按照小时计算期间的，自法律规定或者当事人约定的时间开始计算。

按照日、月、年计算期间的，开始的当日不计入，自下一日开始计算。

## 第二百一十三条【按照月、年计算】

【建议稿】按照月、年计算期间的，到期月的对应日为期间的最后一日；到期月没有对应日的，月末日为期间的最后一日。

## 第二百一十四条【期间最后一日】

【建议稿】期间的最后一日是法定休假日的，以法定休假日结束的次日为期间的最后一日。

期间的最后一日的结束时间为二十四点；有业务时间的，以停止相应业务活动的时间为结束时间。

## 第二百一十五条【除外规定】

【建议稿】期间的计算方法依照本法的规定，法律另有规定或者当事人另有约定的除外。

# 第十章　附　　则

## 第二百一十六条【相关用语的含义】

【建议稿】民法所称的"以上"、"以下"、"以内"、"届满"，包括本数；所称的"不满"、"超过"、"以外"，不包括本数。

## 第二百一十七条【施行日期】

【建议稿】本法自×年×月×日起施行。

# 第三部分

## 相　关　文　章

# 民法典编纂之民事主体重构

李雅男

## 一、问题的提出

民法典应规定哪些主体？学理上存在"二元说"和"三元说"，"二元说"指民法典仅仅规定自然人与法人为民事主体；"三元说"是在自然人、法人之外，还有一些非法人团体。从我国目前公布的民法总则草案和多个学者意见稿可见，对这一问题并没有达成一致意见，仍然处于争论中。2016 年法工委公布的《中华人民共和国民法总则(草案)》，实际采纳了"三元说"，即自然人、法人和非法人组织。2015 年法学会公布的民法总则专家意见稿也采纳了"三元说"，即自然人、法人和其他组织。社科院公布的民法总则意见稿则采纳了"二元说"，只规定了自然人和法人。由王利明教授主编的学者建议稿采纳了民事主体三元说，但是第三类民事主体只规定了合伙。① 由梁慧星主编的民法典草案建议稿第二章规定了自然人，第三章规定了法人、非法人团体。② 虽然从名字上看，似乎采纳的是三类民事主体，但其将法人和非法人团体规定在一章，可以看出其认为法人和非法人团体具有极强的相似性，并且在某种程度上是不容易区分的，因此把二者归为一章，笔者认为其采纳的仍然是二元说。另外，徐国栋教授主编的《绿色民法典》也采纳民事主体二元说。③

对于第三类民事主体，学界也有较多争论，例如采取何种立法体例，名称是叫"非法人团体"④、"非法人组织"⑤、"共同经营体说"⑥、"其他组织"、"准法人"还是"准法人团体"？⑦ 从我国的立法实践来看，我国民法通则没有关于非法人团体的条文，其他法律、

① 参见王利明主编：《中国民法典学者建议稿及立法理由》，法律出版社 2005 年版，目录部分。

② 参见梁慧星主编：《中国民法典草案建议稿附理由》，法律出版社 2004 年版，目录部分。

③ 参见徐国栋主编：《绿色民法典》，社会科学文献出版社 2004 年版，第 119 页。

④ 参见梁慧星：《民法总论》，法律出版社 2001 年版，第 159 页。

⑤ 参见江平：《民法学》，中国政法大学出版社 2000 年版，第 151 页。

⑥ 参见江平：《共同经营体法律地位初探》，载《中国法学》1986 年第 1 期。

⑦ 参见江平主编：《民法学》，中国政法大学出版社 2000 年版，第 151~154 页；赵群：《非法人团体作为第三类民事主体问题研究》，载《中国法学》1999 年第 1 期；胡安潮：《对我国民法典中应否设定第三类民事主体的思考》，载《北京理工大学学报》2003 年第 5 期。

法规、司法解释虽有涉及，但称谓极为混乱。如著作权法称"非法人单位"，担保法、合同法、民事诉讼法、行政诉讼法称"其他组织"，反不正当竞争法称"其他经济组织"。最高人民法院司法解释有些称"其他组织"，还有一些称"其他经济组织"。法工委稿的民法总则草案称为"非法人组织"，社科院稿称为"非法人团体"，法学会稿称为"其他组织"。① 除此之外，我国立法上还有"民办非企业单位"这样混乱不清的概念。② 关于第三类民事主体，无论是从逻辑理论，还是从立法实践上来说，都是比较混乱的，如果不在立法上对此予以明确，将会制约这一类主体的发展，从长远上看，对我国社会经济发展是非常不利的。

另外，可以肯定的是，具有权利能力的肯定是民事主体，但是，是否能够反过来推，民事主体都具有权利能力？这显然是与我国的现行立法和建议稿都是相悖的。民法总则的建议稿都承认非法人团体是民事主体，但是除了社科院稿承认部分权利能力以外，均否定了非法人团体具有权利能力。而关于"部分权利能力"的说法又有非常明显的缺陷，权利能力作为享有权利和承担义务的资格，只能要么"有"要么"无"，因为无论哪一类民事主体都不可能享有法律提供的"全套"权利。③ 那么，问题就在于，如果非法人团体④不具有权利能力，其是否有资格以自己的名义享有权利和履行义务？其是否有当事人能力？⑤ 另外，无限公司和两合公司在实践上是否有存在的价值，是否应当得到我国立法的认可？如果采纳民事主体"三元说"，那么如何为"非法人团体"构建一个不同于法人的制度呢？如果采纳"二元说"，"非法人团体"与法人的制度衔接点又在哪里呢？这都是在我国制定民法典的背景下需要慎重思考的。

## 二、法人有限责任是个伪命题

### （一）法人独立人格与有限责任的功能和价值不一致

从现实来看，经济体制改革是催生我国现行法人制度的关键，我国民法通则之所以规定法人的独立责任和成员的有限责任主要是为了解决计划经济体制下"政企不分"的局面。

立法规定法人的独立责任和成员的有限责任则可以使企业有灵活自主的经营管理权，

---

① 参见张善斌：《权利能力论》，中国社会科学出版社2016年版，第172页。

② 参见《民办非企业单位登记管理暂行条例》、《民办非企业单位登记暂行办法》。民办非企业单位是指用非国有资产举办的从事非营利性社会服务活动的社会组织，一般可分为法人、合伙和个体三种形式。

③ 参见张善斌：《权利能力论》，中国社会科学出版社2016年版，第173页；参见尹田：《论法人的权利能力》，载《法制与社会发展》2003年第1期。

④ 关于第三类民法组织，笔者为了概念一致，统一使用"非法人团体"。

⑤ 参见谭智雄：《从实体法和程序法的冲突看我国民事主体制度的重构——以非法人团体为例》，载《社会科学家》2007年第5期。

政府也不用为企业经营不善的恶果买单，这决定了这一制度在我国长期的坚持和运用。①

从法人产生的历史上来看，某一组织或实体获得法人的资格的依据是获得了国王、议会、政府的许可或法律的承认且其人格与其成员或任何第三人的人格相区别。② 有些学者对此称之为团体人格的法定原则，即并不是所有的社会组织都具有独立的人格，哪些社会组织可以获得团体人格，获得何种团体人格以及如何获得团体人格，均取决于法律的规定。③《德国民法典》第 54 条规定无权利能力的社团不具有法人人格，就是立法者为实现一定政治目的的安排。④

另外，从有限责任制度的产生来看，股东的有限责任是为了规避风险，⑤ 鼓励投资，使分散的资本迅速集中的需要⑥，这与法人的人格和独立责任没有任何相关关系。⑦ 有限责任最早出现在中世纪的一种组织形式——康孟达。为了规避教会对放债升息的禁令，借贷人以航海贸易合伙人的身份出现在协议中，但是为了防止借贷人承担无限连带责任的风险，往往在合伙协议中约定：自己仅以其投资为限承担风险，对外的负债由航海经营者负责。⑧ 在特许公司时代，原则上股东应当对公司的债务承担无限连带责任，股东的有限责任仅为例外情况。法人人格的功能与价值主要体现在两个方面：一是便于参加法律交易；二是确保法人永续存在。⑨ 特许公司的法人资格与其成员的有限责任之间，并无必然的联系。基于特许状的规定，一个经过特许而具有法人资格的公司，其法人资格仅仅意味着其可以通过代表人的行为参与商事活动，并以"公司"的名义享有权利、义务、参与诉讼，

---

① 1984 年中共十二届三中全会通过的《中共中央关于经济体制改革的决定》提出：要使企业真正成为相对独立的经济实体，成为自主经营、自负盈亏的社会主义商品生产者和经营者，具有自我改造和自我发展的能力，成为具有一定权利和义务的法人。正是在这种改革的背景下，民法通则对法人制度作出了基本的规定。1992 年中共十四大提出要通过理顺产权关系，实行政企分开，落实企业自主权，使企业真正成为自主经营、自负盈亏、自我发展、自我约束的法人实体和市场竞争的主体。1993 年中共十四届三中全会通过的《中共中央关于建立社会主义市场经济体制若干问题的决定》提出了国有企业实行公司制、建立现代企业制度的改革任务，指出具备条件的国有大中型企业，单一投资主体可依法改组为独资企业，多个投资主体可依法改组为有限责任公司或股份有限公司。这一改革措施催生了 1993 年公司法的颁行。

② 参见任尔昕：《我国法人制度之批判——从法人人格与有限责任制度的关系角度考察》，载《法学评论》2004 年第 1 期。

③ 参见柳经纬：《民法典编纂中的法人制度重构——以法人责任为核心》，载《法学》2015 年第 5 期。

④ 参见王泽鉴：《民法总则》，北京大学出版社 2009 年版，第 158 页；[德] 迪特尔·梅迪库斯：《德国民法总论》，邵建东译，法律出版社 2001 年版，第 853 页。

⑤ 参见虞政平：《股东有限责任：现代公司法律之基石》，法律出版社 2001 年版，第 60 页。

⑥ 孟勤国、张素华：《公司法人否认理论与股东有限责任》，载《中国法学》2004 年第 3 期。

⑦ 有限责任制度在早期商业领域中是债权人为了规避法律保护自己的债权人地位而主动选择的结果。参见虞政平：《股东有限责任：现代公司法律之基石》，法律出版社 2001 年版，第 60 页。

⑧ 参见张力：《法人独立财产制研究：从历史考察到功能解析》，法律出版社 2008 年版，第 87 页。

⑨ 参见任尔昕：《我国法人制度之批判——从法人人格与有限责任制度的关系角度考察》，载《法学评论》2004 年第 1 期。

但是却并不必然意味着其成员当然地承担有限责任。① 可见，在特许公司时期，是否授予特许公司股东"有限责任"，是主权者主观判断问题，与法人资格的有无没有必然关系。②

由此可见，某一团体的成员对其是否承担有限责任，不是衡量其是否法人的标准。首先，应当承认的是，所有权利主体都是独立承担责任的，独立承担责任不是法人所独有的特征。民事责任主要是以财产责任为主，因此若某一实体或组织有足够的财产且能够以自己的名义独立从事民事活动，也能够以其财产和名义承担民事责任，那么，其所承担的就是独立责任。③ 例如合伙中的"双重有限原则"，本质上就是团体先以自己的名义和财产独立承担责任，不足部分由其成员承担连带责任。④ 无限公司也是先以自己财产承担独立责任，不足部分才由股东承担。⑤ 从我国的立法实践来看，非法人团体具有一定的责任能力已经被广泛接受。我国民法通则第 29 条、私营企业暂行条例第 30 条、最高人民法院关于审理经营合同纠纷案件若干问题的解答中都明确承认非法人团体具有一定财产和责任能力，团体对外清偿债务，只有其财产不足时，团体的上级单位或个人才负补充连带责任。此外，有限合伙的部分合伙人承担有限责任，这与法人又是非常类似的。其次，有限责任与独立责任并没有必然的联系，独立责任也并不意味着所有的责任都由本人承担，在某些特定情况下，存在着其他主体承担另一主体的责任的情况，例如，被监护人侵害他人的人身财产权益时，由监护人承担责任的情况。"法人人格否认制度"更是突破了其成员的有限责任。⑥ 再次，"无独立财产即无法人人格"的结论是站不住脚的，如果法人在存续期间发生独立财产在量上显著下降并出现资不抵债的情况，并不可以推出法人的人格不经过法定程序而自然消失，在这种情况下，必须经过法人的破产程序进行。从另一个方面来看，法人独立财产的具备也不是赋予法人人格的先决条件。法人的独立财产应当是一个组织被登记为法人之后取得的权利，而不是法人设立的条件，否则逻辑上就会出现因果倒置的结果⑦。最后，虽然我国目前的法人制度规定法人承担独立责任，但事实上其能否严格贯彻是存在疑问的，例如机关法人、医院、学校等，通常由于其性质和职责，在实践中一般都不能破产。也就是说，在立法中即使规定以独立财产责任为法人的必要条件，但在实践中却存在一些不能"满足条件"的法人。另外，法人独立责任在实践中还可能被股东成

---

① 参见虞政平：《论早期特许公司——现代股份公司之渊源》，载《政法论坛》2000 年第 5 期。

② 参见张翔：《非法人团体的事实属性与规范属性》，法律出版社 2016 年版，第 177 页。

③ 民法通则第 133 条第 2 款规定：有财产的无民事行为能力人、限制民事行为能力人造成他人损害的，从本人财产中支付赔偿费用。不足部分，由监护人适当赔偿，但单位担任监护人的除外。合伙企业法第 39 条规定：合伙企业对其债务，应先以其全部财产进行清偿。个人独资企业法第 31 条规定：个人独资企业财产不足以清偿债务的，投资人应当以其个人的其他财产予以清偿。这些规定都说明当欠缺行为能力的自然人和不具备法人资格的"其他组织"的财产足以承担赔偿责任时，其均可以自己名义与自己的财产对外承担责任。

④ 参见马俊驹：《民法通则与合伙民事主体地位》，载《法学评论》1986 年第 3 期。

⑤ 参见江平、赵旭东：《法人制度论》，中国政法大学出版社 1996 年版，第 34 页。

⑥ 参见高旭军：《我国公司人格否认制度适用研究——以与德国比较为视角》，法律出版社 2014 年版，第 26 页；李莉、杨宽红：《非法人团体的民事主体地位探讨》，载《学术探索》2005 年第 1 期。

⑦ 参见张力：《法人独立财产制研究：从历史考察到功能解析》，法律出版社 2008 年版，第 175 页。

为法人负债的担保人而被"架空"。① 因此，一方面法人的人格是由法人的独立财产来塑造的，而与法人是否承担独立责任无关，另一方面，法人财产的独立程度决定了其成员承担责任的类型。由此可见，不能承担独立责任不是决定法人独立财产的因素，也不是决定法人人格的因素。②

## （二）域外立法实践中法人的范围普遍大于我国

从域外的立法来看，并不是所有类型的法人其成员都承担有限责任。虞政平教授根据法人财产责任的独立程度，对世界上的主流法人类型进行了分类③：第一，责任独立型法人，如公法人、有限公司、财团；第二，责任半独立型法人，如两合制企业。④ 德国商事公司包括人合公司中的无限公司和两合公司，资合公司中的有限责任公司、股份有限公司、股份两合公司和登记合作社。⑤ 意大利民法典首先在总则部分规定了公法人和私法人，然后在法人部分的第二节规定了社团和财团，第三节则规定了未被认可的社团及委员会。⑥ 法人的类型不仅包括无限公司和两合公司，普通合伙也被列在内。⑦ 第三，责任非独立型法人，即法人成员均对外承担连带责任，如日本商法典第 54 条规定："公司为法人"；而第 53 条规定，公司分为无限公司、两合公司以及股份有限公司。⑧ 日本公司法第 3 条也规定，所有公司均为法人。西班牙民法典第 35 条规定："所谓法人：（1）依法承认的为公共利益设立的机构、协会和机关。其民事能力始于依法有效设立之时。（2）法律授予民事权利的因私人利益成立的民事、商事或工业机构，其民事权利独立于设立或加入其机构的各自然人。第 36 条规定：前条第 2 款的机构，根据其性质，应遵守合伙合同的相关规定。"⑨西班牙商法典第 122 条规定："公司根据其设立分为：无限公司、两合公司或股份两合公司、股份有限公司、有限责任公司。"⑩西班牙民法典以及深受其影响的拉美国家，法人的类型中也包括合伙。⑪ 马耳他民法典附录二第一题法律组织第 1 条规定，组织是指具有法律承认的形式，能够依法成为法人，为了实现合法目的而结合在一起的人的集合或被聚集在一起的物的集合。法律人格是指法律授予如下组织身份：为了合法目的而设立，拥有一项包括资产与债务的独立且区别于任何其他人的总括财产。第 4 条规定任何法

---

① 参见张力：《法人独立财产制研究：从历史考察到功能解析》，法律出版社 2008 年版，第 189 页。

② 参见田士城：《论民事责任能力》，载《郑州大学学报》（社科版）2000 年第 6 期。

③ 参见虞政平：《法人独立责任质疑》，载《中国法学》2001 年第 1 期。

④ 梁上上：《中国的法人概念无需重构》，载《现代法学》2016 年第 1 期。

⑤ 参见胡晓静、杨代雄：《德国商事公司法》，法律出版社 2014 年版，译者前言第 3~4 页。

⑥ 参见陈国柱译：《意大利民法典》，中国人民大学出版社 2010 年版，第 8~12 页。

⑦ 参见费安玲、丁玫译：《意大利民法典》，中国政法大学出版社 2004 年版，第 13 页。

⑧ 参见王书江译：《日本商法典》，中国法制出版社 2000 年版，第 56 页。

⑨ 潘灯、马琴译：《西班牙民法典》，中国政法大学出版社 2013 年版，第 26 页。

⑩ 参见潘灯、高远译：《西班牙商法典》，中国政法大学出版社 2008 年版，第 50 页。

⑪ 参见高富平：《物权法原论》（上），中国法制出版社 2001 年版，第 249 页。

人均有一项总括财产，在法律规定的范围内，它应被用于合法的目的。① 瑞士民法典调整了典型带有非经济目的的法人，即社团与基金会；瑞士债法调整了典型带有经济目的的法人，即股份有限公司、两合公司、有限责任公司以及合作社。② 法国商事公司法第 1 条规定：公司的商事性质依其形式或宗旨确定。合股公司、简单两合公司、有限责任公司和股份公司，无论其宗旨如何，均因其形式为商事公司。第 5 条规定：商事公司自在商业和公司注册簿登记之日起享有法人资格。③ 法国民法典中除了隐名合伙以外，其他进行了商事登记的组织都取得了法人资格。第四，责任补充型法人，即在法人本身财产不足时，其成员在某个限度以内应负补充连带责任的法人，如俄罗斯联邦民法典中规定，俄罗斯联邦在其财产不足时负补充责任的"单一制企业"法人。但是，俄罗斯联邦民法典中虽然法人的概念归纳非常严格，但对法人的范围却持相对宽松的政策。④

由此可见，大部分大陆法系的民法典并没有将法人承担有限责任作为法人成立的前提条件，而且法人的类型大多包括无限公司、两合公司等多种形式，这是远远超出我国的法人类型的，这对我国民法典的制定具有一定的启示意义。成员承担有限责任的法人只是众多法人的一种，除此之外还有许多成员承担无限责任或混合责任的法人，因此绝不能认为大多数法人的成员承担有限责任而主张所有法人成员都应当承担有限责任。⑤ 另外，即使规定了第三类民事主体，但在实践中也是要么比照自然人，要么比照法人制度来规范的，第三类民事主体的独特性太弱，以至于在实践中无法为其创制出一个既独立于自然人也独立于法人的制度模式。德国虽然承认合伙有权利能力，但从实践上还是将其以法人的方式对待，具有权利能力的人合团体与法人（社团法人）的定义完全相同，⑥ 并没有说清楚有权利能力的合伙与法人的本质区别是什么。根据德国民法典第 14 条第 2 款、第 1059a 条第 2 款，有权利能力的合伙在很大程度上被视同法人。例如，普通商事合伙和有限商事合伙几乎被同法人同等地对待：它们可以在商号之下取得权利和负担债务，在法院起诉和被诉等。⑦

---

① 参见李飞译：《马耳他民法典》，厦门大学出版社 2012 年版，第 464 页。

② 参见［瑞士］贝蒂娜·许莉蔓-高朴，［瑞士］耶尔格·施密特著，纪海龙译：《瑞士民法：基本原则与人法》（第二版），中国政法大学出版社 2015 年版，第 372~373 页；殷生根、王燕译：《瑞士民法典》，中国政法大学出版社 1999 年版，第 20 页。

③ 参见金邦贵译：《法国商法典》，中国法制出版社 2000 年版，第 93~94 页；卞耀武主编：《当代外国公司法》，法律出版社 1995 年版，第 376 页；江平：《法人制度论》，中国政法大学出版社 1994 年版，第 32 页。

④ 参见张力：《法人独立财产制研究：从历史考察到功能解析》，法律出版社 2008 年版，第 188 页。

⑤ 参见虞政平：《股东有限责任论——现代公司法律之基石》，法律出版社 2001 年版，第 167~173 页。

⑥ 参见［德］马斯·莱赛尔：《德国民法中的法人制度》，张双根译，载《中外法学》2001 年第 1 期。

⑦ 参见陈卫佐译：《德国民法典》，法律出版社 2006 年版，第 7 页；施瓦布：《民法导论》，郑冲译，法律出版社 2006 年版，第 112 页；陈卫佐：《德国民法总论》，法律出版社 2007 年版，第 119~120 页。

# 三、法人的内涵可以涵盖非法人团体

随着经济的发展，越来越多不同性质的组织出现，为了适应社会生活实际发展的需要，应当承认非法人团体的民事主体资格。① 从客观方面来看，我国民法通则没有对非法人团体作出系统的规定，只将个体工商户、农村承包经营户、个人合伙规定在自然人一章，将企业之间不具有法人资格的联营规定在法人一章，而未单独列一章明确规定非法人团体的范围，但是一些单行法却承认了非法人团体的民事主体地位，造成法律前后逻辑不通，因此必须对市场中大量出现的非法人团体予以法律规范。

关于非法人团体的类型，争议是非常大的。最高人民法院《关于适用〈中华人民共和国民事诉讼法〉若干问题的意见》第 40 条规定非法人团体包括：私营独资企业，合伙组织，合伙联营型企业，外资企业，中外合作经营企业，经批准登记的社会团体，法人的分支机构，银行和保险公司的分支结构，乡村、街道、村办企业等。2016 年法工委版的民法总则草案第 91 条规定非法人组织包括个人独资企业、合伙企业、营利性法人或者非营利性法人依法设立的分支机构等。社科院学者建议稿规定非法人团体包括个人独资企业、民事合伙、合伙企业、非法人的乡镇企业、非法人的中外合作经营企业、外资企业、法人的分支机构以及非法人社团、非法人财团等。法学会版的学者建议稿则只规定了合伙和集体经济组织两种类型。

另外，"其他组织"、"非法人团体"或"非法人组织"均不是严谨的立法术语，无法确定准确的内涵和外延，因此如果这些术语用在立法中用来指称权利主体，非常容易引起误解和混淆。还应当注意到的是，现行法中用"其他组织"来指称合伙企业等不具有法人资格的组织，实际上是为了避免与我国现行立法中的法人制度之间的不协调而采取的权宜之计，在我国制定民法典的背景下不应当再坚持这一"无奈之举"。由此可见，非法人团体的内涵是非常不清晰的，其种类也是混乱不堪，在实际情况中，也只能采取"头痛医头、脚痛医脚"的方式，为新出现的团体人格单独立法。在民法典编纂的视野下，我们必须正视现行法上这种安排的欠科学性。

比较非法人团体与法人，能够发现二者具有极强的相似性：第一，非法人团体与法人

---

① 关于非法人团体的民事主体地位，在学理上是存在争议的。有学者明确否认合伙等非法人团体的法律主体地位。"非法人团体绝对不可能当然具备法人人格，甚至不可能被'视为'具备法人人格。首先，非法人团体尽管拥有一定财产，但其不能成为财产所有人。其次，非法人团体能以自己的名义实施法律行为，但不能承受法律行为的后果（法律行为所创设的权利义务并不归属于非法人团体），因此，其不具有真正意义上的行为能力。最后，从表面来看，非法人团体的财产得被强制执行，而且对其设立的债务，应首先用其财产予以清偿。但是，由于非法人团体本身并不享有财产所有权，故与其说非法人团体是用'自己'的财产清偿债务，不如说是以'他人'（法人、合伙人、开办人或社团成员）的财产清偿'他人'的债务。"参见尹田：《论非法人团体的法律地位》，载《现代法学》2003 年第 5 期。笔者认为，这种观点没有区分成员意志和团体意志、成员财产与团体财产的区别，忽视了团体的现实存在性，是不合理的。

一样，均有自己的意思能力。法人的意思能力通过法人机关实现，而非法人团体的意思能力也通过其组织机构实现，因此，只要有健全的组织机关，就应当认定为其有独立的意思能力。第二，非法人团体与法人一样，都有属于自己的财产或经费。① 第三，均设有代表人或管理人。第四，非法人团体与法人一样，区别于自然人或一般松散集合体，须以团体的名义为法律行为。② 从内在上看，非法人团体与法人的差别在于其成员是否承担无限责任，这也是本质上的区别。③ 从外在上看，差别主要表现在法人的设立程序、机构设置、议事规则等多由法律规定，而非法人团体的相关内容则主要由其组织成员自己规定，但是笔者认为这实际上是基于保护债权人的需要，而非二者的本质差别。从理论上看，所谓第三类民事主体应当是介于法人与自然人之间的一种过渡形式的主体，但是，实际上二者除了成员承担责任范围的差别外，其他方面几乎一致。例如，根据我国《合伙企业法》，合伙企业也有自己的名称，能够以自己的名义取得民事权利承担民事义务等，与法人的唯一差别在于其成员（即合伙人）在合伙企业的财产不足以清偿债务时，应当承担连带责任。但是，从历史上看，合伙中同样可以存在类似于公司中发达的两权分离现象。例如我国近代上海的民族金融业，其经营的形式主要采用合伙的方式，出资者（合伙人或股东）一般不自己经营，而是委任经理去经营管理，即所谓的"总经理"、"经理"、"掌柜的"等。在这些合伙中，"所有者"与"经营者"相分离，合伙人对合伙债务也不承担无限连带责任，而是根据合同约定或者按入股比例承担无限按份责任。

非法人团体的具体制度体现在合伙企业法、个人独资企业法等单行法中等，这些单行法保证不具有法人资格的企业或单位可以以自己的名义独立参与民事活动，享有权利和承担义务，这在具体实践及适用中，不存在问题。但是，在我国制定民法典的背景下，则不得不考虑这些"第三类民事主体"的归属问题。我国民法典的制定坚持民商合一，那么民法典所确立的制度则是其他一切民商事制度之源，民法典是私法体系化的标志，也是私法体系的核心。法典化是对某个领域的法律进行收集、整理，形成体系完整的法律规范。法典化的目的就是通过法典编纂使特定法律部门法律规范体系化，以有利于统一法律、简约法律，形成完整的体系。④ 比较法工委的民法建议稿、社科院的学者建议稿和法学会的建议稿，可以发现，对于非法人团体的规定与法人的规定大体类似，均包括定义、设立、解散、住所、清算等内容。而且，除了成员是否承担有限责任以外，法人的一般制度是完全可以适用在非法人团体上的。为了民法典的简洁性和体系化，没有必要将法人和非法人团体相重复的内容再重新规定。另外，从民事主体认定资格来看，自然人是基于其生物人的属性而获得权利能力，关于法人的本质有"拟制说"、"否定说"和"实在说"三种学说。法人"否定说"完全无视现实社会生活中大量组织体的存在，其缺陷非常明显。"拟制说"认为法人成为民事主体是立法技术的产物，是法律为了满足社会需要而拟制的结果。"实在说"以社会现实为理论的基础，其认为法人是客观存在的实体。法人与自然人一样，也是

①　参见高富平主编：《民法学》，法律出版社 2009 年版，第 146 页。
②　参见陈华彬：《民法总论》，中国法制出版社 2011 年版，第 331 页。
③　参见魏振瀛：《民法》，北京大学出版社、高等教育出版社 2013 年版，第 99 页。
④　参见高富平主编：《民法学》，法律出版社 2009 年版，第 34 页。

一种独立的民事主体，有自己的意思表示能力，能够独立地享有民事权利和承担民事义务。① 无论是"拟制说"还是"实在说"，笔者认为，法人的本质属性与非法人团体的本质属性几乎是一致的，并不存在绝对性的差异。此外，2014 年我国公司法改革将法定注册资本制改变为注册资本制，越来越重资产而轻资本。从本质上说，如果股东的出资较少且出资期限较长，那么，这种情况下公司与非法人团体并没有太大区别。

## 四、民事主体二元制度重构

### (一) 应当对法人作扩大解释

笔者认为我国学者之所以主张民事主体三元说，实际上是一个习惯性的思维误区所导致的。梁上上教授认为德国的社团分为三类：具有权利能力社团(等同于社团法人)、部分权利能力社团(普通合伙企业)和没有权利能力社团(未登记的社团)。从而进一步推出德国的民事主体包括自然人、法人和具有权利能力的人合团体(如合伙企业)三类。但是，他也意识到了以这种方式阐释民事主体存在的理论困境：部分权利能力的说法是非常不合理的②，无权利能力却有当事人能力又该如何解释？③ 具有被动的当事人能力却不具有主动的当事人能力更是无法自圆其说。④ 梁教授对此理论困境的解释并不是从法人分类的角度入手的，而是从分解权利能力开始。⑤ 究其本质，其还是以坚持法人的独立财产和有限责任的前提下所得出的结论，对此，笔者已经在上文中予以反驳，在此不再赘述。此外，笔者并不认同以美国法为依据来判断中国的立法，因为美国并没有一个统一的成文民法典，那么，在立法的过程中就不需要注意法典的体系化和逻辑化，其立法只需要实用即可。而在我国制定民法典的背景下，立法必须要注重整个法典的概念和体系。换句话说，如果我国不制定民法典，那么，在法人之外另外制定非法人团体法这样的单行法在实践中也是足够适用的，可以解决实践中存在的问题。但是，在民法典中则必须让每一种民事主体都找到自己的归属，且合乎逻辑和体系，否则，民法典制定的意义将大打折扣。对于有些学者认为应当采取自然人、法人与非法人团体之民事主体三元分类传统，但是其又主张将非营利组织区分为法人型与非法人型。⑥ 笔者认为，其实际上是在法人与非法人团体上

---

① 参见柳经纬、朱炎生：《民法》，厦门大学出版社 2007 年版，第 72 页。
② 权利能力本质上是法人的抽象能力，是享有权利与承担义务的资格。既然是一种抽象的能力，是无法用"全部"或者"部分"予以描述与区分的。另外，认定合伙企业的权利能力仅为部分权利能力有违平等原则，权利能力的创设本身是平等价值在法律上的实现。
③ 从权利能力与诉讼能力的关系来看，权利能力是当事人能力的来源，诉讼能力是民事主体地位的最集中体现，诉讼行为是实现民事权利的最重要行为，有当事人能力者必然拥有民事权利能力。
④ 参见梁上上：《中国的法人概念无需重构》，载《现代法学》2015 年第 1 期。
⑤ 参见梁上上：《中国的法人概念无需重构》，载《现代法学》2015 年第 1 期。
⑥ 伍治良：《我国非营利组织内涵及分类之民法定位》，载《法学评论》2014 年第 6 期。

又提炼出一个上位概念，即"组织"，并未说清楚法人与非法人的本质区别究竟是什么，因此是不合理的。

在国家功能和责任不断由市场承担的今天，不应再以法人能够独立承担责任为条件，法人也无须以独立承担责任为特征①。这样一来，在不需要变革权利能力的前提下，就解决了非法人团体的权利能力和当事人能力问题②，也使得我国的民法典更具有开放性③、包容性和逻辑性，各种各样新兴的组织形式都可以在民法典中找到自己的归属，这是经济自由和结社自由的充分体现，也是适应团体主体多样化趋势的要求。④ 否则，若采纳民事主体三元说，那么，有限合伙和两合公司这样的团体的归类则成为一个难题，因为法人与非法人团体区别的依据就在于团体的成员是否承担有限责任。在这种情况下，有限合伙和两合公司要么只能被排除在民事主体之外，要么只能出现第四类甚至第五类民事主体，而这导致的问题也是巨大的，民法典不是变得封闭就是处于不断地修订中，这显然会影响民法典的权威性和功能的实现。民法作为一种私法，其基础在于社会经济发展，而民事和商事活动是非常活跃，与公法不同，私法应当留有更大的空间和余地。

## （二）非法人团体的重新定位

关于非法人团体的定位，在传统理论中是存在困难的，因为其没有权利能力，如果采取民事主体"三元说"的模式，将其单独列为一个与自然人和法人相并列的民事主体，问题是显而易见的。自然人之所以能够获得民事主体地位是由于人的"理性"，法人能够获得民事主体地位是由于法人人格的存在，那么非法人团体获得民事主体地位的依据又是什么的，这种依据与自然人和法人获得民事主体依据的区别具体指什么呢？笔者认为，非法人团体的本质很难以与自然人或者法人相区分，因此，在现有的理论体系之下，非法人团体只能隶属于自然人或者法人，这也是大多数国家立法所采纳的模式。因此，有学者认为在民法典中，只能坚持自然人与法人的二元结构。非法人团体只能放在"人"章中的"一般规定"里，或者放在"社团法人"中，作为一个"特别条款"加以规定。⑤ 但是此种理论仍然没有阐述何种非法人团体应当放到"人"中，哪些应当放到"社团法人"中，笔者认为应当对此问题论述清晰，否则只不过还是欠缺逻辑的权宜之计。另外，如果采纳民事主体三元

---

① 参见孟勤国、张素华：《公司法人人格否认理论与股东有限责任》，载《中国法学》2004 年第 3 期。

② 学说上有把诉讼法给予无权利能力社团或非法人团体之当事人能力称为形式上当事人能力，法人为实质上当事人能力。参见［德］卡尔·拉伦茨：《德国民法通论》，王晓晔译，法律出版社 2003 年版，第 246 页；刘德宽：《民法诸问题与新展望》，中国政法大学出版社 2002 年版，第 518 页。但是，强行将当事人能力区分为实质上的和形式上的，笔者认为缺乏理论依据。

③ 江平教授指出中国应当制定一部开放性而非封闭性的民法典，其中主体地位和资格的开放应成为整个民法典开放的基础。参见江平：《制定一部开放型的民法典》，载《政法论坛》2003 年第 2 期。

④ 参见申丽凤：《民法典应确立二元民事主体——以"非法人团体"问题为中心》，载《河北法学》2004 年第 11 期。

⑤ 参见张翔：《非法人团体的事实属性与规范属性》，法律出版社 2016 年版，第 308 页。

说，非法人团体作为民事主体单独列为一章，但是其包含的组织种类繁多且性质差异较大，如果没有总结出非法人团体的共性，仅将其作为一个无底洞似的兜底条款，并不具有规范法上的意义。

关于非法人团体的定义，学界主要有三种学说：第一，非法人团体指的是无权利能力社团。① 第二，非法人团体指的是非法人社团和非法人财团。② 第三，非法人团体指的是无权利能力社团、设立中的社团和合伙等团体。这一概念最为宽广，泛指一切无权利能力的有一定组织性的团体。③ 笔者认为，在我国当前法人概念狭窄的背景下，应当采取宽泛的非法人团体概念，从而为实践中的投资人提供较多的选择，以有利于鼓励投资，促进创新和经济社会的发展。因此，合伙企业、个人独资企业、民办非企业单位以及已经完成登记的其他各类非法人团体，都应当为法人所容纳。但是，法人的分支机构应当认为是法人的一部分，其主体地位应当通过其所从属的法人解决。④

## （三）法人内涵与外延的重新界定

有学者从"责任担保方式"的角度来看待原有的法人与非法人的区分，认为如果以责任担保方式为根源对法人进行分类的话，可以分为两类：一是物的担保式法人，相当于原有法人。二是人、物混合担保式法人，其现实表现为非法人团体。物的担保构成法人，人的担保也应该构成法人。⑤ 因此，笔者认为确定法人的依据为：第一，具有团体人格且与其成员人格相区分；第二，具有团体意志且与其成员意志相区分；第三，有自己独立的组织机构、字号、财产等。不具有上述特征的简单的团体应当按照合同关系来调整。另外，否认法人的有限责任，不等于否定股东的有限责任。毫无疑问的是，在经济发展过程中，有限公司起到了杠杆的作用，实现了单个资本难以达到的经济目标。因此，有限责任和无限责任的概念并没有消除，只是其概念基础发生了变化，其由判断法人资格有无的依据转变为法人内部约定与外部公示及法律监督的内容。

"成员以其出资为限对法人的债务承担责任"这一理论是存在问题的，如果法人具有权利能力，那么法人的财产便不是成员的财产，法人的义务与责任便不是成员的义务与责任。当法人以其所有的财产承担责任时，成员的责任又从何谈起呢？其实，在这种情况下，与其说是成员的责任不如说是成员的权利。因此所谓的"有限责任"和"无限责任"应当指的是成员的"责任"范围，而不是团体的责任，更不能以此为依据判断团体为法人或非法人。在扩大了法人范围的前提下，无限责任为原则，而有限责任成为例外，法人可以

---

① 参见梅仲协：《民法要义》，中国政法大学出版社 1998 年版，第 74 页；黄立：《民法总则》，中国政法大学出版社 2002 年版，第 115～116 页；刘德宽：《民法诸问题与新展望》，中国政法大学出版社 2002 年版，第 506 页。

② 参见王泽鉴：《民法总则》，中国政法大学出版社 2001 年版，第 194 页。

③ 参见史尚宽：《民法总论》，中国政法大学出版社 2000 年版，第 148 页。

④ 参见［德］迪特尔·梅迪库斯：《德国民法总论》，邵建东译，法律出版社 2000 年版，第 853 页。

⑤ 参见王长勇：《民法典中非法人团体的立法模式探讨》，载《福建论坛》（人文社会科学版）2007 年第 11 期。

包括成员承担有限责任的法人、成员承担无限责任的法人和既包括承担有限责任与无限责任成员的法人。那么，哪些团体可以被赋予有限责任呢？笔者认为这不应当由法律进行一刀切，而应当基于两个原则：第一，发起人自主选择；第二，团体应当对外公示其性质并接受相关法律的监督。由发起人自由选择适合其发展并符合市场要求的团体，是意思自治的表现，有利于鼓励投资，特别是促进中小型企业的发展。如果发起人想要设立有限责任团体，那么其获得有限责任优惠的对价，就是接受有限责任团体严格的法律规范的要求，如较多强制性规范的资本制度、团体治理结构、团体登记制度等，毕竟在某种程度上讲，成员的有限责任是以牺牲债权人的利益为代价的。另外，有限责任团体的性质必须要进行公示，以防止损害债权人的利益。此外，公法人从其性质上来考虑，其一般属于公益性或者代表国家从事活动，因此公法人不能适用有限责任原则，以防止对债权人利益保护不周，因为其通常是非营利性的，设立也是由国家进行的，因此对其既没有鼓励投资的必要性也没有可能性。在这种情况下"无限公司"、"两合公司"、"股份两合公司"等团体形态在立法上成为可能，而且"有限责任"的概念也因不再受到"仅以出资为限"的羁绊，团体成员超过出资范围的有限责任，如"双倍责任"（Double Liability）①也在立法技术上成为可能。由此，可以为我国民商法团体类型的设计与规范，开辟广阔空间。②

---

① 在英国，随着 1825 年泡沫废止法案出台，它首先明确以法律的方式，授权国王根据适当的原则来限定投资者的责任范围。随之，几家银行股东的责任被限定在其持有股份价额的双倍以内，人们常称之为股东双倍责任。参见虞政平：《论早期特许公司——现代股份公司之渊源》，载《政法论坛》2000年第 5 期。

② 参见张翔：《非法人团体的事实属性与规范属性》，法律出版社 2016 年版，第 318~319 页。

# 民法总则草案中成年监护制度的评析

## 范慧敏

我国已经进入老龄化社会，相当一部分老人因为年龄和疾病导致丧失意思能力或者行为能力的部分或全部，处于弱势地位。此外，前几年新闻中屡屡被曝出的被精神病事件，还有一些精神病患者治愈后却去不掉精神障碍的标签。笔者将从我国现有的监护制度的各项内容以及最新立法动态来分析我国的监护制度及其完善。

## （一）我国成年监护制度的立法现状

目前的监护制度主要是集中在民法通则第 16～19 条，最高人民法院关于贯彻执行《中华人民共和国民法通则》若干问题的意见（试行）（以下简称"民通意见"）第 10～23 条中，以及老年人权益保障法第 26 条。虽然条文中没有成年人监护的概念，但实质上，民法通则第 17 条对无民事行为能力或限制民事行为能力的精神病人的监护制度，即指成年人监护，内容主要包括：

1. 监护人的选任：在配偶、父母、成年子女、其他近亲属以及经精神病人的所在单位或者住所地的居民委员会、村民委员会同意的关系密切的其他亲属、朋友愿意承担监护责任的人中依次进行选任。没有具有监护资格的人，由精神病人所在单位或者住所地的居民委员会、村民委员会或者民政部门担任监护人。

2. 监护方式：包括法定监护，有监护资格的人之间进行协议监护，不服法定监护时可以申请有关单位指定监护。民通意见中还规定了共同监护和监护委托，本质上还是法定监护。

3. 监护职责：第 18 条中规定监护人应当履行监护职责，保护被监护人的人身、财产及其他合法权益，除为被监护人的利益外，不得处理被监护人的财产。监护人依法履行监护的权利，受法律保护。监护人不履行监护职责或者侵害被监护人的合法权益的，应当承担责任；给被监护人造成财产损失的，应当赔偿损失。人民法院可以根据有关人员或者有关单位的申请，撤销监护人的资格。民通意见第 10 条具体规定：保护被监护人的身体健康，照顾被监护人的生活，管理和保护被监护人的财产，代理被监护人进行民事活动，对被监护人进行管理和教育，在被监护人合法权益受到侵害或者与人发生争议时，代理其进行诉讼。

4. 2015 年最新修订的老年人权益保障法创造性地提出老年人的意定监护：具备完

民事行为能力的老年人，可以在近亲属或者其他与自己关系密切、愿意承担监护责任的个人、组织中协商确定自己的监护人。监护人在老年人丧失或者部分丧失民事行为能力时，依法承担监护责任。

## （二）我国成年监护制度的不足

我国的成年监护是 30 多年前立法设计的制度，虽然在保护被监护人合法利益方面起到一定作用，但直接的法律依据较少，且已经实施多年没有变革，司法实践中也产生较多问题，已经远远满足不了时代要求。学者间普遍认为其主要缺陷是，未形成完整的监护制度，且理念陈旧、操作性差，与我国国情及当今监护立法发展趋势有所不符①。

1. 监护性质认定不清。民法通则第 18 条第 1 款规定：监护人应当履行监护职责。但第 18 条第 2 款规定监护人依法履行监护的权利，受法律保护。前款规定为职责，随后又认为是一种权利，在民法通则第五章"民事权利"部分也没有对监护权作出具体规定②。立法上的矛盾受到学者的批评，而且权利一般是对应行使一词，履行和职责搭配，足以见得立法者对于监护性质认识不清。

2. 当前成年监护理念落后。我国现有的成年监护制度与改革之前的大陆法系传统的监护模式类似，只有禁治产人和准禁治人两种，而且一旦被宣告为禁治产人就会被完全剥夺行为能力。监护的初衷在于为了维护市场交易安全，法律剥夺成年人完全或者部分行为能力后设置监护人，为其管理财产和保护人身健康，代理其实施各种民事法律行为，而非完全对身心障碍者本人利益的保护。而且一旦被宣告为无民事行为能力人或者限制行为能力人，监护人的法律行为即为被监护人的意思表示，被监护人的行为完全无效或者因监护人的撤销归于无效，剥夺了被监护人参与正常民事活动的意愿。

3. 被监护人范围太窄。成年监护的对象只有成年精神病人，民通意见中认为包括痴呆症。将痴呆症者视为精神障碍者违反医学的常识性分类，二者分属于两类不同的民事主体③。在医学上，痴呆属于"智力障碍（认知障碍）"的一种④。将痴呆症直接视为精神病肯定是不适宜的。另外并非所有的精神病是完全没有意思能力的，现代医学研究已证明除自然性的精神病人外，各种类型的精神障碍者如间歇性、慢性精神病人仍有部分判断认知力，尤其间歇性精神障碍者，在其精神为常态时，能够胜任基本的设权行为⑤。而且在民法通则中直接使用精神病人一词，着重强调精神障碍，有歧视之嫌。

4. 监护种类比较单一。我国目前的监护方式有法定监护和指定监护，民通意见允许协议监护，但还是在有监护资格的人中协议，本质上仍属于法定监护。监护种类不完善，

---

① 参见梁慧星：《民法总论》，法律出版社 2007 年版，第 105~106 页。

② 吴国平、魏敏：《监护概念与性质辨析》，载《江南大学学报（人文社会科学版）》2008 年第 7 卷第 5 期。

③ 参见关家：《法医学》，四川大学出版社 2006 年版，第 222 页。

④ 参见吴崇其主编：《卫生法学》，法律出版社 2005 年版，第 380 页。

⑤ 宋林飞：《社会问题概论》，社会科学文献出版社 2002 年版，第 178 页。

具体内容过于简单，忽视被监护人的意愿，不能适应社会生活的需要。虽然在老年人权益保障法中首次规定了意定监护，但局限在 60 周岁以上的老年人才可以适用，没有规定 18 到 60 周岁的人可以适用意定监护，立法空白过大①。

## (三) 民法总则草案成年监护制度的亮点

相比于民法通则短短四条，此次民法总则草案较为完整地规定了监护制度，包括成年监护人的选任、监护的职责、监护资格的撤销与恢复以及终止。

1. 法工委草案第 29 条协议监护，第 30 条指定监护和第 34 条成年监护"应当最大限度地尊重被监护人的意愿，保障并协助被监护人独立实施与其智力、精神健康状况相适应的民事法律行为，对被监护人有能力独立处理的事务，监护人不得干涉"第 32 条引入意定监护，第 35 条撤销监护人时安排临时监护人等都直接体现了此次修订在监护理念上的变化，尊重被监护人的意愿和遵从最有利于被监护人的利益原则。

2. 引入成年意定监护制度："具有完全民事行为能力的成年人，可以与近亲属、其他愿意承担监护责任的个人或者有关组织事先协商，以书面形式确定自己的监护人。监护人在该成年人丧失或者部分丧失民事行为能力时，承担监护责任"。将老年人权益保障法中的意定监护扩大到所有具有完全民事行为能力的人，丰富我国的监护种类。意定监护的兴起是意思自治理念在成年监护制度的贯彻，比起法定监护来，意定监护制度平衡了个体的特殊性和监护的僵化性，尊重被监护人个人意愿，使得本人在契约自由的框架下，自主选任监护人，充分尊重了当事人意思自治②。普通法上的意定监护制度于 1954 年以持续性代理契约的形式出现于美国的弗吉尼亚州法中，到 20 世纪 80 年代中期，该法在全美的统一成文法地位被确立，此后，该法于 1986 年被英国仿效并得到进一步发展③。德国民法典第 1896 条第 2 项规定："只有在有必要予以照管的范围内才允许设立照管人（必要性原则）。如果该成年人的事务可以通过第 1897 条第 3 款所称人员的意定代理人或通过其他不必任命法定代理人的辅助人员即可恰当完成照管人的任务的话，则照管即无必要，此时代理取代照管"确定了意定监护制度。日本在美、英、加、德诸国制度的基础上，1999 年颁布了任意监护法。不管是大陆法系的意定监护还是英美法系的持续性代理，赋予被监护人自我决定权都成为改革的主要方向，意定监护制度也成为各国应对日益老龄化的社会的共同选择。

3. 监护社会化。法工委草案第 27 条第 4 款中规定了关系密切的其他个人或者有关组织愿意承担监护责任，经被监护人住所地的居民委员会、村民委员会或者民政部门同意的。即除了有监护资格的个人，组织也可以成为监护人。由于我国社会的结构性变迁和经济转型，传统家族式家庭逐渐解体，"核心家庭"成为社会主流，亲属的减少导致对亲属

---

① 杨立新：《〈民法总则〉制定与我国监护制度之完善》，载《法学家》2016 年第 1 期。
② 陈苇、李欣：《私法自治、国家义务与社会责任——成年监护制度的立法趋势与中国启示》，载《学术界》2012 年第 1 期。
③ 李霞：《成年监护制度的现代转向》，载《中国法学》2015 年第 2 期。

之外的社会监护人的需求增加。①"以近亲属为监护人的监护模式已逐渐不能满足需要,需要国家和社会承担相应责任。增加组织作为监护人也是鼓励相应的非营利性组织提供公共服务,当然这也需要后续的配套措施。

## (四)民法总则草案的立法完善

随着人权思想的不断发展,20世纪70年代,联合国通过《智力残疾人权利宣言》和《残疾人权利宣言》,维护残疾人权益的运动也随之在各国兴起。不管是大陆法系还是英美法系,都对成年监护制度进行大规模的修改,形成三大基本原则:

1. 尊重自我决定权。有两种含义:一是在自我意思能力低下的情况下,也不能完全剥夺其行为能力,而应该最大化地利用其残存能力。二是允许有完整的民事能力时预先设定丧失部分或者全部行为能力时的监护人。

2. 维护本人生活正常化。"平常化"是指对平常人一样无差别地对待身心障碍人,尽可能地保障其享有与以往一样的生活,与此前的剥夺其民事行为能力进行保护不同,是在考虑不剥夺其能力的前提下对其进行援助②。民法的作为私法的价值在于追求肯定人的尊严和价值,追求平等和自由。身心障碍也是社会的一分子,不应该被社会所排斥。法律保障其在不受歧视下,能够平等、正常地参与社会生活,也是成年监护改革的最终目标。

3. 注重人身保护。对于欠缺行为能力的被监护人来说,人身和财产的管理都需要帮助,甚至身心健康更需要帮助。但是原有的监护是基于维护市场交易秩序产生的,其重点在于财产,忽视对人身的帮助。

我们认为,关于监护制度应从如下方面进行完善:

1. 将最有利于被监护人原则规定在监护第1条,作为监护选任的基本原则,突出监护制度以维护被监护人合法权益为目的的基本意旨和"利他"本色③。监护制度的设计初衷在于通过监护人的代理行为弥补被监护人行为能力的不足,必须以最有利于被监护人为限,否则可能会造成权利的滥用。另外作为监护第1条,不仅是在选任中要体现该原则,在监护事务的履行、监护监督等方面也要全面贯彻。

2. 扩大成年监护的对象范围。目前草案的成年监护范围过于狭窄,不符合现有国情,应予以扩大。许多已经进入老龄化社会的国家修改法案重新定义监护范围:法国成年监护对象包括"凡是经医疗认定因精神或者身体官能损坏,不能表达自己意思,无法自行保障其利益的成年人"。德国则是"因心理疾患或者身体上,精神上或心灵上的残疾而完全或部分地不能处理事务的成年人"。我们认为因智力、身体和年龄造成障碍者都需要法律纳入被监护的对象,应在修改稿中增加:"成年人虽未丧失民事行为能力,但因智力、年龄、身体原因,不能处理自己的部分或者全部事务,可以根据委托监护合同确定监护人。无委托合同的,可以参照本法相关规定,但选任不得违背该成年人的意愿。"明确成年监

---

① 李国强:《我国成年监护制度运行中的问题及其立法修改趋向》,载《当代法学》2014年第6期。

② [日]新井诚:《成年后见法之成立》,载《法律时报》2001年第72卷3号,第2页。

③ 刘金霞:《完善民法总则(草案)监护制度之思考》,载《中华女子学院学报》2016年第5期。

护中以意定监护优先，法定监护为辅的模式，尊重被监护人的意愿。由于成年监护中因身体年龄等问题需要监护，被监护人可能保留完整的意思能力，所以"被选任的监护人仅在必要范围内处理被监护人事务，代理其实施法律行为和尽可能地治疗、改善被监护人的疾患、障碍。监护人处理被监护人的事务应当尊重被监护人的意愿"，监护职责范围有所限制，并且以照管被监护人的人身为主。

但是有些学者提出应当加上因不良嗜好而致辨识能力欠缺者（如吸毒成性者、赌博成性者、酗酒成性者等）①，此类人群过于宽泛，且这类人群虽然辨识能力欠缺但可能行为能力是完整的，基于我国目前的社会状况和社会习惯，这类因自己的行为将自己陷入危险境地的，可以通过治安处罚等行政措施予以规制。

3. 完善成年意定监护。草案中仅规定"具有完全民事行为能力的成年人，可以与近亲属，其他愿意承担监护责任的个人或者有关组织事先协商，以书面形式确定自己的监护人。监护人在该成年人丧失或者部分丧失民事行为能时，承担监护责任"，立法过于简略，实际操作中可能会出现各种问题。修改为："具有完全民事行为能力的成年人，可以与近亲属或者其他关系密切，愿意承担监护责任的个人或者有关组织事先协商，以书面形式确定自己的监护人。委托合同须经公证后成立。该成年人丧失或者部分丧失民事行为能力时，人民法院依其近亲属和有关组织申请，宣告确认其为无民事行为能力或者限制行为能力人，合同生效。"

我们认为，首先，应明确选任的近亲属与前文中法定监护的近亲属范围是否相同，笔者认为遵循有利于被监护人的原则应该放宽范围，不局限于必须具有监护资格；其次，对于监护内容是否需要法律加以限制，应先遵循意思自治，有约定按约定，没有约定应该准用法定监护的相关规则。再次，必须以书面协议，并且办理公证。因为当被监护人丧失行为能力时，合同相对人向法院请求宣告为无民事行为能力人或者限制行为能力人，此时法院已经无法再向本人确定合同的真实性。所以为了保证合同的合法性和有效性，应当予以要求公证。最后，法院在宣告无民事行为能力或者限制行为能力人时，应该根据协议确认监护人，并且指定监护监督人，监督人也可以由协议约定，没有约定就准用一般的监护监督的条文。

4. 完善监护监督制度。现有的公民或民政部门申请撤销监护资格的监护监督流于形式，没有制度化，监护人很容易在没有监督的情况下滥用监护职责。如果不加以监督的话只会失去监护制度本来的意义。现实中也出现一些监护人恶意侵占被监护人的财产、虐待被监护人的行为，而且往往就是发生在关系亲密的家庭成员中。

一般来说父母子女之间的血缘关系和深厚的亲子感情，相比其他监护人，往往能尽职履行监护义务，无须设立监督。除此之外，在监督人的选任上，同样尊重被监护人的意思自治，如果委托监护合同中有约定，意定监护人优先。没有的话，则由法院同时根据法定监护人的选任顺序指定监护监督人。如果是居委会、村委会或者民政部门作为监护人，涉及国家公权力机关，近亲属可能也不易提起申请，鉴于我国个人与行政机关不可能地位平等，应当由其上级机关作为监督人，我们认为更能有效制约监护人，更好地保障被监护

---

① 焦富民：《民法总则编纂视野中的成年监护制度》，载《政法论丛》2015 年第 6 期。

人的权益。

在设立监护监督人同时也必须明确监督的内容,否则监督只能是纸上谈兵。监护监督人主要是在监护人履行职责过程中予以监督,可以要求监护人定期汇报,对其怠于履行或者其他损害被监护人合法利益的情况申请撤销监护资格。并且规定了财产清算制度:"监护权开始、中止、丧失以及监护关系终止时,应当和监护监督人共同对被监护人的财产进行清算,并且制作财产清单。"让监护人管理财产更加透明化,非为被监护人利益不得处理财产。监护监督人的选任和监护监督事务二者结合,建立起较为完整的监护监督制度,从而最有利于保护被监护人的人身财产,防范风险。

5. 规定了监护人的辞任权。自然人担任监护人在有法律规定的情况下,可以向被监护人住所地的村民委员会、居民委员会或者民政部门申请终止,即允许监护人在有特定情况下可以申请辞任。因为监护工作是一项繁琐且责任重大的工作,当监护人由于智力体力的相对欠缺或者其他客观原因而难以履行监护人的职责时,法律应当允许监护人有辞职权[1]。监护本身是为了保护被监护人,但是如果在监护人不再适宜履行监护职责也不允许申请终止,对于成年监护人可能要承担监护职责到被监护人死亡或者自己死亡,负担过重。所以笔者认为当监护人有合理的原因不便于行使监护权或者精力不足,为了使监护人得到更好的保护可以允许申请终止,但终止需向监护人或者法院提出并获得准许。

不仅是我国的成年监护制度急需完善,还需要多项配套的社会福利事业、医疗行业等不断发展,多方面共同发力才能解决社会老龄化,残疾人权益得不到保障等社会矛盾。近年来一直强调和谐社会,只有社会中的每一个小家庭和谐稳定,才能促使整个社会和谐。我们应当借鉴域外优秀立法经验,结合本国国情,逐步建立起完善的成年人监护制度。

---

[1]　廉娜:《我国老年人监护制度探究》,载《法商研究》2006 年第 4 期。

# 域名的法律性质研究

张乃琪

## 一、研究综述：域名法律性质之争

域名标识功能及商业价值的凸显，不仅引起了商界的关注，也促使学界对其法律性质进行研究。迄今为止，关于这一问题尚无定论，笔者将现有关于域名法律性质的主要观点概括为以下五种类型，并对其进行评述。

### （一）关于域名法律性质的不同学说

搁置说。知识产权组织（WIPO）的第一次"域名磋商进程最终报告"中没有对有关域名法律性质的问题作出回答，反而认为"磋商的目的不是要创立一种新的知识产权，也不是要为知识产权在网络空间提供比其他地方更高水平的保护，而是要运用既有的、国际公认的标准，在互联网这个新兴的、跨法域的领域和域名这个系统上，保护知识产权"。郑成思教授认为，域名可以成为知识产权的客体，但目前将域名独立出来作为一种权利的依据还不充分，域名属于商誉范围。① 其在《知识产权论》一书中提道，"域名与电话号码类似，电话号码在经过一定利用后会成为商誉，商誉包含在原有知识产权体系中。所以，未必要在现有知识产权领域内，为域名划出新的权力范围"。

权利否定说。唐广良先生认为域名只是存在于虚拟网络环境中的符号，没有什么现实的意义与价值，因而不可能也不必要赋予域名任何独立的知识产权。在依法获得商标权之前，域名只能是一种由技术规范制约与保证运行的网络地址代码，不可能也没有必要给予它任何独立的知识产权权利。②

民事权益说。在民事权益说中，有两种不同的观点，一种认为域名虽然是民事权益，

---

① 郑成思：《域名抢注与商标权问题》，载《电子知识产权》1997 年第 7 期。
② 唐广良：《INTERNET 域名纠纷及其解决》，载陶鑫良、程永顺、张平编：《域名与知识产权保护》，知识产权出版社 2001 年版，第 3~67 页。

但域名不符合知识产权易逝性和法定性的特征，不是一种知识产权。① 另一种观点认为，尽管域名之上承载的利益不能称之为域名权，但域名还是一种类似知识产权的新型民事权益。② 主张第二种观点的学者认为，尽管域名之上承载的利益不能称之为域名权，但鉴于域名在网络世界起着与传统的商标、商号或原产地名称等同样的区别功能以及其背后隐含着巨大的商业利益等原因，在实践中，凡是通过合法途径获得的域名普遍受到各国法律的保护。因此，认为通过合法途径获得的域名，其承载的利益为一种民事权益（以不合法的方式，如侵犯他人在先权利的恶意抢注获得的域名，域名注册人就该域名不享有任何权益），并进一步认为，域名是一种类似于知识产权的新型民事权益。

名称权说。域名不是知识产权（认为域名只是一种名称权）。③ 持此种观点的学者认为，从本质上看域名是互联网环境下为方便人们记忆而设定的，与 IP 地址相对应的标识符。其作为技术发展的产物，为设定它的组织或个人，起到定位和标识的作用。因此，域名就是一种名称权。从字面上解读，无论中文翻译的"域名"、还是英文的"domain name"，指的都是 name，一种名称。其与自然人姓名，法人名称、非法人团体名称是相呼应的，只不过一个是虚拟环境下的，一个是现实环境中的。所以，无论从本质上看，还是字面上理解，域名都应属于名称权范畴。

知识产权说。大多数学者承认域名是知识产权的客体，但是对于域名以什么方式纳入到知识产权的体系中存在争议。有一些学者认为域名虽具有知识产权客体的属性，但是可以被传统的知识产权类型所涵盖。如王半牧先生认为企业性域名由于和企业名称或者商标的密切关系，因此基本上可以归类于传统的知识产权，而非企业型域名则属于人身权范围。④ 李朝应则认为域名是一种商业标记。⑤

但是，持知识产权说的学者，大多认为域名是一种独立的知识产权客体，尽管不同学者的论证角度有所不同。有的学者将域名的特征与知识产权的特征（无形性、创造性、专有性、地域性、时间性、可复制性）及商标权的特征进行对比，论证域名权符合知识产权的基本特征，是知识产权的一种，但与商标权并非一种权利，不存在是不是现有权利的延伸问题。⑥ 有的学者虽也是从知识产权的特征着手进行对比论证，但是其认为知识产权的特性是专有性、地域性和时间性。并对主张域名为商标、商誉、企业名称或将其与商标、商号并列称为商业标记来保护的观点进行批判，认为这些观点都是只看到了域名的商业作

① 夏德友：《论域名的法律地位——兼析知识产权的特征》，载陶鑫良、程永顺、张平编：《域名与知识产权保护》，知识产权出版社 2001 年版，第 149~157 页。
② 邵培樟：《论域名的法律性质》，载《河北法学》2006 年第 6 期。
③ 徐飞：《浅析域名的性质及其与商标的冲突》，载张平主编：《网络法律评论：第 2 卷》，法律出版社 2002 年版，第 257~268 页。
④ 王半牧：《试析域名的法律性质》，载《知识产权》2001 年第 5 期。
⑤ 李朝应：《域名的知识产权分析》，载《电子知识产权》1998 年第 8 期。
⑥ 马正勇：《关于域名法律性质及其保护的思考》，载《宁夏大学学报》（人文社会科学版）2007 年第 3 期。

用，忽略了域名的根本作用即标识作用。① 有的学者从域名符合知识产权客体特征的角度，论证域名是一种存在于互联网中的独立的知识产权客体。虽然其承认域名的永久性独占支配制度与无地域性与知识产权的时间性和地域性特征存在差异，但认为应该取消域名的永久性独占支配制度且而随着科技的发展，且知识产权的地域性和知识产权客体的传播性的矛盾越来越突出，淡化知识产权地域性不可逆转。②

## （二）学说的比较与评述

无论是搁置说还是权利否定说都是对域名可以成为一项独立的权利客体的否定。搁置说明确不将域名作为一种新的知识产权客体，而是要利用现有的法律体系解决这一新的问题。权利否定说的实质是认为域名所有人要想使其域名具备对抗其他使用者的效力，唯一选择就是使其转化为受法律保护的商标。但是在互联网技术和电子商务经济发展的双重推动下，域名的表现形式日益丰富，商业价值也在增加，权利范围在扩张，以现有的法律体系无法对域名进行评价和保护。正是由于对域名定位的不恰当，当域名侵犯商标权时，可以以商标法为依据对商标进行保护，然而当商标反持域名时，对于域名的保护却无据可循。所以，我们应该因时而异，及时赋予域名法律地位，对其进行合理保护。

民事权益说虽然较搁置说及权利否定说具有一定进步，承认了应赋予域名法律地位，但这一说法也存在不当之处。民事权益在我国的学界以及实务界是一个出现频率很高的词汇，但是其中的"益"是什么一直没有说明，而是始终将"权"、"益"联系在一起。所以，民事权益本身的内涵和外延还未明确，更不能用它来界定其他的事物。而且，一般认为民事权益中的"权"、"益"二字是指民事权利及民事利益，上述观点中，已经否认了域名可以成为一种民事权利，之后又采用的权益的说法，前后矛盾，所以在此认为以上观点的持有者是想表达域名是一种民事利益的观点。王胜明先生曾说过：我一直努力学习如何将权利和利益划分清楚，但我还没有看到一本教科书清楚划分什么是权利、什么是利益。若从内容划分，由于权利的落脚点还是利益，很难划分清楚。若从形式划分，即认为法律写明某某权的可以称为权利，没有写明又需要保护的，就属于法律保护的利益，也不妥当。如未明确冠以"权利"称谓的，可能实际上享有权利地位，如我国法上的"婚姻自由"、曾经的"隐私"；且权利与利益也是不断转变的，如德国法上的一般人格权、营业权、名誉权。

李永军教授认为比较直接的区分权利和利益的方式就是：权利一般都是具有客体的，而利益一般没有客体或者客体是不确定的。③ 德国学者拉伦茨指出，"权利"所指向的对象，也即权利人对之有权的客体，必须十分确定。权利人必须可以排除他人对这个特定物的使用，权利人可以处分这个特定物，或者根据法理可以要求某个特定人履行特定给付。而域名权的客体是明确清晰的，所以其应为一种权利而非利益。

① 张平：《域名的知识产权地位》，载陶鑫良、程永顺、张平编：《域名与知识产权保护》，知识产权出版社 2001 年版，第 68~74 页。

② 肖晓峰：《从域名与商标权的冲突谈域名权的法律回归》，载《探索与争鸣》2005 年第 10 期。

③ 李永军：《民法总则民事权利章评述》，载《法学家》2016 年第 5 期。

名称权说、商标说以及商业标记说之中，虽然承认了域名的权利客体地位，但是具有一定的局限性。名称权说只看到了域名的标识作用，忽视了其巨大的商业价值。相反，将域名定位为知识产权的传统客体，只看到了其商业作用，而忽视了域名最根本的标识性。正如张平教授所言，主张域名为商标、商誉、企业名称或将其与商标、商号并列称为商业标记来保护，都是只看到了域名的商业作用，忽略了域名的根本作用即标识作用。域名不一定都为商业之用，亦可只是为了标识即宣传，比如 edu、gov 结尾的域名。①

本文认同"域名为独立的知识产权客体"这一观点，但是支持域名为独立的知识产权客体的学者，在论述中经常犯的错误是将知识产权与知识产权客体混淆。其虽然在结论中说到的是域名权具有知识产权的特征，但其在行文中一直是将域名与知识产权的特征进行比较，域名是权利的客体，而知识产权是权利，二者不具有可比性；或者其在文中所提到的知识产权的特征实际上有一部分为知识产权客体的特征；或者在将"域名"（作者本意是域名权）与商标权的特征进行对比时，犯了同样的错误。

## 二、域名的本质是一种独立的知识产权客体

本文认为域名应定位为一种独立的知识产权客体。为避免混淆权利与权利客体，本文从知识产权客体的特征及域名与商标的本质区别着手，论证域名独立的知识产权客体地位。

### （一）域名是知识产权的客体

关于知识产权的客体，目前有"智力成果说"、"智力成果与工商业标记说"、"符号说"、"无形财产说"、"知识财产"或"智慧财产"说、"知识产权虚设理论"及"信息说"，笔者主张"知识财产说"。知识产权的客体具有"非物质性、创造性、非消耗性、可复制性以及公共产品属性"的特征。而在学说梳理中，多篇文章所涉及的时间性、地域性及专有性为知识产权的特征。本文将从知识产权客体的特征这一角度着手，进行论证。

域名具有非物质性。知识产权客体最重要的特征就是非物质性。所谓非物质性，是指知识产权的客体不以物质性存在，不能被占有、不能交付、不能事实处分。此处的非物质性不同于有学者主张的无形性。无形性是物理上的概念，无形财产与有形财产相对，表达该财产虽没有形体，不占据一定的空间，但是仍为一种客观存在的物质，比如空气、光等。因此，用无形性表达知识产权客体的特征是不科学的。有学者反对知识产权客体的无形性（由于未将无形性与非物质性做区别，本意表达的应为知识产权客体不具有非物质性）。如郑成思教授在文章中提到"有些知识产权的客体，如外观设计、实用新型、文字以及雕塑作品，是有形的；实用新型专利权只授予产品，而决不会授予制作这种产品的技

---

① 张平：《域名的知识产权地位》，载陶鑫良、程永顺、张平编：《域名与知识产权保护》，知识产权出版社 2001 年版，第 68~74 页。

术；如果认为其无形，则不仅在理论上令人吃惊，而且离常识太远"。① 持这种观点的学者，混淆的知识产权客体与其载体，虽然知识产权的客体是非物质性的，但是其载体是物质性的，载体所有权的转移不意味着知识产权转移。总之，知识产权客体具有非物质性的特征，而不是无形性，这也是知识产权客体其他特征的前提。与此相同，有形的网络地址只是域名的载体，就域名本身而言，无法触觉、无法感知，不发生有形控制的占有，不发生损耗的使用，不发生消灭客体的事实处分与有形交付的法律处分。如果说域名只是一个网络地址，将其载体与域名混淆，无法准确反应域名的标识作用及其潜在的巨大商业价值，隐藏于网络地址之后的非物质性财产，才是域名实质。

域名具有创造性。知识产权法是保护创新之法。所谓"创造"，就是为思想、情感等精神上的独特感受和思考寻找、选择符号，构筑形式并使之实现的过程。② 域名不是简单的复制，在其形成过程中，需要域名的申请人付出一定的创造性劳动，使自己的域名具有显著的标识作用和独特的含义，能够在互联网中吸引浏览人的眼球。所以，域名具有知识产权客体创造性的特征。

域名具有非消耗性。知识产权的客体作为一种非物质性的知识财产，不会因为时间的经过而损耗、消灭。而物质性财产会因为长期的使用而发生毁损甚至灭失，或者不使用仅仅随着时间的推移，而导致消灭。正是知识产权客体非物质性特征决定了它的非消耗性。比如经典的作品，非但不会随着时间的推移而发生损耗、价值降低等，反而会历久弥新。域名同样具有这一特征，不会因为长期的使用而发生减损，反而会因为使用的频率高为公众熟知，增加其商业价值。

域名具有可复制性。知识产权侵权的前提是其可复制性。作者的思想如果不体现在可复制的手稿上、录音上，就不成为一种财产权了。别人不可能因直接利用了他的"思想"而发生侵权。对专利权人也是一样，他的专利必须能体现在可复制的产品上，或是制造某种产品的新方法，或是新产品本身。没有这些有形物，专利权人也无从判断何为侵权。③因此，非物质性的知识财产可以体现在一定载体之上，以平面的或者立体的，有形的或无形(如声音)的形式无线复制。这里我们是在广义上使用复制这个概念的，既包括严格意义上的复制和严格保持同一性的重复使用。④ 就域名而言，对于网址符号的复制，本质上仍然是对其背后隐藏的非物质性域名的复制，对于域名的复制更是轻而易举，由此，对域名加以保护尤为重要。

域名具有公共产品属性。知识产权客体的公共产品属性决定了知识产权的时间性，平衡了权利人的利益以及公共利益。知识产权客体的非物质性决定了其与物权客体不同，不因标的的毁损而灭失。但是，法律却断然限定了其职能在一定的时间内有效，比如专利二十年等。之所以会有这一限制，是因为法律既要赋予知识产权权利人因智慧劳动而应获得的利益，又要考虑社会的发展进步，经过一定的时间后，使知识财产由私有领域流入共有

---

① 郑成思：《论知识产权》，载《中国社会科学院研究生院学报》1996 年第 1 期。

② 刘春田：《知识产权客体的统一称谓之我见》，载《电子知识产权》2006 年第 4 期。

③ 郑成思：《论知识产权》，载《中国社会科学院研究生院学报》1996 年第 1 期。

④ 张玉敏：《知识产权的概念和法律特征》，载《现代法学》2001 年第 5 期。

领域，任何人都可以对其自由利用，以公共产品的方式促进科技进步和社会繁荣。域名也是一样，注册域名施行年检制度，只有按期缴费才能维持其保护期限，并不是无条件地永久保护，如果注册人没有进行年检，该域名将进入公有领域，公众可以自由使用。

## （二）域名是一种独立的知识产权客体——兼与商标比较

通过以上论述，可以看出域名是一种知识产权客体，那么域名是可以被既有的知识产权客体所包容，还是一项独立的知识产权客体，尚有争议。本文通过将域名和与其最为相似的商标进行对比，论证域名与商标的性质不同，其应为一种独立的知识产权客体。

从商标法的保护范围看，商标法第 57 条规定，未经商标注册人许可，不得在同一种商品或者类似的商品上使用与其注册商标相同或者近似的商标。但是，域名是互联网络上的网络地址，网址不是商品，从商标法出发，商标权人无权要求他人停止在互联网上对域名的使用，即商标的保护范围不能辐射到域名领域。

从商标的特征看，商标与域名除了具有知识产权客体都具有的共性特征，也都具有标识作用。但是，商标和域名之间也存在一些将二者从本质上进行区分的不同特征：

一是二者的显著性要求不同。商标的显著性是一个符号能成为商标的最基本、最核心的条件，指的是它能够与具体的产品或服务提供者相联系，识别产品或服务的不同来源。[1] 即要求消费者能够将该商标与具体的产品或服务联系起来，不得直接表示商品的数量、质量等。但是，域名不要求具有显著性，注册人既可以行业名称、商品名称作为域名，也可以使用其他的数字、字母等。二是二者的适用对象不同。商标是按照商品和服务类别注册，必须使用在商品或服务商，即商标与特定商品、服务具有依附性。[2] 域名的本质是网络地址，标识性并不是其实质，所以域名不但会适用于商品、服务之上，也会用于政府部门、教育机构、非营利组织等。三是二者的混淆可能性要求不同。目前，许多国家或地区实行的商标侵权判定标准是混淆可能性，一旦他人在其提供的商品或服务上使用与商标权人商标相同或近似的标识，可能导致消费者对商品或服务的来源发生混淆，即构成商标侵权。[3] 而域名是具有唯一性的，域名的唯一性是域名的技术特征所带来的，每一个域名都具有与其对应的计算机 IP 地址，使其与特定的企业或机构相联系。在世界范围内，不会出现两个完全相同的地址获得域名注册的情况，且因为域名是网络地址，其链接的网页是其真正要表达的内容，所以也不会单单因域名的相似而导致混淆，更不会因此认定侵权。

除了以上几点，域名与商标在注册方式、获取途径等方面也有所不同，但以上三点区别已足以将二者区分为两种性质不同的知识产权客体。

通过将域名与知识产权客体的特征进行比较，不难看出，域名具有知识产权客体的基本特征，是知识产权客体的一种。同时，通过将域名和与其冲突最多、最为相似的商标进

① 刘媛：《论商标显著性的动态特征——以认知心理学为视角》，载《知识产权》2014 年第 2 期。
② 杨巧：《域名与商标冲突及其解决》，载《宁夏社会科学》2004 年第 4 期。
③ 姚鹤徽：《论商标侵权判定的混淆标准——对我国〈商标法〉第 57 条第 2 项的解释》，载《法学家》2015 年第 6 期。

行比较，可以得出域名与商标是两种不同性质的知识产权客体的结论，域名无法被商标所涵盖，更无法被其他的知识产权客体所包容。综上所述，域名是一种独立的知识产权客体，我们应在此基础上，构建科学合理的域名保护模式，解决域名纠纷。

# 民法典编纂视野下代理权授予行为的规制

刘忠民

民法通则对代理权授予行为规定得较简略，只是在第 65 条第 2 款规定："书面委托代理的授权委托书应当载明代理人的姓名或者名称、代理事项、权限和期间，并由委托人签名或者盖章。"从该条的条文上看，我国已经承认了代理权授予行为（以下简称授权行为）与基础法律关系（以下简称基础关系）的分离，并明确了授权行为作为单方法律行为的性质。但是，民法通则并未就授权行为的独立性问题作出进一步说明，也没有明确基础关系效力对于授权行为效力的影响。对于基础关系和授权行为的关系，我国民法学界历来存在着有因说①与无因说②的争议。党在十八届四中全会中提出了编纂民法典的目标，代理制度作为民法典总则中的重要制度应该予以明确规定。授权行为是代理制度的基础，因此，在编纂民法典的背景下，有必要对授权行为的相关问题进行规制。本文拟在对授权行为的性质、独立性以及无因性问题进行分析的基础上，对授权行为的立法提出自己的建议。

## 一、代理权授予行为的性质

### （一）代理权授予行为性质的立法例

大陆法系代理法的理论基础是区别论。③ 所谓区别论，是指把委托合同（即作为内部关系的委托人与代理人之间的合同）与代理权限（即作为外部关系的代理人代表委托人与

---

① 持有因说学者的观点，参见叶金强：《论代理权授予行为的有因构造》，载《政法论坛》2010 年第 1 期；冉克平：《代理授权行为无因性的反思与建构》，载《比较法研究》2014 年第 5 期；汪渊智：《论代理权的授予行为》，载《山西大学学报》2015 年第 6 期。

② 持无因说学者的观点，参见邓海峰：《代理授权行为法律地位辨析》，载《法学》2002 年第 8 期；范李瑛：《论代理权授予行为的独立性和无因性》，载《烟台大学学报》2003 年第 2 期；尹田：《论代理制度的独立性》，载《北方法学》2010 年第 5 期。

③ 虽然同为大陆法系国家，德国法和法国法对代理的规定存在极大的差异，因此大陆法系上的代理制度在立法上出现了两种模式。法国民法理论中没有法律行为的抽象概念，因而也未能分离出代理制度。但是，大陆法系许多国家的代理立法都接受了区别论。

第三人缔约的权利)的概念严格区分开来，委托合同中对代理人的限制并不产生对第三人的拘束力。① 换而言之，代理关系存在的基础是代理权，代理权则根据授权行为而产生，基础关系对代理关系的形成没有直接的影响。英美法系不区分代理与委托合同，其代理法的理论基础是等同论。所谓等同论，是指既然代理人得到了被代理人的信任和授权，其在授权范围内的行为应视同被代理人亲自做的一样，代理行为或代理关系完全是基于委任的后果。② 换而言之，代理关系基于委托合同而产生，并不存在代理权和授权行为的抽象概念。

由于使用两套不同的理论基础，大陆法系和英美法系对授权行为有着不同的规定。大陆法系认为只有基于被代理人的授权行为，赋予代理人代表自己的资格，意定代理权才得以产生。被代理人和代理人之间是否存在委任、合伙以及雇佣等基础关系，并不会对被代理人的授权行为造成影响。英美法系认为任何代理关系都必须是根据双方的合意产生，代理权直接源于被代理人和代理人之间的契约。只要被代理人进行授权并且代理人接受了该授权，双方之间就可以产生代理关系，授权行为不具有独立存在的意义。笔者认为两大法系只是选择了不同的立法模式，并不存在绝对的优劣之分。

我国代理法承袭了大陆法系中区别论的指导思想，将代理权和授权行为抽象出来，把授权行为作为意定代理权产生的根据。大陆法系关于授权行为的性质出现过三种学说，即委任契约说、无名契约说与单方法律行为说。③ 委任契约说认为，在委任契约之外无所谓代理权授予的行为，本人与代理人的委任契约将直接产生代理人的代理权，法国民法采此观点。无名契约说认为，代理权虽不是产生于委任契约本身，但它是附随债权契约的一种无名契约，日本民法采此观点。单方法律行为说认为，代理权之授予，由本人向代理人或向其为代理行为之第三人以意思表示为之，无须代理人的承诺作为授权行为成立的要件。德国、瑞士民法采此观点。④

## (二) 代理权授予行为是单方法律行为

委任契约说将委任契约看做代理权的唯一来源，忽略了授权行为的存在，在本质上否认了授权行为的独立性。同时，授权行为有时确实基于委任契约而产生，但委任契约以外的契约(如合伙、雇佣以及承揽等)也可以发生代理权。因此，大陆法系大多没有采用该说。无名契约说虽避免了授权行为仅产生于委任契约的误区，但仍然没有摆脱授权行为与基础关系混同的嫌疑，也没有认识到授权行为的独立性。无名契约说是日本大多数学者的主张，这是因为日本民法没有授权行为的规定。此外，如果授权行为是一种双方法律行

---

① 徐海燕：《英美代理法研究》，法律出版社 2000 年版，第 356 页。

② 江帆：《代理法律制度研究》，中国法制出版社 2000 年版，第 50 页。

③ 有学者认为，对于授权行为的性质，存在两种不同的认识和立法模式：一种是将授权行为认定为契约(双方法律行为)，另一种是将之认定为单方法律行为。在不承认授权行为独立性的立法上，根本无所谓代理权授予行为，也并不将委任契约与授权行为等同，故并不存在"授权行为为委任契约"之说。参见尹田：《民法典总则之理论与立法研究》，法律出版社 2010 年版，第 679 页。

④ 江帆：《代理法律制度研究》，中国法制出版社 2000 年版，第 73~74 页。

为，被代理人在无权代理中将很难行使追认权。被代理人的授权行为向第三人作出时，代理人和被代理人之间虽然没有合意，在代理人从事了代理行为的情况下，代理行为的法律后果也由被代理人承担。

笔者赞同单方法律行为说，即授权行为在性质上是一种单方法律行为，只需要被代理人作出意思表示即可产生效力，不需要代理人和被代理人就代理权的授予达成协议。理由如下：首先，将授权行为确定为单方法律行为，是基于对被代理人信赖的保护。被代理人授予代理权是对代理人的信赖，因此授权行为建立在被代理人信赖的基础上。那么，被代理人对代理权的授予，应当能够绝对地加以控制。只有授权行为为单方法律行为时，被代理人才能实现这种控制。其次，将授权行为确定为单方法律行为，有利于区分授权行为与基础关系，保证代理关系的稳定。代理权的授予，无论是对代理人还是第三人为之，只需此授权的意思表示到达代理人或第三人即可产生代理权。授权行为是为了让第三人知晓，使代理人的代理权能够产生公示效力，代理人与被代理人的权利义务已经在基础关系中得到了解决。因此，授权行为只需有被代理人的单方意思表示即可，无须代理人的同意。最后，将授权行为确定为单方法律行为，可以简化授权行为的手续，降低取得代理权的门槛。如果将授权行为认定为双方法律行为，代理人便可以参与到代理权的授予中，这可能会产生因意思表示瑕疵而影响其生效的情形。而将授权行为认定为单方法律行为，授权行为受到意思表示影响的可能大大降低，代理人会更加积极地完成代理事务。

授权行为作为单方法律行为，其相对人既可以是代理人，也可以是代理人向其为代理行为的第三人。德国民法典第 167 条、瑞士债法典第 33 条都规定，代理权的授予，应向代理人或向其为代理行为的第三人以意思表示为之。向代理人作出的授权，称为内部授权；向第三人作出的授权，称为外部授权。对外部授权而言，使第三人相信代理人有代理权不仅可以通过明确的授权，被代理人对代理人从事代理行为的容忍，亦可以作为一种外部授权。实践中，在完成内部授权之后，又将这一授权事实公之于外部，这种行为并不是外部授权，而是向外部告知的内部授权。① 因为授权的公开只是单纯的事实通知，并不是向第三人作出意思表示。区分内部授权与外部授权的法律意义在于：其一，关于代理权的范围，在内部授权，应以代理人理解的意思范围为准；在外部授权，则应以第三人理解的意思范围为准。其二，代理权授予行为有瑕疵时（如错误、受欺诈或胁迫），于内部授权，其撤销原则上应向代理人为之；于外部授权，则应向第三人为之。其三，在外部授权的情况下，如果授权人在内部撤回或限制代理权时，不得以之对抗善意第三人。但第三人因过失而不知其事实者，不在此限。②

瑞士债法将代理规定在"债的发生"一章中的"合同之债"。对于授权行为是否为债之发生原因，在学说上产生了重大争论，有肯定说与否定说两种观点。肯定说的理由在于：代理权之授予系规定于"债之发生"节中；本人由授权行为将代理权授予代理人后，代理人在其代理权限内所为之代理行为，即应由本人负其责任；单独行为如有法律规定，亦非

---

① ［德］迪特尔·梅迪库斯：《德国民法总论》，邵建东译，法律出版社 2000 年版，第 707～708 页。

② 王泽鉴：《民法总则》，北京大学出版社 2009 年版，第 365 页。

不可为债之发生原因，代理权之授予既为单独行为，自可为债之发生原因。① 否定说的理由在于：本人虽对于代理人授予代理权，代理人对于本人并不因此负有为代理行为的义务。其使代理人负有此项作为义务的，乃本人与代理人间的委任、雇佣等基本法律关系，而非代理权授予行为。代理权之授予本身在当事人之间既不产生何等债权债务关系，自非债之发生原因。② 笔者认为，授权行为不是债的发生原因。授权行为是一种单方法律行为，被代理人授予代理人代理权，并不会使被代理人因此而负有义务，代理人的义务是基于基础关系而产生；同理，被代理人之所以对代理人实施代理行为的法律后果负责，并非是基于授权行为，而是因为双方之间的基础关系。因此，授权行为并不会使代理人和被代理人相互之间负有义务，也就不会成为债的发生原因。

## 二、代理权授予行为的独立性

### (一) 代理权授予行为独立性的表现

19 世纪后的德国民法中，代理制度虽然已在习惯法上得到承认，但当时的学说普遍认为代理只是基础关系的外部层面，应该受到基础关系内部层面的支配。依照这一见解，代理权的授予和内部基础关系在范围和期间上都是一致的。换而言之，代理权的授予和内部基础关系具有同一意义，独立的授权行为是不存在的。1866 年，德国民法学者拉邦德在《商事法杂志》上发表论文《代理权授予及其基础关系之区别》，其基本观点是：代理权与委任契约并不是同一法律关系的两面，而是相互独立的法律概念；代理权与委任契约不仅在概念上可以区别，而且还体现在法律效果方面。换而言之，拉邦德主张严格区分授权行为与基础关系，强调代理权与委托合同彼此间的独立性。这种新认识产生了深远的影响，德国、日本、瑞士、意大利、荷兰都采用了该理论。由此，授权行为和基础关系被严格区分，授权行为具有了独立性。

在大多数情况下，授权行为以基础关系的存在为前提。但是授权行为也可以与基础关系相分离，脱离基础关系而独立存在。授权行为与基础关系的分离可以有两种情况：有授权行为而没有基础关系；有基础关系而没有授权行为。由此不难看出，授权行为是独立于基础关系而客观存在的，此即理论上所说的授权行为的独立性，也是我们对授权行为本质的基本认识。由于授权行为是一种单方法律行为，而法律行为最重要的表现在主体和内容上，授权行为的独立性也可以从上述两个方面进行分析。

在主体上，授权行为的独立性表现为授权对象不同于基础关系的当事人双方。由于授权行为是一个单方法律行为，授权的意思表示既可以向代理人作出，也可以由代理人向其为代理行为的第三人作出。也就是说，授权行为中存在三方当事人，即代理人、被代理人

---

① 郑玉波：《民法债编总论》，中国政法大学出版社 2004 年版，第 64 页。

② 王泽鉴：《债法原理》，北京大学出版社 2009 年版，第 229 页。

和第三人。而在基础关系中，只有双方当事人存在，即代理人和被代理人。因此，授权行为的主体和基础关系的主体是不一致的。可见在授权的对象上，授权行为与基础关系有着明显的不同。对授权对象的这种复杂安排，充分体现了授权行为的独立性。在内容上，授权行为的独立性表现为代理权的范围和基础关系中当事人双方约定的范围可以不同。代理权的范围往往取决于授权行为的内容，并不会受制于基础关系的约定。特别是在代理权的范围大于基础关系的范围时，部分授权行为没有基础关系的支撑，这正体现了授权行为和基础关系的分离。这种范围上的不同有两种产生原因：在代理权被授予时，其范围就大于基础关系的范围；在代理权授予后，基础关系部分被撤销或无效而导致其范围大于基础关系。两者分别体现了代理权产生与消灭具有独立性。

概括来说，授权行为被抽象出来，与基础行为完全分离，两者是彼此完全独立的法律行为。两者可能会有重合的地方，但一般而言两者是分离的。这种分离最重要的表现就是两者在主体和内容上的彼此独立。授权行为在主体上的独立性表现在对授权对象的复杂安排上；授权行为在内容上的独立性则与代理权产生和消灭的事由息息相关。此外，授权行为的独立性和无因性具有密切联系，对授权行为无因性的全面理解，需要在独立性的基础上进行。换而言之，授权行为的无因性其实就是授权行为在各方面完全独立于基础关系，两者之间互不关联。

## （二）代理权授予行为独立性的意义

在授权行为生效后，代理人即享有了代理权，其在代理权限范围内所为的代理行为由被代理人承受。明确授权行为独立性的意义在于：

第一，授权行为决定代理权的产生。代理权产生的根据是代理权授予的单方法律行为，而不是基本关系确定的双方法律行为。授权行为与基本关系间无主从关系，行为的成立和法律效果各自独立。在授权行为与基本关系相伴成立的情况下，基本关系只是代理权产生的条件，而不是代理权产生的原因。换而言之，代理关系是否产生，基础关系可以作为一个重要的因素，但更重要的是看是否存在授权行为，有之则产生代理，无之则无代理。同时，意定代理权仅为代理人"可以"以本人名义为法律行为，且法律效果直接归属于本人的资格；代理人在实施代理行为时对本人"应该"负何种义务，与代理授权行为无关，属于基础法律关系的问题，其确定的是所谓的事务管理权。代理人"可以"在代理权范围内为被代理人有效实施法律行为，即使他违反事务管理权不"应该"这样做。① 例如，甲因定居国外，委托乙代为处理其国内的房产。若甲和乙仅仅签订了委托合同，其法律效果只是产生了受托人乙的对该房产的一般处理权，乙可以代委托人甲作出与房产有关的不涉及意思表示的行为，如保管、照看、收取租金等。若甲还向乙签发了授权委托书，则代理人乙获得代理权，可以与第三人为代理行为，在代理权范围内代被代理人甲作出意思表示的行为，并使其所为的法律行为的效力归于甲。也就是说，只有委托人授予代理权，受

---

① ［德］哈里·韦斯特曼：《德国民法基本概念》，张定军等译，中国人民大学出版社2013年版，第66页。

托人才能代委托人为意思表示或者受意思表示，才能处理涉及意思表示的受托事务，如缔结买卖合同、租赁合同等法律行为。在涉及意思表示的事务委托中，须另外授予代理权，代理人才能进行与第三人的代理活动，代理人代理的行为才能产生由被代理人承受的法律后果。

第二，授权行为决定代理权的消灭。授权行为独立于基本关系之外，因此撤回代理权的行为同样是一种单方法律行为，被代理人单方撤回代理权的行为不构成违约。被代理人撤回代理权，可分为部分撤回和全部撤回。① 部分撤回是对既有代理权内容或范围的限制与收缩。在部分撤回代理权后，若代理人仍以原有权限范围实施代理行为，则构成超越代理权。全部撤回是被代理人对既有代理权的消灭。在全部撤回代理权后，若代理人仍在原授权范围内为代理行为，则构成无权代理。因为授权行为独立性的性质，被代理人部分或全部撤回代理权后，代理人不得以代理权的撤回未经其同意为由进行抗辩。那么，被代理人撤回代理权后，对第三人的法律效果如何呢？授权行为是一种单方法律行为，被代理人可以向代理人和第三人作出意思表示。因此，被代理人同样可以撤销代理权的授予，撤销可以向代理人作出，也可以向第三人作出。在被代理人作出内部授权的情况下，代理人没有与第三人从事法律行为之前，由于代理人尚未与第三人发生联系，第三人不应当相信其有代理权。所以，一旦作出撤销的意思表示，代理权就已终止。但是，代理权的撤销可能发生相对人的信赖保护问题。尤其是在外部授权的情况下，若被代理人未将代理权撤销的意思表示通知第三人，第三人基于对授权的信赖与代理人发生法律行为，该行为有效。如果被代理人在对代理人的代理权作出撤销以后，又向第三人作出授权的表示或者容忍无权代理人从事无权代理行为，其内部撤回的意思表示与其外部的授权的意思之间产生了矛盾，在此情况下也应当产生有权代理的效果。

第三，授权行为决定代理权的范围。代理人为代理行为时，须在授权行为的范围内进行，不得超出授权行为的范围。如果代理人逾越了授权行为的范围，则对被代理人不产生代理的法律效果。换而言之，代理权的范围取决于授权行为的范围，而与基础关系的范围无关。那么，在被代理人授权不明时，如何确定授权的范围和责任呢？民法通则第65条规定："委托书授权不明的，被代理人应当向第三人承担民事责任，代理人负连带责任。"②所谓授权不明主要指代理权的范围、期限等内容不明确。具体包括：一是代理的范围不明确，即代理人所代理的事务或权限不明确。二是代理期限不明确，即对代理人究竟在多长时间内行使代理权未作明确规定。三是代理人究竟是一人还是多人，职责如何界定不够明确。在授权不明的情况下，虽然代理人从事代行为没有完全的合法依据，但毕竟存

---

① 范李瑛：《论代理权授予行为的独立性和无因性》，载《烟台大学学报》2003年第2期。

② 该条规定曾招致很多学者的非议，主要有以下几种不同观点：授权不明的责任首先应由本人承担；授权不明时代理行为有效，由本人和代理人分担责任；授权不明时代理人在法定范围内的行为有效，在此范围之外的行为构成无权代理。参见佟柔主编：《中国民法学·民法总则》，中国人民公安大学出版社1990年版，第283页。王利明：《民法总则研究》，中国人民大学出版社2003年版，第638页。江帆：《代理制度研究》，中国法制出版社2004年版，第86页。还有学者认为，授权不明只是一种理论上的设想，并无实际意义，应将未定代理权的行为一律视为全权委托，代理行为有效。参见尹田：《民法典总则之理论与立法研究》，法律出版社2010年版，第695页。

在着授权，所以不同于完全的无权代理行为。① 我国实践中的空白授权，也即被代理人向代理人出具已经签字或盖章，但没有填写任何具体内容的授权委托书，就是一种授权不明的行为。根据民法通则的上述规定，在授权不明的情况下，代理人应当与被代理人承担连带责任。笔者认为，由于授权行为是一种单方法律行为，被代理人应当为自己单方的意思表示承担后果，在授权不明的情况下，显然应当由被代理人承担责任。虽然代理人仍然从事代理行为确实有一定的过错，但代理人并不应当承担连带责任。一方面授权不明的主要原因在于被代理人，相对而言其过错程度更重；另一方面，尽管发生了授权不明，但仍然存在授权，如果要代理人承担连带责任，实质上是宣告代理行为无效。因此，在授权不明的情况下，由被代理人承担责任，代理人根据其过错承担相应的责任。

# 三、代理权授予行为的无因性

## （一）代理权授予行为有因性与无因性的争议

在德国理论界，对于授权行为无因性的界定，大多基于内部授权和外部授权的分类展开。大多数学者都认为，在外部授权中，基础关系的不成立或者无效，不影响授权行为的效力。其争论的焦点在于，在内部授权中，授权行为的无因性是否能够同样适用。对此，有学者持否定态度，也有学者持肯定态度。德国民法典基本上采纳了拉邦德所提出的无因性理论，其第170~172条规定的代理权与基础关系无关，即代理权独立于基础关系，即使基础关系没有成立，代理权也可以成立。但是对于纯粹的内部授权，第168条第一句规定，代理权的终止以基础关系的终止为准。

我国民法通则对于授权行为的有因性与无因性没有规定。学理上通常认为，授权行为与基础关系在效力上可能存在不同关系：一是授权行为效力取决于基础关系的效力；二是授权行为的效力与基础关系的效力无关。学者有赞同无因说者，也有赞同有因说者。无因说认为：其有利于保护善意第三人的利益，维护交易安全；有利于督促本人在基础关系解除、终止、被撤销以后，及时通知第三人或者及时收回代理证书，从而防止有关代理的纠纷发生；有利于保障代理权的正常行使，尽可能地减少和避免无权代理的发生。② 有因说认为：从保护被代理人利益及法律关系简化考虑，似应采有因说；从保护第三人利益及交易安全考虑，似应采无因说；有因说虽不利于保护第三人的利益，但通过表见代理制度来保护善意第三人的利益，可弥补此缺陷；而在无因说，虽能保护第三人利益，但恶意第三人的利益未能排除在外，有悖于法律不保护恶意者利益的宗旨。③

---

① 王利明：《民法总则研究》，中国人民大学出版社2003年版，第635~638页。
② 王利明：《民法总则研究》，中国人民大学出版社2003年版，第642~643页。
③ 梁慧星：《民法总论》，法律出版社2007年版，第222页。

## （二）代理权授予行为具有无因性

笔者认为，以上有因说和无因说各有优劣。

承认有因性理论可以使法律关系简化，在实务中操作起来便捷，其最大优点是对保护被代理人的利益极为有利。因为当代理人基于被代理人的授权行为与第三人为代理行为后，被代理人可以通过寻找基础关系的瑕疵，以该瑕疵为由主张该基础关系无效或将其撤销，从而避免承担该代理行为的后果。基于有因性理论，授权行为也会因基础关系的瑕疵而无效或被撤销，从而使代理人所为的代理行为因代理权瑕疵而成为无权代理，这样被代理人便可以逃避其应负的民事责任。基于无因性理论，由于授权行为的效力不受基础关系的效力的影响，在基础行为因存在瑕疵而无效或被撤销时，代理人于授权后所为代理行为的后果仍将由被代理人予以承担。

但是，有因性理论最大的缺陷在于，损害善意第三人的利益，不利于维护交易安全。基础关系是代理人和被代理人之间的内部关系，对此种内部关系，第三人往往并不了解。如果基础关系因存在效力瑕疵而被宣告无效或被撤销，第三人对此情况并不知晓，可能仍然会与代理人从事代理行为。根据授权行为有因性理论，基础关系无效或被撤销时，授权行为也不会产生效力。此时，被代理人对代理人的代理行为不承担民事责任，善意第三人的利益很难得到保证。换而言之，第三人所为民事行为的效力不仅要受到行为双方各自因素的影响，还会受到第三人意志所无法左右的代理授权基础行为效力的制约，这对于第三人而言极不公平。① 善意第三人的利益如果不能受到保护，将使其承担极大的交易风险，这会阻碍交易活动的进行。

肯定无因性理论才能使授权行为的独立性真正得到贯彻，其最大优点在于保护交易的安全和维护善意第三人的利益。将代理权的授予独立于委托合同的根本目的，应当是切断代理权与委托合同或者其他基础关系的直接牵连，使授权行为的效力不受委托合同或者其他基础关系瑕疵的影响，即赋予授权行为以无因性特征，否则，这种切割的价值便会大打折扣。② 在无因性理论下，授权行为与基础关系严格加以区分，基础关系因存在效力瑕疵而被宣告无效或被撤销时，授权行为并不因此而受到影响。此时，只要授权行为本身有效，代理人与第三人之间发生代理行为的法律后果由被代理人承担。换而言之，第三人不必了解代理人与被代理人之间的内部关系，只需要考虑授权行为本身的效力。这有利于保护交易安全，促进交易进行。

但是，无因性理论最大的缺陷在于，不利于保护被代理人的利益。面对代理人的无权代理或者代理权滥用等行为，被代理人能够采取的保护方式无非两种：代理行为对被代理人不发生效力，从而被代理人不必承担代理人行为的法律后果；代理行为发生效力，被代理人从代理人处获得补偿。③ 在授权行为无因性理论下，由于基础关系的效力不影响授权

---

① 邓海峰：《代理授权行为法律地位辨析》，载《法学》2002 年第 8 期。
② 尹田：《论代理制度的独立性》，载《北方法学》2010 年第 5 期。
③ 殷秋实：《论代理权授予与基础行为的联系》，载《现代法学》2016 年第 1 期。

行为的效力，授权行为有效时，代理人的代理行为对于第三人而言总是有权代理。因此，对于代理人的不当行为，被代理人只能在承担民事责任后，从代理人处获得补偿，这会对被代理人造成很大的风险。同时，无因性理论虽然为第三人提供了保护，但这一保护是对第三人不加区分的全体保护，恶意第三人也被纳入了保护的范围之中。① 这进一步加剧了对被代理人利益的危害。

总的来说，代理权授予行为有因性理论有利于保护被代理人的利益，但不利于保护交易安全和第三人的利益；代理权授予行为无因性理论有利于保护交易安全和第三人的利益，但不利于保护被代理人的利益。笔者认为，在交易活动日益频繁的今天，保护交易安全和第三人的利益高于保护被代理人的利益。但这并不是说被代理人的利益不需要得到保护。我们应该对无因性理论进行完善，使其能够兼顾到对被代理人利益的保护。

## 四、代理权授予行为的规制——以无因性为基础

### （一）代理权授予行为无因性与相关制度的比较

我国民商法学上的无因行为有三种，即物权行为的无因性、票据行为的无因性和授权行为的无因性。理论上通常认为，我国物权法并未采纳物权行为无因性理论，但票据行为在我国票据法上具有无因性。学者们在论及代理权授予行为的无因性时，常与物权行为的无因性理论进行比较。有学者认为，要分析授权行为无因性理论的优劣，回顾有关物权行为无因性理论的争论，对我们而言不仅是有益的，而且也是必需的。物权行为无因性理论的优点，是所有无因性理论所具有的共通特性，因此，它对于授权行为的无因性学说也同样适用。而且由于授权行为具有独立性，授权行为无因性学说不再具有物权行为无因性的缺陷。② 笔者认为，物权行为与授权行为虽然具有一定的相似性，但授权行为无因性与物权行为无因性的理论存在本质的不同。物权行为不能脱离债权行为而存在，是双方法律行为，也是给予行为；授权行为具有独立性，是一种单方法律行为，并非给予行为。因此，不能将授权行为与基础关系的关系，等同于物权行为与原因行为之间的关系。

关于授权行为无因性理论和表见代理的关系也值得探讨。目前学界有部分学者认为，"代理授权无因性与表见代理制度背后的价值取向均在于保护善意相对人的利益，以维护

---

① 有学者认为，授权行为无因性不会保护恶意的第三人。理由在于：第三人明知基础关系不成立、无效或撤销，采取正常手段在委托人授权代理人的代理权限范围内与代理人为民事行为，其法律后果由委托人承担并不违反委托人的意思；如果第三人明知基础法律关系不成立、无效或撤销，却采取非法手段与代理人串通实施了民事行为，代理人与第三人实施的民事行为的后果被代理人不承担民事责任。参见范李瑛：《论代理权授予行为的独立性和无因性》，载《烟台大学学报》2003 年第 2 期；尹田：《论代理制度的独立性》，载《北方法学》2010 年第 5 期。

② 邓海峰：《代理授权行为法律地位辨析》，载《法学》2002 年第 8 期。

交易安全。在意思自治与交易安全的价值平衡上，表见代理制度是更为合理的法技术选择"。① 也就是主张应当放弃授权行为无因性理论，建立授权行为有因性加表见代理的制度构架。笔者认为，虽然上述两种不同制度都旨在保护善意第三人的利益，维护交易安全，但两者是有区别的，不能以表见代理制度来替代无因性理论。这主要是因为二者适用范围不同。无因性理论解决的是基础关系效力和授权行为效力的关系问题，也即在基础关系无效或被撤销时代理行为属于有权代理还是无权代理。而表见代理属于广义无权代理的一种类型，解决的则是在无权代理的情况下，代理行为的效力问题。无因性理论是适用范围要远大于表见代理的适用范围。首先，如果代理人已经获得了授权，并从事了一定的代理行为，但事后授权行为无效或者被撤销。在上述情况下，根据无因性理论，代理人所从事的代理行为仍然有效。此时，由于表见代理以无权代理为前提，而上述情况下代理人有权实施该代理行为，因此不能通过适用表见代理而使代理有效。其次，如果被代理人在授权以后，发现授权范围超越了基础关系所确定的范围，因此依照基础关系确定的范围对代理权进行了限制，在上述情况下，根据无因性理论，在限制以前所发生的代理行为都可以称为有权代理，在限制以后超越该限制所实施的行为构成无权代理。表见代理只是在限制后的情况下才能构成。

## （二）无因性下的代理权授予行为

我国现行立法上既未将授权行为划分为内部授权与外部授权，也未规定内部授权随基础关系的消灭而终止。学说上讨论的授权行为无因性理论，指授权行为的效力不受基础关系的效力左右，基础关系即使无效或者被撤销，授权行为并不因此受到影响。由此可见，我国理论上的无因性理论具有自身独特的内涵，其被适用于所有的授予行为，不论是内部授权行为还是外部授权行为。无因性理论的内涵在于以下两个方面：一是授权行为独立存在，授权可以脱离基础关系而单独授予；二是基础关系无效或者被撤销，不影响授权行为的效力和范围。我国学者通常理解的授权行为无因性的表现在于基础关系无效或者被撤销时，授权行为的效力不受影响。这种理解虽然抓住了无因性理论最核心的部分，但是在广度和深度上都略显不足。而要全面分析有因性和无因性在功能上的区别，就需要更全面地理解无因性。

当然，为了防止授权行为无因性对恶意第三人的保护，在采用授权行为无因性理论时，应当将恶意第三人排除在授权行为无因性的范围之外。授权行为无因性只是一种相对的无因，而非绝对的无因，这种无因性的相对性表现在：无因性制度只保护善意第三人，而非恶意第三人。② 换而言之，授权行为适用无因性的前提是第三人是善意的。这是因为，只有当第三人对于基础关系的状态处于不知情的情况下，第三人的利益才具有保护的价值。如果第三人明知基础关系是无效的或者已经被撤销，仍然与代理人进行法律行为，说明第三人默认了由此可能产生的对其不利的后果。那么，此种法律行为的后果，不应由

---

① 冉克平：《代理授权行为无因性的反思与建构》，载《比较法研究》2014 年第 5 期。

② 王利明：《民法总则研究》，中国人民大学出版社 2003 年版，第 643 页。

被代理人承担，否则对被代理人而言是极为不公平的。因此，授权行为适用无因性必须要求相对人是善意的。

此处的善意有如下内涵：首先，第三人在与代理人进行法律行为时，对于基础关系的状态是不知情的。但是，如果第三人事后得知基础关系是无效的或者已经被撤销，因为交易已经发生，也不会对交易的效力产生影响。其次，第三人对不知基础关系是无效的或者已经被撤销不存在过失。也就是说，第三人只有在不知道且不应当知道基础关系是无效的或者已经被撤销时，授权行为无因性才有适用的余地。如果第三人因过失而对基础关系是无效的或者已经被撤销不知情的，仍应当承担由此可能产生的不利后果。最后，第三人知道的内容包括知道基础关系具有无效的因素或者已经被撤销的情况。如果知道基础关系具备无效的因素，第三人就应当了解该基础关系应当被宣告无效。基础关系被撤销则和基础关系无效具有同样的法律效果。但是，第三人知道基础关系可能存在重大误解等瑕疵时，由于须要人民法院作出决定，基础关系是否被撤销处于不确定的状态，此种情况下不能认为第三人是恶意的。

## 五、我国民法典中代理权授予行为的立法建议

从性质上看，代理权授予行为是一种单方法律行为，仅有一方的意思表示就可以成立，不需要代理人和被代理人就代理权的授予达成协议。授权行为作为单方法律行为，其意思表示既可以向代理人作出，也可以向代理人为代理行为的第三人作出。代理权的授予行为如果向代理人作出，称为内部授权；如果向第三人为之，称为外部授权。同时，由于授权行为是单方法律行为，其并不会使代理人和被代理人相互之间负有义务，也就不会成为债的发生原因。

授权行为独立于基础行为而存在，其独立性表现在主体和内容的独立上。授权行为独立性的意义则表现在：授权行为决定代理权的产生；授权行为决定代理权的消灭；授权行为决定代理权的范围。在被代理人撤回代理权的，可以向代理人作出，也可以向第三人作出，撤回代理权仅向代理人作出的，仍应当产生有权代理的效果。在授权不明的情况下，代理人并不应当承担连带责任，而应当根据其过错承担责任。

授权行为与基础关系在效力上可能存在不同关系：一是授权行为效力取决于基础行为效力；二是授权行为的效力与基础行为的效力无关。就是理论上所谓授权行为的有因无因问题。代理权授予行为有因性理论有利于保护被代理人的利益，但不利于保护交易安全和第三人的利益；代理权授予行为无因性理论有利于保护交易安全和第三人的利益，但不利于保护被代理人的利益。从价值衡量的角度来看，宜采无因说。同时应当注意的是适用无因性的前提是第三人是善意的。

基于以上认识，代理权授予行为应当统一规定在民法典总则"代理"一章中，债法中无须将授权行为作为债产生的原因进行规定。在此前提下，关于代理权授予行为的立法条文建议如下：

1. 被代理人的授权可以向代理人表示，也可以向代理人与之交易的第三人表示。

2. 被代理人可以撤回代理权，但其与代理人之间的基础关系另有约定的除外。代理权的撤回准用代理权授予的规定。

如果授权行为是以意思表示通知第三人的，在被代理人向第三人通知代理权消灭前，授权行为对第三人仍然有效。

3. 代理权授权不明时，由被代理人承担责任，代理人根据过错承担相应的责任。

4. 被代理人和代理人间的基础关系不成立，不影响授权行为的效力。但第三人明知的除外。